ullstein

Das Buch

Kirsten Jüngling, die sich als Autorin hoch gelobter Biographien einen Namen gemacht hat, legt die erste große Nolde-Biographie vor. Als einer der führenden Maler des deutschen Expressionismus zählt Emil Nolde zu den populärsten deutschen Künstlern. Auf der Basis umfangreicher Archivstudien und erstmals erschlossener Quellen zeichnet Jüngling ein differenziertes Porträt Noldes, den sie als Mann der Widersprüche vorstellt: einerseits Sympathisant der Lebensreformbewegung, Bewunderer fremder Kulturen und Anhänger moderner Ausdrucksformen in Kunst und Musik, andererseits zutiefst konservativer Propagandist einer »germanischen Kunst«, Antisemit und NSDAP-Mitglied.

Trotz diverser Anbiederungsversuche Noldes an die nationalsozialistischen Machthaber wurden seine Werke als »entartet« diffamiert – was ihm nach dem Krieg rasch Rehabilitierung und neuen Ruhm einbrachte. Sein Leben ist ein spannendes Kapitel deutscher Kultur- und Zeitgeschichte, das Jüngling bravourös zu erzählen vermag.

Der Autorin

Die Publizistin Kirsten Jüngling, geboren 1949, ist Autorin zahlreicher Biographien, u.a. über Elizabeth von Arnim, Franz und Maria Marc, Katia Mann, über Schillers Frau Charlotte und deren Schwester Caroline von Lengefeld und über Nelly Mann. Kirsten Jüngling lebt in Köln.

Kirsten Jüngling

EMIL NOLDE

DIE FARBEN SIND MEINE NOTEN

Ullstein

Besuchen Sie uns im Internet:
www.ullstein.de

Um die Authentizität zu wahren, wurde in den Briefzitaten von Ada und Emil Nolde die Originalschreibweise beibehalten.

FSC www.fsc.org
MIX
Papier aus verantwortungsvollen Quellen
FSC® C083411

Ungekürzte Ausgabe im Ullstein Taschenbuch
1. Auflage Juli 2017
2. Auflage 2021

Umschlaggestaltung: zero-media.net, München, nach einer Vorlage von Morian & Bayer-Eynck, Coesfeld
Titelabbildung: © Nolde Stiftung Seebüll; Bridgeman / Detroit Institut of Arts, USA
Satz: LVD GmbH, Berlin
Gesetzt aus der Galliard
Druck und Bindearbeiten: CPI books GmbH, Leck
ISBN 978-3-548-37706-3

INHALT

Anhang

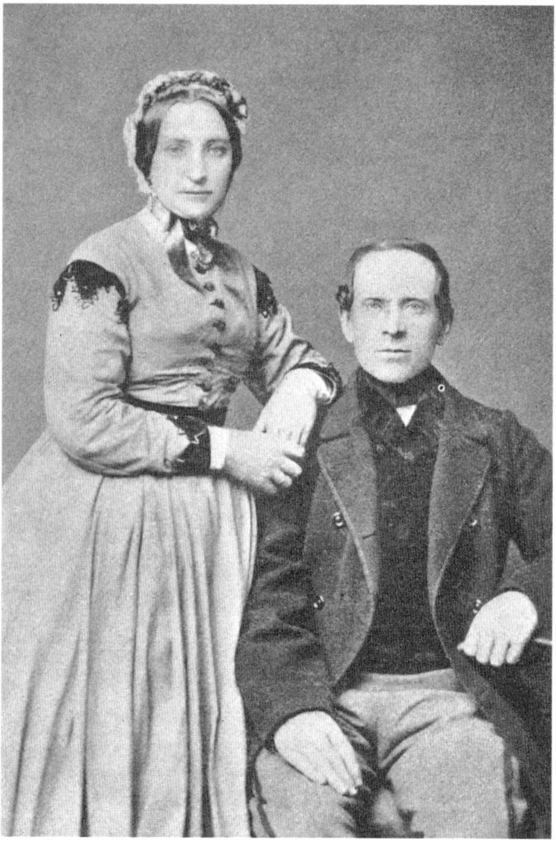

»Bild der Eltern« Hanna Christine und Niels Hansen,
wie Emil Nolde es dem ersten Band seiner Autobiographie
Das eigene Leben 1931 voranstellte.

»Viel Schönheit und etwas Religiosität«[1]

IM ELTERNHAUS

Da sitzt einer im Heufach. Hat sich zurückgezogen, verweigert sich dem väterlichen Anspruch, nach einer bescheidenen Schulkarriere in die Hofarbeit hineinzuwachsen wie die Brüder. Blaue Schimmelwolken nehmen ihm den Atem. Sechzig Rinder und zehn Pferde muss der 16-Jährige versorgen. Er ist sehr schlechter Stimmung. Denkt er an den vergangenen Sommer, sieht er die dichten weißen Nebelschwaden, wie sie auf den gemähten Wiesen lagern und gerade mal die Spitzen der zahllosen Heudiemen freigeben.[2] Jetzt, im Winter, muss er das in der Feuchtigkeit zu festen Kuchen zusammengepappte schimmelige Gras auseinanderreißen und verfüttern.

In diesen Monaten will Emil Missionar werden. In die Bibel vertieft er sich bis zur Extase. Vor Jahren schon hat er gelobt, seinem Gott ein Lied fürs Gesangbuch zu dichten. Damals hatte er in der Schule versagt, die vierte Klasse wiederholen müssen – zu viel Phantasie.[3] »Zeitweise einfältig wie ein Narr, doch seinen Brüdern überlegen«[4], so will Emil sich sehen. Das Gebiet, auf dem er ihren Respekt zu erringen sucht, soll das der Religion sein. Vorerst. Dem Breklumer Pastor Jensen könnte er folgen. Sich von der seit zehn Jahren dort ansässigen Nordelbischen Missionsgesellschaft schulen und nach Indien, Afrika, Indonesien oder China schicken lassen. Auch die Herrnhuter Brüdergemeinde in Christiansfeld, überschaubare siebzig Kilometer nördlich des heimatlichen Hofs an der Ostküste Südjütlands gelegen, könnte ihm zu einem Leben verhelfen, das den Neid der Brüder kitzeln und die verehrte Mutter glücklich machen würde. Im Jütländisch-Schleswigschen wimmelt es von sektiererischen Konventikeln, von Wanderpredigern, die auch in seiner Familie Gehör und in seinen Brüdern Mitstreiter finden.[5]

Emil liebt und bewundert seine Mutter – weil sie zwar als Bäuerin ziemlich untüchtig, aber hellsichtig ist,[6] und weil sie in ihm etwas Besonderes sieht: Geige sollte er spielen lernen. Das jedoch muss er ihr schuldig bleiben. Alltags geht sie in schönen Kleidern von grün-weißem Beiderwandstoff aus Leinen und Wolle. Sie mag es, den Kälbern ihre Milch zu geben oder Blumen aus dem Garten in Vasen und Schalen zu »Ewigkeitsranken« zu arrangieren, was ihrem Jüngsten ebenso in Erinnerung bleibt wie ihre Fest- und Feiertagskleider: blau-rot-lila oder braun-violett aus feinstem Tuch mit Seidenfäden durchwebt und Tonderner Klöppelspitze verziert. All das, samt Spitzenhaube, Goldbrosche und Schlangenring, hebt die Mutter unter den Frauen der anderen Geestbauern hervor.[7] Zusammen mit silbernen Löffeln, die Engelsköpfchen zieren, werden solche Schätze in einer eisenbeschlagenen Truhe verwahrt, in der auch zwölf kleine Holztafeln liegen, auf denen Szenen aus dem Leben Christi zu sehen sind, gemalte »mystische Wunder«.[8] Die Bilder wie auch die Schnitzereien am Alkovenpaneel und am grünen Schrank, der im dunklen Gang steht, sind etwas ganz Besonderes, Staunenswertes. Oder? Nein, all das findet sich so oder so ähnlich in vielen bäuerlichen Familiengeschichten.

Auch andere übliche Topoi fehlen nicht in den Erinnerungen des Erwachsenen – 63 Jahre wird Nolde alt sein, als er sie verfasst, veröffentlicht werden sie im Jahr darauf. Die Vorbildlichkeit des Vaters, dem nichts über einen Besuch im von Rindern dichtbesetzten Stall geht, der ein Pferde- und Wetterkenner und Inhaber vieler Ehrenämter ist. Die Extravaganz der Mutter, die Nolde in ihrem Blumengarten, mit jungen Lämmern oder den Vater über die Getreidefelder begleitend darstellt. Wenn sie im Winter mit den beiden Mägden nahe beim Ofen sitzt und spinnt, hat sie das feinste Spinnrad weit und breit. Und wenn sie ausnahmsweise selbst kocht, dann »seltene und feine Gerichte«. Wie sie den Vater unterstützt, wenn die großen Ochsen verkauft werden sollen, wie sie alles herrichtet und mit den fremden Herren, mit denen das Geschäft gemacht werden soll, »so fein und schön« spricht, das imponiert den Kindern, die sich stolz in eine Ecke drücken, um alles mitzubekommen.

Ein Idyll in der Geest, das ist es, was Nolde unter dem Titel *Das eigene Leben* entworfen hat. Die Eltern, die Geschwister, der Hof, das Dorf, das Leben in der Abfolge der Jahreszeiten. Das Hinaustreiben des Viehs zur Sommeräsung im Frühjahr. Die Tage, an denen »piepsend, bläkend, brüllend, wiehernd« all die Küken, Lämmer, Kälber, Füllen ums Haus herum tollen und der kleine Emil barfuß hinter ihnen herläuft. Im Sommer schaut er den singenden Knechten und Mägden nach, die auf Leiterwagen zur Heuernte fahren. Draußen gibt es später dickflüssige Mehlgrütze mit einem Butterklecks in der Mitte, in die auch Emil seinen Löffel hineintauchen darf. Beeren reifen im Garten, und es blühen vielfarbige Rosen »und ich der Knabe warf scherzend den Mädchen die Hände voll hin«.[9] Die Roggenernte, das Fest auf der Tenne, das Karussellfahren auf dem Herbstmarkt in Tondern,[10] Schlittschuhlaufen über zugefrorene Gräben, der Weihnachtsabend. Zwischendurch Fahrten in einer Reihe von Pheatons zu großen Familienfeiern, am liebsten zu den Verwandten in der Marsch, dorthin, wo der Vater alle Höfe beim Namen kennt und auch die Geschichten ihrer Inhaber … Alles passt ins Klischee und soll es auch. Aber die Kindheitserinnerungen Emil Noldes, wie er sich seit seinem 35. Lebensjahr nennt, sind nicht nur »licht und schön«.[11]

Tante Ellen, Mutters Schwester, ist fürs Grobe da. Fürs Alltagskochen, fürs Ausbessern verschlissener Kleidung, auch für die Erziehung der Kinder: Gut in der Fürsorge, radikal in der Bestrafung, urteilt Nolde. Einsperren in die dunkle Torfscheune gehört dazu, oder »wenn ich Schlimmes getan hatte, hielt sie mich an den Füßen hoch, mit dem Kopf nach unten, über die Spülgrube. ›Da kommst 'nein‹, sagte sie; unten sah ich spiegelnd mich selbst, und das war erschreckend.«[12] Kein Gedanke an das verlockende eigene Abbild, sondern früh empfundenes Grauen. Allgegenwärtig wie das Wasser. Man kann darin umkommen, wie das Kindermädchen, das im nahen Bach ertrank. Trotz strengem Verbot reizt es Emil, nachzusehen, ob bei den Hechtschnüren, die die älteren Brüder in der Grünau hinterm Wehr ausgelegt haben, einer angebissen hat. Er fällt hinein, wird in einem Strudel hinabgezogen. Wäre sein Bruder Nicolai nicht zur Stelle gewesen, wer weiß.

Andere Gefahren kennt er nur vom Hörensagen. An den Winterabenden dürfen die Knechte mit in der Stube sitzen, am Alkovenpaneel, hinter dem die Betten der Familienmitglieder verborgen sind, nahe dem Ofen. Sie erzählen Schauergeschichten von knarrenden Türen und unerklärlichem Wagengetöse auf dem Hof. Von Räubern, die im Wald oder auf der Heide plötzlich aus Gräben springen. Und von Nis Puk, dem guten Hausgeist, der verschwindet, wenn man ihm nicht richtig huldigt. Die Geschichten und die Bilder, die sich dazu einstellen, während Emil sich beim Zuhören den Platz auf der Decke mit dem Hofhund teilt, um weniger Angst zu haben, blieben ihm in Erinnerung. Dazu kommen Ereignisse auf dem Hof, vor denen die Mutter zum Nachbarn flieht, die der

Junge aber mit eigenen Augen sieht: Der Todeskampf eines laut schreienden Schweins, das Spalten des Schädels einer Kuh. Hinstürzen und letztes Zucken, während das Blut in einer weißen Schüssel aufgefangen wird.

Aber auch Erlebnisse ganz anderer Art hinterlassen Eindrücke: Wenn die beiden im Haus beschäftigten Mägde im Wechsel mit den Knechten von Liebesschwur und Liebesleid singen. Die vom Heufach aus beobachteten Tändeleien zwischen einer von ihnen und einem der Brüder in der Scheune. Süße Empfindungen sind das, die er nie vergisst, wie auch die: »Drei Jahre mag ich gewesen sein, als das Mädchen mich in der Morgenfrühe zum Ankleiden auf einen Stuhl stellte, und ich dann ihre Wangen streichelnd sagte: ›Kleine süße Ingeburg‹; ich hatte sie so gern«. Frühe zärtliche Spiele: Spannung und Erlösung – Löwe und Lamm mit Hans, dem ältesten Bruder, zur Dämmerstunde. Füchse in ihrem Bau mit einem Freund, in einer Höhlung hinter dem Deich, der den Garten gegen die Grünau schützt. Und »Bussemand-Spiele«: »Es wurde dann die Hose ausgezogen, über den Kopf geschoben, die Arme in die Beine hineingesteckt, unten hing das weiße Hemd und – wir waren furchtbar!«[13]

Das träumerische Versagen in der Schule, riskante Kinderstreiche mit den Freunden aus dem Dorf, hinter dem Rücken der Erwachsenen. Ist es Stolz auf Kameraderie oder Rebellion, wenn Nolde so ausführlich davon berichtet? Wenn er noch nach so vielen Jahren die Jungen beim Namen nennt, mit denen er seine Exkursionen in verbotenes Terrain unternahm. Genau Auskunft gibt über die Knechte, die so viel bei ihm galten? Das alles passt in einen Lebensbericht, der dem entsprechen will, was man Anfang der dreißiger Jahre von einem solchen erwartete. Aber Nolde schreibt auch über das, was das Kind Emil Hansen von den anderen unterschied: seine Mal- und Zeichensucht. Er malt, wo er geht und steht. Mit

Mergelstückchen,[14] mit Holunder- und Rote-Bete-Saft, mit »richtigen« Farben, die er zu Weihnachten geschenkt bekommt. Auf Scheunentore, Wagenbretter, die Schultafel, in seine Bibel. Er zeichnet die Kameraden, Gipsengel, die Kirche, die Schule, Tiere, eins seiner Augen, exakt bis zu den Wimpern … Er wird sogar bezahlt: von den Großbauern für Karten von ihren Ländereien, von den Konfirmanden für Stammbuchblätter, das Stück zwei Pfennig. Ganz nutzlos war schon seine allererste künstlerische Produktion nicht. Fünf Jahre alt mag er da gewesen sein: kleine Lehmfiguren, dazu gemacht, auf Heckpfähle gestellt und von den Kameraden mit Steinen hinuntergeschmissen zu werden.[15]

Neuruppiner Bilderbögen finden ihren Weg zu dem kleinen Jungen in Nolde, auch ein Heftchen über Dürer, ein Artikel über Makart. Kann man sich tatächlich mit etwas anderem beschäftigen als mit Ackerbau und Viehzucht? Man kann. Man muss nicht hinter den großen Brüdern dreinlaufen, wie der kleine Emil einst auf dem Schulweg nach Buhrkall, und sich dabei im Bemühen, Schritt zu halten, blutige Knöchel schlagen mit den zu schweren Holzschuhen. Aber der Vater will es nicht. Er kann ziemlich unerbittlich sein. Er kann »heftig werden. Er dann faltete ein Tau zusammen und vornüber gebeugt, mit meinem Kopf zwischen seinen Knien, wurde ich Schlingel verbläut, bis laut ›lieber, lieber Vater‹ weinend ich schrie.«[16] Schlachter kann er sich für seinen jüngsten Sohn vorstellen, auch Tischler. Da hilft es wenig, dass der Lehrer dessen Begabung erkennt und ihn durch Sonderaufgaben im Zeichnen fördert. Und nichts, dass ein Nachbar angesichts dessen, was der jüngste Hansen da verfertigt, nachdenklich wird. Eine Meinung der Mutter zu diesem Thema ist nicht überliefert. Man einigt sich schließlich auf eine Ausbildung zum Schnitzer. Vielleicht, so hoffen alle, kann Emil sich damit versöhnen.

Außer den Schnitzereien im Elternhaus kennt er die viel bedeutenderen in der Kirche von Buhrkall. Uralt[17] steht sie nahe der Brücke über die Grünau, die auch am Hof der Eltern vorbeifließt. Jeden Sonntag muss Emil mit der Familie dorthin zum Gottesdienst. Eine langweilige, im Winter noch dazu ausgesprochen frostige Sache, die er durch Herumschauen abzukürzen sucht, weshalb ihm die Altartafeln sehr vertraut sind: im Halbrelief geschnitzte Motive nach Kupferstichen von Albrecht Dürer, angefertigt – sollte das wegweisend sein? – in einer Flensburger Werkstatt.[18] Emil wird also nicht Bauer werden. Er wird den heimatlichen Hof verlassen, hoffend, damit auch seiner Schwermut zu entkommen, die ihn seit etwa zwei Jahren im Griff hat. So beliebt, wie er einmal war, so gemieden und verstoßen fühlt er sich, seit er nicht mehr der fröhliche Spielkamerad sein kann. »Ich, verstimmt, ging weg, mir Vorwürfe machend, bitter und im Innern tief traurig, weil ich ein so absonderlicher Mensch geworden war. Alle sonnige Lebensschönheit war mir genommen. Ich wurde wie in eine Wüste versetzt zur Selbstbesinnung, in schwere menschlich kaum zu ertragende Vereinsamung.« Den Kameraden entfremdet und zu befangen, sich den angehimmelten Mädchen zu nähern. Und: »Auch mein letztes Jahr in der Schule war einsam, ich war nur da mit mir selbst, aber fleißig war ich geworden. In dem einen Jahr lernte ich mehr, als in den neun vorangegangenen.«[19]

Ist es verwunderlich, dass Emil sich vorkommt wie der biblische Joseph im Verhältnis zu seinen drei Brüdern? Ganz unten im Brunnen – wie in der Spülgrube? Er schafft es nicht, seine Pflichten auf dem elterlichen Hof zu erfüllen und seinem Malen nachzugehen. So wie Hans, der Älteste, der nebenbei aufschreibt, was ihm bedeutsam erscheint: Geschichtsdaten, Statistiken etwa. Oder wie Nicolai, der, wann immer er

Zeit dafür findet, über Konstruktionszeichnungen für Maschinen sitzt, die er sich ausdenkt. Oder wie Leonhard, der sich vorgenommen hat, mehr über Handel und Tierheilkunde zu lernen.[20] Was die kleine Schwester betrifft, nun ja: »Ihr sind keine besonderen Gaben gegeben.« Und: »Sie war Vaters liebes kleines Mädchen und lief so gern an seiner Hand hüpfend, plaudernd, fragend.«[21]

Für sich selbst reklamiert er die »Kuriosität zweier Geburtstage«: Er kam am 7. August 1867 zur Welt, wurde aber als am 20. August geboren ins Kirchenbuch eingetragen.[22] Er liebt das Aparte an seiner Biographie, wie die Geschichte des Kennenlernens seiner Eltern: Emils Vater, Niels Hansen, Sohn von Hans und Petrea Hansen,[23] 1831 auf Merlingfeld in der Marsch geboren, war mit fünf Schwestern und drei Brüdern aufgewachsen. Der Hof, im Kirchspiel Aventoft gelegen, war ein Haubarg. Das bedeutet, dass Wohnräume, Stallungen und Scheune sich unter einem hohen, nach der Mitte zusammengefassten Reetdach befanden. »Die beiden jungen Brüder Jens und Niels Hansen reisten alljährlich zur Geest hinauf, um junge Ochsen für ihre Grasweiden auf Merlingfeld zu kaufen.« Sie kamen auch in die Ortschaft Nolde, wo Niels auf einem der Höfe die Schwestern Lena, Ellen und Hanna Christine kennenlernte. Als im Alter von 49 Jahren Hans Hansen an Lungenentzündung starb und Petrea mit den neun Kindern Merlingfeld nicht halten konnte, fand Niels hier ein neues Zuhause, wobei er sich für Hanna Christine entschied. Sieben Jahre waren die beiden verlobt, danach »erfolgte bei der Heirat die Übernahme des elterlichen Hofes meiner Mutter durch meinen Vater.«[24]

Dass der Hof in Nolde – einer von fünfen, aus denen das Dorf damals im Wesentlichen bestand – seit neun Generationen im Besitz der mütterlichen Familie war, erschien Emil immer als etwas Besonderes. Ihm gefällt der Gedanke, dass die fünf Meter langen Eichenpfähle und die Granitblöcke ganz in der Nähe als Überbleibsel einer Burg galten, die auf einem flachen Hügel in sumpfiger Waldung gelegen haben soll, und das Dorf von deren letztem Besitzer, Thøger Nold, seinen Namen bekam.[25]

Um Emil herum wird ein Gemisch aus Deutsch und Dänisch, Nordfriesisch und Südjütisch gesprochen.[26] Zwei unterschiedliche Landschaften umgeben ihn: Marsch und Geest. In der Geest, wo seine Mutter geboren ist und auch er selbst, sieht er seine Wurzeln. In der Marsch, wo der Vater herkommt und die Hansens seit Generationen nicht nur als Bauern, sondern auch als Gastwirte und Windmüller sesshaft sind, wird er später zweimal ein Haus für sich finden.

Die Marsch, die oberhalb des Meeresspiegels zum Zeitpunkt des mittleren Tidenhubes liegt, ist immer wieder Ebbe und Flut ausgesetzt und steht oft ganz unter Wasser. Dabei wird Land von der Nordsee übers Watt und die Salzwiesen gespült, fruchtbares Land. Wer sich dort ansiedelt, tut das auf aufgeschütteten Hügeln, Warften, die bei Überflutung aus dem Wasser ragen.

Die Geest ist höher gelegen, trocken, früher besiedelt, aber wenig fruchtbar. Auf die Heideflächen treibt man in Emils Jugend Rinder, für die Jungtiere gibt es ein paar Heuwiesen zur Grünau hin. Die besseren Weiden sind in der nur etwa dreißig Kilometer entfernten Marsch. Man pachtet sie, oder man wirbt darum, dass die dort ansässigen Bauern das in der Geest aufgezogene Vieh kaufen, um es auf ihren Fennen so lange grasen zu lassen, bis es schlachtreif ist. Für Schlachtvieh gibt es Abnehmer bis nach England. Gehandelt wird es auf den großen Viehmärkten in Tondern und Leek.

Die Geestbauern sind erfinderisch, wenn es darum geht, ihre naturgegeben schlechte Situation zu verbessern. Emil bekommt mit, dass aufgeforstet wird, wo im 17. Jahrhundert gerodet worden war, um landwirtschaftlich nutzbare Fläche und Brennholz, Bauholz und Holz für den Schiffbau zu gewinnen. Nun braucht man Nachwuchs, auch, damit das Land vor Winderosion geschützt ist. Möglich, dass das Emil zur Anlage eines eigenen Baumgartens anregte: Ahorn, Eschen, Eichen, Kastanien. Es ist eine schöne Vorstellung, dass vor vielen, vielen Jahren ein kleiner Junge aus Samen zog, was man heute auf dem Areal, wo der Hansen-Hof stand, findet.[27]

Im Gegensatz zum Haubarg der väterlichen Familie sind im mütterlichen Hof Wohn- und Wirtschaftsräume sowie die Stallungen durch einen quer durch das Haus gelegten Gang voneinander getrennt. Eine Dreiflügelanlage, um einen steingepflasterten quadratischen Hofplatz angeordnet. Rote Ziegelmauern, weißgestrichene Tore, Strohdach. Im südlichen Trakt der nur zu feierlichen Anlässen benutzte Pesel, daran anschließend das feine Mittelzimmer, etwas öfter in Gebrauch, und die Döns, das Alltagswohnzimmer, in dem Stühle mit strohgeflochtenen Sitzen stehen und das mit Schnitzereien dekorierte Alkovenpaneel, das die Betten verbirgt. Über der Tür nach draußen steht »1694«, das Jahr, in dem der Hof gebaut wurde. Im an die Döns anschließenden Ostflügel sind die Küche und der Keller, in dem die Lebensmittel aufbewahrt werden: Herrschaftsbereich der Tante Ellen, wie auch der sogenannte Waschraum mit Spülgrube, Backtrog und Backofen. Dort werden die im Keller verwahrten und später in der Küche verarbeiteten Lebensmittel hergestellt: Es wird gebuttert, gebacken, gebraut, geräuchert. Nebenan liegt die Rollkammer zum Glätten der Wäsche, die auf eine Rolle aufgewickelt unter einem mit Granitblöcken gefüllten Kasten hin- und hergezogen wird. An das Knarren und Quietschen erinnerte sich noch der erwachsene Nolde. Durch eine weitere Tür kommt man in die Torf- und Flaggenscheune. Im Nordflügel haben die Tiere ihren Platz, die vom Vater hochgeschätzten

Ochsen. Hinter dem Gebäude: der Garten mit den Rosen, dann eine Dornenhecke, dann eine Baumreihe. Dann senkt sich das Land, Weideland, zur Grünau hin, ein Wehr ist nahebei zu sehen, eine Windmühle und die Kirche von Buhrkall im Hintergrund – so malt es Emil 1893 in seiner Schweizer Zeit.

»Mit den drei Schwestern Lena, Ellen und Christine begann anscheinend in unserem Geschlecht ein über das alltäglich Materielle hinausgehender, etwas gehobener Flug. Christine, meine Mutter, stand licht und gefestigt neben meinem Vater.«[28] Als »sonnenschön«[29] beschwört Nolde sein Leben, als er noch »Mille« gerufen wurde, noch nicht 15 war und noch nicht schwermütig. Wie sich das dann anfühlte, verschweigt er nicht: »Zuweilen aber ging ich allein übers Feld, von Gedanken und unbestimmten Gefühlen getrieben. Im hohen Kornfeld, von niemandem gesehen, legte ich mich hin, den Rücken platt zur Erde, die Augen geschlossen, die Arme starr ausgestreckt, und dann dachte ich: So lag Dein Heiland Jesus Christus, als Männer und Frauen ihn vom Kreuz ablösten, und dann drehte ich mich um, im Boden eine schmale Tiefe scharrend, darüberhin ich mich legte, in unbestimmbarem Glauben träumend, daß die ganze große, runde, wundervolle Erde meine Geliebte sei.«[30]

Da sitzt also einer im Heufach und weiß nicht, wohin es gehen soll. Aber so viel weiß er: Bauer will er nicht werden. Er will nicht mehr hinter den Brüdern hertraben. Er hat Blut geleckt: Seine Mal- und Zeichenkünste machen etwas Besonderes aus ihm, und das will er bleiben. Und eine schöne, eine besondere Frau will er haben.

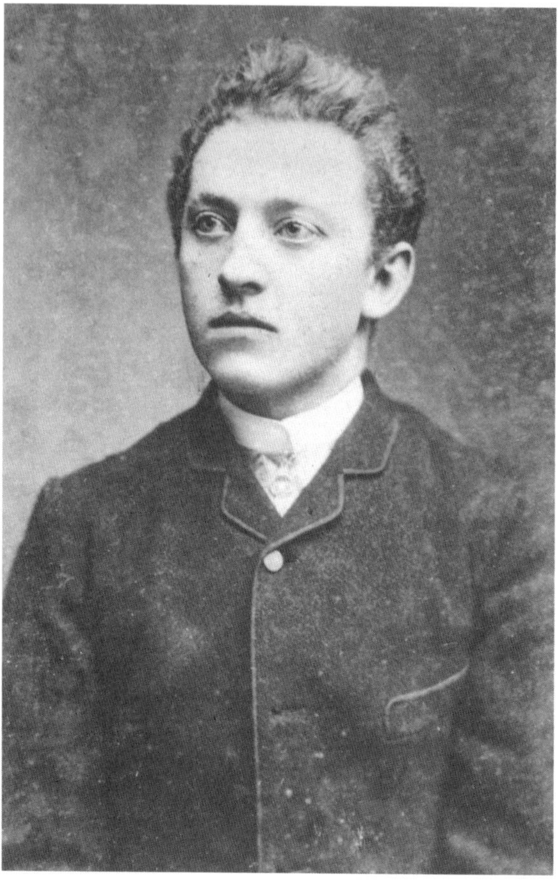

Emil Hansen während seiner Flensburger Lehrzeit um 1886

»Das Glück will ich erzwingen«[31]

SCHNITZEN LERNEN IN FLENSBURG

April 1884. Bahnhof Bülderup Bau,[32] ein schlichtes flaches Gebäude, zwei Perrons auf ein paar Metern Bahnhofsgelände. Im Flachen verliert sich ein Gleis nach Westen, nach Tondern. In diese Richtung schaut Emil, denn von dort muss der Zug kommen, der ihn fortbringen soll in Richtung Osten, zunächst bis Tingleff,[33] wo er umsteigen wird in die Bahn nach Flensburg. Dort ist alles geregelt: Er soll Lehrling der Sauermannschen Möbelfabrik[34] und damit Schüler der Sauermannschen Schnitzschule werden und bei einer Frau Lange wohnen. Die Trasse folgt einem uralten Weg. Schon in der Bronzezeit trieb man das Vieh entlang der Wasserscheide auf dem Ochsenweg[35] von der mageren Geest auf die fetten Weiden in der Marsch. Inzwischen nutzen auch Hansens aus Nolde die Lebendviehtransportmöglichkeit mit der Bahn. Aber das interessiert den Sechzehnjährigen nicht mehr. Mit der Landwirtschaft hat er abgeschlossen. Er hat sich vorgenommen, seine Chance zu nutzen. Fleißig und sparsam will er sein, damit er etwas vorzuweisen hat, wenn er von Flensburg zu Besuch nach Nolde kommt. Was genau das sein kann? Er will es herausfinden.

Doch kaum steht er an der Schnitzbank, überfällt ihn das alte Leiden. Nun nennt er es Heimweh. Er ist streng mit sich, arbeitet »von 7 Uhr früh bis 7 Uhr spät und abends noch zwei

Stunden Fortbildungsschule und Sonntags gewerbliches Zeichnen, vier Stunden lang.«[36] Kein Wunder, dass er morgens oft nicht aus dem Bett kommt, also erst einmal durch Verspätung auffällt, nicht durch Leistung. Dabei bedeutet es ihm viel, nach vorbildlichen Werkstücken Zeichnungen anzufertigen und so den geschnitzten Spiralen und Schnörkeln nachzuspüren, oder mit spiritusgetränkten Lappen die Figuren eines alten Altars so lange zu bearbeiten, bis deren verborgene Schönheit wieder sichtbar ist. Der Gedanke erregt ihn, dass es an diesem Meisterwerk[37] künftig Ergänzungen von seiner Hand geben wird, denn er darf fehlende Hellebarden und Schwerter der Kriegsknechte ergänzen. Aber mehr als diese einfachen Aufgaben bewältigt er lange nicht. Er quält sich, die Augen machen Probleme, das gebückte Stehen strengt ihn an. Das Schnitzen klappt erst im vierten Jahr richtig: »fast plötzlich ich es konnte«.[38] Jetzt schnitzt er Greife, Karyatiden, Tiere, Engel. Heinrich Sauermann[39] staunt. Der ist ein Mann mit hochgesteckten Zielen: In seinem Unternehmen soll die Kunst maßgeblichen Einfluss auf die industrielle kunstgewerbliche Fertigung haben. Er hatte eigentlich Maler werden wollen und davon geträumt, an der Akademie in Kopenhagen zu studieren, doch sein Vater bestand auf einer Handwerksausbildung. Also lernte er Sattler und Tapezierer und nahm nebenbei Zeichenunterricht. Während seiner Wanderjahre besuchte er Genf und 1867, im Jahr der Weltausstellung, Paris. 1873 gründete er seine Fabrik: historistische Möbel, dem Zeitgeschmack entsprechend, mit neuen Techniken nach alten Vorbildern hergestellt. Sein Können und Wissen gibt er in einer Fachschule weiter, daneben stehen Buchführung und deutsche Rechtschreibung auf dem Lehrplan, auch für Emil Hansen.

Sauermanns hervorragender Ruf lockt ehrgeizige junge Leute aus allen Teilen Deutschlands an: »launisch, bitter, ausgelassen oder unzufrieden«.[40] Die Gesellen beschäftigen Emil noch lange: ihre groben Redensarten, ihr Schimpfen, ihre Ohrfeigen, wenn er »ihre Lampen schlecht geputzt hatte, oder das Feuer im Ofen nicht brennen wollte«.[41] Der Vergleich mit den Knechten auf seines Vaters Hof liegt für ihn nahe und die Lehrjungen erinnern ihn an seine Schulfreunde. »Wo aber sind sie geblieben?«, wird er in seinen Erinnerungen fragen und die Anwort gleich mitliefern: »[...] Heinrich Thode, der immer mich überflügeln wollte, Wilhelm Johannsen? – Thode griff zum Revolver, sich tötend, Johannsen in der Großstadt sich verlor.« So kann es also gehen. Wenn man zu schwach ist? Emil Hansen will sich das nicht vorwerfen. Wenn die Kameraden turnen, tanzen, schwimmen, Karten spielen, ist er nicht dabei. »Ihm war nur die Arbeit wert und sein eigenes Tun und Müssen. Er konnte nicht lachen und hatte keine Jugend.«[42] So ganz traurig muss man sich das nicht vorstellen. Oft sitzt er im »Gnomenkeller«, einem Weinausschank unweit der Sauermannschen Fabrik. Natürlich mit dem Skizzenblock – die derben Wandmalereien dienen ihm als Vorlage.[43]

Das Schicksal seiner Wirtin Frau Lange und ihrer drei Söhne führt dem aus der Geborgenheit des elterlichen Hofs Kommenden die Folgen von sozialem Abstieg vor Augen. Einer von ihnen, Sophus, muss hinnehmen, dass der gleichaltrige Bauernsohn aus Nolde ihm als Schlafgenosse zugewiesen wird. Die kleine Kammer, die beide sich im Haus auf dem Friesischen Berg teilen, liegt unterm Dach. Aber der Lärm von der Schmiede im Erdgeschoss des Hauses und von den auf der Straße aufgeschlagenen Marktbuden dringt bis zum späten Abend hinauf und wird danach abgelöst von dem Radau, der bis zum frühen Morgen aus dem Tanzlokal »Sanssoucie« gegenüber kommt. Mit Sophus verträgt Emil sich, aber Wilhelm, der Primaner, und Carl, der Dichter, sind bemüht, sich gegen den zahlenden Gast abzugrenzen. Das funktioniert vor allem über die Musikalität der Familie. Vierstimmig singen sie, und Emil staunt. Wilhelm, so glaubt er, wird Professor werden. Carl beeindruckt ihn zunächst durch Wortgewandtheit, doch dann erweist sich sein Gerede als verhängnsvoll:

> »Während eines Besuches bei meinen Eltern, sagte er Ihnen – vielleicht nur als Unterhaltung – was alles an Sorgen sie von mir erwarten könnten, wodurch Beunruhigung und Zweifel hervorgerufen wurden, und mein Vater nahm mich ernstlich vor, – mich, der ich monatlich nur 50 Pfennige Taschengeld verbrauchte und bis zum äußerst Möglichen arbeitend pflichttreu tat, was ich tun konnte – ich ging, bitterlich weinend hinters Haus, und dann in einer dunkelsten Gartenecke stand ich von Trotz und gräßlichen Gedanken gequält. Es ist das Traurige dieses Erlebnisses leider nie mehr ganz gewichen. In allen späteren nächtlichen Träumen war immer mein Vater der strenge harte Mann [...]«

Auch Carl Lange wird Emil Nolde in seinen Erinnerungen in die Galerie derjenigen einreihen, die vor dem Leben kapitulieren: »auf offener See, eines Nachts, ungesehen, sprang er ins dunkle Meer.«[44]

In seinem letzten Flensburger Jahr verlässt Emil das Haus der Witwe Lange und zieht mit drei Kameraden in eine Wohngemeinschaft.[45] Auch hier gibt er den Außenseiter, der sich in seiner knappen Freizeit lieber im freien Zeichnen und Modellieren übt und die Mädchen meidet. Dafür darf er sich am Ende seiner Lehrzeit über einen Händedruck vom Flensburger Oberbürgermeister und ein Ehrenzeugnis freuen – er hatte ein Ahornblatt akribisch abgezeichnet – und anschließend im »Schwarzen Walfisch«[46] feiern.

Die Eulen an Theodor Storms Schreibtisch, 1887 zu dessen 70. Geburtstag von den »Kieler Damen« bei Sauermann in Auftrag gegeben, zeigen, was der junge Hansen als Möbelschnitzer gelernt hat.

Weiter gesteckte Ziele verfehlt er erst einmal: Der Vater will eine Fortsetzung der Ausbildung nicht zugestehen. Misslungen auch der ehrgeizige Versuch, durch besondere Leistung – er zeichnet den Altar der Flensburger Marienkirche ab, vor allem eine Fleißarbeit – zum Einjährig-Freiwilligen zu werden, was eine in vielerlei Hinsicht privilegierte Militärdienstzeit bedeutet hätte. Tatsächlich dient Emil überhaupt nicht. Im Entnazifizierungsfragebogen der Militärregierung für die Amerikanische Zone wird Nolde am 3. Juli 1946 die Frage, ob er vom Militärdienst zurückgestellt worden sei, mit »ja« beantworten und die Frage nach den genauen Umständen mit »überzählig (1887)«.[47] Warum auch immer: Er verlässt Anfang 1888 das preußische Flensburg und zieht erst einmal nach Bayern.

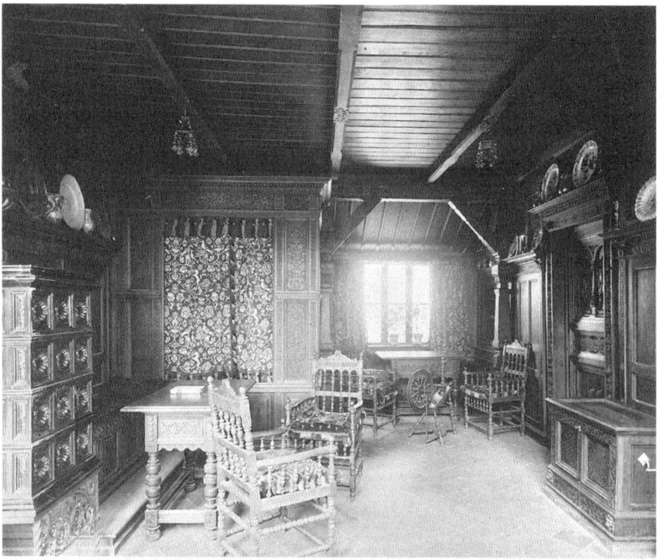

Das Nordfriesische Wohnzimmer, wie es auf der Kunstgewerbeausstellung 1888 in München gezeigt wurde.

»In überspannter sinnlicher Belastung ging ich umher«[48]

MÜNCHEN UND KARLSRUHE – VOM KUNSTGEWERBE ZUR KUNST

Himmelhoch scheinen die Kirchen zu sein. Der festliche Weihrauchduft, das durch farbige Glasfenster gefilterte Licht, die kostbaren Gewänder selbst der Chorknaben, bunt und goldig. Wie sie sich bewegen in all der Herrlichkeit, wie sie singen zur Orgel. Es ist kaum auszuhalten. Draußen der nicht weniger beeindruckende Aufmarsch der lilarot gekleideten Kirchenfürsten in der Fronleichnamsprozession, an deren Spitze Prinzregent Luitpold geht.[49] Wie sich die protestantischen Kirchen im Norden darstellen, weiß Emil gut. Nun ist er überwältigt von der Sinnlichkeit des Katholizismus.

Von Flensburg nach München fährt man im Frühjahr 1888 42 Stunden lang. An jeder noch so kleinen Station hält der Zug. In der vierten Klasse sitzt man diese Zeit in Gesellschaft von »Krämern, Musikanten und allerlei fremdartigen Menschen«[50] ab. So kommt der 20-Jährige in die Großstadt München. Zweck der Reise erst einmal: Er darf beim Einbau des Prunkraums helfen, mit dem Sauermann auf der Deutsch-Nationalen Kunstgewerbeausstellung die Leistungen seiner Fachschule präsentieren will. Seit Monaten hat der junge Hansen an den Schnitzereien mitgearbeitet, sie für die Farbaufträge vorbereitet. Typische Elemente aus nordfriesischen Stuben werden zusammengefügt, auch die germanischen Götter Wodan und Freia sind im Relief zu sehen. Fremdartig und heimelig zugleich muss das Gesamtwerk aufs bayerische Publikum gewirkt haben.

Am 15. Mai wird die Schau eröffnet. Im Lehel an der Isar ist eigens ein Gebäudekomplex errichtet und über eine Brücke mit dem ebenfalls neuen Restaurant und Café auf der Praterinsel verbunden worden. Der junge Hansen pendelt hin und her. Stolz gibt er den Kellnerinnen Trinkgeld. In den auf Zeit gebauten Hallen schaut er sich gut um. Es reizt ihn, in München zu bleiben. In den kunstgewerblichen Sammlungen des Nationalmuseums will er ein- und ausgehen können – und in Anton Pössenbachers Fabrik arbeiten. Dort werden Luxusmöbel hergestellt, und zwar für allerhöchste Ansprüche. Pössenbachers Handwerker hatten die Ideen von Märchenkönig Ludwig II. für Linderhof, Herrenchiemsee und Neuschwanstein umgesetzt. Hier will Emil Hansen dazulernen und möglichst dazuverdienen, denn der Vater hält seinen Geldbeutel fest geschlossen.

Am 20. Mai 1888 bescheinigt ihm Heinrich Sauermann aus dem fernen Flensburg, Fachkenntnisse in der Holzbildhauerei sowie im Zeichnen und Entwerfen von Möbeln und Möbelteilen durch Fleiß und Pünktlichkeit (!) erworben zu haben. Hansen darf sich nun »Bildhauergehilfe«[51] nennen und will die nächste Stufe einer Karriere im Kunstgewerblichen angehen. Er bewirbt sich bei Pössenbacher, bekommt tatsächlich eine Anstellung, und findet ein Zimmer am Sendlinger-Tor-Platz, wieder unterm Dach. Seine Wirtinnen sind zwei alte »Schwester-Damen«,[52] ihr Mädchen ist jung und schön, das fällt Hansen auf. Aber er kann sich nicht einleben. Von der Pössenbacher-Fabrik hat er sich viel versprochen, lernt jedoch nichts dazu. Im Gegenteil, er liefert schlechte Werkstücke ab und muss sich von den Leuten dort ärgern lassen. Emil versteht die Münchner nicht. Nicht ihre Sprache und auch nicht ihre Gepflogenheiten. Er lässt es sich gefallen, dass ihn eine

Frau auf der Straße aufsammelt, durch einen dunklen Hof und über eine Treppe hinauf in ihre Kammer zieht: »Mir bebte. Vor mir stand ein wüstes Weib mit breitem Mund.« Oder imaginiert er nur? Ausgerechnet am Geburtstag seines Vaters, »ein geweihter Tag«,[53] will er das erlebt haben. Er ist noch längst nicht in der Lebenswirklichkeit außerhalb seines Heimatdorfes angekommen. Gleich zu Beginn seiner Münchner Zeit hatte ihn das großstädtische Leben schockiert – beim Anblick von Damenstiefeln vor der Zimmertür seines Meisters: » – meine Ideale rasselten tief nieder.«[54]

München ist erst einmal erledigt, aber Emil hat eine neue Idee: Auch badische Aussteller sind ihm auf der Deutsch-Nationalen Kunstgewerbeausstellung aufgefallen. Weder die Leistungen des Großherzogtums auf den Gebieten Wissenschaft, Technik, Bildung, noch seine liberale Tradition interessieren ihn. Aber in Karlsruhe gibt es Ziegler und Weber, Anstalt für Dekoration und Einrichtung, samt Möbelfabrik. Und eine Kunstgewerbeschule. Das sollte genügen, um sich dort durch- und weiterzubringen.

»Am Fenster des Zuges saß ich, fahrend durch das ganze schöne Land.«[55] Sein Gepäck: Eine Holzkiste mit wenigen Habseligkeiten und achtzig Schnitzeisen, Startkapital für Karlsruhe. Geld zählt nicht dazu. Sein erster Lohn wird an den Dienstmann gehen, der ihm beim Transport der schweren Kiste zu seiner neuen Dachwohnung hilft. Damit löst Emil einen Ring von der Mutter aus, den er ihm als Pfand überlassen hat.[56]

»Ich arbeitete tags an der Schnitzbank, und die Nächte träumend auch. Mit der Energie eines Fanatikers bereitete ich mich auf Höheres vor.« Und natürlich: »Ich sparte. Nur zwei trockene Semmeln mit Wasser waren jeweils mein Morgen- und Abendessen, ein gutes Mittagessen einzig nur hielt den

Körper hoch.« In einem Teich im Park Goldfische zu fangen und zu verzehren, wie ein Leidensgenosse, verkneift er sich. An der Schnitzbank geht es gut. So gut, dass sogar die alten Gesellen neidisch werden. Anfangs ist er unterfordert, wie in München, aber dieses Mal bittet er bald um »bessere Arbeit«.[57] An zwei Pilastern im Neorenaissancestil für den Großen Saal im neuen Nordflügel des Heidelberger Rathauses kann er sich beweisen. Seine Ziele? Seit Flensburg sind es die gleichen: im Handwerklichen weiterkommen, sich auf Ausstellungen und in Museen (in Karlsruhe im Kunstgewerbemuseum) umsehen, Musterzeichnungen für die Möbelindustrie und die Schreiner in den Handwerksbetrieben der Region, im Schwarzwald vor allem, entwerfen. Malen? Vielleicht auch malen.

Der Ruf der Karlsruher Kunstgewerbeschule ist hervorragend, mit entsprechenden Erwartungen belegt Hansen seinen ersten Kurs – bei Max Läuger,[58] der vom Schüler zum Lehrer der Anstalt aufgestiegen ist, was dem Neuling eine weitere berufliche Perspektive aufzeigt. Doch das Zeichnen »kubischer Holzklötze« langweilt den nur drei Jahre älteren Lehrer genauso wie seinen einzigen Schüler im Abendkurs. Im Winter wechselt Emil Hansen in die Tagesklasse. Er gehört jetzt richtig dazu, »ein kleiner Traum war schon erfüllt«.[59] In seinen Erinnerungen, in denen er sich als freier Künstler sehen will, der Handwerk und Kunsthandwerk hinter sich gelassen hat, erwähnt Nolde nur zwei der Lehrer mit Namen: Rudolf Mayer, Lehrer für Goldschmiedekunst, der seine Neigung zum freien Zeichnen akzeptiert, seine Begabung erkennt und ihn sich sogar als Assistenten vorstellen kann. Und Eugen Bischoff, zuständig für Architektur, mit dem Emil nicht zurechtkommt, weil er vom Blatt des Schülers alles wegzuradieren pflegt, was nicht genau der Vorlage entspricht. Seinen »langstieligen« Vorträgen kann Emil sich nur entziehen[60] und in die Kunstschule, ohnehin Ziel seiner Wünsche, ausweichen. In die Aktklasse, da sind die Modelle aus anderem Stoff.

Dennoch, der Kunstgewerbeschüler Hansen ist angepasst. Die Lehrer schätzen ihn, das zeigt sein Zeugnis, in dem ihm bestätigt wird, dass er vom 21. Juni 1888 bis August 1889 die Großherzoglich Badische Kunstgewerbeschule zu Karlsruhe besucht und sich »während dieser Zeit durch steten Fleiß und gute Leistungen die Zufriedenheit seiner Lehrer erworben hat«.[61] Im Freihandzeichnen bekommt er sogar ein Preisgeld in Höhe von vier Mark. Die Kameraden aus seiner als »Saustall« verrufenen Klasse hat er durch einen gezielten Regelverstoß für sich eingenommen: Während der Unterrichtszeit hat er sich mit zwei anderen Schülern biertrinkend im »Goldenen Karpfen« vom Schuldiener erwischen lassen.[62] Die Kommerszeitung zur Abschlussfeier 1889 gestaltet Emil mit: Kosende Putten, junge Damen mit Krügen oder Lauten, Blütenzweige – seine Entwürfe sind ganz nach Art des Hauses. Drückte er sich beim Maskenfest in der Stadthalle noch an den Wänden herum, »allein, staunend in all dem Rausch«, so erscheint er auf dem Abschlussball der Kunstgewerbler tatsächlich in weiblicher Begleitung. Er kommt mit Lina, der Tochter seiner Wirtin, »vollbackig, schlank, rotblond, trug lange Zöpfe«. Vor dem Ball haben sie »Française« geübt. Die Kameraden, ja sogar die Lehrer staunen, und Emil ist so im Überschwang, dass er das Mädchen an diesem Abend küsst. Doch ein Paar wird aus den beiden nicht, Lina ist katholisch![63]

Was die Kunstgewerbeschule ihm geben konnte, Emil hat es genutzt, mit allem Drum und Dran. Noch nach Jahren wird er gern an diesen Lebensabschnitt denken, so trifft er beispielsweise 1894 auf der Durchreise seinen ehemaligen Mitschüler Ernst Schleith, dem der Übergang an die Großherzoglich Badische Kunstschule – als Schüler von Hans Thoma u. a. – und zum Kunstmaler gelang. Auch Emil Hansen hätte sich einen solchen Weg vorstellen können, aber als 22-Jähriger scheut er ihn. Er fürchtet erneute Unsicherheit und Vereinsamung. Ihm fehlt das Selbstbewusstsein, er hat hohe Vorstellungen vom Künstlertum. Vor allem aber ist das Geld alle und ein Gönner lässt sich nicht finden, der Vater will für ein in seinen Augen aussichtsloses Unterfangen nicht zahlen. Dazu kommt, dass Emil sich seit einer schweren Grippe[64] noch immer schwach fühlt. Heimweh hat er auch. Über seinem Bett hatte er ein Bündel Reet befestigt, das ihm wohl schöne Träume vom Norden bescheren sollte – stattdessen regneten Wanzen daraus herab.[65] Schon in der ersten Septemberhälfte sitzt er im Zug nach Norden, um seine Eltern zu besuchen. Bleiben will er nicht, Nolde ist ihm zu klein geworden. Bald macht er sich erneut auf die Reise.

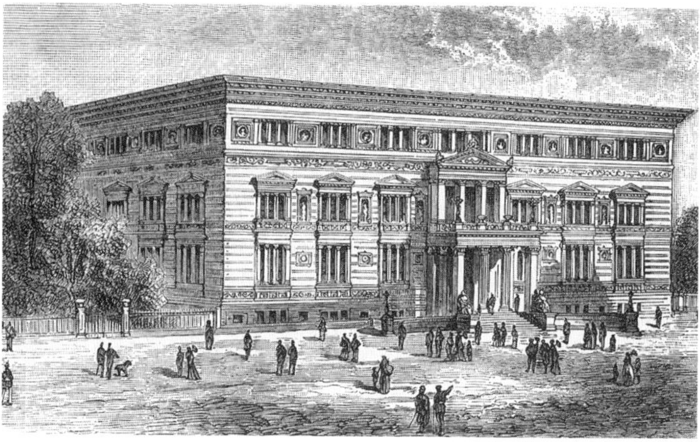

Das Berliner Kunstgewerbemuseum mit seiner
Unterrichtsanstalt, die Emil gern besucht hätte.
Stattdessen musste er Geld verdienen.

»Ja mir ist vielleicht dies alles Gesehene wie eine Dunggrube geworden«[66]

SICH DURCHSCHLAGEN IN BERLIN

Emil Hansen hat sich Berlin vorgenommen. Dort ist sein alter Flensburger Freund Wilhelm Johannsen inzwischen Kunstgewerbeschüler; sie kennen sich seit ihrer gemeinsamen Lehrzeit bei Sauermann. Das und die Hoffnung, durch ihn Kontakt zur Kunstszene zu finden, sich in größeren und reicheren Sammlungen umschauen zu können, als er sie von München und Karlsruhe kennt, und dort zu zeichnen, mag für Emil Anreiz genug gewesen sein. Was er in den Berliner Museen sieht, füllt tatsächlich schon im Oktober 1889 seine Skizzenbücher.[67] Aber was die Szenekontakte betrifft, geht es bald um alles andere als um Kunst und Künstler.

Man darf bezweifeln, dass der alte Hansen seinem Sohn doch noch einmal Geld in die Hand gedrückt hätte – 100 Mark[68] als Startkapital für Berlin –, hätte er geahnt, mit wem Emil dort die Wohnung, die Fresspakete und eben auch dieses Geld teilen würde. Der drei Jahre jüngere Johannsen ist »ein schöner Mensch, groß, dunkel, gewandt [...]. Zu allen schönen Mädchen lächelte er, und in seine dunklen Augen verliebten sich alle. Er war [...] in Flensburg von Frauen jung verführt, [es] hatten zweie ihm bereits je ein Kind geboren. [...] ein lieber Freund«[69] – aber ein schlechter Umgang eben auch, das will Emil nicht verhehlen. Für das Zusammensein mit Johannsen und seiner Clique müssen einige Ideale über

Bord geworfen werden. Sobald sie ein paar Mark in Händen haben, woher auch immer, zieht es die jungen Herren in die »Destillationen« und »Sing- und Negerkabaretts«. Weit müssen sie nicht gehen, um dahin zu kommen, »wo es am wüstesten war«: Nördlich des Kunstgewerbemuseums und der angeschlossenen Unterrichtsanstalt, nahe beim Völkerkundemuseum findet der künftige Maler Emil Nolde seine »Dunggrube«, aus der später »Lilien und Rosen blühen wollten«.[70] Ruinöse Exkursionen sind das – für die Gesundheit und den Geldbeutel Emil Hansens, der es nicht schafft, seinen Lebensunterhalt zuverlässig zu sichern. Nur Gelegenheitsarbeiten werden ihm angeboten. Wie es gerade kommt, entwirft er hübsche Vignetten für Geschäfte, Etiketten für Zigarrenkisten, Möbel für Tischler. Und modelliert Ornamente und Figuren für Stukkateure, von denen einige möglicherweise heute noch an Berliner Häusern zu finden sind.

Kann sein, dass die einschlägigen Behörden auf ihn aufmerksam werden, weil er wieder in Preußen lebt. Jetzt soll er jedenfalls Soldat werden. Pionier, aber sein Gesundheitszustand ist miserabel. Artillerist Ersatzreserve, dafür reicht es. Und letztlich ist er wohl wirklich »überzählig«. Gut. Schlecht, dass das ärztliche Verdikt korrekt ist. Hansen kann so nicht weitermachen. Er hat zunehmend Probleme mit den Augen, die er den Nächten in verräucherten Etablissements zuschreibt.

Immerhin, er verlässt die Wohngemeinschaft mit Johannsen in einem »Hof der Wilhelmstraße«.[71] Ein Berliner »Hof« dieser Tage ist der größte denkbare Gegensatz zu dem Hof in Nolde: Hinter pompösen Fassaden verbergen sich hohe, schmucklose Gebäude mit vielen Stockwerken, sie bilden auf engstem Raum mehrere Innenhöfe, die – das ist die einzige Bauvorschrift – so groß sein müssen, dass darin eine Feuerspritze wenden kann, also etwa dreißig Quadratmeter. »Mietskasernen«[72] werden diese Spekulationsobjekte in Zeiten großer Wohnungsnot und rasanten Bevölkerungswachstums in Berlin zu Recht genannt. Emil mietet ein Zimmer und dann ein neues im Osten der Stadt, wieder in irgendwelchen Hinterhöfen. Alle sind sie gleich schlecht. »Trübes Licht«, »graue Zeit«, »auf meinem Sinn lasteten die kurzen Dezembertage«, »an einem kleinen Fenster, zu einem düsteren Hof gewendet«, eine »kleine Kinderstimme«, »das schwere Leid« einer jungen Arbeiterwitwe – solche Eindrücke sind ihm aus dieser Zeit erinnerlich. »Alles im Leben erschien mir öd, ich war stumpf und dumpf bis zur Verzweiflung.«[73] Schließlich ist er ganz ohne Arbeit. Er findet Kontakt zu einem Verein, der ihn gerade so weit unterstützt, dass er nicht verhungert, aber: »Dafür sollte ich politisch gewonnen werden. Sozialistisch, kommunistisch, anarchistisch, ich wußte von allem nichts.«[74]

Aber er rappelt sich wieder auf. Für den Gegenwert einer Briefmarke kann man sich fachmännisch rasieren und frisieren lassen und sich, so hergerichtet, um die Stelle als Zeichner und technischer Leiter in einer kleinen Galanteriewarenfabrik für Holz- und Bronzekunst und Luxusindustrie[75] bewerben. Ein umtriebiger Bildhauer, Gustav Peters, ist der Gründer, aber über die Einstellung entscheidet der neue Inhaber Wrzeszinsky. Emil Hansen, abgeschlossene Lehre in Flensburg, Absolvent der Kunstgewerbeschule in Karlsruhe sowie Berufserfahrung dort und in München, wird genommen und erledigt seine »Aufgaben spielend«, ja er bekommt jedes Quartal eine Gehaltserhöhung, weil seine Arbeit den Umsatz steigert. Das Entwerfen von Puderdosen, Knöpfen, Schnallen, Fächern oder Kleinmöbeln etwa stellt keine Herausforderung an seine Fähigkeiten dar, erweitert diese aber auch nicht. Den großen Fackelzug zum neunzigsten Geburtstag des Generalfeldmarschalls von Moltke nimmt er noch mit,[76] dann ist es bald genug. Anfang 1891 ist er wieder in Nolde. Er kann da zeichnen, was er will – und er tut es nur zu oft nach Vorlagen: Geschnitzes, wie Truhen, Gegossenes, wie Tischglocken. Dafür fährt er sogar bis nach Flensburg.

Zurück in Berlin, verhelfen ihm Beziehungen[77] zu einer besseren Anstellung: als Zeichner bei der »damals größten« Möbelfabrik I. C. Pfaff, »Möbeltypen erfindend, Figuren modellierend und Ornamente zeichnend. Rokokoornamente zu Umrahmungen von zuckersüßen Bildern für Salons der Bremer Lloyddampfer«. Auch das alles liefert er anstandslos ab, aber er fühlt sich weiter elend. Seelisch – da mögen ihn die Lästereien der Kollegen über die zum Greifen nahe und doch so ferne Kunstszene zusätzlich bedrücken – und körperlich. Ein Arzt, dem er sich im Frühjahr 1891 vorstellt, spricht hilflos von Lungenschwindsucht, und nun ist Emil ganz und gar verzweifelt. Ziellos irrt er durch die Wälder um Berlin, einen »Stock quer überm Rücken in den Ellenbogen verkrampft«, »schreiend zum Himmel«, mit »allen Fasern um Leben ringend«.[78] Sein Arbeitgeber genehmigt eine Auszeit, und der junge Hansen fährt zum Gesundwerden nach Hause.

Er entdeckt die Wege seiner Kindheit neu. Entlang der Grünau ist seine Welt nicht mehr grau wie in Berlin, sondern goldgelb von Löwenzahn, und nicht mehr stickig, es weht ein frischer Wind. Er läuft durch die Maiwiesen und im Juni über die »farbherrlichen Fennen der Geest«. Er findet einen sonnigen Platz an einem Hang und liegt dort viele Tage viele Stunden lang. Was geht ihm nicht alles durch den Kopf. Hier kann und wird es ihm bessergehen – und auch wieder nicht, denn er spürt die neu aufkeimende Hoffnung des Vaters, es könnte doch noch ein Bauer aus ihm werden. Emil muss ihn enttäuschen. Er spürt auch die Missbilligung der Brüder, die, schwer arbeitend, sein so offen zur Schau gestelltes »Faulenzerleben«[79] kaum ertragen können. Die Mutter? Der alte Lehrer? Ein Nachbar? Fehlanzeige. Keine verwandte Seele weit und breit. Die zu finden, sind die Chancen in der Metropole Berlin auf jeden Fall größer. Er kehrt also im Herbst dorthin zurück. Seine Stelle in der Möbelfabrik war ihm freigehalten worden. Die Heimat und Berlin im Wechsel, diesen Rhythmus wird er für Jahrzehnte beibehalten und Kraft aus beiden Orten ziehen.

Die Kunstszene und Emil Hansens Arbeitsplätze in Berlin sind und bleiben fürs Erste verschiedene Welten. Das Milieu des Kunstgewerbemuseums mit seinen Unterrichtsräumen samt angeschlossenem Lehrinstitut ist besser als nichts. Nach der Arbeit drückt er sich dort herum und entdeckt eines Abends am Schwarzen Brett die Ausschreibung einer Lehrerstelle am Industrie- und Gewerbemuseum St. Gallen. Die abgelaufene Bewerbungsfrist hält ihn glücklicherweise nicht davon ab, eine Auswahl seiner Arbeiten und gewerblichen Skizzen dorthin zu schicken. Wochen vergehen, bis er erfährt, dass er mit drei Konkurrenten in der engeren Wahl ist. Nach einer weiteren Woche kommt die Nachricht: Angenommen unter 34 Bewerbern! Dieser Karrieresprung muss den Vater überzeugen. Die große Sorge, das Verlassen des bäuerlichen Pfads könnte seinem Jüngsten Unglück bringen, hat ihn oft zweifeln, ja verzeifeln lassen. Eine Lebensanstellung in der Schweiz als Lehrer, sogar Professor kann er werden – das muss sich der alte Skeptiker einmal vorstellen!

Wenige Tage bleiben den beiden. Emil ist telegrafisch aus Berlin gerufen worden, denn mit dem Vater geht es zu Ende. Er stirbt am 27. Dezember mit nur sechzig Jahren. Seine Tränen am Krankenbett begründet der Sohn lapidar: »Er war mein Vater. Und ich hatte nie eines Menschen Todeskampf gesehen.« Und am Grab geht ihm durch den Kopf: »Ob wohl du der Nächste sein wirst? Denn ich fühlte mich gesundheitlich wieder nicht wohl.«[80] Das soll sich bald und grundlegend ändern.

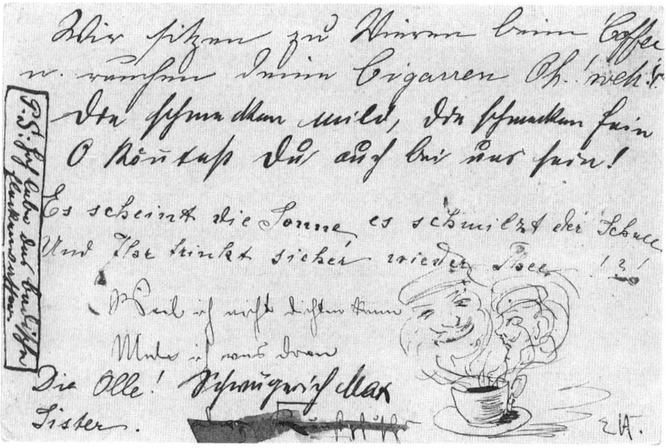

Zeichnungen auf Postkarten: eine Spezialität Emil Hansens
während seiner Zeit in St. Gallen

»Die Zeit der kräftigsten Jugend war mir [...] bedeutungsvoll gewesen«[81]

ZEICHENLEHRER IN ST. GALLEN

Alles muss sich ändern. Berlin, von dem er sich auf seinem eigenwilligen Weg zum Künstler so viel versprochen hat, verlässt Hansen finanziell, gesundheitlich und moralisch schwer angeschlagen. St. Gallen muss ein Neubeginn werden. Das bedeutet, er will tun, was man von einem Lehrer für farbiges, ornamentales und nebenbei auch figürliches Zeichnen am Industrie- und Gewerbemuseum erwartet. Auch vor der Verpflichtung, zusätzlich an der Städtischen Fortbildungsschule Landschaftszeichnen und Modellieren zu unterrichten – schnell kommt er so auf 43 Wochenstunden, die dann aber reduziert werden –, will er sich nicht drücken. Darüber hinaus muss er Entwürfe für die Handwerksbetriebe St. Gallens liefern, die sie von Heimarbeitern bis in die Täler des Appenzeller Landes hinein ausführen lassen. Die Stadt ist reich geworden durch die Stickerei, etwa die Hälfte der Weltproduktion stammt aus St. Gallen und Umgebung.

Er macht sich erst einmal keine Illusionen: Nicht die künstlerische, sondern die berufliche Aus- und Weiterbildung seiner Schüler ist seine vorrangige Aufgabe. Und davon versteht er so gut wie nichts. Was er lehren soll und wie, das muss er zuvor lernen. Auch das Bestehen vor den Schülern. Erst recht, wenn die ihm einen Streich spielen und ihn mit einem Feuerchen im ausgestopften und mit einer papierenen Goldkrone gezierten Schädel des Skelettmodells konfrontieren. Er läuft einfach davon, so etwas überfordert ihn.[82] Wie auch die 23 angehenden Lehrerinnen »alle im höheren Backfischalter«, die er unterrichten soll. Sie schauen »verhalten, zuweilen auch schwärmend, den jungen Fremdling an«, so kommt es ihm jedenfalls vor. An diese Schülerinnen erinnert er sich noch Jahrzehnte später genau. An ihr langes, bewegungsloses Stehenbleiben. Wie sie ihn mit glühenden Wangen anschauten. An eine, die immer wieder kam, um ihre Arbeiten von ihm korrigieren zu lassen, und auf seine Kritik derart fassungslos reagierte, dass der Vater bei ihm vorsprach. Gelegentlich malt er die Schülerinnen, allerdings immer nur zu zweit, »weil der Anstand es so wollte und ich auch«. – »Nur sehend ich genoß die Blütenschönheit der jungen Mädchen mit ihren milden Rosenwangen.« Im Umgang mit dem anderen Geschlecht bleibt er verdruckst. Zwar berichtet er, das Eislaufen mit den Bürgerstöchtern und ganz besonders mit einer reichen Erbin mit brauner Haut, »großen Wimpern« und »gehobener Lippe«[83] genossen zu haben, aber mehr ist nicht. Kaum im Einklang mit seinem Gefühl für seine Wirkung als Lehrer steht das Urteil des Freundes und damaligen Schülers Hans Fehr: »Nolde war kein guter Lehrer. Er sprach zu wenig und erklärte zu wenig.«[84]

Viele seiner anfänglichen Schwierigkeiten haben sicher mit Sprachproblemen zu tun, die ihn jedoch zum Glück nicht in die Isolation treiben. Er verkehrt oft und gern in Wirtshäusern wie dem »Hörnli«, der »Linde«, dem »Hecht« und lässt sich auch nicht davon abhalten, sich ins Vereinsleben zu stürzen. Emil Hansen versucht es mit Skatspielen und Kegeln. Die Karten legt er schnell beiseite, aber das Kegeln im Doppelliterklub steht er durch. Da kann er auch »schmierige Witze«[85] überhören. Schließlich fährt er in dieser Gesellschaft nach Mailand. Für die Schönheit des Doms, für das *Abend-*

mahl von Leonardo da Vinci fehlt ihm – noch – der Blick. Und der Besuch in der Scala? Da »wirbelte wild und schweißtriefend eine Schar grotesker Tänzerinnen«.[86] Was soll man dazu sagen? Vielleicht, dass sich seine Einstellung zu solchen Darbietungen ja ändern wird. Aber noch ärgert er sich über seinen Mangel an Bildung in vielerlei Hinsicht und erklärt diese Trauben als zu sauer.

Lektüre lehnt er ab, sie ist ihm entweder zu flach oder zu tief, will heißen: lenkt ihn ab oder beschäftigt ihn zu sehr, Zeitverschwendung so oder so. Lediglich Victor von Scheffels Roman über den St. Gallener Mönch *Ekkehard* liest er auf einer Wanderung im Appenzeller Land mit einigem Genuss. Die Theaterbesuche, die er während dieser Jahre in München absolviert, bestärken ihn in seiner Haltung: Ibsens *Wildente* und auch Wedekind irritieren ihn. Und doch sucht er die Freundschaft zu Max Wittner, Jurist, aus einer wohlhabenden Bankiersfamilie stammend, der ihm die »Welt neuzeitlicher Dichtung« eröffnet. Die Norweger Knut Hamsun und Jonas Lie gehören zu Wittners Favoriten, über sie und über August Strindberg, der sich 1884 bis 1887 in einer Art selbstgewähltem Exil in der Schweiz aufhielt, sprechen die Freunde. Wie kleinlaut und befangen dieser große Schriftsteller Frauen gegenüber gewesen sei – Emil Hansen nimmt es begierig auf.

Als er Jahrzehnte später für seine Autobiographie seine Papiere sichtete, las er auch die Briefe wieder, die ihm Wittner später aus Aachen schrieb, dessen nächster Karrierestation, bevor er in Berlin – dann auch das Berlin Noldes – erst Geschäftsführer des 1909 gegründeten Centralverbands des Deutschen Bank- und Bankiersgewerbes und später Vorstandsmitglied im Beamtenversicherungsverein wurde. »Der liebe Freund ist einem wieder ganz nahe, seine Stimme, seine heißen dunklen

Augen […], all seine Anhänglichkeit, sein Glauben an mich, all sein eigenes Glück und seine schweren Kümmernisse, bis zur Melancholie – es alles wieder steht vor mir.« – »Die Liebe zum Ungewöhnlichen, die damals lebhaft in mir siedend war, ist mir immer geblieben […] und die Neigung zum Gestalten rassiger jüdischer Typen, wie es sich später in meinen religiösen Bildern gab, geschah, äußerlich, wohl teils diesem Trieb folgend.« Wittner ist sein perfekter Counterpart. Wo Hansen Natur und Instinkt ist, ist er Kultur und Verstand. Wenn Hansen nicht weiterkommt, fragt er Wittner um Rat. Der kennt den Freund gut: »Ich bitte Dich, mein lieber Junge, Dich von Verstimmungen freizuhalten. Ich weiß ja, daß Du zu dergleichen neigst und wittere ihre Gegenwart aus Deinen Zeilen. […] Deine Schilderungen über Deine Kollegen haben mich sehr gefesselt und all Deine Betrachtungen mich herzlich angesprochen. Und gefreut hat es mich, daß Du nicht kleinmütig bist, daß Du so sicher an Deinen Künstlerberuf glaubst. Ich weiß ja, daß Du Selbstkritik genug besitzt, um das Urteil über Dich nicht zu verlieren.«

Das wird sich letztlich in Bezug auf diese Freundschaft nicht bestätigen. »Mir selbst ist, weltlich gesehen, das eigene Leben wie eine Kette von Dummheiten, nur künstlerisch gesehen nicht«, bekennt Nolde, und: »Die Freundschaft zerbrach! – Die schöne, innige Freundschaft – es hätte nicht kommen dürfen.« Und schreibt die verstörenden Sätze: »Der Anlaß zum Bruch war eine lächerlich kleine Sache, ich mag es nicht erzählen – es soll vergraben sein. […] Die Rassenverschiedenheit mag zur Trennung etwas beigetragen haben.« Der sonst gar nicht so verschämte Emil Nolde scheut sich also 1930/31, eine »lächerlich kleine Sache« zu Papier zu bringen, und zieht es vor, sein Versagen in dieser Freundschaft mit »Rassenverschiedenheit« zu begründen. Und über die unterschiedliche Aufnahme von Kunst durch die »südlich gebürtigen Völker« zu philosophieren, die fixiert seien auf die »sonnenhelle Oberfläche«, aber auch auf die ökonomische Seite jeder Aktivität, was mit Kunst, wie er sie auffasse nicht zusammengehe: »Er wollte mit meiner Kunst Beifall der Menschen und Erfolg sehen, und seine dahinführenden, wohlgemeinten Vorschläge konnte ich nicht befolgen«.[87] Sein Umgang mit dem kommerziellen Erfolg der Gebirgspostkarten, den er sich schön schreibt und der doch Lichtjahre entfernt ist von dem, was ihm vorschwebt, offenbart sein Dilemma. Immerhin, bei ihrer Vermarktung wird er Wittners juristischen Rat suchen. Aber davon später.

Ganz anders verhält es sich mit dem zweiten Freund, den Emil Hansen St. Gallen verdankt. Auch der dort geborene Hans Fehr wurde später Jurist. Aber als die beiden sich kennenlernen, ist Fehr noch ein Gymnasiast, der von seinem Vater[88] auf die Kunstgewerbeschule geschickt wird, weil das Erlernen einer »schönen Kunst« für ihn irgendwie dazugehört. Und zwar zum berühmten Johannes Stauffacher, dem König der floralen Ornamentik – und der lockeren Sprüche. Aber was Fehr zwischen angehenden Dessinateuren lernen soll, ist nichts für ihn. Im Klassenraum gegenüber unterrichtet einer »Hägli- und Hüsli-Malen«,[89] so der amüsierte Stauffacher. Manchmal läuft Fehr diesem anderen Lehrer auf dem Gang über den Weg. Ein stiller, verschlossener Typ. Das interessiert Fehr, also spricht er ihn an: »Ich weiß, Sie geben auch Unterricht im Landschaftszeichnen. Darf ich zu Ihnen kommen?«[90] Bald sitzen die beiden in Hansens Arbeitskabinett und reden miteinander wie Freunde. Lehrer und Schüler machen gemeinsame Spaziergänge und Wanderungen, mit Vorliebe im etwa zwanzig Kilometer entfernten Appenzeller Land, das Hansen immer wieder aufsucht wie eine rettende Insel, wenn sich nach einer langen Woche die Schultüren schließen.

Viele Heimarbeiter leben dort in den Tälern. Sie setzen die Entwürfe für die St. Gallener Betriebe um, oft noch als Handstickerei, das ist Frauenarbeit. An den Stickmaschinen arbeiten Männer. Dank Fehr als Dolmetscher findet Hansen Kontakt zu den Menschen, die ihn interessieren, die er zeichnen will. Ein ganze Mappe kann er aus diesen Porträts zusammenstellen. *Die Typen aus Appenzell Inner-Rhoden* erscheinen 1894 bei Orell Füssli, Zürich. Kunstgewerblich aufgemacht, brauner Karton, braunes Leinen, mit gemustertem Papier gefüttert, darin die Studienblätter auf blaugraues festes Papier geklebt: kauzige alte Kerle, ein paar Frauen, ein paar junge Menschen mit Namensangabe, manchmal auch mit einer Berufsangabe. Dazu ein Begleitheft, für das Johann Baptist Grütter, Leiter der St. Gallischen Creditanstalt, eine Bekanntschaft aus dem Doppelliterclub, den Text schrieb. Eine vorzeigbare Sache.

Noch nicht 1893, aber beim nächsten seiner regelmäßigen Besuche in Nolde, wird man darüber staunen. Wie mit der Zeit über sein Goldstück, seine Uhr, seine feinen Kleider, sein Briefpapier. Das ist ihm wichtig. Wie auch die Besuche bei den Friesenmalern Carl Ludwig Jessen und Hans Peter Feddersen. Er will, er muss herausfinden, wie sie wurden, was sie sind: anerkannte Maler, deren Werke ihn beeindrucken. Jessen war gelernter Tischler, studierte dann in Kopenhagen, ist in Paris und Rom gewesen. Feddersen, selbst Sohn eines Malers, ist beeinflusst von der Düsseldorfer Schule.

In den Ferien macht Emil Hansen längere Touren von St. Gallen aus. Nicht nur nach Oberitalien, wie mit dem Kegelclub, zieht es ihn. Er fährt, vor allem 1895, häufig nach München, 1894 und 1897 nach Zürich und, ebenfalls 1897, auch nach Salzburg und Wien: »Durch das Hofburgmuseum bin ich gelaufen. Stehen vor den Gemälden durfte ich nicht bleiben, wie auch in den vielen vorangegangenen Jahren nicht. Beschäftigung mit den Bildern hätte mich ganz zur Kunst hingezogen, und das durfte sie nicht, weil ich leben mußte. Ich wäre verkommen, mit meinem eigen Sinn und Müssen, als Mensch und Künstler, wenn zu früh ich Maler ohne Mittel geworden wäre – das tragische Schicksal manch anderer Künstler teilend, – das war mir ganz bewußt.«[91] Das klingt nun wieder sehr nach sauren Trauben. Die fehlenden »Mittel« sind wohl nicht allein entscheidend. Er ist noch nicht so weit. Er steht sich noch selbst im Weg. Einerseits hängt er einer sehr romantischen Idee vom Künstlertum an. Hochgespannt sind seine Vorstellungen, vor allem gemessen an dem, was ihm gelingt, wenn er in St. Gallen und Umgebung herumläuft und Hägli und Hüsli klein-klein abzeichnet. Andererseits kann er es noch nicht besser. Auch in seinem ersten Sommer in Nolde, 1893, bringt er kaum anderes[92] zustande als beispielsweise ein mehr oder weniger genaues Abbild des elterlichen Hofes, das den Eindruck erweckt, als habe es ein begabtes Kind mit größter Sorgfalt gemalt. Er weiß das wohl, und er weiß auch, dass mehr in ihm steckt, das heraus will. Aber ihm ist noch nicht klar, was und wie.

»Auf der Meglisalp lag ich halbe Tage im Gras oder zwischen den Alpenrosen und Enzianen. Ich träumte und schlief. Oder auch schrieb ich kleine Zettelchen mit Gedanken [...]. Es war aber auch das Künstlerwerden, an das ich immerzu dachte.«[93] In diesen Jahren schreibt er viel. Es scheint, als habe er sich auch als Schriftsteller denken können. Zwei Bücher beginnt er, die er »Sinn und Unsinn« und »Studien und Spielereien« nennen will. Er verwirft seine Notizen bald, fährt aber mit den Versuchen fort, sich schriftlich seiner selbst zu versichern. So fixiert er seine Vorstellungen von einer selbständigen Künstlernatur, einem Schaffen, unabhängig von Lehrern oder Kritikern. Schreibt Briefe an eine eher großmütterliche Freundin und kleine Gedichte und märchenhafte Impressionen, in denen er die Berge personifiziert und mystifiziert:

> »Der Mönch, er spricht: ›Diese herrlichen Augen sind groß und voll, so offen und hell und treu, als wie das ferne Blau des Himmels, die Heimat meiner unsterblichen Seele. Dann wieder sind sie tief und dunkel und so ruhig und feierlich ernst, als wie das Gemüt meiner hohen Himmelskönigin.‹ [...] Die Jungfrau erwacht: [...] Sie ist so süß, so lieb und fröhlich und ausgelassen. Alles, die ganze Welt ist ihr wie ein lichtes, silberglänzendes Nebelmeer, der Himmel ist voller Musik. Sie klatscht in die Hände und singt dazu, sie kichert und lacht, alles ist reizend und alles wird angeschwärmt. [...] Die Tage aber gehen, die Monde wechseln, die seligen Zeiten sind hin. Die göttliche Schönheit ist verflogen. Die Wangen sind blaß, die Lippen sind welk, ihr Gemüt ist versteinert, ihr Herz vereist. [...] Der Eiger murrt: Ihn peinigt der Gram. Er schielt spitzbübisch und knarrend beißt er die Zähne zusammen.«

Und so weiter. Emil Hansen kramt die Blätter zusammen, verschnürt sie und legt sie beiseite. »Maler werden war meine Bestimmung.«[94] Also malt er sie: Jungfrau, Mönch und Eiger. Er malt auch die Mythen und das Matterhorn in dem Jahr, in dem er es besteigt. Und wie in seinen fabulösen Geschichten, verleiht er ihnen allen menschliche Züge. Mindestens dreißig Zeichnungen entstehen auf diese Weise. Eine ganze Serie, die er als »Gebirgspostkarten« drucken lässt.

Die Angewohnheit des Kartenzeichnens hat Hansen schon ein wenig länger. Ansichtskarten sind damals groß in Mode. Seit 1872 befördert die Post auch solche, die von Privatpersonen auf eigene Rechnung fabriziert werden, und schnell haben sich Sammler für die unterschiedlichsten Motive gefunden. Hansen beginnt allerdings ganz privat und individuell. Von der Kegelclubtour schickt er Zeichnungen wie andere eine Reisebeschreibung: kleine witzige Szenen, zum Beispiel die Kegelbrüder, tatsächlich kegelförmig und doppellitermäßig heiter, St. Gallen entgegenstrebend, während er sich in Richtung Lugano verabschiedet. Auch von Tremezzo gibt es eine Karte, darauf der Maler am Comer See im strömenden Regen sitzend. Auf einer Wanderung im Lötschental im Sommer 1894 entsteht dann die erste Ansicht in neuer Qualität: »Als im Lötschental mir der Einfall kam, die grotesken Nordabhänge ins Märchenhafte übertragend als Bergriesen zu zeichnen [...], wurde es mir bewußt, daß ich auf unbetretenen Wegen mich befinde; solches in dieser freien eigenen Laune hatte noch keiner gemalt oder gezeichnet, ich wußte es, daß ich Künstler werde – und kein schlechter.«[95]

Die Bergpostkarte nach dieser Zeichnung schickt er zusammen mit anderen Entwürfen, darunter seine Masken-Bilder, an die gerade erst gegründete *Jugend, Münchner illustrierte Wochenschrift für Kunst und Leben.* Sie erscheint in der Ausgabe vom 5. September 1896 zusammen mit der seinem Märchen nachempfundenen Ansicht von Jungfrau, Mönch und Eiger. Bereits am 14. März, in der elften Augabe der *Jugend* waren zwei seiner Masken und in der Woche danach eine Zeichnung abgedruckt. Zwei weitere Masken finden sich in der Ausgabe vom 13. Februar 1897 und in der Faschingsausgabe des gleichen Jahres erneut eine Zeichnung. Die Bergpostkarte »Die Mythen – am Vierwaldstättersee« wird am 3. Juli veröffentlicht. Noch 1900 ist eine »Schweizer Postkarte v. E. Hansen (St. Gallen)«, allerdings im Anzeigenteil, zu sehen.[96] Der direkte Vergleich mit dem, was die Redaktion der *Jugend* sonst noch auswählt – und es finden sich viele bekannte Maler darunter –, macht die Qualität seiner Arbeiten durchaus deutlich.

Schon mit den ersten Veröffentlichungen der Gebirgspostkarten beginnt ihre beispiellose Erfolgsgeschichte. Sammler melden sich, um sie zu kaufen, Kunst- und Buchhandlungen, um sie zu vertreiben. Emil Hansen packt zu seinen Ersparnissen von zweitausend Franken noch zweitausend Franken Kredit und lässt drucken. Ein Risiko, das einzugehen sich lohnt: Nach zehn Tagen sind bereits über 100 000 Karten verkauft. Es erscheinen lobende Artikel in Zeitungen, bald auch Anzeigen der Händler, die sich auf dieses Geschäft stürzen. Ein großer Erfolg, aber dem geschäftlichen Hin und Her ist Emil nicht gewachsen. Da sind die Verhandlungen mit den Druckereien: Zuerst mit Dr. E. Albert & Co., München – mit ihr liegt er bald wegen »unpräziser Drucke« und »verspäteter Lieferung« im Clinch – und später V. Philipp & Kramer, Wien. Beides renommierte Unternehmen. Als erste Herausgeber firmieren F. Anton Prantl, ein Münchner Schreibwarengeschäft, und der Verlag F. Killinger, Zürich. Diese Geschäftsbeziehung erweist sich als ärgerlich, vor allem wegen Plagiaten, die in Umlauf kommen, aber auch wegen der verspäteten Auslieferung von 50 000 Karten. Dann die Zahlungsschwierigkeiten seines Münchner Verlags: Im Juni 1897 wartet Hansen auf ihm zustehende 10 000 Mark von Stern und Albrecht. Er braucht einen Anwalt, um all dieser Dinge Herr zu werden, und den Rat von Freund Wittner, der auch zur Verfügung steht. »Das war einmal ein Griff ins Volle, wie noch keiner auf diesem Gebiet gemacht worden ist«,[97] resümiert im gleichen Monat eine St. Gallener Tageszeitung. 25 000 Franken bleiben als Gewinn, davon leistet sich Emil Hansen ein Taschenmesser mit Nagelschere und drei Klingen und eine Ledertasche fürs Papiergeld. Der große Rest wird zum Startkapital für seine Karriere als freier Maler. Als er im Sommer gen Norden fährt, sieht er auf den Zwischenstationen München und Berlin seine Gebirgspostkarten ausgestellt: Er fühlt sich zu Recht als Berühmtheit.

Die St. Gallener Jahre bringen Emil Hansen viel: eine gesellschaftliche Stellung, die in Nolde Eindruck macht, eine Freundschaft fürs Leben, Vertrauen in das eigene künstlerische Vermögen. Aber das ist noch nicht alles: Verfolgte ihn in Berlin noch die Angst, er sei auf den Tod erkrankt, sieht das hier bald ganz anders aus. Die Untersuchung vor dem Abschluss einer Lebensversicherung hat ihm Gesundheit bestätigt, und daraus macht er Erstaunliches. Emil Hansen wird Extremsportler. Er beginnt mit Wanderungen im Appenzeller Land, mal allein, mal mit den Biertischgenossen, mal mit Freund Fehr. Seine Lieblingsstrecke sind die knapp vier Kilometer vom Wildkirchli – drei prähistorische Höhlen, in denen bis vor kurzem fromme Einsiedler gelebt haben –, vorbei am Seealpsee hinauf zur Meglisalp. Die geht er viele, viele Male. Andere Geheimplätze hat er auf dem Fröhlichsegg, Gäbris, Hohen Kasten, Säntis ... Bald zieht es ihn tiefer in die Berge hinein und auch höher hinauf. Im Wechsel mit Reisen in die Heimat im Norden verbringt Hansen seine fünf Wochen Sommerferien mehr und mehr auch mit Klettern: Im Appenzeller Land hat er schon den 2400 Meter hohen Altmann bestiegen, es folgt der Tödi in den Glarner Alpen, 3600 Meter über dem Meer. Und auch der Mürtschenstock mit 2400 Metern reizt ihn. Vorbereitungen auf größere Herausforderungen sind das, wie auch seine Exkursionen am Kletterstein oberhalb von Zermatt.

Immer wieder kehrt er ins Lötschental zurück, eine grandiose Berglandschaft: Auf weniger als dreißig Kilometern mehr als zwanzig Dreitausender. Urtümlich, wie die heidnisch-alemannischen Bräuche, der hier gepflegt werden. Zum

Beispiel während der Fastnacht, wenn bei der Tschäggätta Männer mit großen Masken, in Tierfelle gehüllt und mit Kuhglocken lärmend herumziehen, um Schrecken zu verbreiten. Auch wenn er nicht zur Fastnacht da war, hat Hansen ganz sicher die aus Zirbelkiefernholz geschnitzten Tschäggätta-Masken gesehen. Die Riederalp. Die Fafleralp. Singende Geißjungen, schäumende Gletscherbäche, Einkehr bei Sennerinnen. Ein wenig Malen, ein wenig Zeichnen. Herumsitzen und nichts weiter tun, als die Sprünge von an Zwirnsfäden gebundenen Heuschrecken zu beobachten. Regentage verschlafen.

> »(Fafler, Juli 1894) [...] Die Natur ist herrlich hier und großartig, das Haus aber, wo ich wohne, nur klein und bescheiden, die Wirtin nicht eben hübsch und auch kein blühendes Töchterchen ist da, aber freundlich sind die Menschen. Ich bin allein. Es ist mir auch recht so. Ich genieße Luft und Schönheit in vollen Zügen, gehe kleinere und längere Spaziergänge.« Und dann packt es ihn: »Eines schönen Mittags, nach dem Essen, ging ich fort. Es war warm, und ich suchte die Höhe. Der Weg ging an dem bewaldeten und felsigen Abhang empor, den Tellispitzen zu. Bald war die Baumgrenze überschritten und es wehte schon ein leiser, erfrischender Wind. Ich stieg weiter, mir war so leicht und vergnügt; mein Ziel war immer nur die vor mir liegende Spitze, hatte ich diese erreicht, dann zeigte sich in einiger Entfernung eine höhere, auch diese wurde erklommen und ohne Aufenthalt stieg und kletterte ich einige Stunden fort. Allmählich wurden die Felsen interessanter und wilder, das Klettern anstrengender und spannender; es reizte mich, ich stieg immer höher. Der schräge und zerrissene Talgletscher lag schon tief unten und es bot sich bereits eine schöne Fernsicht; ich beachtete dies alles wenig, das Klettern war zu

spannend; stellenweise wurde es auch recht gefährlich, da es die Anspannung aller Kraft und Gewandtheit forderte. Besonders eine Stelle, eine glatte, breite, senkrechte Platte, hätte mich bald zur Umkehr gezwungen. Es war kein Umweg zu finden, und die Kletterei mußte riskiert werden. Für die Hände bot sich an der scharfen Kante guter Halt, dagegen war nichts, wohin ich die Füße hätte stützen können, der Körper hing frei, und beim Versetzen der Hände wurde langsam nachgerutscht. Ich prüfte sorgfältig jeden Griff, es war notwendig, denn wenn die eine Hand versetzt wurde, hing die Last des Körpergewichts vollständig an der anderen. Mehrere hundert Meter tief unten, in fast senkrechter Linie war der Gletscher; es durfte jetzt kein ungeprüfter Griff geschehen, denn wenn sich eine Platte löste, dann ... dann adieu du schöne Welt. – Langsam ging es einige Meter vorwärts, die Hände wurden wund von dem scharfen Gestein und die Armmuskeln müde; trotzdem bewahrte ich immer noch die Ruhe und Überlegung. Einige lange bange Minuten, und ich konnte mit den Füßen den Felsen erreichen; es war überwunden.«

Lieber Emil Hansen, hier hat dich ganz sicher die Phantasie überwältigt. Sicher hast du gespürt, dass dein Leben, wenn nicht am seidenen Faden, dann doch buchstäblich an deinen Händen hing, die eigentlich Malerhände sein wollten, und es ist dir bang gewesen, keine Frage. Aber einige Minuten lang? Das hätten deine Hände und Arme nicht ausgehalten. Deshalb erst recht: Respekt vor deiner Gabe, auch mit Worten zu fesseln. »Ein leises Zittern machte sich bemerkbar, wohl teils von der Aufregung, teils durch die Anstrengung. Ich mußte ruhen, und eigentlich: jetzt zum erstenmal dachte ich darüber nach, was ich wohl hier mache.«[98] Das ist wirklich eine gute Frage. Vor nicht einmal drei Jahren lief er in den Wäldern um

Berlin herum, völlig verloren und halb verrückt vor Angst, er trüge eine heimtückische Krankheit in sich und müsse bald sterben. Und nun, wo er einen guten Platz gefunden hat, riskiert er sein Leben? Wofür? Ein Maler, der – wofür? – seine Hände trainiert, damit sie sein Gewicht halten? Später versteht er sich selbst nicht mehr, nennt diese Zeit verwegen und verantwortungslos. Aber für den 27-Jährigen müssen diese Herausforderungen gerade recht gekommen sein. Er hat sich wohl seiner physischen Kraft versichern müssen. Und seiner psychischen, was ungleich schwieriger war und noch lange problematisch bleiben würde: »Ich lebte in Selbstkampf und Brechungen [...] und es war mir bewußt, daß hinter einem Grat ein tiefer, tiefer, schauriger Abgrund gähnt.«[99] Damit ist durchaus kein realer Abgrund gemeint. Im Juli 1894 will Hansen es gleich noch einmal wissen: Am 16. und 17. gelingt ihm über den großen Aletschgletscher der Zustieg auf die Konkordiahütte und von dort aus die Jungfraubesteigung: »die Tour war schön, aber anstrengend. Allein 21 Stunden lang hatten wir den Gletscher zu passieren. Einigemal sind wir die Gletscherspalten hinabbengeplumpst, aber mit dem Schrecken davongekommen.«[100]

Im übernächsten Jahr bezwingt er am 13. und 14. August den Monte Rosa in den Walliser Alpen und keine Woche später, am 19. August 1896, unter ungewöhnlich schwierigen Bedingungen, das Matterhorn. Erst einmal wird der Aufstieg wegen der schlechten Wetterverhältnisse abgebrochen, nachdem man schon eine nasskalte Nacht auf der Matterhornhütte verbracht hat: Zu Neuschnee und Eis ist noch ein starker Wind gekommen. Die drei Bergtouristen mit ihren Führern sind gezwungen, ins Hotel Schwarzsee zurückzukehren, und von dort am Nachmittag wieder zur Hütte aufzusteigen, wo sie eine weitere ungemütliche Nacht zubringen. Um halb drei endlich – bei Lampenlicht – beginnen sie erneut den Aufstieg.

Emil Hansen hat sich einen elitären Sport ausgesucht. Bergsteigen auf diesem Niveau ist kostspielig. Man muss neben den Übernachtungen in den bergnahen Hotels einen Führer bezahlen. Seiner ist Salomon Knubel, 23 Jahre alt, aus einer Bergsteigerfamilie stammend. Sein Vorfahre Peter Knubel zählte zu den ersten kundigen Matterhornführern. Der junge Salomon wird sein Leben in den Bergen lassen. 1902, sechs Jahre nach der Matterhornbesteigung mit Hansen, stürzt er am Wetterhorn tödlich ab. Auch die beiden anderen Teilnehmer, ein Professor Zott aus Landshut und ein Dr. Bergmann aus Düsseldorf, haben erfahrene Führer. Johann Kehrer, er war schon im Himalaya unterwegs, und Alexander Burgener, der König der Bergführer. Eine imposante Persönlichkeit, Nolde hat ihn gemalt.[101] Mit genagelten Bergschuhen und keinesfalls dem heutigen Standard vergleichbarer Kleidung ist man unterwegs. Hansen, der mit Knubel zum Schluss geht, rieselt der von den anderen losgetretene Schnee »an den aufgehobenen Armen abwärts, bis an die Ellbogen und weiter, dort zerschmolzen [...] frostig den Körper entlang. Auch vom Nacken aus über den Rücken herunter [...] das gleiche kalte Spiel.« – »Wir verblieben eine kleine halbe Stunde oben und genossen alle Schönheit und Ruhe mit Muße. Mich speziell interessierten die eigentümlich schönen Farben und die merkwürdigen Wolkenbildungen.«[102] Der Abstieg kommt ihm gefährlicher vor, vieles war in der Dunkelheit morgens nicht erkennbar gewesen. Siebeneinhalb Stunden hinauf, eine halbe oben, acht hinunter ... insgesamt 16 Stunden. Emil Hansen kann das Matterhorn abhaken. »Der Sohn der Ebene war allmählich bekanntester Hochtourist geworden.«[103] Von der Riffelalp sind die Bergsteiger per Fernrohr beobachtet worden, mehrere Zeitungen berichten darüber: das *Journal de Zermatt*, die *Straßburger Post* und sicher auch St. Gallener Tageszeitungen. »Vom Nordpol kam der Nansen, vom Matterhorn der Hansen«,[104] ein schmeichelhafter Vergleich macht die Runde.

Ein Jahr später, 1897, kann er seiner Liste der bestiegenen Gipfel den Ortler und den Cimone della Pala in den Dolomiten hinzufügen. Er ist tatsächlich eine Berühmtheit geworden, die im S. A. C., dem Schweizer Alpen Club, dem er angehört, entsprechend gewürdigt wird, zum Beispiel dadurch, dass man ihn Vorträge über seine spektakulärsten Bergbesteigungen halten lässt. Ansonsten geht es dort nicht viel anders zu als im Kegelclub. Es wird viel gezecht. Emil Hansen glänzt mit selbstentworfenen Flaschenetiketten, darauf launige Sprüche und Karikaturen, die stark an seine berühmten Gebirgspostkarten erinnern.[105]

Emil Hansen – oder Emil Nolde –, der introvertierte Künstler? Das denn wirklich nicht. Der junge Mann lässt jedenfalls nichts aus. Juli 1894, eine Hütte auf der Guggistaffel, einer Alpweide am oberen Ende des Lötschentals: Es ist nachts halb zehn, als Emil Hansen und sein Wirt aus Fafler eintreffen, »und die Leute waren schon recht animiert«. Zucker, Kaffee und drei Liter Schnaps, da »lösten sich alle Bande«: Wildes Schreien, wildes Handgemenge, Durcheinander von Trinkgefäßen und Kleidungsstücken, aufgelöste Haare der Frauen und irgendwie auch aufgelöste halbwüchsige Geißbuben. Der noch halbwegs nüchterne Maler geht zum Lachen nach draußen. »Um 2 Uhr mit Jodelgeschrei stolperten wir, in der Hand unsere Laterne, den holperigen Weg entlang gen Fafler zu. Einem Geißjungen war so übermäßig wohl und warm, daß er sich mit Wohlbehagen in einer Wasserrinne umherwälzte, dann aber etwas zahm geworden, sagte er: ›Gute Nacht‹, und schlenderte seiner Hütte zu.«[106]

Wenn die Burschen vom Tal heraufkommen, ist abends Tanz zur Mundharmonika. Besonders rhythmische Passagen werden mit kräftigem Stampfen auf dem Bretterboden begleitet. Alle tragen wie alle Tage genagelte Schuhe. Hansen die gleichen, mit denen er vor wenigen Tagen die Tellispitzen erkletterte.[107] Von unten dringt durch die offenen breiten Spalten zwischen den Dielen das sanfte behäbige Stöhnen der Kühe. Wenn sie ihre Köpfe schütteln, entsteht durch den Klang der Glocken an ihrem Hals die richtige »älplerische Stimmung«. In all dem Getöse vertieft sich Hansen ins feine Gefühl der Fingerspitzen, wenn seine Hand weich die volle Form der Tänzerin fasst: »Die Sennerinnen trugen kein Korsett, wie es unsere Stadtkinder tun.«[108] Ach, die Frauen. Als eine bei ihm fensterlt, macht er nichts aus der Situation. Auf diesem Gebiet ist Hansen alles andere als ein Draufgänger. In Tremezzo verliebt er sich ein wenig in ein junges Mädchen, das mit Mutter und Bruder dort Ferien macht. Er malt sie, sie reist ab und er zieht traurig weiter nach Bellagio. Das alte Lied. Immer wieder erwähnt er in seinen Erinnerungen Begegnungen mit jungen Frauen: eine neckisch ungezogene schöne Clara,[109] die beiden Mädchen – »Sprößlinge Essener Großindustrie«[110] –, mit denen sich Hansen und sein Freund Fehr in Göschenen öfter trafen. Noch nach Jahrzehnten hat er sie nicht vergessen.

In St. Gallen ist Emil Hansens Leben überwiegend bestimmt durch Männerbünde und Männerfreundschaften. Eine Liebe? Keine Liebe, jedenfalls keine erwiderte. Ein Glück ist ihm hier nicht erwachsen. Was hier Anerkennung findet, kann ihm nicht genügen. Das Kleinstädtische geht ihm längst auf die Nerven. Dabei hat er alle Möglichkeiten ausgeschöpft: Hansen ist Mitglied im St. Gallener Kunstverein, dort kann er 1892 zweimal, 1893 und 1895 je einmal ausstellen. In diesem Jahr hält er anlässlich der 60. Stiftungsfeier des Gewerbevereins sogar eine Rede. Man stelle sich vor: Vereinspräsident Carl Emil Wild, für die Liberalen St. Gallens im Parlament – der Wild, der Hansen zu ehrgeizig findet und deshalb nicht leiden kann, der Wild, der Hansen auf die Nerven geht, weil er ihn mit endlosen Sätzen in vollendeter Sprache und kunstgeschichtlichen Vorträgen »totredet«[111] –, begrüßt die im Japanischen Saal des Hotels Walhalla Anwesenden, dann steht Emil Hansen auf und spricht. Anschließend gibt es Gerstensuppe, Kochschinken mit Gemüsen und Madeirasoße, Kapaun mit gemischtem Salat und eine Pastete. Ein Festmahl. Die Gäste halten ein Faltblatt mit den Progamm- und Menüpunkten in Händen, zu dem Hansen die Zeichnungen geliefert hat. Das macht einen ausgezeichneten Eindruck. Wie auch sein Entwurf eines Pavillons für die Genfer Gewerbeausstellung 1896, seine Vorlagen für Stickereien, aber erst recht für Arbeiten in Holz oder Silber, für Kunstschmiedearbeiten und für besondere Drucke.

Hansen ist vorangekommen. Er hat begriffen, dass sich Stile weiterentwickeln lassen, ist den Weg vom Historismus zum Jugendstil gegangen. Er hat sich vom Dekorativen gelöst, die Genauigkeit in der Darstellung abgelegt, zunächst durch Verwenden und Verfremden der natürlichen Vorbilder. Er hat entdeckt, dass eine besondere Spannung dadurch erzeugt werden kann, dass man konkrete Porträts beispielsweise ins Floral-Ornamentale oder auch in andere Darstellungen einfügt, wie die Gebirgspostkarten zeigen. Diese Entwicklung ist für Hansen gleichbedeutend mit mehr Künstlertum. Derweil nimmt er an Museumsbällen teil und liefert regelmäßig die geforderten und aus Nolde geschickten guten Leumundszeugnisse ab. Emil Hansen hat sich in St. Gallen etabliert, könnte man sagen. Er hat Kontakte geknüpft, die für einen ehrgeizigen jungen Mann vorteilhaft sind. Zufrieden hat ihn das nicht gemacht. Seine Messlatte liegt hoch: »Der Künstler muß tief empfinden und scharf denken können, wenn diese Eigenschaften nicht vorhanden sind, dann ist er kein Künstler. – Einer selbständigen Künstlernatur muß jede Kritik, schlecht oder gut, gleichgültig sein, er wird selbst immer einen höheren Standpunkt einnehmen als diese. – Je größer die verliehene Künstlergabe, um so weniger Ausbildung genügt; große Künstlernaturen finden unbeirrt ihren Weg. – Der wenig empfindende und oberflächlich denkende stellt an die Kunst keine großen Ansprüche, ihm gefällt, was er versteht, die Mittellinie.«[112] Seine Worte. Und so steht er mit allem, was er in St. Gallen produziert hat, längst nicht da, wo er hinwill. Auch nicht mit den *Bergriesen.* Unbedarft hat er die Leinwand besorgt, unbedarft zwei Jahre in Öl gemalt und immer noch unbedarft das Ergebnis 1895 oder 1896 nach München zur Jahresausstellung geschickt: vier monumentale Gestalten an einem Tisch vor rötlich-gelbem Himmel, vier groteske Fratzen, Trolle vielleicht oder Räuber, wie aus einem Märchen. Dichtgedrängt hocken die Kerle zusammen, so groß und so nah gemalt, dass wer immer das Bild anschaut, mit am Tisch sitzt bei den fürchterlichen Bergriesen. Sie werden zurückgewiesen.

Ebenfalls 1895 malt er ein Aquarell, das aus dem Rahmen der sonstigen St. Gallener Produktion fällt. Es ist nur 8,4 mal 10,2 Zentimeter groß, mit »schwül zwischen Wolken aufgehender Sonne« über hellen Bergwiesen und dunklen Baumwipfeln, wie Silhouetten, und »stand lange auf meinem Schreibtisch, ich habe es wohl tausendemal angeschaut. Es schien mir richtunggebend, weil es mich so freute. Aber kein weiteres Bild dieser Art wollte mir wieder gelingen. Ahnte ich den weiten Weg von der äußerlich gesehenen abschreibenden Naturfreude – wie bisher meine landschaftlichen Aquarelle alle entstanden waren – zu der von innen kommenden, künstlerisch freien Gestaltung?«[113] Er will sich weiterentwickeln, seinen Weg zur freieren Gestaltung weitergehen, jemanden finden, der ihm diesen Weg weist. Einen Lehrer vielleicht?

Unterstützungsgesuche braucht er seit dem finanziellen Erfolg der Gebirgspostkartenserie nicht mehr zu schreiben. »Schließlich eines Tages erbat ich mir einen Extraurlaub und bald danach erfolgte die Quittierung meiner fesselnden Pflichten, denen ich schon längst entwachsen war.«[114] Das muss unbedingt richtig verstanden werden! Nicht er ist es, der quittiert, sondern: »Dem für das figürliche Zeichnen und für Entwürfe zu kunstgewerblichen Arbeiten angestellten Hrn. E. Hansen ist auf Ende des Schuljahres gekündigt worden, weil Hrn. Hansen nicht gelungen ist, die gewerbliche Seite seiner Aufgabe, auf die von Anfang an das Schwergewicht gelegt wurde, in einer Weise auszubilden, wie man es erwartet hatte und verlangen musste, um das von Hrn. Hansen bezogene Honorar zu rechtfertigen. Das figürliche Zeichnen allein kann und darf an unserer Schule keine volle Stelle beanspruchen.«[115] Der Verwaltungsbericht des kaufmännischen Direktoriums der Zeichnungsschule ist eindeutig: Emil Hansen wurde entlassen. Dass er kündigte, um als freier Maler zu leben, weil er es sich dank seiner Einnahmen aus dem Gebirgspostkarten-Coup leisten konnte, ist eine den Künstlermythos bedienende Legende.

Hansen gibt seine Wohnung in dem dreistöckigen Haus am Rosenberg in der Tigerbergstraße 16 auf. Wie oft ist er von dort aus durch das Dohlengässchen hinunter ins Tal gegangen. Die zehn Minuten zu seinem Arbeitsplatz in der Schule im Gewerbemuseum. Oder zu den Fehrs in der St.-Leonhard-Straße. Oder etwas weiter, auf die andere Talseite, wo Wittner oberhalb des Nestweihers wohnte. In St. Gallen hält ihn nichts mehr. Die beiden engsten Freunde haben die Stadt verlassen. Hans Fehr ist auf Wunsch seines Vaters, der selbst dem Würzburger Corps Nassovia angehört, in Würzburg. Max Wittner in Aachen. Für eine gewisse Zeit wechseln die beiden Briefe. Vier Jahre später sehen sie sich wieder,

»ganz herrlich«[116] fühlt sich das an, dennoch – den Anfang vom Ende der Freundschaft will Hansen/Nolde da schon gespürt haben.

Vor sechs Jahren ist er mit dem Zug in St. Gallen angekommen, da lag der Schnee einen Meter hoch. Er verlässt die Stadt ebenfalls im Winter. Im Rückblick vom Bodensee aus ahnt er die Säntisgruppe. Sein Gepäck ist wertvoller geworden. Er wird in München in mehrfacher Hinsicht gut ausgestattet eintreffen.

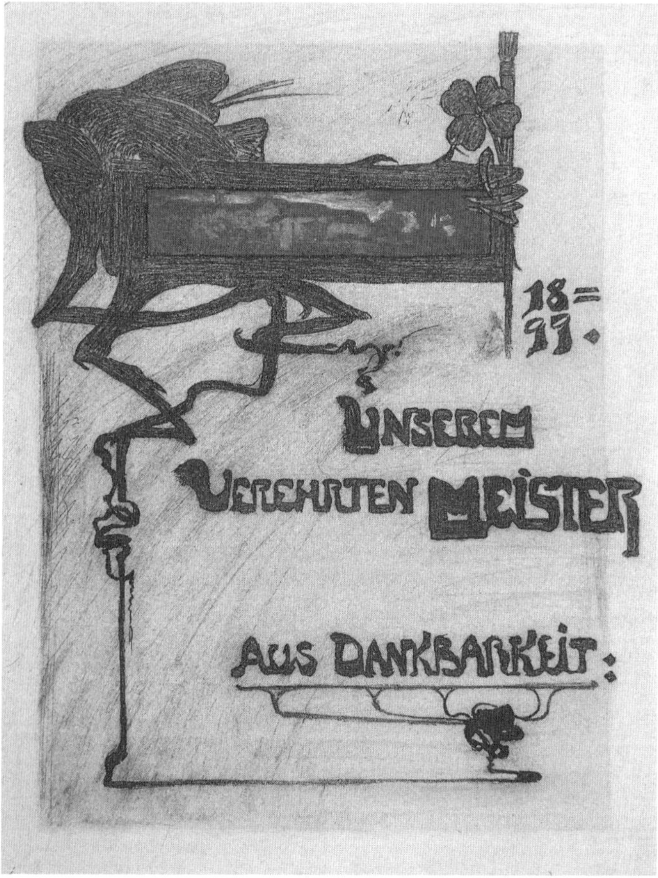

Emil Hansens Beitrag zu einer Mappe für seinen
Dachauer Lehrer Adolf Hölzel 1899

»Oft nur fragend und zweifelnd und voll Sehnsucht«[117]

MÜNCHEN UND PARIS: MALSCHÜLER

Allerdings: Der Stolz ist verflogen, mit dem der Lehrer am Industrie- und Gewerbemuseum einmal während einer Zugfahrt in den Norden den Mitreisenden seine Bilder zeigte. Oder auf dem Rückweg von Nolde in Karlsruhe ausstieg, um dort durch einen alten Bekannten imponierende Geschichten aus St. Gallen verbreiten zu lassen. Oder der ihn überkam, als er auf einer Reise von München nach Berlin in beiden Städten die Gebirgspostkarten ausgestellt sah. An den Lektionen, die ihm im Jahr 1897 aufgegeben worden sind, wird er noch eine Weile zu lernen haben. Auffällig seine neue Haltung zum kommerziellen Erfolg: Er lehnt ihn ab, will sich nicht gemein machen mit Künstlern, die den Untergang einer Schiffsladung mit Bildern für eine Ausstellung in Südamerika bejubeln, weil nun ohne den Umweg über den Markt eine Summe, die Versicherungssumme, für die Bilder gezahlt wird. Auch nicht mit denen, die große Augen machen angesichts der 15 000 Mark, die Lenbach für ein Porträt bekommt,[118] oder eben auch angesichts der Einnahmen, die die Gebirgspostkarten gebracht haben. Neidfrei hatten die Schweizer auf diesen Geldsegen nicht reagiert: »Ja, ein Hansen oder so einer, der kann natürlich mehr, denn er hat sich in eine Stellung hineingeschwindelt, wo er mit Nichtstun 5 bis 6000 Franken einsteckte und daneben sein ›Geschäft‹ betrieb«.[119] Vielleicht hatte diese

Stimmung in St. Gallen auch zu seiner Kündigung beigetragen. Jedenfalls will er nun alles, was damit zusammenhängt, hinter sich lassen und »das Handwerk, die Technik des Malens«[120] erlernen. In der Akademie der Bildenden Künste in München. Schon einmal hat er versucht, in dieser Stadt Fuß zu fassen. Sollte es dieses Mal gelingen, wäre der Schweizer Misserfolg sicher leichter zu verwinden. Immer wieder hat es ihn in die bayerische Metropole gezogen, gerade erst im vergangenen April war er ein paar Wochen hier, um sich im Lithographieren ausbilden zu lassen.

Im Haus des Formenschatzes in der Luisenstraße, am runden Kaffeetisch vis-à-vis der wüst kämpfenden Kentauren von Arnold Böcklin, macht er als Gast von Dr. Hirth, dem Herausgeber der *Jugend*, hoffentlich eine bessere Figur als bei einem Treffen mit Martha Cunz, einer der Bürgerstöchter, mit denen er auf Bällen in St. Gallen tanzte. Die beiden laufen sich in München über den Weg, im Glaspalast, wo eine Gemeinschaftsausstellung der Münchner Secession und der Münchener Künstlergenossenschaft stattfindet. Emil Hansen, linkisch und maulfaul, langweilt sie nicht zum ersten Mal über die Maßen. Das Plakat zur Ausstellung hat Franz von Stuck entworfen, das konnte Hansen nicht übersehen. Böcklin und Stuck. Wie war es noch vor wenigen Jahren mit Hans Fehr am »herrlichen Comosee«? »Dort saßen wir dilettantierend auf je einem Fels und riefen einander zu: ›Böcklin, wie geht's!‹ – ›Stuck, was mach'st‹ und pinselten weiter mit unseren Wasserfarben. – Die Namen dieser Künstler standen damals hoch in Ehren, und uns vielleicht war es dabei, als ob eine ganz kleine Nebenehre auch uns zufiel. Wie seltsam ist es, daß er [Fehr] damals gelegentlich sagte: Wie müßte es schön sein im Leben, wenn einen so großen Künstler wie Böcklin man zum Freund haben könnte!«[121] Als Emil, dann schon Nolde, das 1931 in seine Erinnerungen aufnimmt, hat er Böcklin und auch Stuck auf seine Weise hinter sich gelassen. Aber 1897/98 will er Schüler dieses Franz von Stuck werden. Er sucht ihn auf, »an seiner Türschwelle stand ich, Arbeiten ihm zeigend, hoffend«,[122] bewirbt sich an der Akademie der Bildenden Künste – und wird abgewiesen. Die Chance, Kommilitone von Josef Albers, Wassily Kandinsky, Paul Klee, Alfred Kubin, Franz Marc, Otto Mueller, Bruno Paul, Hans Purrmann, Christian Schad, Edwin Scharff, Max Slevogt, Lesser Ury, Albert Weisgerber … zu werden, sie ergibt sich nicht.[123] Eine weitere Enttäuschung.

Emil Hansen muss Privatunterricht nehmen. Noch hat er die Taschen voller Geld, kein Problem also. Er geht zu Friedrich Fehr, einem der ehemaligen Akademieschüler, die selbst Schulen gründeten, wie auch Anton Ažbe 1891 und der Ažbe- und Stuck-Schüler Wassily Kandinsky 1901. Die Malschule Fehr liegt in der Theresienstraße in der Maxvorstadt, direkt an der Grenze zu Schwabing. Die unerreichbare Kunstakademie ist gleich um die Ecke in der Barer Straße. Vermieter für Leute wie Hansen gibt es in der Nähe viele: Im Januar bewohnt er ein Zimmer bei Hammerls in der Dachauer Straße 37 im ersten Stock, im Mai eines bei Günthers in der Schnorrstraße im dritten Stock.[124]

Emil Hansen lernt von Friedrich Fehr einen neuen Blick auf Farben. Im Sommer kommt er mit nach Polling, wo Malen vor der Natur auf dem Lehrplan steht. Unter den Schülern sind viele Ausländer, traditionell viele Amerikaner.[125] Man lebt und arbeitet im aufgelassenen Kloster oder bei Bauern im Dorf, und eine schöne Wirtschaft gibt es auch. Hansen hält es dennoch nicht lange als Fehr-Schüler aus, »landschaften« kann er auch im Norden. Dahin zieht es ihn. Wochenlang treibt er sich in der Heimat herum, bis nach Dänemark führen ihn seine Streifzüge. Da fasziniert ihn eine Zigeunerfamilie. Wie schon bei den Appenzellern spürt er dem Ursprünglichen nach, das er in diesen Menschen vermutet.

Im September ist Hansen wieder in München. Er wohnt nun bei Brachinger in der Arcisstraße 46 im dritten Stock – die Münchner Steuerbehörde lässt keine seiner Adressen unbeachtet, es geht um ihren Anteil am Gebirgspostkarten-Erlös –, bis er am 2. März 1899 zu Adolf Hölzel[126] nach Dachau geht. Eine gute Wahl. Mit diesem Lehrer versteht er sich besser als mit Fehr. Hölzel geht mit seinen Schülern und Schülerinnen ins Dachauer Moos, eine unbesiedelte Gegend, die man von München aus wenn nötig auch zu Fuß erreicht. An Föntagen begrenzen die Alpen die Sicht über die aus feuchtem Grund wachsenden Wiesen und Wälder hinweg. Zauberhafte Erscheinungen im ständig wechselnden Licht – für Maler ebenso anziehend wie die Gegend um Worpswede, wo sich die zweite wichtige Malerkolonie dieser Zeit befindet. Hier wie dort ist der akademische Lehrbetrieb abgetan, der Blick frei für die Lebensverhältnisse der Menschen, die unumkehrbar auf dem Weg in die industrielle Gesellschaft sind. Emil Hansen kennt Vergleichbares aus der Umgebung der Stickereistadt St. Gallen. Hölzel, auf den er sich nun einlässt, bei dem er Linie, Form, Hell-Dunkel-Verteilung sowie dessen Lehre von den sieben Farbkontrasten und einem System von Farbkreisen studiert,[127] wird in wenigen Jahren erste abstrakte Bilder malen.

Emil Hansen spukt noch der Spaziergang mit Lovis Corinth im Kopf herum. Vor Jahren ist er dem Maler, der auch in Dachau war, in Appenzell begegnet. Sie gingen gemeinsam ein Stück und sprachen über Münchens Künstlerszene, die Malerfürsten von Stuck und von Lenbach. Und sicher auch über Corinths Weg zum Künstler, der über Paris und dort über die Académie Julian führte. Was immer er von Malern hört oder sieht, Emil Hansen nimmt es begierig auf, besucht sie, wenn möglich. 1899 studiert er Bildkompositionen von Goya, James Whistler, Jean-François Millet, Adolph von Menzel, John Constable, George Frederic Watts, Arnold

Böcklin, Anders Zorn – und Max Liebermann, ebenfalls Dachauer.[128] Er bedient sich aus verschiedenen Epochen, verschiedenen Ländern, verschiedenen Stilen[129] und stellt sich doch zuverlässig quer, wenn es um Ismen geht. Ob »Pleinairismus, Realismus, Symbolismus, Impressionismus, Pointilismus«:[130] In keiner Schublade will er landen.

Auch unter seinen Nachbarn an den Staffeleien in München, Polling, Dachau fühlt sich Hansen als etwas Besonderes. Was ihn ganz offensichtlich von ihnen unterscheidet: Die Schüler der privaten Malschulen, wie übrigens auch der Akademie,[131] sind deutlich jünger als er. Friedrich Fehr war 16 Jahre alt, als er 1878 an der Akademie aufgenommen wurde, Clara Westhoff gerade 17, als sie 1895 zu Fehr kam.[132] In dem Jahr, in dem Hansen/Nolde – mit dreißig! – in dessen Schule eintritt, verlässt sie München. Er trifft sie später in Paris wieder. Aber die Jugend ist nicht alles. Es geht ums künstlerische Potential: »Und wenn ich heute sämtliche angehende Maler, mit denen ich in Berührung gekommen bin, ansehe – es mögen vielleicht reichlich hundert sein –, sind davon wohl nur vier bis sechs, welche ich einigermaßen hochschätze (d. h. natürlich künstlerisch), und ich muß zugeben, daß, was künftige Befähigung anbelangt, ich von diesen mit niemandem tauschen möchte.« Hier pfeift einer beim Gang in den Keller. Ob er selbst diese Befähigung hat? Da hilft nur der Glaube an sich selbst und ein guter Plan, wie er ihn im Februar 1899 Fehr in einem Brief mitteilt.

> »Im Sommer [1898] war ich mit ihm [Friedrich Fehr] in Polling, Oberbayern, wo ich nur landschaftete; dann auch im Herbst zu Hause zwei Monate landschaftete ich. Anfangs noch war ich technisch ziemlich schwerfällig, erzielte aber während der verhältnismäßig kurzen Zeit eine sehr freie Technik. Diesen Winter nun male ich Kopf- und Aktstudien.

Letzte Woche war ich im Isartal oben, Schnee malen, und wahrscheinlich Anfang März gehe ich wieder nach München, um in der Nähe den Vorfrühling zu studieren. Dann will ich ein paar Monate Figurenstudien machen, im Sommer Akt- und Figurenstudien im Freien, im Herbst wieder Landschaftsstudien – und zum Winter denke ich für einige Monate nach Paris (zu gehen), um dann, wie ich hoffe, nächstes Jahr meine Studien beendet zu haben und selbstschöpferisch die Kunst anzupacken.«[133]

Seine Gespräche mit Hölzel bestätigen, was er selbst längst erkannt hat: »Ich malte das Moos der Bäume so überzeugend, daß es als wirkliches Moos angefaßt werden konnte, und ein Büschel ins Gemalte hineingesetzt, war nicht als solches erkennbar. Aber das kleine Werk war kein Kunstwerk, höchstens nur ein Kunststück, und in meiner denkenden Unruhe kam ich zu der Fassung, daß ›je weiter man sich von der Natur entfernt und doch natürlich bleibt, um so größer ist die Kunst‹. Vordem aber schon hatte ich die Naturwiedergabe, anstatt mit hundert Strichelchen, mit einem oder zwei Strichen hingesetzt, und bei dieser technischen Umwertung, mit den darumliegenden Farbenstrichen, den Eindruck von Kunst, so gut als damals ich es eben machen konnte, empfunden.«[134] Eine aufregende Erkenntnis, Jahrzehnte später so in seiner Autobiographie formuliert. Aus Dachau schreibt er am 7. Mai 1899 an seinen Freund Fehr lediglich: »Ich male hier viel und mit gutem Erfolg. Bei einer Konkurrenz erhielt ich dieser Tage den ersten Preis.«[135] Und wie schon in Karlsruhe tut er sich durch ein Schmuckblatt hervor: »Unserem verehrten Meister aus Dankbarkeit« steht darauf. Angelegt ist es genauso wie das von 1889 und doch ganz anders ausgeführt.[136] Emil Hansen hat sichtbar dazugelernt.

In beiden Briefen an Fehr, dem aus München im Februar

und dem aus Dachau im Mai, gibt Emil Hansen sich sehr selbstbewusst: »Nach dem Fehrschen Unterricht suchte ich Stimmungen zu malen und entgegen Hölzels Theorien Farbigkeiten, und dabei erreichte ich zuweilen ein selbstgefundenes Ziel, oft nur bescheiden, aber der Nachahmungsgefahr war ich enthoben.«[137] Als er München dann tatsächlich, wie geplant, verlässt und nach Paris geht, tut er dies mit vorgeblich gestärktem Selbstbewusstsein. Doch tief innen gilt: »Glücklich aber war ich während dieser Zeit nicht. Oft nur fragend und zweifelnd und voll Sehnsucht.«[138]

Die Sehnsucht. Obligatorischen Künstlerlustbarkeiten versagt sich Emil Hansen ebenso wenig wie den obligatorischen Frauengeschichten, als da wären ein Fräulein Kaumann »mit den Rosenwangen« und eine Russin, sie war »reizvoll, angeraucht in Braun, mit dunklen Augentiefen und schweren schwarzen Wimpern«,[139] die mit ihm zu einem Fest geht – auf dem er sich tanzend ordentlich exponiert – und dann nach Moskau entschwindet. Zum Schluss eine Ungarin mit blauschwarzem Haar, die er mit einer verwegenen Geschichte von einem Fluch, der über ihrem Leben liege, ausstattet: »Sie schrie in Raserei, wie ein junges Tier [...]. Der Abschied von ihr war mein Abschied von München.«[140]

»Wir saßen im Zug, geräucherte Amsterdamer Heringe essend, und dann – kam Paris. Das Herz pochte voll Erwartung, wie vor dem Schönsten, das es auf Erden gibt.« Das ist im Herbst 1899. Wir, das sind Emil Hansen und Emmi Walther, und die Amsterdamer Heringe lassen vermuten, dass die beiden von Norden her anreisen. Fräulein Walther ist sieben Jahre älter als der mittlerweile 32-jährige Hansen und in Hamburg geboren. Seit 1896 ist sie Hölzel-Schülerin und in Dachau verankert, wohin sie nach ihrem Aufenthalt in Paris auch wieder zurückkehren wird. Dort hat Emil Hansen sie auf der Straße kennengelernt. Im Hölzel-Gefolge herrscht ein liberales Durcheinander, der Maler und Lehrer zieht Junge und Ältere – auch mit Familie –, Arme und Wohlhabende an. Emmi und Emil, auch so eine Mischung, verstehen sich gleich gut. Vielleicht, weil beide von religiösen Themen fasziniert sind.

Emil Hansens Kontakte zu Malerinnen sind häufig darauf zurückzuführen, dass ihm die Akademie versperrt bleibt, wie den Frauen grundsätzlich. In Paris ist das nicht anders. Und so möchte man doch annehmen, dass er nur aus dem Gefühl einer lästigen Konkurrenz heraus Jahrzehnte später in seinen Erinnerungen ganz unleidlich schreibt: »Kunst im höchsten Ausmaß ist eine männliche Funktion.«[141] Und, ebenso deutlich: »Wer hat die Kapellen, Kirchen und Räume gesehen, wo malende Frauen und unfähige Maler große Aufträge ausführen durften?«[142]

Emil wird neun Monate in Paris bleiben. Es ist das Jahr der Weltausstellung, die alles, was er an Vergleichbarem in Deutschland und in der Schweiz gesehen hat, weit übertrifft. Überbordende Vielfalt, kaum zu bewältigende Anregungen, Ablenkungen und Gefährdungen erwarten ihn in der Stadt, in der er eine weitere Station seiner Lehr- und Wanderjahre absolviert. In seinen Erinnerungen findet all die Pracht kaum statt, in einem Loch von Unterkunft hockt Emil Hansen abseits: »Es war viel Trubel auf den Boulevards und in den Ausstellungshallen. Die Gongs in den marokkanischen Buden tönten dumpf und dunkel. Zu den Abteilungen der Kunst ging ich öfters.«[143]

Er nimmt Unterricht an der Académie Julian. Eine Bewerbung an der École des Beaux-Arts brauchte er als über 30-Jähriger, der die Landessprache nicht beherrscht, gar nicht in Betracht zu ziehen. Gerade wegen der dort geforderten Französischkenntnisse – begründet durch Steuergelder, mit denen die staatliche Einrichtung finanziert wird – besuchen sehr viele ausländische Studenten die renommierte private Kunstschule auf dem Montmartre. Darunter viele, die einmal einen großen Namen tragen werden: Jean Arp, Ernst Barlach, Pierre Bonnard, Lovis Corinth – wie erwähnt –, Marcel Duchamp, Fernand Khnopff, Georg Kolbe, Käthe Kollwitz, Fernand Léger, Sabine Lepsius, Dora Maar, Henri Matisse, Max Slevogt, Édouard Vuillard. Auf seine Mitschüler schaut Emil Hansen genau, studiert deren Arbeiten. Die Lehrer, für die diese Akademie berühmt ist, sagen ihm nichts.

»Wir waren nicht viel, aber gern zusammen«,[144] so beschreibt er sein Verhältnis zum jungen Hans Fehr während der St. Gallener Zeit. Das ändert sich in Paris, denn sein ehemaliger Schüler ist dort seit diesem Jahr Attaché an der Schweizerischen Gesandtschaft! Schon zu Beginn seines München-Aufenthalts plante Hansen, auch nach Paris zu gehen, seiner Meinung nach ein Muss auf seinem Weg. Wenn der Freund auch da war, umso besser.

Aber Hansen und Paris erweisen sich als nicht kompatibel. Französisch will und wird er nicht lernen. Zwar nimmt er auf Betreiben Fehrs Privatunterricht, gibt ihn aber bald wieder auf. Warum? Weil die Lehrerin zu hässlich ist! Mehr, als in einem Café eine deutsche Zeitung zu bestellen, lernt er nach eigenen Angaben nicht. »Wie unbeholfen wirkte er gegenüber den beweglichen Franzosen! Wie schlecht war seine Kleidung, wie elend seine Wohnung in der Dachkammer!« Die Verhältnisse kehren sich um: In Paris wird Fehr zu seinem Lehrer. Sozusagen an dessen Hand läuft Hansen die Boulevards und auch die Kabaretts ab. Um sich zu emanzipieren, wagt er etwas Besonderes: »Ich will einmal in einem sehr feinen Restaurant essen, und zwar ohne Dich, ganz allein. […] bin gespannt, wie mich die Kellner bedienen.« Dieses Mahl endete damit, dass er die Fingerschale austrank. Er soll jedoch den Humor besessen haben zu sagen: »Aber ich habe etwas gelernt.«[145] Ob er auch die Titulierung »tête de veau«, die ihm ein Mitschüler verpasste und deren Übersetzung ihm von der Speisekarte her bekannt war, ebenso locker weggesteckt hat?

Es scheint eher, als sei er in Paris hochgradig verunsichert gewesen. Wie sonst lassen sich absurde Geschichten wie die folgenden verstehen? Eine deutliche Warnung in den Wind schlagend, folgt er zwei Mädchen in ein Hinterhaus – um Französisch zu lernen, will er uns weismachen! –, bemerkt dort »kalte Augen« und einen »verschlagenen Blick«, hebt einen Blumenstrauß aus einer Vase und entdeckt mehrere Schlachtermesser. Er macht sich – *quelle malheur* – vor Angst in die Hose und wird deshalb unverzüglich freigelassen.[146] Auch den Wutausbruch einer schönen, halbnackten Französin übersteht er, die sich plötzlich dem Hotelgast Emil Hansen gegenübersieht, der sich in der Tür geirrt hat.

Und dann die Sache mit Henri Héran, Pseudonym des Malers und Grafikers Paul Herrmann. Diesem Mann, von dem er nicht viel mehr weiß, als dass er der Neffe des Münchner Dichterfürsten Paul Heyse ist, hat er ein Bild anvertraut: seine Kopie des Porträts des Alfonso d'Avalos nach Tizian. Wochenlang hat er im Louvre daran gemalt und sieht in diesem akribischen Nacharbeiten einen wichtigen Ertrag seiner Pariser Zeit. Schon in München hat er kopiert, um sich zu schulen. Auf seinen »Tizian« ist er stolz, er hängt an diesem Bild. Seine Mutter soll es haben. Er gibt Héran Geld, damit der es rahmen und verschicken lässt, aber Héran, das Bild und das Geld verschwinden. Fehr hilft bei der Suche. Mit seiner Diplomatenvisitenkarte dringt er bis zum Polizeipräfekten, dem legendären Louis Lépine, vor – ohne Erfolg. Héran, der ein chaotisches Leben im Umfeld von Edvard Munch, August Strindberg und Oscar Wilde führt, ist nicht zu fassen. Fünf

Jahre wird es dauern, bis Emil, dann Nolde, das Bild wieder in seinen Besitz bekommt.[147]

Unbeholfen wirkt Emil Hansen in Paris. Wirft sich in den falschen Anzug, offenbart unpassende Tischsitten. Im Umfeld Hans Fehrs ist das peinlich. In der Künstlerszene dagegen kann er mit dem mühsam erworbenen gesellschaftlichen Grobschliff nichts anfangen. Ein Spagat. Mit seiner Gefährtin Emmi Walther bewegt sich Emil im Kreis um Paula (Modersohn-)Becker und Clara (Rilke-)Westhoff, beide Anfang zwanzig, also deutlich jünger als er.

> »Eine neue Errungenschaft ist der Maler Hansen. Von Natur aus ein Schleswiger Bauernsohn, hat er lange im Kunstgewerbe gearbeitet, kam in der Schweiz auf den klugen Einfall, Gebirgspostkarten zu zeichnen, Jungfrau, Mönch, Eiger, mit drastischen Gesichtern, kennst Du sie? Sie waren auch in der ›Jugend‹ veröffentlicht. Er nahm sie als schlaues Bäuerlein in eigenen Verlag und verdiente in einer Woche zehntausend Mark. Jetzt hat er die wahre Kunst auf seinem Banner, und ein ernstes Streben. Dabei ist er in sich zurückgezogen, wie die Leute des Nordens ja alle«, schreibt Paula Becker am 27. Mai 1900 an ihre Schwester Milly. Ein Künstlerfest ist geplant, »privat, deutsch, 12 köpfig«, »beim kleinen Bildhauer Albiker und Schweizer Kuhmaler Thomann.[148] Die beiden führen eine treue Ehe« in »vier fast leeren Räumen, einer Küche und einem Alkoven. Das wird der Tummelplatz des Festes. Die Mädchen bringen die Butterbröte mit, die Männlichkeiten Wein. Kerzen und Lampionbeleuchtung. Mandolinen und Gitarrenmusik, einen Topfkuchen, den Thomanns Schwester liefert. Clara Westhoff und ich ziehen den Nachmittag vorher hin, um die Räumlichkeiten festlich zu schmücken.«

Die »Errungenschaft« Emil Hansen wird also Zeuge der allgemeinen »Glückseligkeit und Stimmung«. Ob er die von Paula Becker und Clara Westhoff fabrizierten Puddings mit Mandel- und Erdbeergeschmack kostet? Vielleicht beteiligt er sich am Malen der Friese: Die »edle Männlichkeit« fertigt ein »Zentaurenfries« und im Alkoven, wo Matratzen und Kissen aufgehäuft sind, ein »Gefilde-der-Seligen-Fries«, um den »Tummelplatz der großen Fête« auszuschmücken, an der »alle Welt kostümiert, alle Welt guter Stimmung« ist. Und so weiter. Paula Becker schreibt das an ihre Eltern, und man darf davon ausgehen, dass es eine adressatengerechte Version ist. Wie auch der »Rausch von blühenden Akazien, Vogelmorgenstimmen und gurrenden Tauben« auf dem Heimweg ins »Kemenatlein«,[149] das aber nicht zu fein gedacht werden darf. Ob Emil Hansen sich eine »femme de ménage« wie Paula Becker leistet, die ihr für dreißig Centimes die Bude putzt? Wohl kaum. Die Kleidung der »Künstler«? Lange Haare, braune Samtanzüge ... und dazwischen Emil Hansen in blankgestreifter Hose. Er kann nur weg da. Versailles, Fontainbleau, er hat es gesehen. Und der Louvre, die französische Kunst des 17. und 18. Jahrhunderts? »Ich mochte fast alles nicht«.[150]

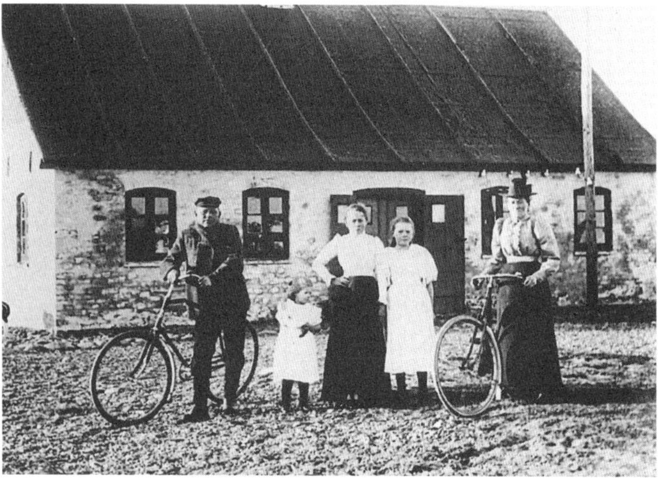

Familie Græsbøll vor ihrem Haus in Lildstrand in der Jammerbucht, im Jahr 1901, als Emil Hansen dort wohnte.

»Ist dies das blöde Ende all deiner hochgespannten Hoffnungen?!«[151]

VERZWEIFLUNG UND ERLÖSUNG

»Ich fuhr von Havre mit einem kleinen Frachtschiff nach Hamburg. Die See war blank. Ich wäre so gern vom Wind oder Sturm durchschüttelt worden, denn dumpf war mir und matt, der Sinn mir schwer. Paris hatte mir wenig nur gegeben und ich hatte doch so viel erhofft.«[152]

Er ist also wieder in Nolde. Seine Motive sucht er inzwischen mit geschultem Blick. Wenn er mit dem Hund auf die Jagd geht. Wenn er auf der Grabenkante sitzt oder auf langen Wanderungen einfach irgendwo stehen bleibt. Er läuft die Strecke ab, die sein Vater einst auf Brautschau gegangen war, quartiert sich im »Krug Verlath« nicht weit von Merlingfeld ein und malt Carsten Paulsen mit den Booten, Detlev Jensen und Mathias Pörcksen beim Kaffeepunsch. Auch eine vornehme halbblinde Dame, die ihm das Bild für fünfzig Mark abnimmt. Inzwischen kann er Geld brauchen. Der Erlös aus dem Verkauf der Gebirgspostkarten kann nicht ewig gestreckt werden. Gut dreißig Monate zehrt er schon davon. Die Lebenshaltungskosten in München lagen bei etwa fünfzig Mark pro Monat, Paris war teurer. Dazu die Schulgelder, die Reisen, das Arbeitsmaterial, das Honorar für Modelle nicht zu vergessen. Und wer weiß, wie lange das noch so gehen muss. Sein neues Ziel: Kopenhagen, dort ein Studium an Kristian Zahrtmanns Kunstschule. Emil Hansen will so die tiefe innere

Kraftlosigkeit und Verunsicherung abschütteln, die ihn mehr und mehr erfasst. Und seine Vereinsamung.

Er schreibt in diesem Spätsommer 1900 eine seltsame Geschichte, die ihm so wichtig ist, dass er sie drei Jahrzehnte später in seine Autobiographie aufnimmt und auch für deren zweite, von ihm überarbeitete, Auflage beibehält:

»Junge Menschen.
Die Sonne schien in der Frühe ins Dachzimmer hinein. Dunkle Kastanienbäume mit roten Blüten streckten ihre Spitzen zu ihm hinauf. Das Töchterchen allmorgen brachte ihm den Kaffee. Er sah sie gern. Sie scherzten und plauderten mitsammen. Sie sah auch ihn gern. Sie scherzten mitsammen, bis sie beide verliebt waren. Aber sie waren ja nur Kinder. Die Mutter sah es nicht; nur zuweilen verweilte ihr Blick auf dem schmucken Burschen; gütige Mütter mögen vielleicht so schauen. – Die Kastanien wurden gelb. Blätter fielen zur Erde, es kam Schnee, aber wieder schien die Sonne und die Kastanien blühten wieder. Die Mutter schrieb einen Brief, es kam ein Brief und sie verreiste auf zwei Tage. Die Kinder waren nun allein zu Hause; sie waren bei Tage ja oft allein zu Hause gewesen; denn die Mutter ging waschen bei fremden Leuten.

Sie saßen am Abend beisammen. Sie plauderten und sie sahen sich an. ›Was du für hübsche Augen hast‹, sagte sie. ›Auch deine sind so schön‹, erwiederte er. Sie küßten sich, wohl einige Male mehr als sonst, und sie gingen zu Bett; wie brave Kinder es tun. Er aber schlief nicht ein, es war nur Träumen ohne Schlaf. Wohl einige Stunden vergingen, dann stand er auf und ging zur Tür, ging über den Korridor, und er stand am Bett, wo seine Liebe schlief. Er kniete nieder, er stand wieder auf, er beugte sich über sie, er küßte sie, sie sah ihn an, sie erwachte: ›Bist du es – du.‹ Er setzte sich auf die Bettkante, die Hände ruhten gefaltet ineinander, und sie plauderten.

›Wie gern ich dich habe‹, sprach er; ihm war so warm; die Glieder aber froren; denn die Nacht war kühl. ›Komm zu mir, denn du frierst‹, sagte sie, wie bittend, und sie schliefen beieinander. Sie schliefen ja nicht. Sie nur war ruhig. Er war es nicht mehr. Er hatte nie bei einem Mädchen gelegen. Es ging nicht lange, dann erwachte im Burschen die Kraft zur Tat. Sie aber ward spröde; sie bedeckte sich und er, – wer wäre wohl anders gewesen; dann aber bebte sie, sie bat ihn inniglich, sie schluchzte: ›Ich bitt dich so!‹ Ihn trieb die Leidenschaft; sein Herz die Brust zu sprengen drohte; es war ihm ein heißer Kampf. Ob sie wohl wußte, wie er kämpfte und wie ihm war? – Es siegte die Güte. Aber mußte nicht die Zeit stille stehn. Und doch – es vergingen die Stunden bis zum Morgen.

Es kam der Tag, er ging zur Arbeit, kam aber bald wieder, er konnte nicht arbeiten. Blaß und still saßen sie nebeneinander. Es ruhte seine Hand in ihrem feuchten Haar, leise küßte er ihre blasse Stirn. Sie saß still, gebeugt, er sah sie nicht weinen, aber Tränen hörte er zur Erde fallen.

Wenn während der Nacht Gewitter und Wind den Garten durchrast, dann auch am Morgen stehen die jungen Bäume still und traurig und schwere Tropfen fallen zur Erde. ›Mein Liebchen, darf ich wieder bei dir schlafen?‹ frug er leise. Sie sah ihn an – ach – das kann man ja nicht erzählen, dieses blasse Gesicht, diese rotgeweinten Augen und dieser Blick: ›Niemals wieder‹, sprach sie, ›niemals!‹ Tränen erstickten ihre Stimme, sie weinte laut und dann leise sagte sie: ›Ich habe es meinem Gott geschworen.‹«[153]

Da hadert einer mit dem Schicksal und mit der Religion. Oder mit seinem Bild von Frauen und seinem Bild von Gott, das sich sperrig in sein Leben schiebt. Im Einklang mit sich ist er nicht. Vielleicht hilft ja tatsächlich Kopenhagen.

»Nolde war nicht groß«, so sein alter Freund Fehr. »Er war, um es einmal plastisch auszudrücken, ein stämmiger Bauernsohn, und dieses bäuerliche hat er nebst hoher Bildung, die ihm eigen war, immer behalten. Wenn er vor einen hintrat, glaubte man etwas ganz anderes zu hören. Er sprach schon sehr früh leise, bedächtig, aber außerordentlich bestimmt, [...] in sehr plastischen Sätzen, wie überhaupt seine Natur etwas zwiespältiges hatte. Ich möchte sagen in seinen Bildern und in seinen Aussprüchen war er die Kraft selbst und auf der anderen Seite hatte er, ich möchte sagen etwas Ängstliches, Mimoses.«[154] In diesem Kopenhagener Winter scheint er fast alles von dieser Kraft eingebüßt zu haben. Im November schreibt er verstörende Briefe. Seinen Studienplatz an der Zahrtmann-Schule nutzt er kaum. Er schiebt es auf »empfindliche Augen«, verursacht durchs Umherstreifen in der windigen Ebene im Grenzgebiet zwischen Dänemark und Deutschland. Aber das ist wohl nicht der wahre Grund. Er macht sich selbst klein und elend. Er setzt die Brille mit den fast schwarzen Gläsern auf, die er in Dachau angeschafft hat – einer von Hölzels kunstdidaktischen Tricks, um das flächige Sehen zu erleichtern –, und irrt damit durch Kopenhagen. Das kann nicht so unauffällig gewesen sein, wie er sich geben will in seinen betont einfachen Kleidern und seinem steifen schwarzen Hut. Die Schönheit der Stadt, er will sie nicht sehen. Sein Atelier im Holckenhuus-Turm: ganz gut, wäre da nicht der fröhliche Lärm, der vom nahen Tivoli herüberschallt. Der ist nicht auszuhalten. Er läuft die Kanäle entlang, vorbei an Barken und Schuten, zu den Schiffen im Hafen, versucht ein paar Kohlezeichnungen und ist erst recht von seiner Unfähigkeit überzeugt. Zehn Postkarten mit Kopenhagen-Zeichnungen lässt er drucken in der vagen Hoffnung auf eine Art Gebirgspostkarten-Wunder, das ausbleibt. Was soll's.

Ganz Kopenhagen scheint voller Lachen und schlanken blonden Mädchen zu sein. Aber für ihn ist keines dabei. »Mir schien das Leben wie verloren.« Er weint nachts vor Selbstmitleid und hasst sich dafür. »Ist dies das blöde Ende all deiner hochgespannten Hoffnungen?!«[155] Einsam ist er. »Mich aufraffend« gibt er eine Kontaktanzeige auf, »es meldeten sich alle Kokotten«. Nur eine hat ernsthafte, für ihn zu ernsthafte Absichten. Schließlich, eine aparte Idee, sucht er per Annonce ein Malmodell. Da marschieren sie auf, ziehen sich aus, ein wüstes Weib die Erste, danach »ein Zirkusmädchen, muskulos und ohne Brüste«, und die Dritte, ach, sie war »blühend und wunder wunder schön«. Der einsame Maler staunt sie sprachlos an, ist erregt. Sie zieht sich schleunigst an und verschwindet.[156] Und die Einsamkeit will nicht vergehen. Jemand lädt ihn aufs Land ein, ein »Spekulant in Geld und Menschenseelen« – eine neue Enttäuschung.[157] Wie auch die Zurückweisung von Bildern, die er zu einer Ausstellung geschickt hat. Weg also von Kopenhagen.

Aber wohin? Zunächst die Öresund-Küste entlang nach Norden, nach Rungstedt, wo er Schweizer Freunde zu treffen hofft: Ziegler, der gerade einen Roman schreibt, und Otto Wetter, »Komponist«, »millionenreicher Jüngling«, »launisch«, »melancholisch«, »dekadent«,[158] verliebt. Wetter umwirbt ein junges Mädchen, dem er musiktheoretischen Unterricht erteilt hat. Aber es gibt noch andere, denen sie gefällt. Er konkurriert mit einem Studenten, einem Pastor und Knud Rasmussen, dem künftigen Polarforscher. Das junge Mädchen heißt Ada Vilstrup und bekommt mit, dass Emil auf der Suche nach seinen Freunden ist. Tatsächlich steht sie gerade auf der Treppe des Hauses, in dem er nachfragt, ein paar Stufen höher. Kann also hinuntersehen auf den Mann, der so desolat daherkommt und auch sofort wieder verschwindet, als jemand ihm sagt, dass Wetter und Ziegler schon auf dem Weg nach Schweden sind. Hansen fährt enttäuscht zurück nach Kopenhagen, nur um wieder aufzubrechen.

In dem Fischerdorf Hundested, etwa siebzig Kilometer nordwestlich von Kopenhagen an der Ostsee gelegen, bleibt er im Frühjahr 1901 hängen. Hier will er es wieder einmal mit dem Malen versuchen. Was auch sonst? Er lernt ein junges Paar kennen, das sich ausnahmsweise nicht über sein Sönderjysk lustig macht. Er bewundert und beneidet die beiden, wie er jede Zweisamkeit beneidet. Bei der nächsten Begegnung wechselt er ein paar Worte mit dem jungen Mann. »Das Mädchen schaute immerzu mich an, den halbverkommenen Sonderling, der nur schwer konnte Worte finden. Das Sprechen, das Sich-Unterhalten hatte ich verlernt. Dann fuhren sie weg. Knud Rasmussen war sein Name, Ada Vilstrup der ihrige.«[159] Möglich, dass Emil ihr bekannt vorkommt – aus Rungstedt.

Er habe bei seinen begonnenen Bildern gestanden, als die beiden ihn angesprochen hätten, erinnert er sich. Und sie, dass er in Hundested in einem Saal gesessen habe, einsam, in abgetragener Kleidung, die Hemdsärmel voller Farben, die Füße nach Kinderart nach innen gekehrt.[160] Fremd und anziehend findet sie ihn. Und herzerweichend. Als sie sich Wochen später zufällig in Kopenhagen über den Weg laufen, nimmt sie ihn mit in ihre Wohnung, »wo ihre Freundin sang und spielte«. Staunend sitzt er dabei, und Ada hat das Bedürfnis, dem blassen stillen Mann etwas Gutes zu tun, sie schiebt ihm ein Kissen in den Nacken. Emil ist überwältigt. Er lädt Ada und Knud in sein Atelier ein. Er zeigt ihnen seine *Bergriesen* – Rasmussen findet sie scheußlich –, und als das Gespräch versiegt, holt er eine Spieluhr hervor und setzt sie ihn Gang. Sie gehört seiner Mutter, und jede Wette, dass er das auch erwähnt. Seine Gäste sehen sich gerührt an, das war zu erwarten.[161] Ein paar Tage später trifft Emil Hansen Knud Rasmussen wieder, der schon bemerkt hat, dass der Wildling Anschluss sucht. Sie trinken ein Bier in einem Straßenlokal, und Hansen erlebt mit, wie Rasmussen zwei jungen Herren mit geschminkten Lippen und Wangen mit dem Stock droht: »Ich haue sie tot!«[162] Wie er wohl auf den Schauspiellehrer seiner Freundin Ada, Herman Bang, reagiert hätte? »Goldbraun, etwas Karmesin und Schwarz« legt der auf und begeistert damit schönheitstrunkene Herren und Damen.[163] Und wagt es auch, mit seinem Partner öffentlich durch Kopenhagen zu flanieren.

Rasmussen ist ein kleiner, gutaussehender, charismatischer Mann. Ein Draufgänger in vielerlei Hinsicht, Frauen inklusive. Mit zwölf schickten ihn die Eltern – der Vater Däne, Missionar und Sprachforscher, die Mutter hat Inuit-Vorfahren – von seiner Heimat Grönland zum Schulbesuch nach Kopenhagen.[164] Er hat also schon früh lernen müssen, sich von familiären Bindungen zu lösen und Abschied zu nehmen. Im kommenden Jahr nimmt er an seiner ersten großen Expedition teil, der Beginn einer großen Karriere als Polarforscher. Er weiß, dass er beim Aufbruch in die menschenleeren Gegenden im höchsten Norden das Gewimmel der Großstadt hinter sich lassen muss und auch ihre größte Verlockung: die Frauen. Eine von ihnen ist Ada Vilstrup. In dieser Stimmung sitzt er am 26. Juni 1901 in einer Wirtschaft. Tanzmusik, viele Menschen. Die trinken Bier, er trinkt Wein. Die Zeit vergeht, er wird sentimental. Er schreibt an Ada. Auf ihr großartiges Zigeunerleben leert er das Glas, es ist ganz sicher nicht sein erstes an diesem Abend: »Unser Abenteuer ist vorbei – und ich wiederhole, dass uns nichts bleibt«, schreibt er noch, und: »Nichts, als das Verlangen und die Sehnsüchte. Und die Sehnsüchte, Ada!«[165] Der Brief ist zerknittert, von wem? Verwirrte Zeilen, meint Rasmussen selbst. Es ist jedenfalls unmissverständlich ein Abschiedsbrief. Ada war vorerst seine letzte Liebe. Aber es gab Frauen vor ihr und wird viele, viele nach ihr geben.

Ada, Adamine Frederikke Vilstrup, wurde am 20. September 1879 in Resen geboren, ist also fast genauso alt wie Rasmussen. Der Eintrag ihrer Geburt und Taufe sowie ihrer Paten im Kirchenbuch von Resen Sogn[166] stammt von der Hand ihres Vaters, denn Christian Johan Lodberg Vilstrup war Pastor der Gemeinde. Er war schon 62, die Mutter Caroline, geborene Torsleff, dreißig Jahre jünger, als Ada als siebtes Kind der beiden zur Welt kam – nach 1871 Holger Kaas, 1872 Julie, 1873 Thøger Løvenbalk, 1874 Elna Maria, 1876 Elna Severine und 1877 Johanne. Auf Ada folgten 1881 Carl Christian, 1884 Vilhelm August und 1885 Aage Foss. Eine typische große Pfarrersfamilie? Das ganz bestimmt, doch diese Daten – es gab weitere Kinder, die früh starben – machen nachdenklich. Was kann eine Mutter unter dieser Belastung jedem einzelen Kind sein? Zu wenig, wird Ada später beklagen: »Meine Mutter hat nie Zeit gehabt, weil sie 12 Kinder hatte u. schwach war. Wir mußten von klein auf für uns selber sorgen.«[167] Eins nimmt die Tochter aber mit aus der Fülle von Anregungen, die eben auch aus einer großen Familie erwachsen, die Leidenschaft für die Oper. Vielleicht auch das Bedürfnis, aus der Masse hervorzutreten: ihr Berufswunsch, die Wahl ihres Lehrers – der Schriftsteller Bang war bereits eine Berühmtheit –, der extravagante Freund Rasmussen. Nun begegnet sie Hansen: »da wurde etwas in mir wach, was bereits seit früher Kindheit geschlummert hatte: Die Sehnsucht nach etwas Großem, nach einem über den Alltag erhobenem Leben, ein Leben, das einen Einsatz forderte. Ich hatte geglaubt, dass ich selbst ein solches Dasein schaffen sollte [...]«[168] Aber jetzt wirft sie all ihren Ehrgeiz, ihre Hoffnungen, Erwartungen, Energien auf den Maler, der ihr so armselig und schutzbedürftig erscheint. Ausgerechnet er löst den dynamischen Rasmussen ab.

Im Juli 1901 bekommt Ada Briefe von Hansen. Sie ist in einem Pensionat in Nordseeland, die Post wird ihr mit der entsprechenden Verspätung nachgeschickt. Am 11. schreibt er ihr, dass er vergeblich versucht hat, sie in ihrer Wohnung in Kopenhagen[169] anzutreffen. Er war gekommen, nur um ein wenig mit ihr zu plaudern. Er will sie noch vor seiner Abreise nach Berlin, wo er ein Atelier mieten will, sehen und sprechen. Um eine Stunde Gesellschaft bittet er, einen Spaziergang vielleicht. Erwartet er sich eine Entscheidungshilfe, ob er Kopenhagen überhaupt verlassen soll? Dann bekommt er sie nicht. Er fährt, wie geplant, nach Berlin, trifft dort einen Freund, schaut sich Tizian und Holbein an, schwitzt in der Sommerhitze und sehnt sich nach der Nordsee und dem frischen Wind dort. Er mietet ein Atelier in Halensee, umgeben von hohen Fichten, dessen Wände in einem gedämpften Rot gestrichen sind, und hofft und schreibt ihr das am 20. Juli, dass ihr Weg sie dahin führt, wo seine Zukunft liegt.

Der Brief: ein Meisterwerk, obwohl oder gerade weil er so kraus ist. Er vergleicht sich und Ada und Rasmussen mit Diamanten, geeignet, einander zu schleifen. Aber eigentlich sei er doch ein weicher Mauerstein … Wie er dann einflicht, dass er aus Sehnsucht – wonach? – das Gesicht in den Händen birgt, die Tränen durch seine Finger rieseln. Wie er ihr versichert, seine Versprechen zu halten, ihr ein guter Freund sein will, sie bewundert … An einer Freundschaft mit Rasmussen sei er übrigens nicht interessiert. Noch ein paar Tage sei er am Vestre Boulevard 33 I anzutreffen, dann gehe er nach Westjütland. Die Abfahrt mit dem Dampfschiff schiebt er hinaus, als hätte er es geahnt: Die Zeit in Lildstrand wird furchtbar.

Hansen ist wohl ab Ende Juli, sicher im August und September in dem Fischerdorf an der Jammerbucht. Er bewohnt ein Zimmer im Haus des Strandhauptmanns Poul Græsbøll und kommt den Leuten dort tatsächlich nicht ungesellig vor. Wie die Fischerfamilien leben, wie sie sich die Arbeit aufteilen, wie die Frauen und Kinder Angelhaken mit Ködern bestücken und sie mit den Korken so herrichten, dass es keinen Kuddelmuddel beim Auswerfen der Schnüre gibt, und die Männer, wenn erfolgreich, gutgelaunt nach Hause kommen – der fremde Gast sieht alles und noch mehr. Viele Zeichnungen entstehen. *Dünenspuk, Räuberstube, Haus in den Dünen, Fischer, Kinder, Mädchen in der Küche* (Hanne, die 15-jährige Tochter Græsbølls, ist sein Modell). Manches fängt der Maler an und zerstört es wieder – darin wird er immer ganz groß sein –, manches bringt er später zu Ende. So weit scheint alles im Rahmen. Aber das ist es nicht. Ganz und gar nicht. Emil Hansen sucht Grenzerfahrungen.

Sie liegen nahe. Er experimentiert mit seinem Körper und mit seinem Geist. Er rennt den Strand entlang, wo das Meer den Sand ganz flach und ohne nennenswerten Widerstand überspült. Er wühlt den Sand auf. Er läuft weit hinaus, bis er den Boden unter den Füßen verliert und schwimmen muss. Er sucht die Nacht und die Träume. Die Nacht ist kurz, etwa um zehn geht die Sonne unter, gegen fünf Uhr in der Frühe wieder auf. Die Phase äußerster Dunkelheit ist viel kürzer, als die Zeit der schweren Schatten und der aufsteigenden Morgenröte. Irritierend lang die Übergänge, Tag für Tag. Emil Hansen beobachtet und durchlebt sie viele Male. Die Klippen, das Schroffe, die Angst, abzustürzen – er kennt das und glaubte, es überwunden zu haben. Aber hier, wo alles so anders ist als im Gebirge, fühlt er sich erneut gefährdet. Die Nacht scheint belebt von Gestalten, wie sie kein menschliches Auge jemals sah. Die Bilder sind in ihm, in seinem Kopf, in seinen Träumen, die er durch seine drängende Phantasie nährt. Das muss doch zu fassen sein! Wenn noch nicht im Bild, dann im Wort. Das hat er ja schon einmal exerziert, damals waren aus seinen Schreibversuchen die Gebirgspostkarten hervorgegangen.

Das Schreiben ist ihm nach wie vor ein Bedürfnis. In Dänemark, wo es mit dem Malen nicht so funktioniert, will er beides verknüpfen. Er besucht die Maler Jens Ferdinand Willumsen, Joakim F. Skovgard, Johansen und Vilhelm Hammershöj und notiert, was er aus diesen Künstlern herausbringt. Aber dabei wird es bleiben. 1901 gelingen ihm vor allem spektakuläre Briefe. An seine Mutter, an Freund Fehr, an Emmi Walther vor allem, die Gefährtin aus Dachauer und Pariser Zeiten. Nach einer kurzen Einstimmung – er erinnert sie an ihren gemeinsamen Abend in St. Cloud, »wo alles so harmonisch war und wir uns so nahe fühlten«, schreibt er ihr:

> »Du frägst nach meinen Arbeiten, ich wünsche nicht, daß Du sie siehst, weil das Erwarten wird größer sein, als das Sehen befriedigen kann. [...] Wenn nur ich ihn packen könnte, den Verstand, ich würde ihn an die Wand nageln und durchprügeln [...].« Und schon da seine Vision: »Ich will kaufen mir ein Haus mit einer großen, großen Scheune, dort sollen meine Bilder hängen, auf daß niemand ob ihrer lache, daß niemand sie sehe, nur ein einzelner verirrter Wandersmann. Wenn dann im Herbst schnelle Wolken übers Land ziehen, wird mitleidig der Blitz zünden und nichts bleibt nach [...].« Und nun sollte sie doch hellhörig werden: »Ach, wie ist mir so einsam, wenn doch Du hier wärest, dann wollten wir liegen drüben im Schatten jener Düne und leise lauschen, wie uns der Wind spielt einen schönen Sang. Nun aber bin ich so ganz allein. Das große, große heilige Leben mit tausend Armen umwebt mich. Nun liege ich da, wie mit allem verwachsen, lange weiße Wolkenstreifen ziehen von Norden gen Süd, hoch oben fliegen kleine Schwalben. Meine Augen liegen im Dunkeln, denn meine Hand bedecket sie und doch sehe ich einen großen Schatten hin und her wogen, das ist nur ein Halm, der sich vor der Sonne bewegt. Wie doch die Möwen schreien, eine so, eine so, diese ruft, jene antwortet;

mir scheint, es liegt keine Liebe in ihrem Schreien. Möwen sind Tiere. Auch ich bin ein Tier, aber auch ein Mensch. Ich mag nicht aufstehen, o laß mich schlafen, schlafen, schlafen, hinein in das Ewige.

Ein wilder Mann rennt längs dem Strande, Wellen überspülen seinen Fuß, er lacht dazu, Regen und Schaum fegen ihm ins Gesicht, er trägt seinen Hut in der Hand. Der Wind pfeift, das Wasser rast, er schreit wilden Sang dazu, eine grausige Harmonie, so wild, daß selbst in der Heide drüben Kröten und Schlangen ihre Hälse strecken über das Heidekraut hinaus, um zu lauschen. Nun zieht er die Stiefel aus, er reißt die Kleider nieder und er schwimmt, er schwimmt mit geschlossenen Augen der blinkenden Sonne entgegen. – Nun steht er auf jener Höhe am Strande mit entblößtem Haupt und streckt die Hände gen Himmel, und er schreit in die Winde hinein: ›Leben, Liebe, Liebste, wo bist Du, komm, o komm, wir wollen sein beisammen, wir wollen spielen und glücklich sein, wie es Kinder sind, und wir wollen tanzen.‹ – Nun sitzt er gebückt hinter jener Düne und vergräbt die leeren Hände im tiefen Sand. Die Nacht senkt sich schwarz nieder zur Erde, der Himmel ist kaltblau, die Dünen sind grau, es wird regnen. Er sitzt so blaß, warme Tropfen nässen den Sand …

Ob nicht hier übers Jahr eine seltenfarbige Blume wachsen möge? Ob wohl eine zarte Hand sie brechen werde? –

Nun rennt er heimwärts, quer durch das Dünenland. Das kleine liebe Dorf schlummert, friedlich, stille, kein Licht mehr glimmt durch die kleinen Fensterlein. –

Nun sitzt er dumpf am gelben Lampenlicht, er sinnt: ›Mein Leben ist ein langes Sehnen, die Stunden werden doppelt lang, und es nimmt kein Ende. Ich bin ein Narr und war es von Anbeginn. Das Leben liebt mich nicht. O, dies Lachen. Ich sehe sie, die vielen, vielen Menschen, lebensklug und tausende sind es, sie leben im Lug und sind fröhlich und sie grinsen mich an, sie lachen mich aus, weil ich ein Narr bin. Nun kommt dieser Schwarm, pfui, zahnlose Gespenster und trockene alte Weiber sind es, Hand in Hand, sie kreischen und gaukeln und schließen einen Kranz um mich, ich Armer stehe hilflos mitten drin. Nun schreitet der große schwarze Mann über die Heide, er hebt den Fuß, er senkt ihn wieder und mit seinem großen Holzschuh tretet er unser kleines Haus in den Grund. –

In Gedanken sei bei mir, o, sei es, und träume mit mir und sei mir lieb und ergeben, daß meine Seele still werde, wir wollen glücklich sein wie es Kinder sind.

Dein Emil Hansen«[170]

Nicht weil er sie liebt, aber weil sie eine Frau und eine treue Freundin ist, schickt er solche Ergüsse an Emmi Walther – und ist entsprechend enttäuscht über ihre hilflose Reaktion: »Ihre Antworten [...] schienen mir trocken und fast immer gleich. Ich schrieb leidenschaftlich, als ob ich sie wachrütteln müsse.«[171] Aber er ist auch beschämt, dass er sich derart offenbart hat, dass es wohl keine angemessene Antwort darauf geben kann. Zu Hause ist die Mutter alarmiert, sie will einen der Brüder schicken, der nachschauen soll, ob Emil, ihr Herzblatt, noch bei Verstand ist. Auch in St. Gallen ist man besorgt. Frau Fehr lädt Emil zu sich ein. Unter ihrer Obhut soll er sein seelisches Gleichgewicht wiederfinden. Aber der wiegelt ab, die Lust am Schreiben habe ihn getrieben, und das stimmt in gewisser Weise ja auch. Er muss verbal ausprobieren, was er malen will.

Die Briefe, die Emil Hansen in diesem Sommer an Ada schreibt, klingen anders. Kontrollierter. Sogar geschäftsmäßig, wie Ende Juli aus Lildstrand: Es geht um eine Stellung, die Ada sucht, womöglich in Deutschland, in Berlin. Allerdings nicht als Schauspielerin oder Opernsängerin. Nichts deutet darauf hin, dass sie in diesem oder jenem Beruf jemals gearbeitet hat.[172] Emil, in seiner Kunst selbst zielstrebig, vermutet ganz richtig, dass eine Stellung, so diffus, wie sie sie beschreibt, nicht in Einklang mit ihren bisherigen Plänen, so wie er sie verstanden hat, zu bringen ist.

Von Rasmussen sind in diesen Monaten wenigstens drei Briefe an Ada Vilstrup erhalten: nach dem vom 26. Juni 1901 einer vom 4. August. Rasmussen schreibt aus Lynge in Dänemark, wo sein Vater inzwischen Pfarrer ist. Diesen Brief zu lesen dürfte eine ziemliche Zumutung für Ada gewesen sein: Er gehe davon aus, dass sie in ihrer Beziehung nie mehr als Freundschaft und Kameradschaft gesehen habe, und bitte um ihr Vertrauen, selbst wenn die Leute auf sie beide »spucken«. Warum er so lange nichts von sich hören ließ? Das kann er ihr heute – noch – nicht erklären ... Also noch ein Abschiedsbrief. Sie hat sich längst entschieden, als er ihr noch einmal, am 18. Dezember, schreibt. Wieder aus dem Pfarrhaus in Lynge, wohin er am Tag zuvor von einer längeren Lapplandreise zurückgekehrt ist.[173] In den Briefen, die er von ihr vorgefunden hat, muss sie ihm von Emil Hansen geschrieben haben. Ob sie ihn eifersüchtig machen wollte? Seine Reaktion käme zu spät: Seit dem 9. Oktober ist Ada mit dem Maler verlobt. Aber Rasmussen hat ohnehin eine neue Favoritin, »deshalb meine ich, dass Du mich nicht länger kennen solltest.« Und: »Ich habe Dich geliebt, und ich liebe Dich noch immer. Deshalb wünsche ich Dir von Herzen, dass Du es mit dem Maler gut hast.«[174]

Sie beide hätten lange nicht gewusst, wie gern sie einander hatten, schrieb Emil Hansen in seinen Erinnerungen. Das mag wohl wahr sein. Seine Lildstrand-Essenz: »Ein Bild nur schien mir gut und besonders: ›Vor Sonnenaufgang‹. Es stand auf meiner Staffelei. Zwei seltsame Tiere einer fernen Welt, eines auf dem Felsennest sitzend, das andere ausfliegend auf Raub. Bei mir erregte es den Wunsch nach mehr dieser Art –«[175] Das Bild ist tatsächlich in mehr als einer Hinsicht etwas Besonderes. Frei und rätselhaft. Weit weg vom Klein-Klein, von der Angst, etwas Wichtiges nicht in ein Bild hineingemalt zu haben, technisches Können nicht vorgeführt zu haben … Die seltsamen Tiere: das auf Raub ausfliegende ist unverkennbar ein männliches. Mit erigiertem Penis scheint es sich vor dem im Felsennest sitzenden – weiblichen? –, mit dem es im Blickkontakt ist, zu produzieren, während die tief unten und weit hinten aus dem Wasser ragende Felsen von den ersten Strahlen der Sonne beschienen golden leuchten.[176]

Der besorgte Hans Fehr sitzt vergeblich in der Hubertusallee in Berlin auf der Treppe vor der Ateliertür. Er hofft, sich Gewissheit verschaffen zu können über die Frau an der Seite seines wunderlichen Freundes. »Währenddessen saß ich [Emil Nolde] im ›Dagmarkaffee‹ [in Kopenhagen] mit meiner Geliebten, das Bild ›Vor Sonnenaufgang‹ ihr auf den Marmortisch hinzeichnend. Wir schauten uns an und sprachen, wir sprachen mitsammen in Zukunftsträumen von Liebesglück und Lebensschönheit.«[177] Der rote Vollbart, den Hansen sich in diesem wilden Sommer hat wachsen lassen, wird solchen Zukunftsträumen geopfert. Ein liegender weiblicher Akt mit rotem Haar und Schamhaar in Öl auf Leinwand: Kompensationsmöglichkeiten eines Malers.

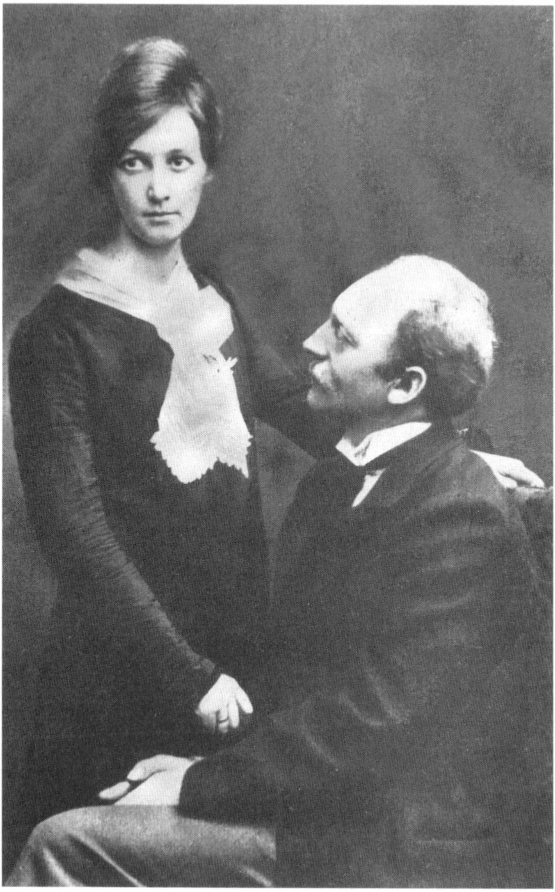

Kopenhagen 1902: das Hochzeitsfoto

»Wir verscheuchten den Mißmut«[178]

EMIL UND ADA

Verstörende Briefe an Emmi Walther, Hans Fehr, die Familie in Nolde, nicht jedoch an die Frau, mit der er sich im Oktober verloben wird und die zu der Zeit noch Briefe an Knud Rasmussen schreibt, obwohl der sich räumlich und auch sonst von ihr entfernt hat. Da ist vieles ineinander verschränkt, was das gehaltene Versprechen auf die gemeinsame Zukunft nicht auflösen kann. Das mag auch erklären, wieso der Bräutigam einen Freund, vermutlich ist es Fehr, noch am 27. Januar 1902 aus Berlin mit Gedanken wie diesen konfrontiert: Alles sei ihm zuwider, kein Mensch stünde seinem Herzen nah, er sei so einsam wie zuvor und: »Mich sehnt nach langem Gras und Dünensand, darin zu liegen, träumen, schlafen, – schlafen bis ich sterbe.«[179] Das Gemüt, ist es krank, gesundet nicht so, wie man es sich wünscht oder erwartet. Es ist aber zu außerordentlichen Sprüngen fähig. Keinen Monat später, am 25. Februar, steht Emil vor dem Altar der Sct. Lukas Kirke in Frederiksberg bei Kopenhagen neben Ada und die beiden geben sich das Jawort. Blumenkinder und ein Regen von Reiskörnern auf das Dach der Kalesche, mit der sie zur anschließenden Hochzeitsfeier fahren, inklusive. Die geplante Festrede des Bräutigams fällt aus, er packt das nicht und küsst stattdessen seine Frau – stürmisch! Die Vilstrup-Familie staunt, sie staunt überhaupt über Adas Eroberung. Hansen hat sich um ein akzeptables Äußeres bemüht, aber der Eindruck von einem »forvildet individ«, in das sie sich trotz seiner »indeklemt sexualietet«[180] verliebt hat, bleibt.

Nach der Hochzeit besucht das Paar auch das Dorf Nolde. Dort ist man gespannt, aber nicht unvorbereitet. Vor der Hochzeit war Emil zu Hause, hat von Ada erzählt und der Mutter die Spieluhr zurückgegeben, das schlichte braune Holzkästchen, das seinen wichtigsten Einsatz in Kopenhagen hatte. Man hat sich eine Meinung gebildet über die Schauspielerin, die der junge Hansen, der Maler, an Land gezogen hat: »na, das wird ihn einige Flaschen Sekt gekostet haben«, spottet die Nachbarschaft. Bruder Hans will die Dänin – noch – nicht kennenlernen, er lebt seit seiner Soldatenzeit »in besonders starker deutscher Gesinnung«.[181] Auch die Schwägerin drückt sich vor der Begegnung und verschwindet in der Torfscheune. Die Mutter reagiert souveräner. Als starke und stolze Frau bleibt sie Emil in Erinnerung; sie stirbt wenige Monate später. Ada lernt auf dieser Reise die Heimat ihres Mannes kennen. Nicht nur den elterlichen Hof, seit Generationen im Besitz der Familie der Mutter, zeigt er ihr und all die Wege und Orte, die ihm seit seiner Kindheit etwas bedeuten. Auch nach Merlingfeld gehen sie, wo der Vater aufwuchs. Und das Land dazwischen und drumherum führt ihr Mann vor und erzählt dazu Geschichten von seinen Ahnen. In der Umgebung Neukirchens sitzen noch viele Hansens, sie sind vor allem Windmüller[182] und auch Gastwirte.

Als Freunde und Verwandte das schöne Mädchen mit den goldbraunen Haaren und den großen dunklen Augen kennenlernen, ist ihre Sorge, dass diese Ehe »irgendwie ein katastrophaler Reinfall werden könne«,[183] bald verflogen. Eine solche Partnerin hatten sie dem komplizierten Mann nicht zugetraut – nach dem vergangenen Sommer schon gar nicht. Neugierige Besucher kommen ins Atelier in der Hubertusallee 3 in Berlin, wo die beiden auch wohnen. Ein kleiner roter Tisch, auf dem nie eine Blume fehlt, das warme Licht zweier brennender Kerzen, Schatten von Meeresgräsern und Algen an der Wand, Kochen auf einer Spiritusflamme, das Bett hinterm Vorhang verborgen. Auf der Staffelei das Bild *Vor Sonnenaufgang*. Wie es im Leben der beiden zugeht, soll sich Adas Mutter im April vorstellen: »Wir jubeln und singen und tanzen«[184] – wohl so, wie es Emil in den Almhütten, Bergschuhe an den Füßen, praktiziert hat, denn von unten kommen Beschwerden, der Kronleuchter drohe von der Decke zu fallen.

Aber sich ganz und gar dem »Ringel-Ringel-Rosenkranz« hinzugeben, ist Emils Sache nicht, der jede Anregung als Ablenkung und gesellige Freuden als Verrat an seiner Mission empfindet. Ihn quälen Skrupel: »Zuweilen, auch ganz, ganz leise kamen Gedanken geschlichen, ob die naturgeregelte Auslösung sinnlich sexueller Spannungen für das künstlerische Schaffen bedeutungsvoll sei, ob nachteilig es sei, oder nicht? Habe nicht schon manche Frau mit ihrem Glück den Künstler im Menschen getötet?« Ein bemerkenswerter Satz, Freud hätte da vielleicht von umgekehrter Sublimierung gesprochen. Also: Vorsicht vor der Frau, die, naturgeregelt, im wehrlosen Mann das vernichten kann, was seine wichtigste Lebensäußerung ist! Der Maler sucht Beispiele dafür und dawider, er geht alle durch, von denen er etwas weiß oder zu wissen glaubt. Max Wittners Belehrungen über den Zusammenhang oder Nicht-Zusammenhang von Kunst und Leben wirken nach. Leibl, Marées, Feuerbach, van Gogh und Gauguin, Dante, Nietzsche, Luther und Bach, nicht einmal Christus und Mohammed lässt er aus. Eine Richtlinie kann er dabei nicht finden – oder doch: »Künstler [...] stehen außerhalb aller Regel.«[185] Also können sie auch ihren Namen ändern: vom ordinären Hansen zum exklusiven Nolde.[186] Ganz privat nennen sich die beiden Muggi und Minuggi.

Der Einzug in die Atelierwohnung verlief unglücklich: Emil brauchte passendes Geld, um die Droschke zu bezahlen, und zog die Tür zu, hinter der Ada schon verschwunden war, um auszupacken und alles nett zu machen. Ohne Schlüssel stand er draußen, »wie ein Panther im Käfig, irrte hin und her«,[187] sein Rufen blieb von ihr ungehört, bis ein Hausbewohner ihn einließ. Auch sonst landet das junge Paar sehr bald auf dem harten Boden der Realität eines Künstlerdaseins. Die Bilder, die Nolde zu Ausstellungen der Berliner Secession schickt, werden abgelehnt. Die so hoffnungsvoll angemietete Atelierwohnung ist teuer – und kalt. Vor dem nächsten Winter müssen sie etwas anderes finden. Das wird ab Oktober eine Dachwohnung in Flensburg, Marienhölzungsweg 17, sein. Über die Eingangstür hängen sie die *Bergriesen*. Sie sollen die Gäste begrüßen, aber es kommt niemand. »Und mit meinem Malen ging es nicht«, schreibt Emil. »Ich stand täglich arbeitend, ringend, in halber Verzweiflung.«[188] Er und sie stellen sich nackt vor den Spiegel, »nebeneinander, wie Soldaten, um zu sehen, wie sie seien, Mann und Weib, in ihrer Verschiedenheit, in Form und Farbe.«[189] Es hilft nicht. Erst das kalte Atelier in Berlin, das Ada wohl krank gemacht hat – ein Nierenleiden, mit dem sie sich noch viele Jahre herumschlagen wird –, und nun Emils Malblockade. Keine leichte Zeit für zwei Leute, die gerade den Bund fürs Leben geschlossen haben.

Doch jetzt kommt der Sommer, und das Paar geht auf Reisen. Erneut Verwandtenbesuche, nun in Dänemark. Das »unstäte« Hin und Her, wie Emil es nennt, bekommt Ada schlecht. In Viborg muss sie ins Krankenhaus. Wenn Emil nicht an ihrem Bett sitzt, streift er durch die Stadt. Der Schweinemarkt zieht ihn besonders an. Er fühlt sich heimisch zwischen Kleinbauern und Viehhändlern und zeichnet auch ein bisschen. Er hat da die verrückte Idee, seiner Frau ein kleines Ferkel zur Aufmunterung ins Krankenzimmer zu bringen! Als es Ada bessergeht, fahren sie nach Borris in Westjütland. Emil malt Probst Henrik und dessen Nichte. Der Probst ist wohl zufrieden mit dem Ergebnis, denn zwei Jahre später kommt es auf seine Vermittlung hin zu einem Auftrag für ein Altarbild für die kleine Dorfkirche im nahen Oelstrup.

Das Leben in der Stadt liegt den beiden nicht. Nicht in der großen, in Berlin, und nicht in der kleinen, in Flensburg. Also studieren sie die Landkarte diesseits und jenseits der deutsch-dänischen Grenze. Sie entscheiden sich für Alsen, damals zur preußischen Provinz Schleswig-Holstein gehörend. Im Dorf Notmarksskov finden sie zwei Zimmer, und hier geht alles besser. Es kommt Besuch, lieber Besuch: Hans und Nelly Fehr auf Hochzeitsreise. Die vier haben eine gute Zeit miteinander. Auch das Zusammenleben mit den Nachbarn entwickelt sich, und zwar nach einem Muster, das Emil und Ada immer wieder aufs Neue durchspielen werden: Ada pflegt die Kontakte, Emil eignet sich diese Typen an, ihre Schrullen, ihre guten und ihre miserablen Seiten, ihr Erscheinungsbild. In Notmarksskov sind es ein Schuster, ein Schmied, ein Fischer, ein verkrachter Leutnant und ihre Haushaltshilfe. Alsen tut Ada und Emil gut. Sie fühlen sich dem verehrten Herman Bang nah, der in Asserballe als Sohn eines Pastors geboren wurde. Sie wandern über die kleine Insel und finden, was sie wirklich wollen: ein leerstehendes Fischerhaus, am Rand eines Buchenwaldes gelegen, durch den ein Weg zum Meer führt.[190] Für fünfzig Mark Jahresmiete ist es zu haben. Es wird ihr Zuhause für viele Sommer. Erst 1916 werden sie es ganz aufgeben.

Das Leben zu zweit kommt Emil weitaus mehr entgegen als Ada. Von seinem letzten Gebirgspostkarten-Geld hat er eine Bretterbude direkt an der Ostsee aufgeschlagen. Tag für Tag geht er jetzt die etwa fünfhundert Meter durch den Wald und ein paar Schritte auf dem steinigen Strand nach links zu seinem Atelier. Oft steht er darin lange am Fenster und schaut und schaut. Wasser und Himmel, mehr ist da nicht. Wenn er sich umdreht, hat er oft nur eine leere weiße Leinwand vor sich. Und ein Bild im Kopf, das darauf entstehen muss. Ein Zwang ist das. Maler, male: Das ist sein Schlachtruf, wenn er Ablenkung fürchtet. Kommt sie von außen, kann er sich damit behelfen. Kommt sie aus ihm selbst, gilt es, sie zu besiegen. Verluste nimmt er in Kauf. So ist dem jungen Ehemann durchaus bewusst, dass, während er sein Ziel hartnäckig verfolgt, seine Liebste viele Stunden allein verbringt. An guten Tagen darf er sich vorstellen, wie sie im Garten des kleinen Fischerhauses zwischen Blumen- und Gemüsebeeten umhergeht. An schlechten, und davon gibt es viel mehr, liegt sie allein und krank im Häuschen und wartet auf ihn. Er weiß auch, dass er sie nur zu oft enttäuscht, so todmüde und verstört, wie er in der Dunkelheit nach Hause kommt. Denn der Maler muss auch malen, um Geld zu verdienen. Bald kann er nicht einmal mehr die Farben bezahlen. Am Essen muss gespart werden. An der Kleidung, ja, daran fehlt es auch, und es geht auf den Winter zu. Aus Emils alten Schweizer Sachen schneidert sich Ada etwas Wärmendes zurecht. Doch ohne die Hilfe von Freunden ginge es trotzdem nicht.

Fehr überweist jeden Monat fünfzig Mark, jahrelang das Einzige, was die Kasse zuverlässig füllt. Auch dem emotionalen Haushalt tut Fehrs Zuwendung gut: Er schickt Ada ein Klavier![191] Von da an sind die Stunden, die sie allein verbringt, nicht mehr gar so lang. Sie spielt auch schon mal den Nachbarn etwas vor, die über solche Klänge aus einem Fischerhaus nur staunen können. Diese Idylle zieht Otto Wetter, Adas ehemaligen Verehrer, an. Er träumt davon, bei den Freunden eine Oper zu komponieren. Er spielt ihnen vor, was ihm einfällt, sie reden und reden, fahren gemeinsam mit der Kleinbahn über die Insel … Nolde malt ihn, Wetter mag das Bild aber nicht.[192] Irgendwann ist er Alsen leid und reist ab, nach Berlin.

Ärmlich und über weite Strecken einsam, so geht das Leben weiter. Die Mädchen, die der kränkelnden Ada zur Hand gehen sollen, halten das nicht aus. Auch ein Problem, über das Emil hinwegsieht: »Alle Tage ging ich meinen Weg zum Atelier hinunter. Meinen langen schlängelnden Weg durch den Wald und am steinigen Strand entlang. Jeden Baum kannte ich, jeden Stein, ich streichelte sie, die Steine still und hart und die Bäume rauschend wie in Gesprächen [...]. Die Vögel, die Rehe, die Beerensträucher, die Pilze, ich kannte sie alle, und den großen Fuchsbau, wo es herrlich war, von einem Baum aus im schmalen Sonnenlicht dem Spielen der jungen Füchse zuzuschauen.«[193] An manchen Tagen geht er den Weg vom Atelier zum Haus mit einem fertigen Bild. Manchmal muss es wieder zurückgetragen werden, weil es doch nicht gut genug erscheint. Wenn es ganz schlimm kommt, zerstört er, was er gemalt hat.

Schöpferischer Furor bringt nicht nur Kunst hervor. Noldes weitläufige Phantasie beschäftigt sich mit der Sahara, genauer, mit der Idee, die Wüste mit entsalztem Meerwasser zu bewässern. Auch die Bodenschätze hat er dabei im Blick und die »Wärmeübertragung in Polargegenden«[194] – aber niemand reagiert auf seine Eingaben, die er bei Stellen macht, die er für zuständig hält. Das wird sich wiederholen. Irgendwann, um 1910, profitiert auch Ada von Emils manchmal überbordender Kreativität: Er entwirft Webvorlagen, die er ihr zum Geburtstag schenkt. Wenn der Maler nach Hause kommt, sieht er sie zwischen Garnen in leuchtenden Farben am Webstuhl sitzen. Nun sind auch ihre Fortschritte, die neuen Zentimeter an einem Kissen oder einem kleinen Teppich,[195] zu bewundern. Das Weben lernt sie in Flensburg, wo sie für diese Zeit bei Toni Eckener wohnt, der Schwester des Malers Alexander Eckener und des Luftschiffers Hugo Eckener.

Immer sind für Emil und Ada Nolde die Menschen in ihrer unmittelbaren Umgebung so interessant, dass sie sich um eine persönliche Beziehung zu ihnen bemühen. Im Fischerhaus in Sjellerupskov sind es Nachbarn: Herr Grau, nichts weiter als ein Ärgernis. Herr Bonde, der magenkranke Inhaber einer von Waldarbeitern frequentierten Schenke, dessen Töchter Emil malt. Herr Hvid, der im Wald hinterm Haus Rehwild schießt. Herr Jäger, ein Bauer mit viel Verständnis für Noldes Kunst, in dessen Kuh- und Schweinestall Ada und Emil sich gern aufhalten. Und Burchards, deren Garten er malt wie auch einige Familienmitglieder.[196] Nolde malt auch ein Liebespaar am Meeresstrand,[197] wie oft mögen er und Ada dort so gegangen sein. Es ist seine impressionistische Phase. Nach französischem Vorbild malt er Otto Wetter als *Feriengast* und Ada am Fenster sitzend als *Frühling im Zimmer.*[198] Ganz anders: das Altarbild für Oelstrup, das 1904 seinen Platz findet. Es ist schon typisch Nolde, und sein erstes religiöses Bild, wenn man so will. Es zeigt Jesus und die beiden Emmaus-Jünger an einem weiß gedeckten Tisch in dem Moment, als er von ihnen an der Art, wie er das Brot bricht, erkannt wird. Vorbilder für die drei finden sich in der Verwandtschaft und vielleicht auch in der Dorfgemeinschaft, zu der Nolde wie gewohnt schnell Zugang findet. Sein Honorar beträgt 340,50 Kronen. Die Gemeinde zahlt noch 12,50 Kronen für Kost, Transport und Fahrkosten in Höhe von 7,60 Kronen dazu.[199] Aber: »Es ist ja recht hart für uns zweie, meine liebe Ada und mich, während so langer Zeit voneinander getrennt zu sein.«[200]

Ein Bild[201] gegen einen Bernhardinerwelpen für Ada, auch das erscheint Emil zu der Zeit durchaus angemessen. Das Tier soll ihr Freude machen. Die beiden lieben Hunde und Federvieh. Ein verletzter Entenfuß wird geschient, Schnecken werden als Hühnerfutter gesammelt, Exemplare einer unbekannten Gänseart mit der Bahn, vierter Klasse, nach Berlin in den Zoo gebracht. Eine Gans und der Hund spielen auch eine Rolle bei einem Versuch, zu Geld zu kommen. Emil ist in dieser Frage heikel. Er lehnt einiges ab. Verkäufliche Bilder malen oder Boote anstreichen? Kein Gedanke. Dann doch lieber die Leitung des Flensburger Kunstgewerbemuseums übernehmen – wenn der Bürgermeister Noldes Bewerbung akzeptieren würde, was er nicht tut. Was ist den beiden nicht sonst noch eingefallen: Emil ein Patent auf ein außergewöhnlich schönes graues Holz, Ada ein Kochtopf mit einem besonders praktischen Deckel. Sogar über die Herausgabe ihrer Brautbriefe denken die beiden nach. Und dann ist es die junge Gans, die Ada in ihrer Einsamkeit und Not Gesellschaft im Fischerhaus leistet, die den beiden weiterhelfen soll. Ada will, als bühnentaugliche Gänsemagd verkleidet, singend und pfeifend das Gänschen an der Leine vorführen[202] wie auch den Hund. Sie hofft auf ein Engagement an einem der Berliner Varietés und bittet Herman Bang um so etwas wie ein Zeugnis. Der wohnt zwischen Lesereisen gerade in Kopenhagen bei seiner Schwester Nini im Gamle Kongevej 25 und bescheinigt ihr dort am 14. Oktober 1904 auf Deutsch, dass sie bei ihm Unterricht genommen hat und ein originelles Talent sei, sowohl drollig als auch elegant. Nun näht sie sich Kostüme: rot und grün das Gänsemädchenkleid, gelb und lila für die Nummer mit dem Bernhardiner. Keine Frage, dass sie allein nach Berlin geht. Ihr Maler-Mann muss sein tägliches Pensum im Strandatelier absolvieren. Da wird einiges riskiert: Adas fragile Gesundheit, das Wohlwollen der Vilstrup-Familie und mehr. Ein Brief dazu von Emil an Freund Fehr ist ein misslungener Rechtfertigungsversuch, eher ein Dokument enormen, schlecht kaschierten künstlerischen Egoismus. Die darin beschriebenen nächtlichen Leiden des Malers mindern diesen Eindruck nicht, erst recht nicht, wenn man das Ende der Exkursion bedenkt: Die arme Gans verkommt elend in einem Berliner Keller, und Ada erleidet einen Zusammenbruch. Bekannte holen sie aus dem schmutzigen, schäbigen Hotel. Der Arzt wird ernst: Ada muss in den Süden. Fehr und Wetter helfen mit Geld.

Italien. Das Land, das Nolde nicht danach beurteilt, ob der Aufenthalt der Gesundheit seiner Frau zuträglich sein könnte, sondern als »[...] das Land germanischer Sehnsucht. Während Jahrhunderten alle nordisch-deutschen Künstler anziehend, bis sie heimkehrten mit verschwelten Flügeln. Auch die Starken.«[203] Auch er selbst? Das befürchtet er wohl. Die beiden treten eine aberwitzige Reise an, bedenkt man Adas Zustand: Mit der Bahn von Berlin nach Rom, dort übernachten sie, dann weiter nach Messina und Giardini-Naxos, von da auf einem Eselskarren die Hänge des Monte Tauro hinauf nach Taormina. Der Zweck der Reise, er wird verfehlt: Ada kann sich kaum erholen. Dieser Winter auf Sizilien ist ungewöhnlich kalt, mit Schnee bis hinunter auf zweihundert Meter über dem Meeresspiegel, wo Taormina liegt. Dort hält man sie für lungenkrank und zögert, sie aufzunehmen. Schließlich finden sie eine Herberge. Die Frau des Hauses ist eine geborene Deutsche und Malerin.

Emil sieht sehr wohl die Schönheit der Landschaft, er malt – wenig. Er stellt die Bilder aus – und verkauft so gut wie nichts. Er nimmt auch einen Anlauf, den Ätna zu besteigen, »in seligem Angedenken meiner Schweizerfahrten«.[204] Sein Wirt führt ihn und einen weiteren Gast. Oberhalb Linguaglossas, bei den schwarzen Lavafeldern, gesellt sich ein Wanderer zu ihnen und will sie ausforschen, stellt Fragen, wie: Engländer? Reich? Dubios. Vorsichtshalber kehren sie um. Für weitere Irritation sorgt eine Gruppe Halbwüchsiger, die auf der Piazza Domenica direkt vor Noldes Herberge scheinbar beschäftigungslos herumlungert. Das nächste Mal sieht Nolde sie bei Orgienfeiern in Nachbars Garten: »wie abwegig die schönen Knaben waren«.[205] Taormina ist Schönheit und flanierende Prominenz: Die deutsche Kaiserin und ihr Sohn Prinz Eitel Friedrich von Preußen halten sich ebenfalls hier auf. Der irrt sich in der Tür und steht plötzlich, zweifellos ohne Absicht, in dem Zimmer, in dem Ada ruht.[206] Sie ist noch immer schwach, nicht einmal den Weg zum griechischen Theater schafft sie. Sie verlassen Taormina, ohne dass sie es gesehen hat. Im Mai treten die zwei mit dem Dampfer den Rückweg an. In Neapel angekommen, sind sie seekrank und völlig fertig: »Wir heulten alle beide.«[207] Es geht zunächst nach Ischia, wegen der Thermalquellen. Das große Erdbeben liegt zwar gute zwanzig Jahre zurück, die Zerstörungen sind jedoch noch allgegenwärtig. In dem heruntergekommenen Zimmer regnet es Wanzen von der Decke, und auf dem Altan wimmelt es von räudigen Katzen.

Italien? Ein Desaster. Aber immerhin eine, wenn auch negative, Reiseerfahrung. Und künstlerisch, selbst wenn Emil das nicht gleich erkennen will: ein neuer Blick auf Farben, ein neues Licht. Er wird darauf zurückkommen. Jetzt erst einmal: »Kleine Liebste mein sehnt sich oft heim zu ihrer Mutter und ihren Geschwistern [...] mit zugleich tüchtiger Arzthilfe, die wir hier nicht haben, dann wird es am ehesten so für mich beruhigend sein und am besten für die kleine Liebste mein.«[208] Zeilen an die Schwiegermutter, eher beängstigend als besänftigend. Tatsächlich flüchtet sich Ada, wenn es ihr schlecht geht, oft in Gedanken an eine familiäre Idylle in Barlöse auf Fünen, die es so wohl nicht gab: Unter die große Rotbuche im Garten, in die Zweige des Kirschbaums, der gerade Früchte trägt, oder die vielen kleinen Steinstufen im Kirchturm bis zur Glocke hinauf.[209] Emil an ihrer Seite, denkt sich mit ihr dorthin. Seit Juni 1905 sind sie wieder auf Alsen.

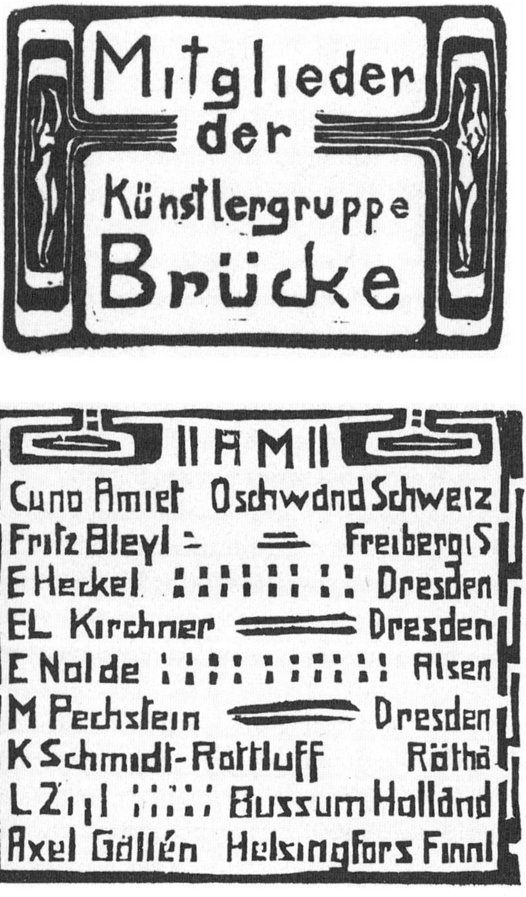

Die aktiven Brücke-Mitglieder 1907 –
Holzschnitt von Ernst Ludwig Kirchner

»Ich war nicht allein!«[210]

DER MALER NOLDE WIRD ENTDECKT – VON DEN »BRÜCKE«-LEUTEN UND VON ERSTEN FÖRDERERN

Das Fischerhaus an der Buchenwaldkante – der Eigentümer will es loswerden. Dort hat Ada an einem Frühlingstag gesessen, ein aufgeschlagenes Buch vor sich auf dem Tischchen, goldenes Licht aus zwei Fenstern über Eck, so hat Emil sie gemalt. Von dort ist Emil Tag für Tag zu seinem Bretterbudenatelier aufgebrochen. Sie hängen beide an diesem Platz. Hilfe kommt aus Berlin: Ein zu Geld gekommener Tischlermeister – er sammelt »geistige Menschen«[211] um sich, darunter auch Knud Rasmussen – kauft das Haus für 1500 Mark und überlässt es dem Paar weiterhin. Dieser Sorge sind sie enthoben. Aber es bleiben genug andere. Fast immer geht es dabei ums Geld. Emil muss versuchen, sich als der Künstler, der er ist, zu verkaufen. Und weiterzuentwickeln. In diesem Sinn geht er im Juli 1905, kurz nach der Rückkehr aus Italien, erneut auf Reisen. Er besucht die Gauguin-Ausstellung im Großherzoglichen Museum für Kunst und Kunstgewerbe in Weimar. Was er da sieht, wird ihn noch lange beschäftigen.

Von Anfang September – in diesem Monat gelingt es ihm, ein paar Bilder in Paul Cassirers Galerie unterzubringen – bis in den November hinein sucht er in Berlin jeden auf, von dem er sich Unterstützung verspricht: den Präsidenten der Berliner Secession Max Liebermann zum Beispiel, aber auch Kunstkritiker wie Julius Meier-Graefe und weitere Galeristen, darunter Wolfgang Gurlitt. In diesen Wochen trifft Nolde die Entscheidung, auch Druckgrafik auf den Markt zu bringen. Das ist günstiger als Gemälde und Zeichnungen, kann neue Käuferschichten erschließen und liegt im Trend. Viele in den Gründerjahren zu Vermögen gekommene Bürger, die etwas anderes wollen als Nachahmungen dessen, was in hochherrschaftlichen Kreisen an der Wand hängt, suchen nach bezahlbaren und durchaus eigenwilligen Alternativen. Die Metropole, das wird Nolde klar, ist hervorragend geeignet, Kunstkreise kennenzulernen und sich selbst bekannt zu machen. Er ist nicht mehr der kleine, leicht zu beeindruckende Emil Hansen von vor 15 Jahren, der nur davon träumen konnte, Anschluss an die Szene zu finden. Er malt sogar ein wenig in Berlin: den Blick von seiner Pension aus, den Brunnen auf dem Lützowplatz, umstanden von dunklen Büschen, die große Rasenfläche davor, im Hintergrund einige Häuser. »Die Stimmung ist sehr kalt und naß«,[212] beschreibt er Ada das Bild brieflich.

Der Italienaufenthalt hat sie nicht wieder auf die Beine gebracht. Es sieht danach aus, als wären es inzwischen nicht mehr nur die Nieren. Seit August ist sie in der Schweiz, im Sanatorium des Nervenarztes Dr. Peyer in Neunkirch bei Schaffhausen. Danach wird sie in St. Gallen erwartet. Fehrs Mutter will sie aufpäppeln, bevor sie Anfang Oktober nach Hilchenbach gehen soll, in die Frauenklinik und Privat-Entbindungsanstalt von Dr. Oskar Weiss, einem Freund Fehrs. Der bezahlt den Aufenthalt in der vor vier Jahren eröffneten, »mit allen erdenkbaren Bequemlichkeiten [...] wie elektrisches Licht, Zentraldampfheizung und Bäder« sowie »weitestgehenden Ansprüchen« entsprechendem »Warte-Personal« ausgestatteten Einrichtung.[213] Ada ist dort bis Februar 1906 sehr gut untergebracht, aber ihr Leiden wird sie nicht los.

Im Winter 1905/06, allein auf Alsen, versieht der Maler Tagelöhnerdienste für Burchards, im Gegenzug füttern sie ihn durch. Eine wirkliche Hilfe ist er nicht. Seine Hände sind anderes gewöhnt und sein Kopf auch. Beim Holzhacken sucht er nach besonderen Stücken, ganz spezielle Serviettenringe will er daraus schnitzen. Von der Natur vorgegebene Formen legt er beiseite – Astlöcher, Verzweigungen, in denen er etwas sieht, das er herausarbeiten will: Gnomen, Grotesken. Eine Bearbeitung des Materials, grundverschieden von dem, was er vor gut zwanzig Jahren in der Sauermannschen Schule lernte. Innerlich ist er sich seiner Sache seitdem immer sicherer geworden. Nennenswerte Anerkennung von außen ist jedoch nicht in Sicht. Auch der Herbst in Berlin hat nichts Greifbares gebracht. Ob oder wann er jemals seinen und Adas Lebensunterhalt mit seiner Kunst bestreiten kann, ist völlig ungewiss.

Sein einziger Gefährte im Fischerhaus ist »Kastor«. Der Hund weicht nicht von seiner Seite. Mal ist das Emil recht, so ist er nicht einsam. Mal ist er aufgebracht über so viel Anhänglichkeit. Das Tier trottet neben ihm her, wenn er zu seinem Strandatelier geht. Wenn er vor der Bretterwand sitzt und auf die See hinausschaut, ist Kastor bei ihm, schwimmt ein bisschen herum umd hockt sich zum Trocknen neben ihn. Emil wird – schlimm ist das! – abgelenkt. Adas Bruder kommt zu Besuch nach Sjellerupskov, findet das Haus leer, wärmt sich auf und isst das wenige, das er findet: Reste, die der Hund bekommen sollte. Bald zieht er weiter. Wieder ist Emil allein und sehnsüchtig. Als er in solcher Stimmung auf dem Klavier herumhämmert, denken die Nachbarn, Ada sei zurückgekommen. Ist sie nicht.

Stattdessen: »Ringend mit dem Mut der Verzweiflung, kamen zuweilen wie teuflisch spöttelnd heimlich Gedanken und die Frage geschlichen, ob bei mir eine Gabe vernachlässigt sei? Daß ich in Worten etwas sagen könne, das etwas wäre! Ich ging in meinem Geschriebenen die tastenden kleinen Versuche nach, sie schienen mir kläglich gering. Aber sie verwirrten mich. Wie lachend und weinend stand ich da.«[214] Da ist es wieder, dieses Suchen, diese Unsicherheit bei aller Gewissheit. Dieses sich im Schreiben ausprobieren, im Schreiben ein neues Bewusstsein suchen, das sich malerisch umsetzen lässt.

Seine Bilder? Sie sind unterwegs auf Ausstellungen, sofern Jurys sie überhaupt zugelassen haben. Oft hängen sie nur kurz oder an schlechten Plätzen oder beides. Aber einmal genau richtig: in Dresden, im Januar 1906 in der Galerie Arnold. Acht Bilder, darunter der *Feriengast* und die *Familie Burchard*, vielleicht auch *Frühling im Zimmer* und der *Froschteich*. Die Vergangenheit hat ihm die Illusion genommen, auf diesem Weg Bilder verkaufen und Geld verdienen zu können. Es waren Arbeiten von ihm in Berlin, Kiel, Lübeck, sogar in Brüssel zu sehen. In den beiden letzten Jahren hat er Einzelausstellungen in Leipzig und Berlin gehabt.[215] Seine Kasse ist nach wie vor leer. Auch jetzt, in Dresden, sind es keine neuen Galeristen, begeisterten Kritiker oder potentiellen Sammler, bei denen es Klick macht, sondern Mitglieder der Künstlergruppe »Brücke«.

Schon zwei Jahre zuvor war Erich Heckel auf Emil Nolde aufmerksam geworden. Seine Bilder waren ihm auf der Großen Kunstausstellung in Dresden aufgefallen. Nun, 1906, ist Karl Schmidt-Rottluff begeistert. Die vier Architekturstudenten Heckel, Ernst Ludwig Kirchner, Fritz Bleyl und Schmidt-Rottluff, alle unter dreißig, hatten sich im Jahr zuvor zusammengeschlossen. Ihr Grundsatz: einander unterstützen und Gleichgesinnte suchen. Ihre Kunstauffassung: weg von Proportionen und Perpektiven, wie sie traditionell an den Akademien gelehrt werden, weg von Farben, wie sie die Natur vorgibt. »Arm- und Lebensfreiheit«, so steht es im Programm. Lebensfreiheit? Dazu gehört doch wohl auch eine wirtschaftliche Perspektive, die eine gewisse Unabhängigkeit verschafft. Gemeinsame Ausstellungen verstärken die Marktpräsenz. Ein Wiedererkennungseffekt ist nützlich. Und gegen den Strom schwimmen macht mehr Wirbel, als sich mittreiben zu lassen. Ob Emil Nolde sich in so einer Gemeinschaft überhaupt zurechtfinden könnte?

Sein ärmlicher und einsamer Winter auf Alsen darf nicht zu lange dauern. Anfang 1906, vom 31. Januar bis zum 18. Februar, ist er in Braubach. Dort lebt Wilhelm Schäfer, ein etwa gleichaltriger Schriftsteller (befreundet mit Hermann Hesse[216] und Richard Dehmel. Schäfers Kommmentar zu Nolde: »zur Schau getragene Schläfrigkeit«[217]), der als Herausgeber der Kulturzeitschrift *Die Rheinlande, Monatsschrift für deutsche Art und Kunst*, und Geschäftsführer des Verbandes der Kunstfreunde in den Ländern am Rhein[218] erheblichen Einfluss auf den Kunstbetrieb hat. Nolde wohnt in einem Gasthaus und trifft Schäfer.[219] Er malt den Rhein, die Marksburg und die kleine Stadt, und dort erreicht ihn der am 4. Februar von Schmidt-Rottluff geschriebene Brief: Die Künstlergruppe »Brücke« würde es sich zur hohen Ehre anrechnen, sollte sie ihn als Mitglied begrüßen können. »Revolutionäre und gärende Elemente« wollen sie an sich ziehen, und seit Noldes Bilder bei Arnold zu sehen waren, sei für sie klar, dass er zu ihnen gehören soll. Das Wort »Geld« kommt vor, die jungen Leute haben auch keins. Der Brief ist auf dem Umweg über Hilchenbach nach Braubach gekommen. Ada reagiert »jubelnd froh« auf diesen Antrag, Emil sieht auf die Risiken. Was so ganz seins ist, seine Kunst, die er sich so hart und im Alleingang erarbeitet hat, teilen? Sich vielleicht sogar hineinreden lassen?

Er sitzt in Braubach und muss Entscheidungen treffen: Soll er sich der »Brücke« anschließen oder lieber nicht? Soll er Kontakt zu Karl Ernst Osthaus aufnehmen, dem Gründer des Museums Folkwang in Hagen und eine Schlüsselfigur in der rheinländischen Kunstszene? Schäfer rät dazu und schreibt in diesem Sinn am 12. Februar[220] auch an Osthaus. Der soll wissen, dass Ada, seit vier Jahren schwer leidend, vorhat, nach ihrer Kur nach Kopenhagen zu gehen, um dort mit Sprachunterricht Geld zu verdienen, während Emil auf Alsen malt. Man müsse etwas tun und könne es auch, wenn es gelänge, Nolde ans Rheinland zu binden. Auch Ada will diesen Kontakt. Sie hat in Hilchenbach Osthaus' Cousine kennengelernt. Am 15. Februar ist Frau Nolde erst einmal allein in Hagen. Sie bringt Radierungen ihres Mannes und Kritiken mit. Eine lässt sie versehentlich (!) liegen, die Putzfrau wirft sie in den Papierkorb, wo Gertrud Osthaus sie findet und mit freundlichen Zeilen, auch zu den Radierungen, die nun in Hagen von Hand zu Hand gehen, an Ada nach Hilchenbach schickt.

Am 26. Februar adressiert Schmidt-Rottluff erneut einen Brief an Emil Nolde – in Hilchenbach. Fragen stellen sich: Wie kam er zu dieser Adresse, an der Nolde sich gar nicht aufhielt? Hat Ada die Fäden gezogen? Oder wer sonst? Schon die Cassirer-Ausstellung war nicht zuletzt dadurch zustande gekommen, dass Otto Wetter wenigstens einen Bilderkauf garantiert hatte. (Irgendwann wird Nolde zu seiner großen Enttäuschung feststellen, dass in Wetters schönem großen Haus im Grunewald keins seiner Bilder hängt. Die Käufe sollten ihn finanziell unterstützen, an seiner Kunst war der Freund nicht interessiert.)

Anfang März lernt auch Emil Osthausens persönlich kennen und ist schwer beeindruckt, wie er und Ada aufgenommen werden, so freundlich, und wie man sie als besonders ausgezeichnete Gäste vorstellt. Karl Ernst Osthaus, Bankierssohn, Enkel des millionenschweren Schraubenfabrikanten Funcke und schon mit 22 Jahren dessen Erbe, dazu eine abgebrochene kaufmännische Ausbildung und ein Studium in

Kunstgeschichte und Philosophie, setzt all das ein, um ein ganz und gar romantisches Ziel zu verfolgen, nämlich Vernunft und Leidenschaft zu vereinen. Diesen Zwiespalt wird er in seiner Person nicht auflösen können. Aber er kann es sich leisten, seinen Folkwang-Gedanken zu leben. Deshalb wohnt er zunächst auch mit seiner Familie – seiner Frau Gertrud und vier Kindern – in dem Gebäude, das 1902 als »sein« Museum eröffnet wurde. Henry van de Velde, von dem die Innenausstattung stammt, ist von Osthaus bereits für ein neues, ganz großes Vorhaben verpflichtet worden. Ein Gesamtkunstwerk soll es werden, das Haus auf dem Land, jedenfalls außerhalb der Industriestadt Hagen, nach klassischem Vorbild in neuer Form. Drumherum soll die Gartenvorstadt Hohenhagen, eine Villenkolonie, entstehen. 1906 beginnen Bauherr und Architekt die Planung, und im Frühjahr desselben Jahres gerät Emil Nolde ins Blickfeld von Osthaus. Der Sammler und Mäzen erwirbt *Frühling im Zimmer.* Eine Ausstellung im Museum Folkwang wird verabredet. Im Mai sollen Nolde-Radierungen, leider keine großen Bilder, in Köln in der Flora zu sehen sein. Es geht doch wohl aufwärts. Die finanziell vorteilhafte Bindung an das Rheinland und Westfalen, sie kommt also zustande.

Noch im März beziehen Noldes in Soest, in der Paulistraße 12, einige Zimmer bei Klara Schumacher, einer »alten lieben Dame«.[221] Sie hat viele Mieter: zwei Mägde, ein Kinderfräulein, einen Kaufmann, einen Rektor. Schon Anfang April schreibt Ada an Osthaus, dass Emil in dieser Umgebung nicht malen kann. Sie wollen weg, nach Alsen. Osthaus rät dringend, bis Mitte Mai zu bleiben, um wenigstens ansatzweise die Auflagen des Verbandes zu erfüllen und im Übrigen die nächste Versammlung abzuwarten. Aber Soest! Der Maler läuft durch die kleinen krummen Gassen, steht ratlos vor den großen Kirchen, die er in Holzschnitten abzubilden sucht.

Später wird es etwas besser. Er und Ada machen lange Spaziergänge über die Dörfer, kühlen ihre Füße in klaren Bächen. Aber es bleibt dabei: Nolde kann in dieser Gegend nichts finden, was ihn inspiriert. Alles ist ihm entweder zu groß oder zu klein. Die Beschäftigung mit Märchen ist eine kleine Fluchtmöglichkeit. Zum Schluss hilft – ein wenig –, dass der Malerkollege Christian Rohlfs Noldes Hausgenosse wird, Osthaus fördert auch ihn. Später, wenn er selbst auf dem Hohenhof wohnt, wird er Rohlfs seine Wohnung im Museum überlassen.

Zu groß findet Nolde letztlich auch das Drumherum in Hagen. Einer wie er ist nicht dauerhaft vom Osthaus-Bazillus zu infizieren. Auch so etwas wie Eifersucht hindert ihn daran. Der enge Austausch zwischen Osthaus und van de Velde ist ihm ein Ärgernis. Und Thorn Prikker auch. Der darf im Hohenhof das Glasfenster im Treppenhaus und die Wand- und Deckenbemalung im Arbeitszimmer gestalten und bekommt sogar ein Haus in der Gartenvorstadt ... Was sonst noch? Jedenfalls zu viel für Emil Nolde. Da hilft auch die enge Beziehung zwischen Ada und »Mäuz« Osthaus nicht. Die Frauen diskutieren brieflich über gesunde Lebensformen. Ada kann einiges aus eigener Erfahrung beitragen, gesammelt in einschlägigen Sanatorien. Aber »Mäuz« hat den großangelegten Gemüsegarten und die Pilzkultur im Keller. Luftbäder, für Eltern und Kinder (das fünfte und letzte wird 1909 geboren) getrennt. Optimal sauber zu haltende Bodenbeläge – vom feinsten Parkett bis zu Torgament, einer speziellen Magnesium-Holz-Zementmasse –, die mit einer zentralen Staubsauganlage gepflegt werden. Ein eingebautes Transportsystem für schmutzige Wäsche und eins für Speisen. Der Hohenhof, ein edles Sanatorium auf dem neuesten Stand der Technik!

Für Emil ist das alles etwas zu viel Gesamtkunstwerk, etwas zu viel van de Velde. Alles ist aufeinander abgestimmt: Lampen, Wandbespannungen, Teppiche, Möbel, Türklinken und Heizungsverkleidungen, das Geschirr und das Besteck. Selbst die ebenfalls von van de Velde entworfenen Kleider (inklusive Stoffmuster) und der Silberschmuck der Hausherrin müssen sich ins Bild fügen. Die Kegelbahn – was Emil als alter Kegelbruder wohl dazu sagt? – zieren Wandgemälde von der Hand van de Veldes. Ansonsten: Hodler, Gauguin, van Gogh, Maillol … Irgendwie passt ein Nolde da nicht hinein – und er kommt auch nicht hinein, wie schon in Wetters großbürgerliches Heim nicht. Im Übrigen: Gegeneinladungen nach Soest oder Alsen werden nicht angenommen.

Doch 1906 sieht alles, was Osthaus betrifft, noch rosig aus. Pläne werden gemacht, Bilder sollen ausgestellt, könnten verkauft werden. Soest bedeutet die Chance auf ein sorgenfreieres Leben und Arbeiten. Man wird noch sehen: Was Nolde in Hagen geboten wird, hinterlässt Spuren, im Positiven wie im Negativen. Das gilt vor allem für die Wohnungen und Häuser, die er selbst einmal planen wird. Und künstlerisch gestalteten Schmuck wird seine Ada auch bekommen.

Nun aber weg, schnell weg von Soest, sobald die vereinbarte Zeit dort abgesessen ist. Nach Alsen zum Arbeiten. Endlich. Mit Zwischenstation in Hamburg: Gelegenheit zu einer erneuten Offensive, um am Kunstmarkt Fuß zu fassen, will heißen, sich in der Commeterschen Kunsthandlung vorzustellen.[222] Dort denkt man gleich an einen besonderen Kunden, der sich für Munch interessiert und möglicherweise auch für Nolde zu begeistern wäre. Man ruft ihn an. Es ist der 18. Mai, als Gustav Schiefler, Landgerichtsdirektor und passionierter Grafiksammler, so auf Nolde aufmerksam gemacht wird. Erst einmal will er nichts wissen von einem, dessen Radierungen an Munch erinnern. Was soll er damit? Dann lässt er sich doch neugierig machen und möchte Nolde treffen. Der persönliche Kontakt ist für diesen Sammler ausgesprochen wichtig. Gustav und Luise Schiefler lernen also Emil und Ada Nolde kennen und sind von »der in sich geschlossenen, starken Persönlichkeit Noldes und dem zarten Liebreiz seiner jungen Frau«[223] angetan. Sonst ein bedächtiger Entscheider, kauft Schiefler gleich eine Reihe von Radierungen. Sie freunden sich an. Vor allem Ada gelingt es, den Frauenfreund Gustav anzusprechen und mehr und mehr auch die fürsorgliche Seite Luises. Der 14 Jahre Älteren wird Ada künftig oft ihr Herz ausschütten. So schreibt sie nach dem Sommer auf Alsen am 24. November 1906 an Frau Schiefler: »Es ist recht trocken hier nach Soest zu kommen, wo man alles, was ein Bischen Außergewöhnliches ist möglichst verbergen muß, man kann nicht kleine und kleinliche Interessen haben für die Leute hier. Wie ihre Straßen eingemauert sind, so sind auch sie u. ihren ganzen Gesichtskreis von dicken Mauern eingeschloßen, so dicke, daß nur eine Bombe sie sprengen werden kann.«[224]

Die Schieflers sind wer in der Hamburger Kunstszene und darüber hinaus. Seit mehr als zehn Jahren bewundert Gustav Schiefler Max Liebermann, seit Jahresende 1897 ist er auch mit ihm persönlich bekannt. Während gemeinsamer Spaziergänge an der Elbe und bei gemeinsamen Mahlzeiten im »Obstkeller« der Witwe Brockmüller diskutieren sie den Katalog zum grafischen Werk von Liebermann. Es wird auch einen solchen für Emil Nolde geben. Erst einmal schreibt dieser ganz stolz: »Sehr gern will ich Ihnen meine Radierungen zum Herbst übersenden und es wird mich freuen, wenn Sie in der Gesellschaft der Hamburger Kunstfreunde Interesse erwecken mögen. Es ist angenehm zu erfahren, dass Lichtwark später für's Kabinett zu erwerben gedenkt. Aber warum ›später‹, zuwarten und erfahren, was andere Leute sagen das möge wohl der wirkliche Grund sein.«[225] Nicht nur für Liebermann, mit dem sich Nolde später heftig auseinandersetzen wird, und Munch, dem er in gewisser Weise sein Entrée bei Schieflers verdankt, sondern auch für Schmidt-Rottluff, Heckel und Kirchner interessiert sich der Landgerichtsdirektor, und selbstverständlich wird er passives Mitglied der »Brücke«. Er wird sich als Freund und Förderer expressionistischer Kunst und Künstler einen Namen machen.

Nolde hat sich endlich entschlossen, aktives Mitglied in der Künstlergemeinschaft zu werden, die in diesem Jahr außer ihm auch Max Pechstein gewinnt.[226] Und ein sehr aktives passives Mitglied kommt hinzu: Ada Nolde. Wo sie sich aufhält, versucht sie, neue passive Mitglieder zu werben. Ihre Ärzte beispielsweise. Oskar Weiss in Hilchenbach kauft *Im Obstgarten* und *Kleiner Rosengarten*, und auch sein Bruder Hermann nimmt einen Nolde, sowie Adas Neunkirchener Arzt Dr. Peyer. Dessen Nichte, Ida Wildburger, wird ebenfalls passives »Brücke«-Mitglied. Ada kann auch ihre späteren Aufenthalte in Sanatorien, etwa 1907 in Kassel und Dresden, zur Akquisition nutzen. Man sieht vor sich, wie die temperament- und, wenn sie es für richtig hält, auch druckvolle Ada bei Tisch, beim Spaziergang im Kurpark, beim Warten zwischen Anwendungen, zweifellos auch während ärztlicher Sprechstunden ihrem jeweiligen Vis-à-vis klarmacht, welch außergewöhnlicher Maler ihr Ehemann ist und wie wichtig und wunderbar es sein kann, eine Gemeinschaft junger avantgardistischer Künstler zu unterstützen. In bester Gesellschaft, versteht sich. Auch Harry Graf Kessler gehört dazu. Und Hans Fehr, inzwischen Professor in Jena. Die passive Mitgliedschaft – die aktive ist den Künstlern vorbehalten – hat man sich einfallen lassen, um finanzielle Förderer an sich zu binden. Sie ist für zwölf Mark Jahresbeitrag zu haben, dafür gibt es Originalblätter der Aktiven.

Ebenfalls passives Mitglied der »Brücke« ist ab 1907 die in Hamburg ansässige Rosa Schapire, promovierte Kunsthistorikerin und nebenbei Sozialistin. Sie jagt im gleichen Gebiet. »Anregungs-Masseuse« – dieses Etikett heftet ihr Aby Warburg, ebenfalls Kunsthistoriker, an, der auch sonst kein Blatt vor den Mund nimmt und von den Schieflerschen Freitagsgesellschaften als »Seelenpuff«[227] spricht. Und es ist etwas dran. Die Schapire fördert »ihre« Künstler mit Worten und Taten. Geld hat sie keins, aber Beziehungen. Durch ihr Frauennetzwerk kommt Nolde zu einem Termin bei einer hochkarätigen Fotografin. Es entsteht ein sehr distanziertes Porträt: Nolde im Profil, den Kopf schwer in die linke Hand gestützt, den Blick gesenkt, die rechte Hand hält einen Stift. Er trägt Anzug, weißes Hemd, Manschetten und Halbglatze. Ein Foto von Minya Diez-Dührkoop kann so viel kosten wie die Jahresmiete für das Fischerhaus auf Alsen oder Fehrs regelmäßige Transferzahlung zum Überleben: fünfzig Mark. Aber es ist anzunehmen, dass für Künstler auch mal niedrigere Preise gelten. Vielleicht gibt es auch Sponsoren. Diez-Dührkoop, passives »Brücke«-Mitglied auch sie, fotografiert auch Pechstein und Schmidt-Rottluff. Der wird Schapires Favorit. Nolde, der sie auf ihn aufmerksam gemacht hat, ärgert sich darüber. Er ist mit Ada entschlossen, alles zu tun, um nicht nur Werbung für die »Brücke«, sondern vor allem für das Mitglied Nolde zu machen. Für seine Auftritte im Kreis von Kunstliebhabern hält Emil inzwischen Visitenkarten bereit.

Im Sommer 1906 auf Alsen geht es nicht ums Verkaufen, es geht ums Produzieren. Mehr denn je müssen Abgeschiedenheit, Ruhe und Konzentration aufs Malen sein. Doch ab Ende Mai teilt und zerteilt Nolde Abgeschiedenheit und Ruhe: Schmidt-Rottluff hat sich eingefunden. Er hat eine, aus Emils Sicht voreilig ausgesprochene, Einladung Adas angenommen. Die ersten drei Wochen ist er Gast im Fischerhaus. Dann zieht er, irgendwem ist es zu eng geworden, auf den Friedrichshof in Fynshav und Anfang August zu Familie

Bötzau in Osterholm, alles ganz in der Nähe von Sjellerupskov. Emil Nolde versucht sich in Kollegialität. In diesem Sommer sind die beiden Maler im ständigen Austausch. Einer will dem anderen entlocken, was ihn antreibt. Wie er es macht. Wie er welche Probleme anpackt. Hat Nolde den vergangenen Winter in Soest überwiegend mit Radieren verbracht, so widmet er sich jetzt dem Holzschnitt. Schmidt-Rottluff hat eine Druckerpresse nach Alsen verfrachten lassen, damit beschäftigen sich die beiden vor allem. Noldes Märchenholzschnitte entstehen in diesem außergewöhnlich düsteren und kalten Sommer, und viele Bilder in glühenden Farben. Van Gogh beschäftigt beide Maler, sie hatten in den letzten Monaten Bilder von ihm auf Ausstellungen gesehen. Schmidt-Rottluffs *Am Meer* aus diesem Jahr zeigt das ebenso wie Noldes *Junge Frau im Korn*.

Bis Anfang September teilt Ada dieses Leben, dann reist sie nach Kopenhagen zu ihrer Mutter. Ob sie dort Sprachunterricht geben will oder wird, wie einmal geplant, ist nicht bekannt. Schmidt-Rottluff bleibt noch bis Ende September, dann verlässt er Alsen mit seinen schweren Weizenfeldern und Obstgärten, in denen Gravensteiner Äpfel reifen. Als er kam, war es Mai und Nolde führte ihn zwischen blühenden Anemonen im lichten Buchenwald zu seiner Atelierhütte am Meer. Doch der Gedanke an Alsen wird der Gedanke an Ada sein: Schmidt-Rottluff hat sich in sie verliebt.

Ada und die Männer. Sie ist sehr hübsch. Ihre zierliche Figur, der schwere Haarknoten, die großen Augen – betörend. Nicht nur Emil sieht sie so, wenn er sie »Nixenköpfchen« nennt. Die junge Frau, singend am Klavier im Alsener Fischerhaus, das hat etwas Exotisches. Sie kann Schwäche wie Stärke hervorkehren. Sie ist schnell zu begeistern, brennt für die Sache der Kunst. Und sie kann strategisch denken und danach handeln, wenn ihre Kräfte es erlauben. Dass Schmidt-Rottluff sie anschwärmt, goutiert sie. Eine für alle drei unbehagliche Situation: »Ich möchte Sie dringend u. sehr höflich bitten, die Schreiben von Ihrer Hand, die Sonnabends an mich kommen sollen, für die paar Tage, die ich noch hier bin, zu unterlassen«, schreibt ihr Schmidt-Rottluff im August. Und wenig später: »Wenn Sie von keinen Sonnabendbriefen wissen, dann will ich tun, als wüsste ich auch von keinen. Punktum.«[228] Dann verlässt Ada Alsen noch vor Schmidt-Rottluffs Abreise. Mitte Oktober ist Emil bei ihr in Kopenhagen und Ende Oktober wieder auf Alsen. Im November ist das Paar vereint in Soest, um die erforderliche Zeit dort abzuwohnen.

Ein Jahr später: Noldes sind in Berlin. Ein, nein zwei Treffen mit Edvard Munch, von Gustav Schiefler arrangiert. An einem Biertisch sitzen sich der Sammler und die beiden Maler gegenüber. Schieflers Rede ist »fesselnd und schön« , die Maler sprechen »wenig« (Munch) oder »fast nichts« – so erinnert sich Nolde. Ganz anders Schiefler, er notiert am Abend des Treffens: aufgekratzt und redselig sei Munch gewesen und interessant der Vergleich der beiden Künstlerpersönlichkeiten. Am 29. Dezember 1907 gehen die drei vom Café Bauer aus in die Kammerspiele des Deutschen Theaters, »wo Munch seinen neu entstandenen Fries zeigt und erklärt«. Kann sein, Nolde erlebt Munch, wie er auf seinem *Selbstbildnis mit Weinflasche* von 1906 zu sehen ist. Er »lebte damals im Trunk«, und so misslingt auch ein weiterer Versuch Schieflers, den Dialog zwischen den beiden Malern anzuschieben: Sie treffen sich im Hotel Hippodrom, Munch ist verkatert, oder eher noch alkoholisiert, er erzählt einen Witz nach dem anderen.[229] Kein Gespräch über Kunst kann so in die Gänge kommen. Sehr bedauerlich ist das. Für Noldes ist Munch spätestens seit Taormina mehr als ein Name. Ada und Emil hatten dort dessen Cousine Ingeborg Lindholm kennengelernt und mit ihr viel über die skandinavische Kunstszene gesprochen, in der sich die Dichterin gut auskannte. Was hat sich alles seitdem verändert im Leben der Noldes.

Und was nicht: Immer noch laboriert Ada an Ursachen und Folgen ihres Zusammenbruchs damals vor zwei Jahren in Berlin. Im Januar 1907 ist sie in Kassel, genauer im Sanatorium Gossmann auf der Wilhelmshöhe. Wasser, Licht und Luft, Bewegung, Massagen, elektrische Anwendungen und Diäten – aber ihr Zustand bessert sich nicht wirklich. Doch das prachtvolle Haus, die modernen Naturheilverfahren und die Lahmann'schen Ernährungsgrundsätze ziehen Gäste aus vielen Ländern an, und so ist die teure Kur doch zu etwas nütze: Ada knüpft Kontakte, die sie im März und April festzurren kann. Denn mit ihr zieht im März auch Frau Tillberg von Kassel nach Dresden weiter. Sie und die ebenfalls anwesende Baroness Akerhielm sind Landsmänninnen des schwedischen Arztes Oldewig, der Ada in seinem Dresdener Institut endlich Linderung verschafft. Dort freundet sie sich mit Edith Buckley an, die sie in den kommenden Jahren im Herrenhaus ihrer Eltern, The Grange in Crawley Down in Sussex, Südengland, wiederholt besuchen wird.

Dresden, vielmehr die Ansammlung von Sanatorien, die sich Weißer Hirsch nennt, übertrifft die Kasseler Wilhelmshöhe bei weitem. Hier ist Lahmann-Land. Dieser Mann, er starb 1905, hatte über alles nachgedacht. Über das, was den Menschen umgibt: Luft und Licht und alles, was sich in der Wohnung befindet. Über das, was ihn berührt: Wasser und Hautpflege, aber auch Textilien (Baumwollwäsche, unbedingt) und Betten. Und über das, was er zu sich nimmt, Speise und Trank. Darüber hinaus hielt Lahmann gesellschaftliche Einflüsse und soziale Umstände für bedeutsam für die Entstehung und Behandlung chronischer Erkrankungen. Das ist so modern! »Mäuz« lebt ganz nach seinen Erkenntnissen, tauscht Tipps und Rezepte mit Ada aus. Versuche, das Leben in den Griff zu bekommen, können so aussehen, oder auch so: »[...] und weil das Leben so einsam ist wie keiner sich getraut es auszusprechen – auszudenken gar, er stürbe denn in seiner nächsten Stunde.«[230] Frau Osthaus liebt diese Verse.

Dresden ist aber vor allem auch »Brücke«. Im April 1907 schreibt Schmidt-Rottluff: »Liebe Ada Nolde, ich muss wohl sagen, was ich für Sie fühle, muss ich Liebe nennen.« Und es erläutern: »Meine Liebe [...] ist sinnlich, ganz sinnlich. Mit geschlechtlich hat das nicht das geringste zu tun. Ich liebe Ihr Haar, Ihre Hände, Ihre Stimme – sinnlich bis zur Leidenschaftlichkeit.«[231] Aber »Schmidt-Rottluff nur war nicht zugegen«,[232] als Heckel, Kirchner und Pechstein Noldes im Hotel Trompeterschlösschen[233] besuchen. »Was wir da alles sprachen und sagten während der Abendstunden, es ist verflogen, aber es ging bis weit in die Nacht hinein, bis zuletzt wir oben auf unserem kleinen Zimmer ausgelassen und frierend saßen, so frierend, daß Heckel, unterm Bett liegend, Späne von den Querstücken schnitt, so diese und der gespaltene Stiefelknecht in den Ofen gesteckt, uns bescheidene Wärme brachten.«[234] Emil Nolde erlebt also so etwas wie Bohème in Dresden, und es scheint ihm gefallen zu haben, darüber in seinen Erinnerungen schreiben zu können. Ob er es an den Abenden im Trompeterschlösschen ebenso empfunden hat, darf man bezweifeln: Er kann nicht übersehen, dass auch Heckel Adas Nähe sucht und sie sich dadurch geschmeichelt fühlt: »Hier in Dresden verkehre ich etwas mit den jungen aktiven Mitgliedern der ›Brücke‹ u. es ist sehr interssant u. anregend für mich, sie in ihrer Kunst und ihren Empfindungen zuweilen folgen zu dürfen«, schreibt sie an die »liebe Frau Landgerichtsdirektor« Schiefler. »Heckel hat in der letzten Zeit schöne, herbe Holzplastiken gemacht – er hat mir die Freude gemacht zwei von ihnen in meinem Zimmer zu setzen, er ist ein feiner Mensch, sehr lyrisch, sehr viel Sinn für Poesie u. Sehnsucht nach Schönheit (nicht im banalen Sinne des Wortes).«[235] Das kann man so sehen, kauft er ihr doch ein japanisches Kleid und will sie darin malen.

Wie Kirchner Ada sieht, ist im Bild überliefert, in einem Holzschnitt »Kopf Frau Nolde«.[236] Er zeigt sie streng, mit keineswegs sanften Augen und einem leicht verkniffenen Mund. Da ist wohl einiges zusammengekommen. In seinen Erinnerungen schreibt Emil Nolde, persönliche Ausfälle in Schmidt-Rottluffs Briefen seien »direkte Veranlassung nur« für seinen Austritt aus der Künstlergemeinschaft gewesen. Der hingegen gibt in einem Brief an Gustav Schiefler Adas Charakter als Grund an, und Schiefler, den Frauen jederzeit zugewandt, wird in den nächsten Jahren immer wieder mal ein Gedicht für Frau Nolde schreiben und von ihr »Höllenfreund« genannt werden.

Frau Schiefler ist für Ada bald »liebe Tante Luischen«, ein Titel, der sehr in die Irre führt. Luise Schiefler ist alles andere als tantenhaft. Sie ist so tolerant, dass sie ihren erotisch etwas weitschweifigen Ehemann zu verstehen versucht, so großzügig, dass sie seine Künstlerfreunde in Notsituationen ganz praktisch unterstützt, und so intelligent und willensstark, dass sie all dem ihren Stempel aufdrücken kann – vor allem dem Kunstverständnis ihres Ehemanns. Sie ist die wahre Gastgeberin der »Freitag-Abende«, die im Winter in regelmäßigen Abständen im Schiefler'schen Haus in der Oberstraße stattfinden. Da treffen ab halb neun immerhin zwischen vierzig und sechzig Menschen aufeinander, die Kunst schaffen, sie verkaufen oder kaufen oder ihr Geld mit Schreiben über Kunst verdienen. Oder sich einfach nur dafür interessieren. Jedenfalls »alle, die in Hamburg von kultureller Bedeutung sind«.[237] Es wird musiziert und gelesen, und es werden Grafiken gezeigt. Der sammelnde Hausherr klammert sie im Speisezimmer an eine Wäscheleine. Drum herum organisiert die Hausfrau, unterstützt von der Jugend unter den Gästen, eine unkonventionelle Bewirtung: nach Tee und Kuchen ein Buffet mit belegten Broten, Heringssalat, Obstsalat … dazu Bier, Limonade, Mineralwasser. Im Herrenzimmer und in Maßen auch in den anderen Räumen darf geraucht werden. Ungezwungen soll es zugehen, keine Konkurrenz soll aufkommen zum eigentlichen Zweck der Zusammenkünfte, der Förderung der Kunst. Luise Schiefler ist wer in der Szene. Wie Ida Dehmel ist sie Gründungsmitglied des »Frauenclubs«, genauer des »Vereins zur Förderung von Frauenbildung und Frauenstudium«. Sie hält dort als Vorsitzende der Kunstkommission Vorträge. Auf diesem Weg kommt das Interesse der Sammlerin Martha Rauert an Nolde-Kunst zustande.[238] Ada kann von Luise Schiefler nur lernen. Sie lässt sich von deren Hausschneiderin ein Luise-Schiefler-Kleid – einfacher Schnitt, schwarze Seide – nähen, für ihre gesellschaftlichen Auftritte, die immer wichtiger werden für das Unternehmen Nolde. Immerhin, Schapire sei Dank, soll Nolde im gerade gegründeten Salon Clematis ausstellen. »Tim timmelim bim bim«, das Freudengeklingel seiner Frau ist bis in die Oberstraße in Hamburg zu vernehmen.

Adas Hochstimmung im Frühjahr 1907, auf dem Weißen Hirsch unter Oldewigs Obhut, liegt allerdings nicht allein daran, dass es langsam aufwärts geht mit Ausstellungen, Rezensionen und sogar Bildverkäufen. »Meine Stube ist überhaupt ein kleines – ja was soll ich sagen – ein Juwel. Gemälde und Holzschnitte v. Nolde. Eine Federzeichnung von Schmidt-Rottluff (ich halte ihn für sehr bedeutend in seinen Federzeichnungen) u. zwei Holzschnitte von Max Pechstein. Außerdem Flieder, Nelken, Maiglöckchen u. die herrlichste Aussicht über den großen Garten. Bin ich nicht beneidenswert?«[239] Doch, das ist sie, nicht zuletzt weil sie es schafft, ihre Gedanken und Gefühle so positiv auszurichten. Das kann Emil nicht.

Er kann auch nicht seine ganze Zeit nur mit ihr verbringen. Das heißt: Er kann dann nicht arbeiten. Aber in ihrer Nähe will er schon sein. Also hält er sich, bevor er im März nach Dresden kommt, erst einmal in Jena auf. Das bietet sich an, Freund Fehr ist dort Professor. Nolde wohnt im Obergeschoss in der Fritz-Krieger-Straße 4,[240] von seinem Balkon aus malt er eine Winterlandschaft. Ende Februar zieht er für gut drei Wochen in die Kaiser-Wilhelm-Straße 10. Viel Aufwand, viel Unruhe, viel Hin und Her. Vielleicht aber auch Spaziergänge vor die Stadt, nach Cospeda. Vielleicht auch schon Liebäugeln mit dem Gasthaus »Grüner Baum zur Nachtigall«. Im nächsten Jahr wird er dort ein Zimmer mieten, seine Aquarellfarben und Japanpapier auspacken und die Gegebenheiten, unter denen die Bilder entstehen – das können auch Minustemperaturen sein – ihre Wirkung entfalten lassen. So schafft er Kunst, die gerade denen, die von den Errungenschaften der Hochindustrialisierung profitieren, besonders begehrenswert erscheint. Viele suchen im Sog der Gründerzeit nach Wurzeln, nach Natur, nach Authentizität. Noldes Schaffen kann ihnen als Folie dienen, den Glanz des Erreichten erhöhen.

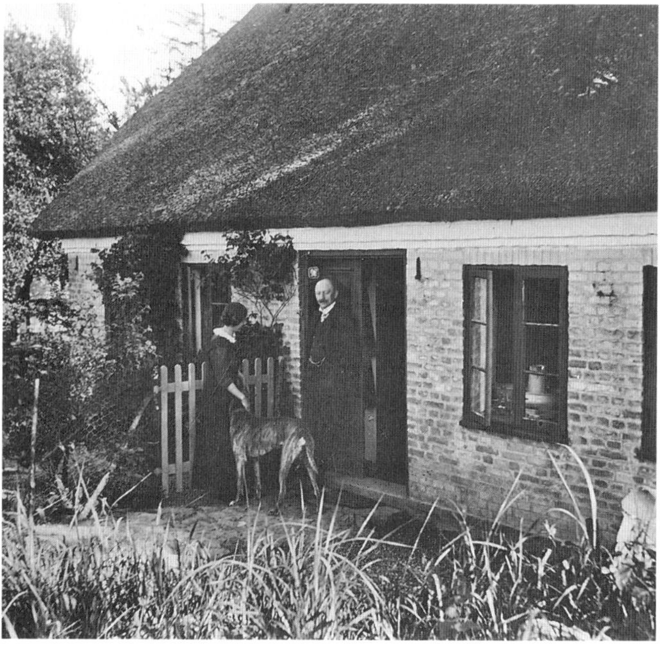

Ada und Emil Nolde vor dem Fischerhaus in Sjellerupskov
bei Guderup auf der dänischen Insel Alsen

»Mimosendasein«[241]

ERSTE RELIGIÖSE BILDER ENTSTEHEN

Im Sommer 1907 ziehen die beiden wieder nach Alsen. Erneut kommt Besuch: Schiefler. Ganz ausgelassen gibt sich der Herr Landgerichtsdirektor, der in Hamburg den hohen schwarzen Zylinder als Stütze seines Selbstbewusstseins schätzt und nun den Weg vom Fischerhaus durch den Buchenwald zum Strand nimmt, nur mit einem »Handtuch um die Lenden gewickelt [...] als Nacktkulturerscheinung«.[242] Abends sitzt man zusammen, spricht über Noldes Grafiken, über seine Art, Radierungen zu fertigen, wie lange er die Kupferplatten ins Säurebad legt, die Hell-Dunkel-Nuancen, die so entstehen. Oder über die Holzschnitte, die das Material, die Maserung des Holzes, nicht verleugnen sollen. Oder über seine Ölmalerei, in der die Pinselstriche auf den Maler als Schöpfer verweisen: »Ich wollte im Malen auch immer gern, daß die Farben durch mich als Maler auf der Leinwand sich so folgerichtig auswirkten, wie die Natur selbst ihre Gebilde schafft, wie Erz und Kristallisierungen sich bilden, wie Moos und Algen wachsen« – »Mit der Farbe, mit den Mitteln, dem Technischen war es ein schweres Ringen. Alles Übernommene, Gelernte war nichts, alles mußte neu erfunden werden.«[243]

Mimosendasein, das moderiert sein will. Niemand darf ihm zu nahe kommen, zu kühl oder zu warm darf es nicht werden, zu hell oder zu dunkel auch nicht, wenn er sich entfalten können soll. Und dann kommen die Kritiker-Banausen daher. Ada empört sich in einem Brief an Frau Schiefler auch über die »Kunsthändlerbande«.[244] Sie wird schnell hitzig, wenn Emils Werke zurückgewiesen werden. Daneben tun die beiden das, was man eben auf dem Land tut, sie legen Vorräte an. Emil pflanzt Nützliches im Garten und spaltet Holz. Ada kocht Johannisbeersaft ein. Sie näht sich Blusen, besondere, aus Stoffresten. Das Geld ist immer noch knapp.

7. November 1907, Berlin. Ada kann einen Brief an Schieflers nicht beenden. Emil muss es für sie tun, sie ist zu erschöpft. Vielleicht von den Diskussionen wegen eines Entschlusses, um den ihr Mann zu dieser Zeit ringt? Zwei Tage später schickt Emil den Scheidebrief an Heckel: »Ich habe Ihnen so lange nicht geschrieben, weil mir sehr viele Dinge durch den Kopf gingen u. weil Arbeit u. Mühe mich beschäftigten. Wenn ich Ihnen jetzt schreibe, dann ist es, um Ihnen mitzuteilen, daß ich mich entschlossen habe, aus dem Verein der ›Brücke‹ auszutreten.« Nach nur zwanzig Monaten Mitgliedschaft! »Es ist so viel in der ›Brücke‹, was ich anders haben möchte, u. diese Gedanken beschäftigen mich viel zu sehr. Ich muß mich sehr concentrieren um arbeiten zu können u. jede Ablenkung ist meiner Kunst zum Nachteil.«[245] Das darf man getrost glauben. Aber was steckt noch dahinter? Eine Weile hat es ihm Spaß gemacht, so etwas wie Kunstkumpel zu haben. Hat er daran geglaubt, mit der Gruppe mehr zu erreichen als alleine. Und es war ja auch kein Irrtum, er hat ja von den jungen Leuten gelernt und im Verein mit ihnen mehr Aufmerksamkeit bekommen. Aber teilen will er nicht. Die Ergebnisse seiner Mühen nicht, seine Frau schon gar nicht. Und dass die Schapire zunehmend einen Narren an Schmidt-Rottluff zu fressen scheint, das passt ihm auch nicht.

Den Jahreswechsel 1907/08 verbringen Noldes mit

Dr. Rosa Schapire in Berlin. Doch es scheint, als bereue Emil bald auch diese Zeit und die Gedanken und Briefe, die er nach dem »Brücke«-Austritt mehr als zuvor, ja auffallend oft mit dem lieben Fräulein Doktor wechselte, als verschwendet. Sehr persönlich ist er in diesen Briefen geworden, buhlte um die Zuwendung der einflussreichen Kunsthistorikerin: »Ich fühle mich nur wie eine Schale, darinnen ein Maler wohnt.«[246] »Die Selbstkritik ist bei mir manchmal so stark, daß ich selbst davor bange bin.«[247] »Nur in einem, liebes Fräulein Sch., [...] haben Sie mir sehr wehe getan. Wo Sie von meiner alten guten Mutter schreiben, ›bunten Tand‹ kaufe sie.«[248] Damit hat die Schapire wohl die Axt an den Stamm dieser Freundschaft gelegt. Alte Irritationen leben wieder auf. Wie bei Max Wittner, dem St. Gallener Freund, sieht Emil Nolde in ihr das Fremde, das er fürchtet und letztlich flieht, trotz aller Faszination. Er schreibt darüber in seinen Erinnerungen von 1934 folgende Sätze, die in späteren Ausgaben fehlen:

> »In der Kunst war es meine erste Begegnung mit einem Menschen, anderer Art als ich es war. Mit 18 Jahren hatte ich in Flensburg den ersten Juden gesehen, ihn wie ein Phänomen betrachtend. ›Das auserwählte Volk Gottes‹ stand als Bibelwort vor meinem Sinn, neben der großen Ehrfurcht, welche während der Schuljahre uns Kindern eingeflößt worden war. Als ich ein Paar Schuhe bei ihm kaufte, bediente er mich Landjungen wie einen jungen Herrn, es schmeichelte und erregte mein jugendliches Erstaunen. Juden haben viel Intelligenz und Geistigkeit, doch wenig Seele und wenig Schöpfergabe. Ein junger forscher Jude, als ich nach Berlin gekommen war, sagte mir dass: ›jedes junge Mädchen, mit dem ich zum dritten Mal allein zusammen bin, muß fallen.‹ – Das machte mir jungem Menschen einen ungeheuerlichen Eindruck, der mich nie verlassen konnte. Mir waren wund

alle zarten edlen Innigkeiten. Juden sind andere Menschen, als wir es sind. Oder sollte ein deutscher Mädchenjäger auch Gleiches wollen und tun? Fragen und Fragen und Kämpfe entstanden mir, und tiefst erregt alle glühende Sinnlichkeit.«[249] Was für ein Romantiker – auch hier!

1891, das war während Noldes früher Berliner Zeit, hatten die Entscheider der Großen Internationalen Kunstausstellung die Bilder Edvard Munchs abgelehnt, im folgenden Jahr wiederholte sich das, und erster Widerstand regte sich. Damals dabei: Max Liebermann. Das Lager der vom etablierten Kunstbetrieb Ausgegrenzten organisierte Gegenveranstaltungen und schaute von Preußen aus in die andere Kunsthochburg, die in Bayern. Dort gab es seit 1892 die Münchner Secession, Liebermann war auch hier beteiligt. 1898 hatte Nolde eine ihrer Ausstellungen besucht, in dem Jahr, in dem die Berliner Secession gegründet wurde. Ihr Präsident: Max Liebermann. Geschäftsführende Sekretäre: Paul und Bruno Cassirer. Ihr Zentralorgan: *Kunst und Künstler*, herausgegeben von Bruno Cassirer. Berlin! Sein Ziel ist es seit je, diese Stadt für sich zu erobern. 1902, als er einen neuen Anlauf genommen, als er voller Optimismus ein neues Leben begonnen hatte mit seiner Ada, hatte er der Berliner Secession Bilder angeboten. Tatsächlich war schon 1903 in der Frühjahrsausstellung sein *Froschteich* zu sehen, 1906 wurde sein *Erntetag* ausgestellt. Das heißt, eigentlich war das Bild schon aussortiert, wurde jedoch von Paul Cassirer eigenhändig wieder hineingetragen – und über der Klosetttür aufgehängt, was Nolde ihm nie verzieh. Ansonsten waren es grafische Arbeiten, die bis 1907 die Jury der Secession passierten. Was er danach einreicht, wird abgelehnt. Zu augenfällig ist der Kontrast zwischen dem, was die früher fortschrittliche Secession noch immer prägt, und den roh herausgearbeiteten, starkfarbig ausgeführten Bildern Noldes. Wie soll man beides nebeneinanderhängen? Kann das eine das andere nicht blass aussehen lassen? Aber im Januar 1908 hat Emil Nolde das Problem, das die Secession mit seiner künstlerischen Entwicklung hat, noch nicht erkannt. Er wird Mitglied und schreibt hoffnungsvoll an Gustav Schiefler, dass Cassirer – gemeint ist Paul, die Cousins haben ihre persönlichen und geschäftlichen Bereiche inzwischen auseinanderdividiert – sehr freundlich gesinnt sei und manche Zeichen auf eine bessere Zukunft zu deuten scheinen. Tatsächlich erhält er um diese Zeit Einladungen zu Ausstellungen nicht nur in Berlin, sondern auch in Krefeld, Jena, Bremen, Hamburg und Dresden. Die Kreise um Osthaus, Fehr und Schiefler/Schapire sind deutlich auszumachen. Der Kontakt zum neuen Leiter des Essener Kunstmuseums im Grillohaus funktioniert ebenfalls: Ernst Gosebruch besucht ihn auf Alsen, und Nolde bekommt eine Ausstellung in Essen.

Einen, auf den es Nolde angekommen wäre, kann Osthaus nicht überzeugen: Max Lehrs, Direktor der Kupferstichkabinette in Berlin und Dresden und ein Freund Max Liebermanns. Er hatte Osthaus um eine Auswahl von Radierungen und Holzschnitten gebeten und quittiert deren Erhalt im Februar 1908 mit einem vernichtenden Brief: »Ich kann und kann in diesen Emanationen trotz allen guten Willens nichts Künstlerisches entdecken [...]. Nolde beherrscht meines Dafürhaltens weder das rein Handwerkliche der Technik, in der er sich äußern will, noch hat er eine Ahnung vom Zeichnen [...]. Ich sehe unformliche schwarze Kleckse, wo er Köpfe meint, zitternde, kindliche Kratzereien [...] Schiffe unmotiviert und affektiert in der Luft schweben [...]. Überall ist die Nadel hängen geblieben, der Ätzgrund schmutzig und lieblos stehen gelassen [...] eine ungeschickte Kinderhand kann nicht krauser und hilfloser auf der Kupferplatte herumkratzen«.[250] Das will gar nicht aufhören; das will gar nicht aufhören, weh zu tun. Es ist alles andere als leicht, das im intimen Atelier Entstandene in die Öffentlichkeit einer Ausstellungshalle oder Galerie zu entlassen, aber Zeilen wie diese sind eine Prüfung in Kritikfähigkeit.

Nach einem weiteren Soest-Winter, pro forma, denn Noldes sind meist in Berlin, bricht Ada im Frühjahr 1908 nach Dresden zu einer »Hunger- und Durstkur« auf. »So schwer, so schwer ist diese lange schlimme Krankheit für sie und für mich. Wir raffen uns auf und knüpfen neue Hoffnung an diesen neuen Versuch«,[251] schreibt Emil an Rosa Schapire. Und Ada an Luise Schiefler: »Die ganze strenge Kur ist verordnet, damit die Exudate zusammenschrumpfen können. [...] In der Nacht liege ich in Packung u. der Tag wird mit Massage und Bäder zugebracht. Alle 4 Tage darf ich eßen und trinken.«[252] Das ist auch etwa der Zeitabstand, der zwischen den Begegnungen der Eheleute Nolde liegt. Ein kleiner Trost mögen ihr die Blumen und Gedichte ihres »Höllenfreundes« Gustav Schiefler sein.

Emil wohnt in Jena, in der Beethovenstraße 2, bei Fehr. Der führt inzwischen den Titel Hofrat. In diesem Umfeld fällt einer wie Nolde auf, der Sohn des Gastgebers platzt mit der Bemerkung heraus, der Maler habe einen Bart in der Nase. Am 5. März zieht Nolde in das Gasthaus in Cospeda, wie er es wohl schon im Vorjahr geplant hat, und wird bis zum 27. März dort bleiben. Wieder einmal fasziniert ihn das eigentümliche Mitwirken des verwendeten Materials am Bild: Die Reaktion der Wasserfarben auf die Schneeflocken, die sich leicht über seine Arbeiten legen, wenn er vor der Natur malt. Und auf den Frost, der aus den Farben Kristalle wachsen lässt. Wie verzaubert hockt er in der Abendkälte auf dem Hochplateau, schaut auf seine Blätter, auf die rotglühende Sonnenkugel, die der Schneematsch anzuziehen scheint, bis sie ganz in ihm aufgegangen ist. Aber genauso liebt er es nach wie vor, in ein Wirtshaus einzukehren, sich in eine Ecke zu verziehen und die Gäste, in Cospeda sind es überwiegend Bauern und Lastwagenfahrer, zu zeichnen.

Irgendwann im Sommer des Jahres wird er in Weißig bei Dresden nächtelang in einem Gasthaus mit – das reizt ihn besonders – Tanzsaal, Jugendstileinrichtung und schönen Deckenmalereien sitzen und mit Tuschpinsel und Feder die Tanzenden zeichnen. Der Berliner Verleger Julius Bard, er wird 1931 Noldes ersten Erinnerungsband *Das eigene Leben* herausgeben, findet Gefallen daran. »Wir haben den Preis auf 100 M das Blatt gesetzt – es sind aber 10 Blatt. Wir lieben sie auch als zu dem Besten gehörend, was mein Mann geschaffen hat.«[253] In diesem Monat jagen sich die Briefe Adas an die Frau Landgerichtsdirektor. Schieflers sind Sammler, wären möglicherweise auch für die teuren Tanzblätter aus Weißig zu begeistern. Emil und Ada sitzen in ihrem Fischerhaus und überlegen, wie sie Kunst zu Geld machen können. Wo sie landet, ist ihnen keineswegs egal. Als Ada im Herbst 1908[254] ihren Bruder Thøger besucht, der in Stockholm wohnt, ist Emil dabei und auf der Suche nach Sammlern oder Galeristen, die sich für seine Bilder erwärmen lassen. Unter anderem besuchen sie die Thiel-Sammlung, um sich vorzustellen, und tatsächlich reagiert Ernest Thiel – Bankier im Ruhestand, Sammler und Munch-Mäzen – wenigstens mit einem Brief.[255]

Ab November sind Noldes wieder in Berlin. Friedenau, Büsingstraße 11: Zwei Zimmer, zwei Holzkisten, die nachts als Betten und tagsüber, zugeklappt, als Sitzgelegenheiten dienen. Dürftig. Aber auch künstlermäßig. Die Tage um Weihnachten und den Jahreswechsel verbringen sie mit einem der Brüder Adas, Fehrs und Noch-Freundin Rosa Schapire. Ein gutes Jahr später, im Januar 1910, wird Ada an Luise Schiefler schreiben: »Schapire ist für uns erledigt.«[256] Und sie sind »einen Abend u. die halbe Nacht mit Pechstein zusammen. Er machte denselben angenehmen Eindruck, wie das erste Mal u. hatte sehr gute Sachen in seinem Atelier. Auch Kirchner war da.«[257] Dann ist Ada für ein paar Wochen in Hamburg in der Oberstraße. Im siebten Ehejahr ist Emils Bedürfnis nach ungestörtem Leben und Arbeiten so groß, dass er Schieflers am 2. Februar 1909 per Postkarte darum bittet, Ada einzuladen. Tatsächlich, er hat »viel gearbeitet, gezeichnet von Cabarets, der Eisbahn, von Tanzlocalen u. Cafées. Sein Temperament u. seine Gaben gehen doch viel in dieser Richtung, daß er das schnelle, wechselnde, ewig bewegliche auffassen u. mit unglaublicher Concentration wiedergeben kann.«[258]

Aber nicht nur. Im letzten Sommer hat er Blumen gemalt, zwei Dutzend Mal. Inspiriert von den Alsener Nachbarsgärten, in denen starkfarbig blühende Stauden wuchern, gebändigt von dunkelgrünen Buchseinfassungen. Eine ausgesprochen statische Angelegenheit. Und Kinder. Blonde Kinder, wie er selbst eins war. Von dem, was ihn seinerzeit beschwerte, findet sich wenig in diesen Bildern. Ob er jemals eigene Nachkommen haben wird? Diese Frage muss ihn in diesen Jahren beschäftigen. Wahrscheinlich nicht. Da sind Adas Krankheiten. Einiges spricht dafür, dass es sich bei dem »Nierenleiden« eher um die Folgen einer Eierstock- oder Eileiterentzündung handelte, mit diffusen Beschwerden, die einen Aufenthalt in der Frauenklinik Hilchenbach erforderlich machten und bisher nicht zu lindern waren, auch nicht durch Operationen. Diagnosen und Therapieversuche entsprechen dem damaligen Kenntnisstand. Von einem Geschwür ist die Rede, das ein begnadeter Masseur »kaput gedrückt«[259] haben soll. Und da sind die bei all dem nicht verwunderlichen psychischen Krisen. Wiederholt beklagt Emil Nolde die Kinderlosigkeit seiner Ehe, aber Zeitzeugen zweifeln nicht daran, dass es ihm auch ganz recht so ist: Er als Adas Einziger, das ist irgendwie besser.

Ganz besondere Bilder – weder schnelle, die das Flüchtige zu fassen suchen, noch harmlose Blumenbilder – sind es, die 1909 gemalt sein wollen. Und dafür braucht Nolde noch einmal eine Auszeit von der Zweisamkeit. Fürchtet er noch immer, das Glück der Frau – oder auch sein eigenes – könne den Künstler in ihm töten? Jedenfalls wird zum zweiten Mal in diesem Jahr versucht, Ada bei Freunden unterzubringen, um Emil das ungestörte Arbeiten zu ermöglichen. Im Mai 1909 schreibt Ada aus Dresden, wo sich beide eine Kur leisten, an Louie Buckley: *»My dear husband works only very little because he too is taking a cure here [...] tell me soon if I can come or not [...] My husband will go to Schleswig-Holstein while I'm (perhaps) in England and hope he could work much better, when I'm not there!«*[260]

Im Sommer macht Emil Nolde sich wieder einmal auf in die Gegend, aus der sein Vater kommt. Es will ins Marschland, an die Ufer der Wiedau, die nahe seinem Heimatdorf entspringt und dort vorbei Richtung Nordsee fließt. Einmal mehr fragt er sich: »Wie weit ist Erkennen und Erleben dem Künstler für sein Schaffen Bedingung?«[261] In Ruttebüll, im »Krug Verlath« erkundigt er sich nach einer Unterkunft und wird zu einer jungen Witwe mit drei kleinen Kindern geschickt, die das Geld gut brauchen kann. Sie bewohnt das letzte Haus auf der rechten Seite der Straße, die heute über die dänisch-deutsche Grenze führt. Das Haus liegt am Fluss, hinter der Schleuse, die er von Kind auf kennt und an der er sein erstes richtiges Schiff gesehen hat, »mit Masten, Strickleitern und Tauen«.[262]

Er zieht ein, packt seine Farben und Leinwände aus und beginnt zu malen: »Junge schwarzgefleckte Ochsen« und »Singende Kinder in spielendem Reigen«. Doch das ist es noch nicht, was ihn treibt. In Ruttebüll entsteht sein *Abendmahl*, »einem unwiderstehlichen Verlangen nach Darstellung von tiefer Geistigkeit, Religion und Innigkeit« folgend. »Ich malte und malte, kaum wissend, ob es Tag oder Nacht sei, ob ich Mensch oder Maler nur war.« – »Ich malte glücklich.«[263]

Nolde wird sehr krank. Er soll verdorbenes Wasser getrunken haben. Sein Zustand ist so besorgniserregend, dass Ada aus Sussex gerufen wird. »Mein Mann war mitten in einem Pfingstbild als ich ihn überraschte, u. da ich ahnte, daß ich ihn stören würde, bin ich schon am Sonntag Morgen abgezogen nach hier [gemeint ist Stemmilt, unweit dem Ort Nolde], wo ich die Kinder und meine lieben Schwägersleute so sehr genieße. Aber Morgen fahre ich wohl wieder nach Ruttebühl, es ist nicht weit von hier, um mit meinem Manne einzupacken u. dann geht er nach Alsen in die Arbeit hinein.«[264]

Das *Abendmahl* also und *Pfingsten*! Viel wird über diese beiden Bilder gesagt und geschrieben werden, die ihre Entstehung dieser eigenartigen Situation verdanken: den beiden Stimulanzien Krankheit – sogar auf den Tod – und Kindheitserinnerungen. Und dem starken Willen, aus all dem ewas Neues zu schaffen, vorerst ohne Rücksicht auf kommerzielle Verwertbarkeit. Was soll die Zukunft? Die Gegenwart muss bewältigt, nein: überwältigt werden. Diese Bilder polarisieren. Die krassen Farben, im *Abendmahl* fast ungemischt, hart gegeneinander gesetzt, wie im Pfingstbild die Komplementärfarben. Und dann diese Gesichter. So wenig christliche Demut, eher noch Verzückung, aber auch Gier nach Mehr im Leben und möglichst noch darüber hinaus. Das ist es, was Emil Nolde abbildet, ob er es will oder nicht. »Mit den Bildern ›Abendmahl‹ und ›Pfingsten‹ erfolgte die Wende vom optisch äußerlichen Reiz zum empfundenen inneren Wert. Marksteine wurden sie, – wohl nicht nur in meinem Werk.« Die Wirkung auf die Betrachter, Emil schildert sie als »Berührungsmomente meiner Kunst mit einfachen Menschen«, als »immer wunderschön«: »Eines Abends besuchten mich einige Verwandte vom Geschlecht meines Vaters, zurückhaltend und etwas scheu sitzend vor den Bildern, andächtig wie in einem Kirchenraum. Das ›Abendmahl‹ hing da, das Pfingstbild auch, und beide Bilder schienen ihnen heilig.« Und: »Bei der jungen Witwe, wo ich wohnte, war mir, als ob eine Wandlung geschehe, wenn ihre Augen tief und still auf den Bildern ruhten.«[265] Das ist zum Niederknien.

Aber diese geschickt erzeugte Stimmung verfliegt zum Glück, wenn man Emil und Ada dann im August auf Alsen begegnet – gelöst, ja ganz und gar körperlichen Sensationen ergeben. Am 15. August 1909 steht Edith Buckley aus Sussex kommend in der Tür des Hauses in Ruttebüll: Sie ist Ada nachgereist, kommt mit nach Alsen und beschreibt in einem Brief von dort das *»glorious bath that afternoon«*: Nacktbaden mit Noldes und Freunden und Freundinnen, ein großer Spaß und ganz im Sinn der Reformbewegung. Was die Alsener davon halten? Der Pastor, *»who is the only man in Guderup who possesses a bathing box, [was] fleeing into the woods as if from a vision of ›heathen goddesses‹«*.[266] Heidnische Göttinnen! Viel passt in ein Menschenleben, und sei es in einen Ausschnitt von nur wenigen Wochen.

Buckleys sind ganz sicher eine bemerkenswerte Familie. Mit ihrem Vater Thomas Hartley Wilson Buckley, ihrer Mutter Edith Jane und ihrer Schwester Louie lebt Edith auf The Grange in Crawley Down in Sussex, Südengland, wo Ada sie im Sommer 1909 besucht. Ihre beiden jüngeren Schwestern Florence und Kathleen scheinen, wie die älteren vor ihnen, in Pensionaten zu sein. Ein Neffe und drei Dienstboten gehören zu der Zeit, als Ada zu Besuch ist, auch zum Haushalt. Der läuft sonst oft auf Sparflamme: Die Buckleys sind von der Art

Engländer, die sich auf dem Kontinent umtun. Schon ihre Hochzeitsreise im Sommer 1879 ging nach Dresden. Die 1880 und 1882 geborenen Töchter Louie und Edith waren zwischen ihrem zwölften und fünfzehnten Lebensjahr in Internaten in Wiesbaden und Freiburg, kurten in Oberweiler bei Badenweiler und Woltersdorf bei Berlin. Mehrfach bereiste die Familie Deutschland. Die Lebensreformbewegung, besonders der Sanatoriumsbetrieb auf dem Weißen Hirsch, hat es ihnen dermaßen angetan, dass sie die Idee nach England importieren wollen. »Nacktkultur« und »Lichtluftbad« sind keine Fremdwörter für sie. Aber auch der Werkbund interessiert sie. Sie kennen sein englisches Vorbild, das Arts and Crafts Movement, und fördern selbst traditionelles Handwerk wie Korbflechten oder Weben.

Ada ist seit 1907 mit den Buckleys bekannt. Sie ist ihnen aufgefallen – bei gemeinsamen Mahlzeiten in der Pension Than in der Johann-Georgen-Allee 39 II oder im Hotel Windsor: »*there is a nice little Danish lady here now for the cure, an artists wife she is lovely like a madonna [...] Frau Nolde dresses in a style all her own, perfectly plain princesses dresses like the fashion of the 10th century which suits her well, but the people downstairs regard her as if she were a pygmy from central Africa.*«[267] Ist also die Schlichtheit ihrer Kleider doch nicht nur dem Geldmangel geschuldet?

Während ihres Aufenthalts auf The Grange vom 12. bis zum 26. Juli berichtet Ada an Luise Schiefler:

> »England ist ein schönes reiches Land. Oh was für ein Überfluß ist hier, wie ist es bewohnt seit Jahrhunderte, arme junge Deutschland, Du bis arm u. steif, hast aber Mark in Deinen Knochen, u. wir werden Dir alle helfen Dein Reichtum zu vermehren, denn wir lieben Dich u. das bist Du wert. – Das Gut hier ist einfach wundervoll. Alte mächtige Bäume,

> Ueberfluß an Raum u. Platz über all, weitherzige Menschen (was man wohl nicht immer von den reichen Engländern sagen kann), u. eine Menge von Blumen, Obst, alles was man will – nur nicht von der armen armen Kunst, die muß wohl betteln gehen, denn ich habe in keinem von diesen enormen Häusern ein anständiges Bild gesehen. U. wie könnten die hier aussehen in den großen, hellen Räumen.«[268]

Ob die Werke der deutschen »Brücke«-Künstler, die Edith Buckley in diesen Jahren zusammenträgt – sie ist passives Mitglied –, die Noldes, die Kirchners und Schmidt-Rottluffs *Stillleben mit Krug*, jemals an den Wänden dieser großen hellen Räume hingen, darf bezweifelt werden. Am Ende ihres langen Lebens jedenfalls wird sie die Bilder zu Wohltätigkeitsbasaren geben oder kurzerhand ins Feuer werfen.[269]

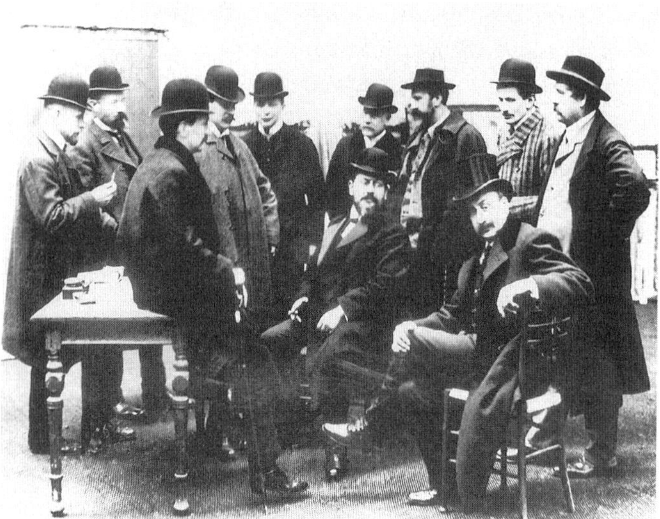

Die Jury für die Ausstellung der Berliner Secession 1908.
Mit Max Liebermann, vorne sitzend, wird sich Emil Nolde derart anlegen, dass er 1910 aus der Secession ausgeschlossen wird.

»Und Schmutz regnete über mich nieder«[270]

IM STREIT MIT LIEBERMANN

Das *Abendmahl* und *Pfingsten*. Wenigstens eins soll die Secession ausstellen, darum bewirbt sich Nolde. Seit 1907, seit er sich mit seinen Arbeiten immer deutlicher vom Impressionismus absetzt, ist kein Gemälde von ihm mehr angenommen worden. Dafür macht er Max Liebermann verantwortlich. Schon seit Münchner Zeiten hat Nolde ihn im Visier: den Großbürger, den Juden, der seiner Meinung nach nie »Selbstschaffender«[271] sein kann, den Betuchten, dem sich das Problem, dass seine Kunst nach Brot gehen muss, nicht stellt. Nolde belastet genau das, dass er seine Bilder auch als Ware zu betrachten hat – und dass es ihm klammheimlich Freude macht, wenn diese Ware hoch bezahlt wird. Da urteilen Herz und Hirn völlig verschieden. Ein Widerspruch, der leichter zu verkraften ist, wenn er das Geld für Adas Gesundheit ausgibt.

Am 10. Dezember 1909 beschreibt er Schiefler seinen Eindruck von der »Schwarzweiß-Ausstellung« der Secession in ihren Räumen am Kurfürstendamm. Ein schwerfälliger, reaktionärer Verein sei aus der Secession geworden, »tief« sei der »Abstand in der künstlerischen Anschauung«. Und dann vergibt er Noten: Die schlechtesten Zeichnungen seien die von Corinth, danach »folgen die süslichen Verkaufspastelle von Max Liebermann«. Beckmann und Pechstein lässt er gelten.

Rohlfs' Arbeiten findet er »nicht gut, auch die Aquarelle von Schmidt-Rottluff sind billig u. die graphischen Blätter von Kirchner noch billiger«. Ja, und: »Ich möchte Sie nur bitten nicht gerade Liebermann meine Offenheit mitzuteilen, er würde mich steinigen.«[272] Schmidt-Rottluff fällt offenbar ganz und gar in Ungnade, nach einem kurzen Zwischenhoch Anfang des Jahres, als Nolde den Einfall hatte, eine internationale Künstlervereinigung zu gründen, und ihn, wie auch Munch und Matisse, hätten sie nur ja gesagt, als Mitglied werben wollte. »Zeitgenossen« sollte die Gruppe heißen, wobei ihm ein »Programm aus großen Contrasten«[273] vorschwebte.

Seine zu der Zeit noch moderat kritische Haltung zur Secession legt er Gustav Schiefler im Dezember 1909 in einem ausführlichen Brief dar:

»Sie haben gewiß die Vorgänge in der hiesigen Seceßion mit einigem Interesse gefolgt. Die Sitzungsabende waren recht bewegt u. für den ruhigen Beobachter interessant. Es war kein Kampf einer jungen künstlerischen Anschauung gegen eine ältere, es waren vielmehr materielle Interessenfragen, welche den Anlaß zu dieser Auseinandersetzung gaben. Von meinem Aufruf sagte ich Ihnen gelegentlich schon einiges. Er mag vielleicht zu dem Geschehenen mitangeregt haben, nachdem aber die rein künstlerischen Fragen ausgeschaltet wurden, bin ich von allen wohl am wenigsten an der Aufregung u. den Geschehnißen beteiligt gewesen. Es geht jetzt alles einer Versöhnung entgegen u. die Seceßion wird ohne wesentliche Veränderungen weitergehen. Als Letztes möge vielleicht noch das interessanteste geschehen, daß, nachdem die Seceßion wieder glücklich Zusammengeschweist sein wird, Liebermann seiner oft gesagten Müdigkeit folgend, die Präsidentschaft unter riesig bewegten Scenen in anderer Hand übergehen läßt. Dieses aber ist ganz meine persönliche

Vermutung, vielleicht trifft es nicht zu, ich könnte mir es aber wohl so denken.«[274]

In diesem Winter bekommt Emil Nolde in seinem Berliner Atelier Besuch von den Secessions-Mitgliedern Max Beckmann und Leo von König. Auf der Generalversammlung am 31. Januar 1910 werden die beiden in den Vorstand gewählt. Die Wahl kommt einem Aufstand gegen Liebermann und Cassirer gleich, die daraufhin – was Liebermann betrifft vorübergehend – von ihren Vorstandsämtern zurücktreten. Die Fraktion derer, die gegen die Tyrannei, das Wort fällt häufig, der Etablierten anrennt, ist groß und stark. Aber Nolde überschätzt ihre Geschlossenheit, und so kommt es, dass er sich zu weit aus dem Fenster lehnt.

Erst einmal trifft sein Bild *Pfingsten* das gleiche Schicksal, wie sehr, sehr viele andere: Es wird abgelehnt.[275] Nur etwa zehn Prozent der rund 3000 eingereichten Arbeiten können ausgestellt werden. Eine Jury entscheidet, welche. Auffällig viele Expressionisten werden aussortiert, gerade auch die ehemaligen »Brücke«-Kameraden Pechstein, Kirchner und Schmidt-Rottluff. Heckel und Otto Mueller gehören ebenfalls zu den Abgelehnten sowie Georg Tappert.

Der malt expressionistisch. Straßendirnen, Halbweltdamen, Nackttänzerinnen. Tappert wuchs als Sohn eines Schneiders in der Friedrichstraße in Berlin auf und hat quasi zu den Themen dieser Zeit in diesem Milieu zurückgefunden. Über den Umweg Schneiderlehre, Kunststudium in Karlsruhe, Lebensreformbewegung, Landleben in Worpswede. Kein untypischer Lebenslauf für einen Künstler dieser Zeit. Nun, gerade in Berlin, wird keins der Bilder, die er zur Ausstellung einreicht, akzeptiert. Seine Antwort auf den Bescheid der Jury skizziert er auf der Rückseite des Briefes: Die Grundzüge der Neuen Secession. Schnell formieren sich die Ausjurierten, sehr schnell: Schon etwa eine Woche nach Bekanntgabe der Auswahl und fünf Tage nach Liebermanns Eröffnungsrede – in der er die jungen Künstler erneut in Rage bringt, weil er ihnen vorwirft, mit dem, was sie für Genie hielten, die notwendige Aneignung des Handwerklichen überspringen zu wollen – gründen an die dreißig abgelehnte Künstler die Neue Secession. Nolde, obwohl angefragt, ist nicht dabei! Am 15. Mai eröffnet die Gruppe ihre erste Ausstellung folgerichtig unter dem Titel »Zurückgewiesene der Secession«. Sie ist, nach Verlängerung, bis in den September hinein zu sehen. Tappert ist erster Vorsitzender, Pechstein Präsident. Aber nicht nur »Brücke«-Leute, auch Wassily Kandinsky und Franz Marc, Mitglieder der Neuen Künstlervereinigung München (ab Ende 1911 »Blauer Reiter«), treten der Neuen Secession bei. Bis 1914 wird sie sieben Ausstellungen ausrichten, aber die ersten vier sind die wichtigsten.

Bis sich Emil Nolde mit den alten »Brücke«-Kollegen in einer Gruppe wiederfindet, muss allerdings noch einiges passieren. Ada lässt es am 5. Dezember die mütterliche Freundin Luise Schiefler wissen: »Innerhalb des Vorstandes ist wieder Radau gewesen, König ist ausgetreten aus dem Vorstand u. aus der Secession – Beckmann aus dem Vorstand.«[276] Ein paar Tage später: Sondersitzung. Liebermann will konkrete Kritik hören, und Nolde meldet sich nicht zu Wort!

Dass Nolde als Nichtmitglied Arbeiten auf der bewusst als Gegenveranstaltung zur »Schwarzweiß-Ausstellung« der Secession arrangierten Schau »Zeichnende Künste« der Neuen Secession zeigt, hat eine Besprechung von Karl Scheffler in der Zeitschrift *Kunst und Künstler* zur Folge, in der Scheffler dem Maler die Fähigkeit abspricht, die »Zauberformel der Kunst« meisterlich anzuwenden. Das Gerangel mit Scheffler dauert schon eine Weile an. Er hat Klischees von Grafiken und Aquarellen Noldes angefragt[277] und dazu die Zusage verlangt, dass seine Zeitschrift die erste sein wird, die, was und wann auch immer, aus dieser Auswahl veröffentlicht. Danach monatelang nichts! Alles zusammen bringt Emil Nolde, der *Kunst und Künstler* ohnehin als Sprachrohr Liebermanns und Cassirers empfindet, derart auf, dass er am 10. Dezember einen sehr unfreundlichen Brief an Scheffler schreibt:

> »Für die die Reproduktion [von zwei Nolde-Zeichnungen] begleitenden Worte erwarten Sie gewiß nicht, daß ich meinen Dank sage, denn unter dem Anzeichen, wohlwollend zu sein, haben Sie eigentlich für mich und die anderen Besprochenen so nachteilig geschrieben, als es ungefähr möglich wäre.« Nolde wirft Scheffler vor, dass *Kunst und Künstler* »die Interessen der Künstler der alten Art befürwortet, wo ja alles mehr oder weniger unter dem Geschäftszeichen Liebermann steht. Dem so klugen alten Liebermann geht es wie manchem klugen Mann vor ihm; er kennt seine Grenzen nicht; sein bedeutendes Lebenswerk, seine agitatorischen Leistungen für die Secession und die Kunstanschauung, für die diese eintrat, zerblättert und zerfällt; er sucht zu retten, wird dabei nervös und phrasenhaft. Ähnlich wie hier ergeht es ihm mit seiner Kunst. Er veranlaßt, daß so viel wie möglich über ihn geschrieben und publiziert wird, er macht, malt und stellt aus, so viel er nur kann. Die Folge davon ist, daß die ganze junge Generation, übersatt, schon nicht mehr seine Arbeiten ansehen kann und mag, daß sie erkennt wie absichtlich dies alles ist, wie schwach und kitschig nicht nur seine gegenwärtigen Arbeiten, sondern auch so manche seiner früheren sind.«[278]

Es ist nicht zu übersehen: Liebermann ist der eigentliche Adressat, und da ist es nur konsequent, dass Nolde ihm eine Ausfertigung des Briefes schickt. Für »die ganze junge Generation« schreibt Nolde und zählt sich dazu. Das muss man sich auf der Zunge zergehen lassen: Zwar ist er zwanzig Jahre jünger als Liebermann, aber zwischen ihm und Kirchner, Heckel, Schmidt-Rottluff, Pechstein, aber auch Tappert und Beckmann liegen auch zwischen 13 und 17 Jahre. So ganz gehört er also nicht zu deren Generation. Doch Liebermann könnte fast sein Vater sein, starke Abgrenzung ist offensichtlich nötig. Und kein Wunder, dass die alte Secession sich provoziert fühlt. Die Folge: Am 13. Dezember 1910 geht ein Schreiben an die Mitglieder. Die sehr geehrten Herren Kollegen werden zur außerordentlichen Generalversammlung am 17. Dezember, nachmittags um 5 Uhr, ins Ausstellungshaus am Kurfürstendamm 208/209 geladen. Einziger Tagesordnungspunkt: der Antrag des Vorstandes, dem Mitglied Emil Nolde die Mitgliedschaft der Berliner Secession zu entziehen. Die Paragraphen, nach denen das möglich ist, sind aufgeführt. Danach müssen drei Viertel der erschienenen stimmfähigen Mitglieder für den Antrag sein und es müssen Handlungen vorliegen, welche unehrenhaft oder bewusst gegen die Interessen und den guten Ruf des Vereins gerichtet sind. Noldes Brandbrief, der genau das belegen soll, liegt bei. Liebermann, der keinen Märtyrer Nolde will, ist gegen den Rauswurf und lanciert diese Haltung geschickt. Die Sache geht ihren Gang. Emil Nolde wird zu seiner Überraschung aus der Secession ausgeschlossen. Mit vierzig gegen zwei Stimmen (eine kommt von Liebermann) bei drei Enthaltungen – da hilft Schöndenken nichts.

Dass Liebermann kaum weniger zartbesaitet ist als Nolde, dokumentieren seine Briefe an Alfred Lichtwark, den Direktor der Hamburger Kunsthalle. Am Tag vor der Versammlung schreibt er ihm von den »Frechheiten eines gewissen Nolde«, die sein Selbstbild ins Wanken gebracht haben. »Ich hatte den Kerl protegirt und damit Sie sehn, in welcher Form er quitirt, lege ich seinen Brief bei.«

»[…] scheußlich«, antwortet Lichtwark, verständnisvoll und abwiegelnd: »Aber echt holsteinisch, typisch für gewisse holsteinische Gemüther voll Haß und Fanatismus […]. Aber warum Kanonen auffahren? Nolde hat an Scheffler sein Müthchen gekühlt, indem er ihm sagte, was ihn, wärs auch nur als Verdacht geäußert, am tiefsten kränken muß. Und er stellt es als bekannt und gewiß dar. Sie können über solche Dinge lachen. Warum thun Sie es nicht. […] Kennen Sie«, schreibt er weiter an Liebermann, »Künstler so wenig, um vergessen zu können, daß sie, weil sie gebären müssen, eigentlich Weiber sind zu ihrer Männlichkeit obendrein? Und immer im labilen Gleichgewicht, und wie Weiber bereit zu keifen und sich durch Schimpfen zu erleichtern?« Und gleich nach Liebermanns öffentlicher, das heißt, per Presse öffentlich gemachter Reaktion: Das Öl »des Humors auf die Wogen des Skandals, das ist recht. Sie haben nun nicht blos die Lacher auf Ihrer Seite sondern auch die Lächelnden, die nicht so zahlreich sind und auf die es eigentlich ankommt. Ich habe mich von Herzen gefreut, als ich eben am Abend die Berliner Blätter mit Ihrem famosen Briefe las. […]. Möchte nun auch Scheffler Ihren Humor haben. Er wird nun antworten, denn er ist in seiner Ehre gekränkt […]. Morgen Mittag werde ich nun wohl aus den Zeitungen erfahren, was in Berlin geschehen ist. Ich denke mir, die Secession wird trotz Ihres Wunsches zur Ausschließung kommen. Dann wird Nolde wegen des Kommentars klagen und wird möglicher Weise erreichen, daß der Verfasser zwanzig Mark oder zehn Mark oder – wärs in England – einen Pfennig Strafe zahlt. Aber, was er thun mag, er bleibt jetzt unten, und niemand wird besonders auf ihn achten. Seine Kunst kann freilich Reklame brauchen, und er hat sie ja auch durch hysterische Weiber. Sonderbar ist es, daß er solche Anbeter hat, aber ich glaube, es ist kein gutes Zeichen, weder für ihn noch für das Publikum. Ich finde, eine radikale Ablehnung wäre ein Symptom von Gesundheit. Nächstens mehr! Mit freundlichem Gruß von Haus zu Haus Ihr Lichtwark.«[279]

Nolde hat das natürlich nicht gelesen. Und sicher will er sich keine Vorstellung machen vom Meinungsaustausch jenseits dessen, was gerade sein Anliegen ist, was ihn umtreibt. Er hat auf Rückhalt aus den Reihen der Secession gehofft. Die Jungen, die vor knapp einem Jahr Beckmann und von König in den Vorstand wählten, hätten ihm doch beispringen können. Stattdessen bekommt er flaue Entschuldigungen zu hören: dass sie ausstellen und verkaufen, an Frau und Kind denken müssen. »Ich stand allein. Der gegnerischen Allmacht erlegen und geächtet für's Leben …«[280] Das muss ihm tatsächlich so vorkommen, angesichts der Schmähbriefe und Spottgedichte und -lieder, die nun die Runde machen. Aber auch Nolde verfügt über Kontakte zur Presse. Am 25. Dezember veröffentlichen die *Flensburger Nachrichten* seinen offenen Brief an Max Liebermann. Der beginnt so: »So leicht, wie Sie sich die Sache gedacht haben, geht es doch nicht!« Und endet: »Sie werden verstehen, daß ich, solange dieser Vorstand regiert, keinen Wert darauf lege, der Sezession anzugehören, und daher [der] Klage wegen schwerer Beleidigung eine gleiche zur Restituierung in Ihre Gemeinschaft nicht angliedere.«[281] Seine Versuche, er geht dabei durch zwei Instanzen, auf juristischem Weg seinen Ausschluss aus dem Kreis der Arrivierten zu brandmarken, scheitern. Sämtliche Kosten bleiben an Nolde hängen. Gustav Schiefler hat es vorausgesagt, als Ada am 29. Dezember an Luise Schiefler zum Weiterreichen an ihren Ehemann schrieb:

»Der ›Streit‹ spinnt sich zwar weiter und für mich ist es schwer seinen Ausgang zu beurteilen, aber mein starker

Mann, der ihn angefangen hat, glaubt fest an einen idealen Sieg [...]. Daß das Menschenmaterial der Secession so jammerlich ist hat uns doch etwas erstaunt, denn noch in den Tagen zwischen dem ersten Brief und der Ausschließung meines Mannes sind sie gekommen die jüngeren und wollten neue Vereinigungen gründen und sagten meinem Manne es wäre ja alles die pure Wahrheit die er gesagt hätte, und viele solche Sachen, die uns doch hoffen ließen ihr Mut und Entschluß wären stark. Leo von König steht meinem Manne fest bei und hat auch an die Zeitungen einen Brief geschrieben worin er die Behauptungen meines Mannes gegenüber dem Vorstande für wahre erklärt, aber nur die Börsen Zeitung hat ihn gebracht und wir müssen nun deshalb unsere Hoffnungen auf den Process setzen. [...] Mein Mann besprach heute eingehend seine Sache mit einem Herrn der meinte, es wäre viel beßer alles würde vor einem Ehrengericht geführt. Wir wissen aber nicht wie man so etwas macht, aber mir persönlich würde es ja auch viel sympatischer sein. Würde ihr Mann sich wohl dazu äußern.«[282]

Nolde schreibt in diesen Tagen sogar Max Wittner an und bittet um Rat, es kommt jedoch nicht einmal ein Antwortbrief.

Seine Niederlage in diesem Rechtsstreit ist keine Überraschung. Aber warum macht er das? »In starkem Idealismus war ich gekommen, mit vollen Segeln. – Ich wollte so gern Kamerad und Freund sein ...« Das kann man ihm glauben. Auch die Erklärung, warum es nicht funktioniert hat, klingt plausibel: »weil ich ungeschickt bin, weil ich triebhaft handle [...], weil ich Diplomatie und Kompromisse hasse«[283] – aber, das hätte er hinzufügen können, an falscher Stelle sehr wohl Diplomatie und Kompromisse walten lasse. Warum sonst schreibt der dann 67-Jährige, der wahrlich schon genug Lebenserfahrung hat, gut zwanzig Jahre später in seinen Erinnerungen über diese Zeit: »Zu der inzwischen aufblühenden jungen deutschgeborenen Kunst stellte sie [die Secession] sich ablehnend und sperrend« und gibt einen Wortwechsel mit Cassirer [er schreibt, wie meist und vermutlich nicht aus Versehen: Cassierer] wieder: »Auf ein Bild von Liebermann hindeutend, sagte er: Wir Juden können alles, was wir wollen!« Was soll das 1934?[284] Was soll das seitenlange Abarbeiten am Fremden, am Französischen, an Max Liebermann, an »seiner alles beherrschenden Macht«? Was soll das Anprangern des »schamlosen Geschäftsbetriebs [...] mit der zur Ware herabgewürdigten Kunst«? Seine Schilderung des Secessionskonflikts ist durchzogen von Spitzen vor allem gegen das Jüdische. Er scheint diese Haltung schon 1910 nicht für sich behalten zu haben, denn er klagt, dass er »als wütiger Antisemit verschrieen wurde, und die Hetzjagd begann«.[285]

Nach dem Rausschmiss aus der Secession tritt Emil Nolde in die Neue Secession ein. Er nimmt an deren zweiter Ausstellung teil, an der dritten und auch an der vierten. Im Winter 1912 wird er wieder austreten, wie auch die »Blaue Reiter«- und die »Brücke«-Leute. Ihre Erwartungen an die neue Vereinigung waren nicht erfüllt worden.

Im Frühjahr 1911 geht Liebermann, auch weil er Abstand zu Berlin und zum Konflikt mit Nolde gewinnen will, nach Rom. Allerdings nicht ohne einen Seitenhieb: Im Julius-Bard-Verlag sollen in diesen Tagen ein Nolde-Werkkatalog und ein Buch über Liebermann erscheinen. Auf Drängen Liebermanns wird die Veröffentlichung des Katalogs zurückgestellt. Nolde muss sich noch bis Ende des Jahres gedulden. Doch die kritischen Stimmen dringen bis Italien, selbst aus den Reihen seiner Gefolgsleute, so dass Liebermann am 16. November 1911 als Präsident der Berliner Secession zurücktritt und das Amt eines Ehrenpräsidenten annimmt. Sein Nachfolger wird Lovis Corinth. Der Lovis Corinth, den Emil Nolde damals auf dem Spaziergang im Appenzeller Land fragte, wie man Künstler werde. Doch die Zeit der Demutsgesten ist längst vorbei. Für Nolde steht Corinth im Feindeslager – und malt schlechte Bilder. Ja, so sieht er das.

In diesen wilden Zeiten ist Nolde noch zweimal nahe dran, die Führung einer Künstlergruppe zu übernehmen. Als Mitglieder der Neuen Secession – Nolde schreibt: die Mehrzahl! – Pechstein als Vorsitzenden abwählen und stattdessen ihn ernennen wollen, löste sich die Versammlung – lieber? – auf. Und aus dem Plan einiger Versprengter, eine neue Gruppe unter der Leitung Noldes zu gründen, wird auch nichts: »Es ging nicht mehr. Die Stoßkraft der jungen Bewegung war zerbrochen.«[286]

Schwer erschüttert von all dem schreibt sich Emil Nolde einmal wieder frei. Es sind seine Träume, die er ausspinnt, das »unwirkliche Leben«.[287] Viel besser, sich damit zu beschäftigen als mit dem wirklichen: Tierträume, Störche und Reiher mit ihren Jungen, der – siegreiche – Kampf mit einem Löwen, eine spektakuläre Bootsfahrt, Bilder eines fremden Malers, ein kompletter Plan für ein traumhaftes Kunstmuseum … Kleine Geschichten, fern von aller Erdenschwere.

So etwas wie eine Wechselwirkung zwischen Nolde und den »Brücke«-Leuten, die sich wie er der Neuen Secession angeschlossen hatten, gibt es auch, und zwar auf kunsthandwerklichem Gebiet: Schmidt-Rottluff, Heckel und Kirchner beginnen in diesem Jahr, Schmuck für ihre Frauen zu entwerfen und anzufertigen, und Nolde tut das auch. Ada hat Silberblech aus Osthausens neu gegründeter Silberschmiede nach Alsen kommen lassen.[288] Es entstehen Spangen, Broschen und Schließen. Emil schneidet oder meißelt die Umrisse aus, biegt das Metall, ziseliert, glättet die Kanten – viele Handgriffe sind ihm von seinen Radierungen vertraut. Mal setzt er einen Bernstein ein, mal verarbeitet er Gold – wie die Münze, aus der er eine Heckenrose schlägt –, Elfenbein oder Schildpatt. Die Motive: ein Löwenpaar, Tänzerinnen, Hund und Katze, Blüten und Sterne. Nolde denkt weiter: Ob sie sich als Vorlagen zu kleinen Holzschnitten für Buchillustrationen eignen? Ada bekommt auch eine Kette aus Messingdraht mit sieben verschiedenen flachen Steinen, wie man sie am Strand von Alsen findet.[289] All das mutet an wie eine Rückbesinnung aufs Holzschnitzen in Flensburg, aufs Galanteriewarengeschäft in Berlin, aufs Vignettenzeichnen in St. Gallen.

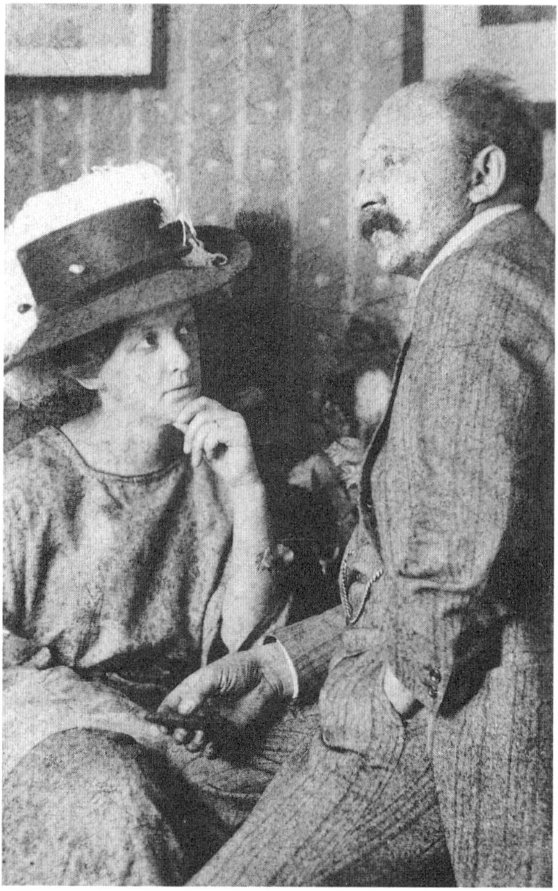

Ada und Emil Nolde – ausgehfein in Berlin 1908

»In aller schweren Wirklichkeit war ich künstlerisch unverzagt«[290]

REINE FARBEN, SCHWARZ UND WEISS

Für das Jahr 1910 hatte der Maler Emil Nolde viel vor und ganz gewiss nicht geplant, sich mit der Secession anzulegen. Der Beginn: vielversprechend mit der Eröffnung einer Ausstellung seiner Arbeiten in der Galerie Commeter am 9. Februar, zu der Emil nach Hamburg reist und bis Ende März dort bleibt. Er wohnt Unter den Vorsetzen 49/51 in einer kleinen, kalten, dunklen Pension nicht weit vom Hafen. Dorthin, ins »Getriebe auf den Landungsbrücken«, zieht es ihn Tag für Tag, »mit meiner Mappe und dem Material, zeichnend, wirtschaftend, auf der Platte kratzend, radierend, zugreifend, ganz gleich, fast gleich, was vor mir war«.[291] In der Nacht liegen die Platten im Säurebad. Instinktiv hebt er sie im richtigen Moment heraus und sieht, allein in seinem Zimmer, das Ergebnis zum ersten Mal. Hinter der dünnen Wand nebenan lärmen Stewards und Steuerleute mit ihren Besucherinnen. Der Künstler windet sich, wenn er das, was so entstanden ist, vorzeigen, gar den Blicken eines Gutachters aussetzen soll. Diese Hürde muss aber genommen werden, sie steht vor Ausstellung und Verkauf. Und dann ist da noch die Dame, die das Bild in der Galerie betrachtet, es auch haben will – wenn der Maler einige präzise beschriebene Änderungen vornimmt. Wen so etwas stört, dem bleibt nur eine Möglichkeit: der Weg direkt zum verständigen Sammler.

Emil Nolde schreibt an Gustav Schiefler:

»Auch fragen Sie darnach was ich gemalt habe. Ich kann diese Frage noch kaum beantworten, denn mir scheint, daß die Bilder noch gar nicht beendet sind. Sie stehen u. hängen hier um uns u. ich lebe noch so ganz darin u. dazwischen [...] Auch denke ich noch so manches – hin und her, u. wozu? Es geschieht alljährlich, daß ich mir die schönsten Theorien ausdenke, daß ich in Gedanken schon die schönsten gemalten bilder sehe u. dann wenn ich anfange zu malen so wie alles in Gedanken zurechtgeortnet ist, dann kann ich gar nichts machen u. quäle u. quäle mich, bis ich schließlich etwas ganz anderes anfange, daran ich nie gedacht habe u. es geht Strich für Strich, nichts mißlingt, u. mir ist dabei so wohl und herrlich zumute. So entstanden meine Fantasieradierungen, die Märchenholzschnitte, meine Blumenbilder u. die biblischen. Die Kunst des Malens ist keine Gedankenarbeit, sie ist ein Wirken der Sinne.« Sammler wie Schiefler lesen gern persönliche Bekenntnisse, die ihnen das Einfühlen in den Schaffensprozess der Künstler ermöglichen: »Wozu das viele denken. Aber ich kann es nicht lassen, den langen Jahren hindurch, von meiner Knabenzeit an bin ich von Gedanken wie gehetzt.«[292]

Ende April sind Noldes in Berlin. Sie organisieren ihren Umzug innerhalb der Stadt: von der Mainauer Straße 6 in Friedenau in die Tauentzienstraße 8a, unweit des Kurfürstendamms. Die Drei-Zimmer-Wohnung im efeubewachsenen Gartenhaus hat einen kleinen Balkon Richtung Zoo. Exotische Vögel und Raubtiere in Hör- und in Spazierweite: Emil geht oft dorthin und malt. Das Vorderhaus ist ein Prachtbau mit Stuckverzierungen an der Schauseite, ganz von der Art, wie Nolde sie vor Jahren entworfen hat. Nur etwa fünf Kilometer liegen zwischen den beiden Adressen,[293] aber der Unterschied ist groß: Sie wohnen jetzt im Herzen des kulturell und kommerziell ambitionierten Berlins. Bis zum Ausbruch des Ersten Weltkriegs schichtet sich die Bevölkerung hier um. Bürgerlich-saturierte Selbstdarsteller ziehen ans andere Ende des Kurfürstendamms, in den Grunewald. Neue, gerade auch Künstler aller Provenienzen, rücken nach. Ada und Emil, die im Mai noch auf dem Weißen Hirsch kuren und Mitte Juni richtig einziehen, werden diese Wohnung fast zwanzig Jahre behalten. Auch den Wandel der Gegend zum Geschäftsviertel werden sie miterleben.

Jetzt aber ist Sommer, also schnell weg aus der Großstadt. Ihr Zug geht nach Flensburg, dort trennen sich ihre Wege. Emil fährt erneut zum ungestörten Arbeiten nach Ruttebüll, Ada erst einmal weiter nach Alsen, Sammler betreuen und Handwerker beaufsichtigen. Luise und Gustav Schiefler werden erwartet, um die im Frühjahr begonnene Katalogisierung der Holzschnitte Emils fortzusetzen, bei der Ada Gustav unterstützt. Außerdem soll das Fischerhaus äußerlich herausgeputzt werden. Es bekommt einen sonnengelben Anstrich und das Dach wird neu mit Reet eingedeckt, vier Männer sind tagelang damit beschäftigt. Die Investition lohnt sich, denn wenn Noldes längere Zeit nicht da sind, wird das Alsen-Haus vermietet. Das ist in diesen Jahren regelmäßig der Fall.

Die Renovierung in Sjellerupskov, die neue Wohnung in Berlin. Ada pendelt. Und auch in der Stadt bekommt sie Besuch: Unerwartet und unerwünscht, vielleicht war durch den Adressenwechsel wieder einmal das Finanzamt aufmerksam geworden, Noldes kennen das. »Wir möchten Sie gern darum bitten«, schrieb Ada schon 1907 an Schiefler, »daß die Alpenpostkarten unerwähnt bleiben in Ihrem Artikel, wenn möglich. Die ganze Sache mit den Postkarten endigte nämlich mit einem Prozeß, der meinem Mann sehr auf die Nerven ging.

Seit 7 Jahren ruht der Prozeß, kann möglicherweise aber bei jeder Veranlaßung wieder aufgenommen werden.«[294] Nun taucht ein Polizist auf, der Ada im Auftrag der Gerichtskasse Berlin ein Blatt mit vielen Fragen vorlegt. Ada zittern die Knie, sie fürchtet Pfändung, ja sogar Haft, aber mehr noch, dass Emil in seiner Arbeit gestört werden könnte. Deshalb schreibt sie nichts davon nach Ruttebüll, nur Schieflers bekommen ihre Ängste mit. Ada hat die neuesten Fahrplandaten für die Freunde aufgeschrieben:[295]

Ab Hamburg Hauptbahnhof 8.38 Uhr
An Flensburg 11.56 Uhr
Ab Flensburg mit dem Schiff 12.30 Uhr
An Sonderburg 15 Uhr
Ab Sonderburg mit der Kleinbahn 4.09 Uhr
An Guderup 17.12 Uhr
Man kann aber auch nur mit der Bahn fahren.

Über die Anordnung der Räume sind die Gäste bereits orientiert: Zwei Personen können im Schlafzimmer übernachten, eine im kleinen Zimmer neben dem Wohnzimmer und eine im Vorderzimmer – und das Mädchen im Hinterzimmer.

Zwischendurch probiert Ada ihre neuerlernten Webkünste aus. Bis September hat sie 14 Kissenplatten nach Emils Vorlagen fertig: mit stilisierten Blüten, Blättern, einem Fisch umgeben von Ornamenten und Sternen. Die besten zeigt sie auf Verkaufsausstellungen in Hagen und Essen, vierzig Mark soll ein Kissen kosten.[296] Im Dezember beteiligt sie sich mit ihren Kunststickereien an einer Kunstgewerbeschau in Jena. Sie freut sich über jedes Stück, das einen Abnehmer findet, und sollte es im Kaufhaus Wertheim sein. Inzwischen ist es für Frau Nolde lukrativer, ihre Webereien, Knüpfereien, Stickereien zu vermarkten, als Kleider für sich selbst zu nähen. Ende

September bestellt sie ein einfaches schwarzseidenes Kleid bei der Schneiderin von Luise Schiefler. Ihr neuer Silberschmuck wird gut darauf aussehen, wenn sie im kommenden Winter mit Emil ins Theater geht.

Hoffentlich hat sie auch ein Tuch zum Schutz dabei, denn sie hat die Aufgabe, Emil zu assistieren, wenn er im Dunkel des Zuschauerraums aquarelliert und dabei blitzschnell die Farbe wechseln will. Die findet er in einem Kästchen, das er eigens konstruiert hat, blind, aber Ada muss zwischendurch die Pinsel reinigen. Im Winter 1910/11 entstehen so über dreihundert Arbeiten, viele davon im Deutschen Theater und in den Kammerspielen. Hebbels *Judith*, Molières *Heirat wider Willen*, Shakespeares *Sommernachtstraum*, Goethes *Faust* ... Emil Nolde hat Max Reinhardt überzeugen können, dass zwei Freiplätze zu kongenialen Bildern von seinen Inszenierungen führen werden.

Das schwarze Kleid wird auch passend sein, wenn Ada Anfang 1911 einen ihrer Brüder beim Vorsingen am Klavier begleiten soll. Sie spielt mit dem Gedanken, selbst wieder Gesangsunterricht zu nehmen. Doch das muss warten, denn das Leben von Adas Mutter geht dem Ende entgegen. Anfang 1911 stirbt sie nach langem Leiden, Ada hat ihr beigestanden. Die Kraft – und der Zusammenhalt – des Paares ist nur zu bewundern. 1910 ist ja zugleich das Jahr, in dem sich Nolde so verlustreich mit der Kunstwelt anlegt, dass auch seine wirtschaftliche Existenz auf dem Spiel steht. Seine künstlerische Entwicklung bleibt von all dem unberührt. Im Gegenteil. Nun will er erneut Berlin erobern. Es ist nur ein Schritt vor die Haustür, und er ist mittendrin im Milieu der Kabaretts, Tanzlokale, Cafés, Bars ... Auch hier zeichnet er unentwegt: die Halbwelt, die Kokotten, die Freier. Angezogen und angewidert zugleich. Eine typische Gemütslage Emil Noldes.

Ernsthaften Zeilen an Schiefler fügt Nolde im Oktober einen »Witz« an, der nicht spaßig ist: »Liebermann zu Cassirer: ›Ick mache eine Kreidezeichnung. Du verkoofst sie für 300 M. Mache ich aber eine Lithographiekreidezeichnung verkoofst Du davon 50 Stück à M 50, des jiebt M 2500. Freilich – in Paris muß ick sie abziehen lassen.‹ Der alte ›gute‹ Liebermann.«[297] So schreibt Nolde am 10. Oktober 1910. Vier Wochen später schickt er den Brief ab, der seinen Rausschmiss aus der Secession zur Folge haben wird. Ist ihm da etwas aus dem Ruder gelaufen? Wider Erwarten und ohne Absicht eskaliert? Oder mäandert das durch sein Leben: Annäherung an eine Person oder Gruppe, sich verstanden fühlen, Identifikation mit deren Zielen, Enttäuschung oder auch Flucht vor der Enttäuschung, Furcht vor dem Verlust der eigenen Identität, auch eigener Ziele. Der Schnitt, scheinbar mutwillig herausgefordert. Instinkt – oder Berechnung? Riskant, auf jeden Fall.

Die Bücher führt er wie einst seine Väter und Vorväter. Gewissenhaft trägt er Bilderverkäufe mit Datum, Titel, Käufer und Preis ein. Das Quantum Viehhändlermentalität, das er mitbekommen hat, ist ihm sehr nützlich. Er weiß, dass Angebot und Nachfrage die Preise bestimmen. Dass ein geringeres Angebot die Preise ebenso steigen lässt wie eine höhere Nachfrage. Er hat es in der Hand, das Angebot einzuschränken, etwa indem er publik macht, dass er sich jedes Bild vom Herzen reißen muss und das nur um des nackten Überlebens willen tut, oder Begehrlichkeiten weckt, indem er zur Kunst eine gewisse Teilhabe am Leben des Künstlers in Aussicht stellt. Das frisch herausgeputzte Haus auf Alsen ist, selbst wenn Ada sich nur gelegentlich dort aufhält und der Maler ganz woanders arbeitet, in den Sommermonaten hervorragend geeignet, Sammlern das Maß an Familienanschluss zu gewähren, das sie wünschen. Die Anwesenheit des Paares in Berlin in der

Zeit um Weihnachten und Neujahr, wenn Menschen mit Kunstverstand und Geld dort die Feiertage verbringen, ist auch nicht verkehrt. Noch dazu im richtigen Viertel. Da gibt es Einladungen hin und her, exklusive Atelierbesuche ... Berliner »Verkehr«[298] eben.

Es sind nicht nur Berliner Zelebritäten, die Nolde um 1910 für sich gewinnen kann. Aus dem Fehrschen Umfeld kommt Max Sauerlandt. Der 30-Jährige ist seit 1908 Leiter des Städtischen Museums für Kunst und Kunstgewerbe in Halle. In dieser Funktion kauft er 1913 das *Abendmahl* an und verursacht damit einen Eklat, den die Kritik des Generaldirektors der staatlichen Kunstsammlungen in Berlin, Wilhelm von Bode, ordentlich befeuert. Der Privatmann Fehr erwirbt das von der Secession verschmähte *Pfingsten*. Ebenfalls aus der Fehr-Ecke kommt Botho Graef, zehn Jahre älter als Nolde, Professor für Archäologie und Kunstgeschichte an der Universität Jena, im dortigen Kunstverein aktiv und außerordentlich bestimmend. Er ist es, der – im Hamburg Schieflers – im Februar die Eröffnungsrede zu Noldes Commeter-Ausstellung hält. Und da ist noch der Kunsthistoriker Ernst Gosebruch aus dem Osthaus-Kreis. 1906 war er noch Assistent für Ausstellungen am Essener Stadtmuseum. Seit 1909 ist der 38-Jährige der Leiter eines durch Abtrennung der kunsthistorischen Abteilung neu entstandenen Kunstmuseums. In diesem Jahr besuchte er Noldes auf Alsen und ermöglichte eine Ausstellung im Grillohaus.[299] Außerdem hat er einen wohlhabenden Freund, der seit einigen Jahren Kunst sammelt: Carl Hagemann, Chemiker, derzeit Farbenfabriken Bayer in Leverkusen. Ende 1911 lässt Hagemann sich acht Nolde-Bilder zur Auswahl kommen, er entscheidet sich für *Blumengarten* (*Frau in weißem Kleid*) und *Frischer Tag am Meere* für zusammen 2000 Mark. In der Korrespondenz um diesen Kauf finden sich auch Äußerungen Noldes zur Frage geeigneter Rahmen für seine Bilder: Emailweiße passen seiner Ansicht nach am besten. Zuweilen nimmt er auch dunkelblaue und dunkelrote, jedenfalls nicht die »üblichen vergoldeten Gybsrahmen«, denn die »haben doch etwas so verwerflich unechtes«.[300] Auch über die Farben, die er verwendet, gibt er Auskunft:

> »Es sind ›Behrend-Farben‹ (Grafrat b. München) die ich seit 8 Jahren brauche [...]. Um ihre Beständigkeit gegenüber Licht, Luft, Feuchtigkeit etc zu erfahren habe ich damals die Farben meiner Palette in Striche auf einen Streifen Leinwand gemalt [da fügt er eine Skizze bei], diesen Streifen der Länge nach durchschnitten, die eine Hälfte in der Sonne im Freien befestigt, die andere in einen dunklen Schrank. Nach zwei Monaten konnte ich feststellen u. freute mich, daß die Farben alle kaum in der Leuchtkraft nachgelassen hatten, nur zwei hatten wesentlich verloren u. diese verwende ich nicht mehr. Eine andere Erfahrung brachte mir der Zufall. Im Keller des Kunstvereins Jena standen eine Collection meiner Bilder als vor einigen Jahren dort eine plötzliche Überschwemmung die ganzen Keller füllten u. meine Bilder neun Stunden im Wasser schwimmen mußten. Sie konnten schließlich dann aufgefischt u. gereinigt werden u. es zeigte sich später, daß sie nicht den geringsten Schaden genommen. [...] Während der Zeit wo die Bilder trocknen, im ersten halben Jahre, sind einige Veränderungen auf meine, wie überhaupt auf alle Gemälde, wahrnehmbar. Nachher kann ich keine Veränderungen wahrnehmen. Meine Art zu malen ist ohne alle Kunststücke, ich mische die Farben garnicht oder möglichst wenig, male das angefangene Stück immer Naß in Naß fertig u. gebe den Bildern keinen Firniß.«[301]

Carl Hagemann ist in die Korrespondenzliste der Noldes aufgenommen. Das bedeutet zu der Zeit meistens, Ada schreibt und Emil unterschreibt. Hagemann ist das anfangs zu geschäftsmäßig, aber der Maler hat keine Zeit für Nettigkeiten. Unentwegt sucht er nach neuen Themen, die er variiert. Seine Herbstmeere entstehen, zwanzig Bilder, oft denkt er dabei an eine stürmische Fahrt durchs Kattegatt zurück von einem Besuch der Insel Anholt vor einigen Jahren.

Ein Besuch bei James Ensor in Ostende Anfang 1910 inspiriert Nolde zu einer neuen Werkgruppe mit Maskenbildern, die an die hundertfünfzig Arbeiten umfassen wird. Und zum Nachdenken über die Aura, die ein Künstler sich schaffen kann. Zwischen Masken und Marionetten werkelt Ensor in seinem Atelier auf dem Dachboden seines Elternhauses, unten ein kleiner Laden, in dem Muscheln und Souvenirs verkauft werden. Nolde ist einer von vielen Künstlern, die seinetwegen in das belgische Hafenstädtchen pilgern. Ensor wird der legendäre Wegbereiter für Surrealisten und Expressionisten, zu denen Emil Nolde selbst sich nicht zählen mag. Auch ganz besondere Stillleben entstehen, er stellt Gegenstände und Pflanzen zueinander, wandelt sie in Größe, Form und Farbe ab. Er sammelt selbst kleine Figuren, alles, was ihn irgendwie wegen seiner Form oder Farbe besonders anspricht. Unzählige Male geht er auch ins Völkerkundemuseum und studiert dort Artefakte. (Was übrigens ganz sicher zu der Verlockung beiträgt, die ihn 1913 kurz entschlossen in die Südsee treiben wird.) Er ist auf der Suche nach dem reinen Ausdruck. Er überlegt, ein Buch über Kunstäußerungen der Naturvölker zu schreiben, aber letztlich geht es ihm nur darum, das Thema, das ihn gerade so gepackt hat, gründlich auszuspinnen, und so kommt er über eine Einleitung nicht hinaus.

Und er ist besessen vom Thema Tanz. Er hat es schon 1908 im Dorfgasthof in Weißig aufgegriffen und ist der sehr großstädtischen Variante in Berlin mit Fleiß nachgegangen. In Dresden bietet sich die Möglichkeit, den Tanz als Kunstform zu studieren und abzubilden, und zwar den expressionistischen, den Ausdruckstanz, der sich bewusst vom hyperkultivierten klassischen Ballett absetzt – das muss ihn interessieren! Wie er dazu kommt, das ist eine Geschichte mit frühen Anfängen in St. Gallen und einer Bekannten aus dieser Zeit, Erna Hoffmann, der Schwester von Nelly Fehr. Nolde trifft die Schauspielerin in Dresden wieder, wo sie im Haus Am Grünen Zipfel in der Gartenstadt Hellerau in einer Frauen-Wohngemeinschaft lebt, der auch Ada eine Zeitlang angehört. Erna heiratet 1912 Hans Prinzhorn, der ein berühmter Psychiater und Sammler authentischer Kunst, in seinem Fall von Geisteskranken, werden wird.[302] Dergleichen steht übrigens gerade im Fokus der »Blauer Reiter«-Leute, wie auch die Kunst von Laien, von Kindern und von »naiven« Völkern. In ihrem Almanach haben sie Beispiele dafür zusammengetragen. Auch Nolde ist ja längst von diesen Gedanken fasziniert. Die dritte in der Wohngemeinschaft Am Grünen Zipfel ist die Tänzerin Ada Bruhn. Sie stammt aus Lübeck und wird 1913 Mies van der Rohe heiraten.[303] Durch Erna macht Nolde die Bekanntschaft Mary Wigmans, die übrigens nach der Scheidung der Prinzhorns 1922 für Jahre mit Hans Prinzhorn liiert sein wird.[304] Die Wigman ist von ihrem Studium bei Émile Jaques-Dalcroze frustriert. 1913 wird sie dem Rat Noldes folgen und zu Rudolf von Laban auf den Monte Verità gehen, dessen Arbeit Nolde von München her kennt und im Stil mit dem der Ausdruckstänzerin Wigman verwandt sieht.

Dresden-Hellerau ist so etwas wie Humus, auf dem mancherlei gedeiht. Dazu gehört Nolde Vertrautes, wie die Idee einer Gartenstadt. Osthaus in Hagen und auch Buckley auf seinem englischen Besitz verfolgen ähnliche Konzepte. Der Möbelfabrikant Karl Schmidt (aus dessen Dresdner Werkstätten die Sperrholzplatte stammt) ist so etwas wie der Osthaus von Dresden. Im Norden der Stadt, in unberührter Heidelandschaft, beginnt er, zusammen mit neuen Fabrikanlagen, sein Gartenstadt-Projekt Hellerau, eine Wohnsiedlung nach den Impulsen der Lebensreformbewegung. Große und kleine Wohnhäuser, Ledigenwohnheime, Waschhäuser, Badehäuser, Arztpraxen, Geschäfte, Schulen und Schülerwohnheime gehören dazu. Und die Bildungsanstalt für Rhythmische Gymnastik von Émile Jaques-Dalcroze. Das imposante Festspielhaus ist die Krone dieser Schöpfung. In den wenigen Jahren bis zum Beginn des Ersten Weltkriegs versammelt sich zu den Festspielen in Hellerau jährlich die europäische Kulturelite: Sergei Pawlowitsch Djagilew, Vaslav Nijinsky, die Pawlowa, Franz Kafka, Stefan Zweig, Franz Werfel, Else Lasker-Schüler, Lou Andreas-Salomé, Hugo Ball, Gerhart Hauptmann, Max Reinhardt, Darius Milhaud, Sergei Rachmaninoff, George Bernard Shaw, Upton Sinclair, Henry van de Velde, Walter Gropius, Oskar Kokoschka und, und, und Emil Nolde – Avantgarde, wie sie alle. Was für ein Gefühl, dazuzugehören, nach den frustrierenden Auseinandersetzungen mit der Secession. Was für eine Quelle der Inspirationen.

Auch für Ada. Die Wohngemeinschaft mit einer Schauspielerin und einer Tänzerin im Haus Am Grünen Zipfel animiert sie zum erneuten Anlauf, etwas für sich zu tun: »[...] mein Mann braucht Einsamkeit und ich das Studium – Aber sonst lieben wir uns sehr.«[305] Sie möchte auf dem Gebiet der Musik weiterkommen. 1912 nimmt sie Unterricht beim Gesangslehrer ihres Bruders in Kopenhagen. »Anfangs ging es auch wunderbar, dann aber mit einem Mal ermüdete mich das Üben sehr, die Stimme wurde trocken u. kleiner.«[306] Ein Arzt diagnostiziert ein Geschwür in der Nase. Von einer Operation ist die Rede, von einer Laufbahn als Sängerin nicht mehr. Emil trauert dem schönen Dunkellila ihrer Stimme nach, aber nicht wirklich Adas Karriere. Dafür ist er zu sehr mit sich und seiner Kunst beschäftigt. Und für sich und seine Kunst ist sie ihm unentbehrlich. Gerade hat er ein neues Experimentierfeld entdeckt: In der Berliner Firma Puhl & Wagner arbeitet er an einem – seinem einzigen – Glasmosaik. Die Vorlage ist das erste Blatt seiner Mappe mit Märchenholzschnitten von vor sechs Jahren: eine Madonna mit Kind.

Adas Krankheiten. Trotz kleiner, möglicherweise nicht ungelegener Rückschläge haben die Kuren auf dem Weißen Hirsch bei ihr angeschlagen und auch Emil gutgetan. Der charismatische Arzt Lahmann eröffnete dort sein Sanatorium 1888 auf dem Areal des bankrottgegangenen Frida-Bads mit gerade mal zwei zweigeschossigen Villen, einem Restaurant, einer Wandelhalle und einem Lichthof. Sein diagnostisches Gespür ist so legendär wie sein dem Zeitgeist voll entsprechender Therapieansatz: Bewegung, Hygiene, Diät. Deren Säulen sind zum Frühstück und als Vesper Nährsalzkakao oder Kornkaffee, Semmeln, Schrotbrot, Zwieback, Haferschleim aus der Kochkiste nach Belieben. Mittags und zum Abendessen Salat, täglich insgesamt 100 Gramm Fleisch mit Kartoffeln oder Nudeln, Kompott oder frisches Obst, auch Nüsse – aber keine Getränke, es soll ordentlich gekaut werden. Höchstens etwas frisches Wasser nach dem Essen. Für zu Hause gibt es ein Lahmann-Kochbuch, »Mäuz« Osthaus hat Rezepte in ihrer formidablen Küche ausprobieren lassen und empfiehlt Ada Spinat in kleine Pfannkuchen gerollt, Fisch mit Holländischer Sauce, Blumenkohl mit brauner Butter, Risotto mit Pilzen, vegetarische Suppen …[307]

Doch nicht nur Rezepte sind in den Briefen aufgelistet, sondern im April 1912 auch 13 anlässlich einer Hagener Ausstellung verkaufte, im Vorjahr entstandene Nolde-Werke. Darunter ein *Maskenstilleben* für 700 Mark, *Exotische Figuren* für 500 Mark, das *Stilleben mit Holzfigur* für 400 Mark. Dazu vier farbige und drei schwarze Zeichnungen sowie drei Radierungen für zusammen 790 Mark. Das ist nicht schlecht[308] und sicher mehr als willkommen, denn zeitweise haben Ada und Emil gerade noch für vier Monate Geld zum Leben.[309] Außerdem können die Preise als Maßstab hergenommen werden für den finanziellen Verlust, den der Maler zu beklagen hat, als im Sommer 1912 ein Blitz in das Haus seiner Schwester Elena Cathrina Bonnichsen in Stemmilt einschlägt und 13 Bilder und eine Kiste voll mit Grafiken, die er dort abgestellt hatte, mit dem Haus in Flammen aufgehen.[310]

Doch das Paar produziert unentwegt weiter. Im Sommer 1912 wieder auf Alsen. Während der Nachmittagsstunden sitzt Ada im Fischerhaus am Webstuhl, und ein Fräulein Petersen macht den Haushalt. Emil hat den Pfad durch den Buchenwald zu seiner Hütte am Strand genommen, dort arbeitet er oft bis es dunkel wird. Sonntags gehen die drei mit Kastor, dem Hund, auf Streifzüge durch die Umgebung. Das Mittagessen nehmen sie in einem Korb mit, der auf dem Heimweg mit Holunderbeeren, Brombeeren und Nüssen gefüllt wird. Idyllisches Landleben, während in den Städten Noldes Bilder Wirkung zeigen müssen: 1912 in Berlin, Bremen, Breslau, Dresden, Hagen, Hamburg, Heidelberg, Kiel, Magdeburg, Münster … und zweimal in Köln: im Juni in der »Zweiten Ausstellung der Redaktion der ›Blaue Reiter‹-Schwarz-Weiß« des Gereonsklubs im Wallraf-Richartz-Museum und in der vierten Sonderbundausstellung, der »Internationalen Kunstausstellung des Sonderbundes westdeutscher Kunstfreunde und Künstler 1912« von Ende Mai bis Ende September. Emil reist extra zur Eröffnung an, denn er geht davon aus, dass sein großes neunteiliges Bildwerk *Das Leben Christi* dort gezeigt werden wird, nachdem es auch in Hagen zu sehen war, nicht jedoch in Münster und Brüssel, wo die Ausstellungsleitung fürchtete, die Gefühle der Katholiken zu verletzen. *Das Leben Christi* ist zwar nach Köln geschickt worden, aber man zeigt es auch hier nicht – aus Platzgründen, heißt es. Lediglich seine *Masken* und *Leute im Dorfkrug* werden ausgestellt, zwei Bilder, die wahrlich nicht gängige Erwartungen bedienen. Die Masken: ein uraltes Thema Noldes, aufgefrischt durch die Begegnung mit Ensor, das er nun gegen den Strich gemalt hat, in keineswegs gefälligen Formen und Farben. Die Leute im Dorfkrug: Auch damit beschäftigt er sich seit Jahren, jetzt zeigt er ein Paar. Der Unterschied in der Darstellung der rechten Hände ist frappant. Die des Mannes hat Nolde fein ausgemalt, ihre sieht tatsächlich aus wie ein Stück aufgerolltes rosafarbenes Fleisch. Nolde spielt mit diesen Widersprüchen, so auch in seinem *Mädchenbildnis* von 1913: Grünes Kleid, herzförmiger Kettenanhänger im Ausschnitt, die Augen in einer Mischung aus Neugierde und Abscheu weit geöffnet, der Mund – ja der Mund ist eher der Anfang des Schlundes, die geöffneten Lippen enthüllen eine deutliche Lücke zwischen den beiden mittleren Schneidezähnen. Dazu dichtes dunkles Haar, zurückgenommen, Madonnenscheitel. Das Ganze auf Goldgrund,[311] wie er für byzantinische Mosaiken verwendet wurde. Seine *Kerzentänzerinnen* aus diesem Jahr: Extase statt Anmut. Bei Nolde geht vieles zusammen: »rohe Tiefe und karikierte Klassik«.[312]

Eine dicke negative Spur hinterlässt die Ausstellung im Münchener Neuen Kunstsalon,[313] zu der nicht nur eine, aber eine verheerende Kritik erscheint. Der Erguss, man muss das so nennen, ist überschrieben »Maler Nolde und Professor Dr. Graef – Jena« und erscheint am 9. November 1912 in der *Münchener Post.* Dass es sich dabei um eine sozialdemokratische Tageszeitung handelt, ist pikant, hätte sich Emil Nolde doch 1907 fast mit seinem Freund Hans Fehr überworfen, weil er (Nolde!) Partei für die Sozialdemokraten ergriff. Politisch gibt Nolde in Summe tatsächlich eine schillernde Figur ab.[314]

Der Autor des Artikels, Hermann Eßwein, schreibt:

> »Ich kannte von Nolde zwei Bilder religiösen Inhalts, ein Abendmahl und eine Ausgießung des Heiligen Geistes, die voriges Jahr in der juryfreien Kunstausstellung auf der Theresienhöhe zu sehen gewesen waren. Trotz ihrer ganz kindlichen und rohen Mache hatten sie mich durch eine gewisse Eindringlichkeit des Empfindens und durch schöne Farbenzusammenstellungen mehr gefesselt, als so manches technisch glatt heruntergepinselte Stück [...]. Nun ich von Emil Nolde mehr gesehen habe, nun er sich mir als einer der vielen Männer der Tagesmode und nicht als ein Mann des Schicksals enthüllt hat, werden seine Malereien in Zukunft so wenig für mich existieren, wie die seiner französischen, deutschen und russischen Richtungsgenossen.« Das trifft. »Was ich ihm und seinem Lobredner [Botho Graef] gerne zugestehe, die Tatsache, daß er weit mehr ursprüngliche Begabung mitbringt, als mancher hypermoderne Stümper, die entschuldigt Nolde nicht, sondern belastet ihn erst recht. Sein absichtliches, sich ratlos Gebärden vor jeder Form, das zu Eindrücken führt, wie man sie von den Malkünsten kleiner Kinder gewohnt ist, vermittelt nur höchst selten die künstlerischen Erlebnisse, die wir naiver Primitivkunst verdanken können.«

Absichtliches Lallen und Stammeln sei gerade durch ein hochgetriebenes Raffinement der Farbe und der Komposition entlarvt! Da muss doch Noldes Herzblut fließen. Manches, was Eßwein vorbringt, kann er getrost abhaken. Aber dass der Schrei nach dem Geiste, nach der Innerlichkeit eine Stimmung des »besinnungs- und hemmungslosen Ekels und Widerwillens [...] bei jedem besser gearteten erregen muß«, das muss ihn treffen. Der Artikel endet so: »Selbst die bescheidenste Nachschöpfung historischer Werte, selbst die allerbescheidenste Naturnachahmung, wie sie unsere kleinsten Talentchen üben, ist heute wertvoller und förderungswürdiger, als dieses wüste Treiben, das sich selbst unter den Kunstleistungen der Neger und der Irrenkliniken nur die banalsten, uninteressantesten Vorbilder auszusuchen vermag.« »Pathologisches«, »Stigmen der Entartung«[315] ... was kann man dazu sagen. »Es ist recht traurig, daß so geschrieben wird, aber – auch belustigend, wir haben doch sehr lachen müssen.«[316] Mit diesem Kommentar schickt Nolde den Artikel zu Osthaus. Die Beziehung hat sich wieder gebessert, nachdem Emil und Ada zu Beginn des Jahres noch ganz frostig in Bezug auf die Hagener waren. Karl Ernst Osthaus hatte sich für ihren Geschmack zu zögerlich verhalten, als es um die Erwerbung von *Die klugen und die törichten Jungfrauen* für das Folkwang-Museum ging. »Seine Art ein Bild zu kaufen ist so kalt und fast verletzend für den Künstler.«[317] Ja, Nolde ist eine Mimose. Und so klingt es auch ziemlich nach Selbstmitleid, wenn er seinen Entschluss zur Südseereise begründet: »Was auch sollte ich hier, wo geächtet ich war. Von allem war ich losgelöst.«[318] Das muss man nicht so ganz glauben, hat er doch mit Ada gerade einen neuen Platz zum Sesshaftwerden gesucht und gefunden: an der Westküste, in Schleswig. Alsen[319] war ihm zu lieblich, zu mild, zu idyllisch und gleichzeitig zu unruhig geworden. Das Bretterbudenatelier und auch das Fischerhaus zu klein für die großen Bilder.

Utenwarf,[320] so nennen sie den Platz mit dem kleinen baufälligen Haus und der Scheune. Auf dem Deich, zur Wiedau hin gelegen, ganz nah bei Ruttebüll, in der herben Landschaft, die so sehr den neuen religiösen Bildern entspricht, wie er sie im Haus an der Schleuse auf den Malgrund bannte. Hier wird er mitten im Land seiner Väter sitzen. Merlingfeld, der Hof der Hansens, ist nur einen Katzensprung entfernt.

Emil macht Pläne und schreibt an Hans Fehr: Das Haus muss wohl abgerissen werden, die Scheune scheint gut genug erhalten zu sein, um als großes hohes Atelier genutzt werden zu können. Altes Material muss zum Bau verwendet werden, das Ganze darf nur 5000 Mark kosten. Im nächsten Sommer wollen er und Ada einziehen. Ein Architekt aus dem nahen Tondern wird sich kümmern. Eine Zeichnung im Brief soll veranschaulichen, wie alles gedacht ist. Aber Emil schreibt in diesem Brief auch: »Nach Neu-Guinea gehe ich mit.«[321]

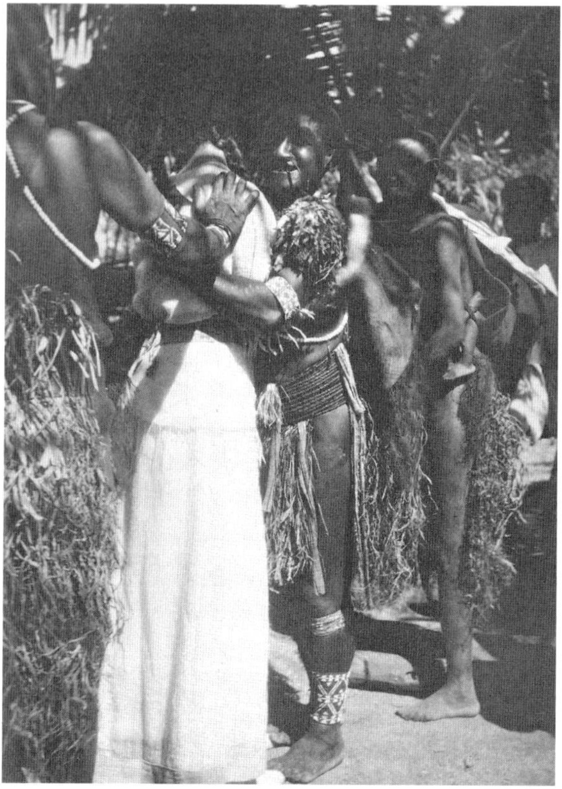

Ada Nolde auf der Südseeinsel Manus 1914

»Bis in die wilden Urgebiete [...] hofften wir zu kommen«[322]

DIE SÜDSEEREISE

Da liegt einer krank und matt in einem Hospital. Vielleicht stören ihn die Schreie der bunten Paradiesvögel und Papageien in den Kronen der Bäume, die rund ums Haus stehen. Hin und wieder geht sein Blick zu der jungen Frau, die auf seiner Bettkante sitzt, im hellen Kleid, den Kopf mit den dicken, zum Knoten hochgesteckten, kastanienbraunen Haarflechten über einen Brief gebeugt, den sie gerade an einen gemeinsamen Freund[323] schreibt. Wenn der Kranke hinausschauen könnte, sähe er Plantagen und das Meer. Es ist die Südsee. Der Ort, wo er sich befindet, ist die Herbertshöhe,[324] auf einer Insel mit Namen Neupommern in Deutsch Neuguinea gelegen. Deutsches Kolonialgebiet also. Emil Nolde hat sich eine Amöben-Ruhr eingefangen. Das Schlimmste, die Krämpfe, der Durchfall, das Fieber, liegt hinter ihm. In ein paar Tagen wird er es schaffen, mit Ada hinauf nach Toma zu gehen, 15 Kilometer entfernt, in den Wäldern gelegen. Ein kühlerer Ort, für einen Rekonvaleszenten gut geeignet und eine Augenweide, »an all den Bäumen hingen die vielen Sorten der schönsten blühenden Orchideen«.[325]

»Anfang Jan. aber fangen wir unsere Fahrten an«, hatte Ada noch Silvester 1913 an Schieflers geschrieben, »[wir] gehen in die Baininggebirge, wo wir mit Zelten u. Vagabundieren anfangen.« Zu Pferd erkunden sie die Gazelle-Halbinsel,[326] die seit Urzeiten besiedelt ist. Mit Feldbetten, Konserven und Koch ist die Gruppe unterwegs und mit einer Entourage von schwarzen Soldaten, die sie gegebenenfalls beschützen soll bei ihren Besuchen in den Dörfern: mit Palmblättern gedeckte Bambushütten, die auf einem Flecken im Wald zusammenstehen, auf dem das Unterholz gerade ausreichend beiseitegeräumt wurde. Während Ludwig Külz – Alfred Leber ist mit gebrochenem Schlüsselbein in Rabaul geblieben – sich mit den Bewohnern beschäftigt, fertigt Emil Skizzen von ihnen an. Irgendwann auf dieser Expedition trinkt er leichtsinnigerweise Wasser aus einem Bach. Er wird krank, und Ada und er müssen den schwierigen Weg zurück nach Herbertshöhe bewältigen. Eine Weile dauert es, bis anstelle der selbstverordneten Diät mit Rotwein und Wasser eine ärztliche Behandlung erfolgen kann. Bald darauf ist das Morphium nicht mehr notwendig. Emil ist wirklich auf den Tod krank gewesen.

Noch vor einem Jahr um die gleiche Zeit: Kein Gedanke, dass er und Ada einmal auf einer Insel in der Südsee sein würden. Wohl war die Sehnsucht, dem Ursprünglichen einmal ganz nah zu kommen, längst in ihm. Er war damit nicht allein: Kandinsky und die Münter fuhren nach Nordafrika, so auch Paul Klee mit August Macke und Louis Moilliet. Allen voran Gauguin, der vor zehn Jahren auf einer Insel im Südpazifik starb. Und Pechstein wird sich im Mai 1914 mit seiner Frau auf den Weg nach Mikronesien machen. Sie wollen nach Palau auswandern.[327] So etwas liegt Nolde fern. Er ist für das Reichskolonialamt mit der Medizinisch-demographischen Deutsch-Neuguinea-Expedition unterwegs, die unter der Leitung des Tropenmediziners und Ophthalmologen Professor Dr. Alfred Leber die Ursachen für die hohe Sterberate in der indigenen Bevölkerung untersuchen soll, denn ohne die lokalen Arbeitskräfte funktioniert das ganze Kolonialkonzept nicht. Noldes Part: Dokumentation (im weitesten Sinn) durch Zeichnungen.

Noldes lernten Leber vermutlich schon vor Jahren kennen; Ende 1909 bat Ada Schieflers um die Adresse des Arztes, »denn die Augen meines Mannes sind leider wieder nicht gut«.[328] Als Leber von seiner ersten Expedition, die ihn 1910/11 nach Samoa, Saipan und Sumatra führte, zurückkehrte, bat er Emil Nolde um sein Porträt mit Tropenhelm. Im März 1913 lud er Ada und Emil zu seinem Vortrag über »Kunst und Kultur der Samoaner« ein. Möglich, dass ihm Emils große Lust, selbst einmal Naturvölker in ihrer ursprünglichen Umgebung zu erleben, nicht verborgen blieb. Jedenfalls bekam Nolde wenige Monate später eine Anfrage, ob er sich Lebers nächster Forschungsreise in die Südsee anschließen wolle. Die Budgetkommission des Reichskolonialamts hatte im März grünes Licht gegeben. Die Teilnahme von Emil Nolde – später auch von Ada – sowie die von Gertrud Arnthal konnte Leber allerdings erst nach langen Verhandlungen durchsetzen. Den Vertrag, der ihnen erlaubte, sich als Privatpersonen mit Einschränkungen der Expedition anzuschließen, unterzeichneten Noldes erst am 4. Januar 1914 in Rabaul. Gern hätte Emil auch Hans Fehr dabeigehabt. Er verstieg sich in die Idee, der Freund könne das Rechtssystem der Insulaner studieren, von so einer Expedition hatten sie schon in Paris geträumt. Daraus wurde nichts, aber dafür fand sich ein Weg, Ada mit an Bord zu nehmen, und zwar als Fotografin, aber mehr noch als Anstandsdame für die 23-jährige Gertrud Arnthal, die offiziell als Krankenschwester, inoffiziell als Lebers Freundin dabei war. Ihr Onkel, der Unternehmer und Kunstmäzen Eduard Arnhold[329] unterstützte die Expedition finanziell. Noch zwei Wochen vor der Abreise besuchten Noldes den großzügigen Mann auf seinem Rittergut Hirschfelde bei Werneuchen, und Arnhold kaufte Nolde sogar ein Bild ab, das zwar nicht so recht in seine Sammlung passte, aber das Reisegeld aufstockte.

Für die Vorbereitungen blieb wenig Zeit. Die im Frühjahr entstandenen farbigen Lithographien wurden in zwei große Kisten gepackt und von Berlin nach Hamburg zu Schiefler geschickt, zur Aufbewahrung und um sie in dessen Nolde-Werkverzeichnis aufnehmen zu lassen. Zur Besorgung geschäftlicher Angelegenheiten bevollmächtigte Nolde Ernst Fuhrmann.[330] Ein vielseitiger Mann: Verleger, Publizist, Fotograf und Vertreter einer lebensreformerischen Sicht auf alles Mögliche, also ganz auf der Linie beider Noldes – die sich schnell, schnell in Berlin, im Tiergarten, im Reiten und Gewehrschießen übten. Ada ließ sich noch im September einfallen, Flöte zu lernen, um die Eingeborenen zu beeindrucken, ja sie nahm sogar eine Gitarre mit auf die Reise. Tropentaugliche Kleidung und vor allem Malmaterial, also Staffelei, Ölfarben, Leinwände, Aquarellfarben, Stifte, Tusche, Kreiden, Pinsel, Papier mussten mit. Alles Unhandliche, Sperrige wurde in Überseekisten gepackt und vorausgeschickt.

Die Haltung, in der Emil diese Reise absolviert, ist jedoch weniger die eines Forschers als die eines Touristen, der das ganz und gar Ursprüngliche erleben will, das, was seiner Vorstellung vom Ur-Eingeborenendasein entspricht. Er stürzt sich auf die erste Gruppe »wilder« Männer, derer er ansichtig wird, und malt sie. Ihre langen Haare, ihre von Knochen durchbohrten Nasen, ihre dicken Ketten und Armringe: unwiderstehlich. Er bildet sie ab, ohne Rücksicht auf ihre Gefühle, und wird von ihnen deshalb ernsthaft bedroht. Auch diese Menschen haben ihre Mythen, Emil Nolde hat das erst einmal glatt übersehen. Wie im Völkerkundemuseum die Artefakte, studiert und dokumentiert er jetzt Menschen. Regelmäßig sitzt er an einem Weg und zeichnet die Vorbeikommenden. Gerüchte über Kannibalimus beflügeln seine Phantasie: Sie »essen hier allerdings Menschenfleisch, sie schlagen sich zuweilen tot. Ich verstehe dieses Verlangen, bei einem Fest frisches Fleisch essen zu wollen.« Und bei dem Gedanken an Mahlzeiten mit halbfaulem Büchsenfleisch an Bord eines Schiffes: »käme ein frischer Braten Menschenfleisch, ich [...]« – »[...] und«, philosophiert er weiter, »sind die verdorbenen Großstadtmenschen, wo täglich und nächtlich die Leibesfrucht verhindert oder vernichtet wird, nicht viel schmutziger und tieferstehend, als die hiesigen Naturmenschen [...]«?[331]

Urmenschen, Urzustände, Urvölker, Urnatur, Urwesen, Urnaturerleben. Begriffe, die in einem einzigen Brief[332] vorkommen, mehrfach. Der Brief ist »ur«-gespickt, es versagt Noldes in Bezug auf die Zivilisation sehr gut funktionierendes kritisches Bewusstsein. Dermaßen erwartunsvoll, sind Emil und Ada erst einmal enttäuscht. Sie sind so weit gereist und doch nur in »elenden Europäerstädten [...] mit ihrem Klassengeist und Biergeist«[333] gelandet, wie dem »stumpfsinnigen« Rabaul. Leber und Gertrud Arnthal wohnen und arbeiten hier in einem »Eingeborenenkrankenhaus«. Dem Ehepaar Nolde hat man einen Holzpavillon zugewiesen, der zum »Europäerhospital« Namanula gehört, das nagelneu und noch nicht voll in Betrieb ist. Ihre Gesellschaft sind die Krankenschwestern dort.

Gleich neben dem Pavillon beginnt der Busch. »Das Auseinanderbiegen all der fremden Gewächse, der Geruch darinnen, die Geräusche, seien es Vögel, seien es Eidechsen, Schlangen oder was sonst für Tiere«[334] – Emil ist bezaubert. Von den Farben der Schmetterlinge, leuchtend wie die Blumen: Hibiscus, Orchideen, Bougainvilleas ... Sogar die Fische sind bunt, ganz anders als die in der Wiedau, die sich seit Jahr und Tag in seinen Netzen verfangen. Er trocknet einige und ist enttäuscht, dass ihr Farbenzauber erlischt. In einer hellen Mondnacht steigen er und Ada, Gertrud und Leber, mit Trägern auf einen der Vulkane, von denen Rabaul umgeben ist, vorbei an dampfenden schwefligen Strömen durch Busch und Lianen bis zum Kraterrand. Emil malt, während sie zu einer Rast niedersitzen: zum Beispiel die Silhuoette eines kleinen Vulkans gegen die See. Während des Abstiegs leuchten ihnen Blitze aus der Ferne.[335] Die Zivilisation, abgesehen vom gut gefüllten Proviantkorb: weit weg.

Was das Amt in Berlin interessiert und weshalb die Expedition in dieser Gegend unterwegs ist, sind jedoch die Plantagen, auf denen hauptsächlich Bananenstauden und Kokospalmen, aber auch Brotfrucht-, Mango- und Papayabäume und Ananas kultiviert werden. Dafür rodet man prächtige Wälder, und zwar in ganz anderem Stil als für ein paar Hütten. »Das Kolonisieren ist eine brutale Angelegenheit«, so Nolde.[336] Moderater und auch differenzierter als ihr Ehemann, aber nicht weniger deutlich äußert sich Ada: »Es ist ein schönes Land, aber es ist Schade daß es als ein Ausbeutungsobjekt zunächst betrachtet werden muß und dadurch vieles zerstört wird was bei ruhigerer Entwicklung erhalten bleiben konnte, vor allem die Menschen, die in manchen Gebieten ganz aussterben z. T. weil die Pflanzer um möglichst schnell möglichst viel Geld zu verdienen um definitiv nach Europa gehen zu können sie ausnützen müßen. Und diese Leute die nicht an Regel u. Arbeit gewöhnt sind u. viel zu viel von diesem schlechten Tabak als Zahlung bekommen, von dem Leber sagt, daß er der reine Gift ist, gehen ein.«[337] Die Untaten der Europäer im Sog der Kolonialisierung sind für Emil Nolde offenkundig. Tatsächlich existieren in Rabaul Clubs, in denen Kolonialbeamte, hierarchisch streng voneinander getrennt, ziemlich gleichen Vergnügungen nachgehen, was Nolde ebenso verachtet wie den »habgierigen Kaufmann«, »zweifelhaftes, geschlechtskrankes Europäergesindel« und »Abenteurer« – er hat sie alle ausgemacht.

Auch von Abenteurern ganz anderer Art weiß er. Vor mehr als zehn Jahren hat der Zivilisationsflüchtling August Engelhardt Neuguinea für sich entdeckt und dort seinen »Sonnenorden« etabliert, dessen Angehörige – tatsächlich ließen sich einige auf die Insel Kabakon locken – ohne Kleider gehen und sich möglichst nur von Früchten, vorzugsweise von Kokosnüssen ernähren sollten. Das ging nicht wirklich gut. Einige seiner Anhänger werden im Krankenhaus Herbertshöhe behandelt, einer überlebt es nicht. Engelhardt selbst wird 1919 auf Kabakon sterben.

Versöhnlich: der Aufenthalt in Käwieng, im Anschluss an die Rekonvaleszenz in Toma. Emil und Ada Nolde sind im März und April Gäste im Haus des Bezirksamtmanns Stübel. Das Leben dort wird ihnen leicht. Das großzüge, luftige Haus, die feinen Speisen, die angenehme Gesellschaft: In den frühen Nachtstunden sitzen sie auf der breiten Haustreppe und singen, Frau Stübel spielt dazu die Gitarre, deutsche Volkslieder! Emil erholt sich so gut, dass er wieder arbeiten will und kann. Ein kleines unbenutztes Arresthaus wird sein Atelier. Er malt zunächst im Liegen, weil seine Knie noch vor Schwäche zittern, wenn er länger steht: *Tropensonne*, *Palmen am Meer*, *Südseekrieger*, *Junge braune Mutter*, *Frauen im Ufersand hockend* – mindestens zwanzig Gemälde entstehen, darunter auch *Stiller Südseeabend*. Dieses Bild wird noch bis 1940 in Lebers Besitz sein, ein Foto zeigt es in ein Paneel eingearbeitet über dem Kamin in seiner Bibliothek auf Java.[338]

In Käwieng erwacht nicht nur Noldes Lust am Malen neu, sondern auch die am Einmischen. Aus seiner Überzeugung ein Hehl machen? Das kommt nicht in Frage, zumal Stübel ihn unterstützt. Wie viele nächtliche Treppengespräche wird es gebraucht haben, ihn dahin zu bringen?

»Ich bin Teilnehmer«, schreibt Emil Nolde forsch und

nicht ganz korrekt, »der wissenschaftlichen Expedition Külz-Leber, die zur Zeit im Schutzgebiet tätig ist.« Die Expedition befasse sich unter anderem mit dem Studium der Kultur der Eingeborenen. Er habe festgestellt, dass in großem Stil Erzeugnisse der Kunstfertigkeit früherer Generationen, deren Techniken heute schon vergessen seien, ins Ausland, er nennt hier Japan, die USA, Schweden, verbracht werden. »Das Südseegebiet ist wohl die letzte Fundgrube solcher Urkunst, und auch diese ist in absehbarer Zeit erschöpft. Es ist meines Erachtens Ehrensache für das Deutsche Reich, die Reste dieser Kunst zu erhalten, und zwar für Deutschland zu erhalten.«[339] Unterschrieben von Alfred Stübel, Bezirksamtmann, und Emil Nolde, Maler.

Am 17. April 1914 macht Leber auf seinem Weg nach Manus Zwischenstation in Käwieng, um Noldes abzuholen. Sie werden ihn in die Provinz begleiten, wo er weitere Datenerhebungen durchführen muss. Leber und Emil sind gesundheitlich wieder in der Lage zu einer solchen Reise, Gertrud Arnthal ist es nicht. Sie war mit Leber bis Ende März auf Buka und Bougainville, dort bekam sie plötzlich Fieber. »Aus dem malariaähnlichen Krankheitsbild entwickelte sich allmählich ein typhöser Zustand, der sich gegen Ende der zweiten Woche […] so weit besserte, dass ich ihre Überführung […] nach Rabaul bewirken konnte.«[340] Dort hat Leber sie in dem Glauben, sie sei auf dem Weg der Besserung, zurückgelassen.

Am 19. April geht das Schiff nach Manus. Die Zufahrt ist schwierig, ein Riffkranz umgibt die Insel »wie ein Verhau«. Die indigene Bevölkerung ist als streitbar bekannt. Im Schutz des Wohnhauses des Stationsleiters schlagen Noldes und Leber zwei Zelte auf. Ada wird zur Sensation: Die vielzitierten Buschtrommeln verbreiten die Nachricht, »dass eine weiße Frau angekommen sei. Eine weiße Frau war noch nie auf

Manus gewesen. Diese wollten alle sehen. Als meine Ada ins Freie ging, wurde sie mit schreienden Rufen und Jubel empfangen, und alle umringten diese weiße, weißgekleidete Dame wie ein Himmelswunder. Mit ihren braunen Händen streichelten sie tastend über das Gewand und lösten die langen kastanienbraunen Haarflechten in großer Bewunderung, dauernd redend und gestikulierend.«[341]

Am 22. und 23. April sind sie in Tingou, Tsapon und Rossun, alle drei Orte liegen in einem Radius von etwa zehn Kilometern um ihr Zeltlager. Eine Szene, die legendär wurde: Emil Nolde malt einen Manusmann, den größten und schönsten, und schön und groß sind sie alle, lichtbraun, stolz, gut gebaut, »das mächtige Kopfhaar mit einem Palmblatt zusammengefaßt. [...] Zur Rechten neben mir [...] der gespannte Revolver und hinter mir [...] meine Frau mit dem ihrigen, ebenfalls entsichert.«[342] Am Tag darauf nehmen Noldes mit Leber den Lloyd-Dampfer nach der Insel Pak. In diesen Tagen fällt vermulich die Entscheidung zur Heimkehr, denn am 27. stellt Leber einen Scheck über 1500 Mark zu Lasten seines Gehalts aus und übergibt ihn Nolde zur Finanzierung der Rückreise. Am 30. April wird der Scheck in Rabaul eingelöst. Was Ada und Emil zum vorzeitigen Abbruch ihres Südsee-Aufenthalts bewogen hat, man weiß es nicht. Die schlimme Nachricht, die sie erst später in Rabaul erhalten, kann es nicht gewesen sein: Gertrud Arnthal war am 18. April gestorben. Im 24. Lebensjahr! »Es verwirrt uns in unseren Plänen.«[343] Adas und Emils Risikobereitschaft ist aufgezehrt. Sie kommen »zu dem Entschluss [...] den Bogen nicht überspannen zu wollen.«[344] Statt wie geplant bis Ende Juni, Anfang Juli in Deutsch-Neuguinea zu bleiben, treten sie am 16. Mai 1914 die Heimreise an: mit Sack und Pack an Bord des Dampfers »Manila« des Norddeutschen Lloyd.

Für die Hinreise hatten sie eine andere Route gewählt. Zehn beschwerliche Wochen lang war der Weg in die Südsee gewesen. Eine fröhliche Abschiedsfeier am Vorabend des 2. Oktober 1913 in der Arnhold-Villa am Wannsee, mit dem Auto zum Bahnhof Zoo, Gepäck verstauen in den beiden nebeneinanderliegenden Abteilen. Eins ist für Ada Nolde und Gertrud Arnthal gedacht, eins für Emil Nolde und Alfred Leber, aber das lässt sich ändern. Erst mal ausprobieren, wie sich die »Sophasitze« zu Betten umrüsten lassen. Nach Mitternacht rollt der Zug an, das Abenteuer beginnt! Nach mehr als vierzig Stunden erreichen sie Moskau, bleiben dort ein paar Tage als Gäste einer mit Leber bekannten deutsch-russischen Kaufmannsfamilie. Ihr Eindruck: »keine schöne Stadt«, »schmutzige aber breite Straßen mit schlechter Pflasterung und geschmaglosen Häusern«. Im Kreml fallen ihnen die »sehr schönen Fliesenoefen mit Farben jeweils zum Zimmer passend« auf: »Das wäre etwas für unsere jetzigen Versuche eine gute Wohnungskultur zu schaffen.«[345] Nach Moskau durch den Ural, dann Steppe, Siedlungen aus kleinen Erdhütten, aufsteigender Rauch bezeugt die Anwesenheit von Menschen. Birken, im Laub, ohne Laub, im Frost, Birkenholz für die Zäune, aufgeschichtet auch als Brennholz. Steppenbrände. Den Baikalsee entlang. Die Strecke führt über Omsk, Tomsk, Irkutzk. »Die Russisch-Sibirische Bahn fährt auf Urboden«,[346] schreibt Emil im November 1913, ständig bedacht, keine Erfahrung in dieser Richtung zu verpassen. Drinnen im Zug kämpfen die beiden Frauen um größtmögliche Reinlichkeit, brauchen ihren Vorrat an Kölnisch Wasser zum Waschen auf. Zum Zähneputzen benutzen sie Mineralwasser. Langsam geht den vieren die Enge im Zug auf die Nerven. Zwar fahren sie Erster Klasse und lassen die Verbindungstür zwischen beiden Abteilen offen, um sich freier bewegen zu können, aber trotzdem kommt man kaum aneinander vorbei. Wo sich aufhalten? Im Speisewagen? Ungemütlich und geschmacklos, die Kellner schläfrig. Bahnhöfe sind immer ein Ereignis: Man kann sich die Füße vertreten, etwas zu essen kaufen, die fremdartigen Menschen beobachten und zeichnen. Im November schickt Ada an Schieflers eine Postkarte mit einem Bild, das eine Kamelkarawane zeigt, die durch Peking zieht. Staubig sei es in Peking. Und China zu bedauern: »Die fremden Kulturstaaten arbeiten mit China genau wie der Wucherer mit dem Schuldner«: Erst leihen sie dem Land Geld gegen Sicherheiten in Form von Land, Minen etc., »dann wird der Strick etwas angezogen« und Land, Minen etc. gehen in ihr Eigentum über. In »China mit der großen Mauer, Minggräbern, Menschengewimmel, Toren verbotener Stadtteilen, kleinen Frauenfüßen, Haartrachten, enormen Tempelanlagen haben wir alles möglichst in uns aufgenommen«.[347] Wie auch in Sibirien, in Korea, »wunderbares Korea« und Japan: »Die eigene japanische Kunst ist nicht bedeutend. Schöne Holzschnitte, schöne gewerbliche Arbeiten in Lack und Bronze machen sie, aber doch bleibt immer alles im Bereich des Geschmacklichen.«[348] Aber sauber ist es – allerdings nicht in den Geisha-Vierteln, da gibt es vieles, was Emil und seinen moralischen und ästhetischen Prinzipien gegen den Strich geht. Ach, und das japanische Essen: Ungenießbar, da hilft kein Hunger und kein Wissensdrang, das Probierte – Paprika, faule Fische, ranziges Öl –, es wird ausgespuckt. »Jetzt sind wir beide unterwegs nach Hankou um Jangtsefahrt zu machen. Von Shanghai bis Hongkong u. von da Lloyddampfer nach Rabaul, Deutsch Neu Guinea. Denken in Freundschaft nach der Oberstraße.«[349] An Deck Hitze und Stille, um das Schiff herum lange Zeit das Gewimmel der Fischerboote mit ihren gezackten Segeln. Dann Stürme, Seekrankheit, Wasser in der Kabine … Yap, »die erste deutsche Insel mit den ersten Wilden«[350] und mit einem sehr speziellen

Zahlungsmittel: tonnenschwere Kalksteinscheiben mit einem Transportloch in der Mitte. Sie stehen vor den Hütten ihrer Besitzer und zeigen deren Reichtum an. Und weiter, bald in Sichtweite einer neuen Küste, ihrem Ziel: Am 13. Dezember 1913 landen die vier Reisenden in Rabaul. Professor Ludwig Külz begrüßt sie, er ist direkt aus Afrika gekommen, wohin ihn seine letzte Forschungsreise geführt hatte. Zusammen mit Professor Leber wird er die Expedition leiten. Und auf jeden wartet ein Eingeborenenjunge, ein Boy, ein Begleiter und Helfer im fremden Land.

Ada an Schieflers aus der Südsee »Am letzten Tag im Jahr 1913«: »Bis jetzt leben wir ganz europäisch mit Ausnahme der offenen Häuser u. den beiden schwarzen Jungens, die mir viel Probleme zu lösen geben u. die sich einen nicht kleinen Platz in unserem Herzen erobert haben.« Am 2. Januar 1914 schreibt sie in der Fortsetzung: »Soviel wir wissen hat das alte [Jahr] nicht den versprochenen Krieg zwischen England und Deutschland gebracht mit der Schlacht in Westphalen in der Nähe von Hagen.«[351]

Aber das neue wird ihn bringen! Dass Ada und Emil schon am 16. Mai 1914 Rabaul verlassen, ist ihr Glück. Am 5. August geht ein Telegramm auf der Gazelle-Halbinsel ein, Absender: Auswärtiges Amt Berlin, Text: »Krieg mit England, Frankreich, Russland«. Am 6. wird der Kriegszustand für das Schutzgebiet Deutsch-Neuguinea erklärt. Am 12. landet ein englisch-australisches Geschwader, das Gebiet wird besetzt, die Telefonanlagen in Rabaul und Herbertshöhe werden zerstört. Am 13. September wird in Rabaul die britische Flagge gehisst. Leber gilt zunächst als verschollen, später sieht man ihn auf Sumatra. Külz kann erst im Dezember nach Europa fliehen. Deutsch-Neuguinea, so wie es die Forschungsreisenden im Auftrag des Reichskolonialamtes erlebten, gibt es nicht mehr.

Im Mai, Juni, Juli verläuft die Rückreise für Ada und Emil noch ganz gut, wenn man von Unannehmlichkeiten in Äquatornähe absieht, »in dem Klima, in dem alles schimmelt und fault«.[352] Das Essen an Bord ist eigentlich nicht akzepabel für jemanden, der gerade die Amöben-Ruhr hinter sich hat und Rückfälle fürchten muss. Emil steht das mit Haferschleim und ausgiebigen Ruhezeiten im Liegestuhl an Deck durch. Nach einem kurzen Aufenthalt in Friedrich-Wilhelms-Hafen[353] auf Papua-Neuguinea geht es nach Ambon auf den Molukken, Umschlagplatz für Gewürznelken und Pilgerreisende auf dem Weg nach Mekka. Von Ambon nach Makassar auf Celebes.[354] Unvergesslich dort: indonesisches Theater zur Melodie von *Im Grunewald ist Holzauktion*. Des Künstlers Lebensgeister erwachen, langsam. Er sucht sich Stücke aus dem Brennholz an Bord und schnitzt. Java! Yogyakarta, Jakarta und Surakarta! Hier darf er – Ada nicht – am Beschneidungsfest für die Söhne des zehnten Susuhunan Pakubuwono teilnehmen: »vierzehn Jünglinge der Reife [...], die Ernte eines Jahres«, so Emil Nolde in seinen Erinnerungen. »Die Handlung [...] wurde von [...] Priestern vollführt bei heiliger Stille, nur ein leises Wimmern der Jünglinge war ein wenig zu hören, und ein paar von ihnen fielen in Ohnmacht.« »300 Sultansfrauen« saßen in ihren tiefbraunen gebatikten Sarongs im Kreis um den, so Ada, eingebildeten Regenten, der wirkliche sei doch wohl der holländische Resident.[355]

Was Ada und Emil Nolde auf ihrer Heimreise sehen und bestaunen – eine Hochzeitszeremonie unter fast noch Kindern, die märchenhaften Tempelanlagen von Borobudur und Mandalay, Schattenspiele mit Gamelan-Musik –, spielt sich in Kolonialgebieten ab: Sie kommen von den deutschen, passieren die niederländischen und betreten in Singapur englisches Kolonialgebiet. Weiter geht es: Penang (Malaysia), Rangun (Burma, im heutigen Myanmar), Colombo (auf Sri Lanka, früher Ceylon), Aden im Jemen, Port Said in Ägypten. Das Reisen im Windschatten der Engländer ist komfortabel. Auch für Deutsche, obwohl: »Wir jedoch sahen in den kolonialen englischen Tagesnachrichten dauernd merkwürdig alarmierende Berichte [...] gegen Deutschland und seine Tüchtigkeit.«[356]

Aden erreichen sie im Monsunsturm. Dort warten Post und die Nachricht von der Ermordung des Thronfolgers von Österreich-Ungarn, Erzherzog Franz Ferdinand, und seiner Frau in Sarajevo. Gerüchte an Bord, Spekulationen, Fragen an den Kapitän, der sich bedeckt hält, auch nicht viel wissen kann, denn die Telegrafenstationen sind in den Händen der Engländer. Wie weiterkommen? Seit Anfang August werden Schiffe angehalten, Schiffsbilletts für ungültig erklärt und außer Bargeld keine deutschen Zahlungsmittel akzeptiert. Reisekreditbriefe werden nicht mehr eingelöst. Nicht nur Emil versucht, Besitz zu versilbern. Gegen Bares verkauft er sein Jagdgewehr und einen Paradiesvogel, den er, in welchem Zustand auch immer, dabeihat. Dann ein überraschendes Angebot: Ein deutscher Regierungsrat aus Tsingtau bietet fünfhundert Goldmark dafür, dass seine Frau und sein Kind sich ihnen auf der Reise nach Deutschland anschließen dürfen, falls er einberufen wird. Noldes bekommen den Betrag gegen einen Schuldschein. Ihr Versprechen müssen sie jedoch nicht halten, denn die Familie kann gemeinsam weiterreisen. Geld haben Ada und Emil nun. Sie machen sich auf die Suche nach einem Schiff für die Weiterfahrt. Ein holländischer Frachtdampfer nimmt sie als Dänen an Bord, »zwischen Kamelen und Affen (für europäische Zoos) – aber mit einem famosen Kapitän«[357] fahren sie in der Morgendämmerung los. Beinahe ihr gesamtes Gepäck bleibt in Port Said zurück. In Marseille erfahren sie von der Rückeroberung Elsass-Lothringens durch die Franzosen. Ihr Schiff liegt fünf Tage im Hafen, sie müssen an Bord bleiben, denn sonst würden sie neutrales Gebiet verlassen und nicht mehr sicher sein. Dann nach Genua, von dort mit der Bahn durch Italien und die Schweiz nach Deutschland. Über München nach Halle, um zehn Uhr abends stehen sie vor Fehrs Tür, »mit blaßgelben Gesichtern«.[358] Über Berlin führt der Weg, den sie schon so oft genommen haben, nach Dänemark, nach Alsen, nach Guderup, Sjellerupskov, ins Fischerhaus.

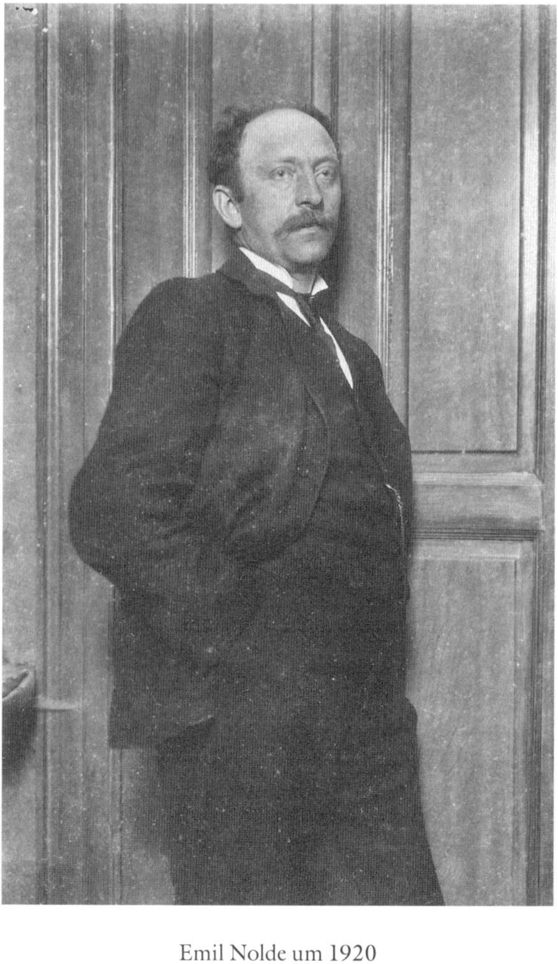

Emil Nolde um 1920

»Es kam der Krieg. Es kam die tiefe deutsche Erniedrigung«[359]

DER DEUTSCHE NOLDE

»Wir kamen so erfüllt vom Deutschtum nach Deutschland«, schreiben Noldes an Schieflers am 30. August 1914 aus Halle, »und fanden hier die Einheitsstimmung in so gewaltigem Maße, daß es für uns alle nur heißt: mit Deutschland stehen oder fallen.« Vor allem Ada glüht geradezu für Deutschland und ist mit ihren Landsleuten in Dänemark sehr unzufrieden: »Es ist ganz unbegreiflich, daß alles was von England kommt geglaubt wird u. alles Deutsche nicht.« Das soll sich ändern, also verfasst sie einen kurzen Beitrag und schickt ihn an eine dänische Zeitung. Und damit die Aufklärung noch weiter fortschreitet, listet sie 86 Adressen auf, an die ein Flugblatt geschickt werden soll. Fleißig dokumentieren Noldes gewonnene Schlachten und stecken Fähnchen in eine Landkarte. Die »machen Fortschritte zu unserer großen Freude, besonders da drüben bei Hindenburg,[360] aber auch nach England zu.«[361] Sie wähnen den »guten Frieden« nah. Es ist Oktober 1914, und die ersten Nachrichten von Verletzten und Gefallenen im Bekanntenkreis erreichen das kleine Haus auf Alsen, wo »das Feuer im Ofen brummt und die Herbstsonne schräge Strahlen ins Zimmer sendet und draußen kalt der Herbstwind weht«.[362] Emil malt, so gut es geht. Er klagt über Augenprobleme, über die vielen Briefe, die er schreiben muss und wohl auch will und die ihm die wenigen hellen Stunden verkürzen. Denn wieder einmal drängt es ihn zum Schreiben. Dieses Mal sind es Weltverbesserungsbriefe, in denen er seinen auf der großen Reise gewonnenen neuen Blick auf Europa und speziell auf Deutschland samt Lösungsansätzen – er ist »der Meinung, daß England mit Deutschland irgenwie teilen müsse«[363] – verbreitet. Emils Stimmung ist gedrückt, er hat oft Kopfschmerzen, und er trauert den verlorenen Südseebildern nach.

Adas teutonischer Furor ist ungebrochen: »Die Wäsche hängt an der Leine u. wird vom Ostwind gepeitscht. Der bringt die schnellsten Grüße von dem Tapferen im Osten, es ist viel Ach u. Klage drin u. viel Heldenmut und Männlichkeit.«[364] Ob das Luise Schiefler tröstet, deren Sohn im Feld steht? Der Friede ist immer noch heißersehnt, aber nach wie vor nur der »gute«: »Möchte der Krieg doch bald ein Ende nehmen – aber nur mit sieg, sonst möchte ich lieber daß wir kämpfen sollen bis selbst wir Frauen in den Krieg gehen müßen, den kein Scheffel Erde sollen die Feinde haben dürfen.«[365] – »Wir brennen darauf daß die Unterseebote anfangen sollen die englischen Handelsschiffe zu torpedieren. Es giebt kein Mitgefühl mehr, es giebt nur Rache und Größe.«[366] Die Propaganda war hier offensichtlich erfolgreich, Adas Kampfmoral schwächelt auch 1915 nicht.

Emil Noldes Geschäft läuft gut, trotz allem. Neue Kunden wie Carl Hagemann müssen betreut, mit Briefen versorgt werden. Auch als Hagemann zwei Bilder umtauschen will, was Nolde verstimmt. Die *Kerzentänzerinnen* und das Stillleben *Reiter und Frauenkopf* sollen durch drei andere ersetzt werden,[367] die zusammen allerdings 1800 Mark mehr kosten,[368] ein unerwarteter Zusatzverdienst für Nolde. Seine Ausstellungen laufen weiter, er produziert weiter. Er malt in Stemmilt die *Familie Bonnichsen*, also seine Schwester, ihren Mann Lorenz und Sohn Emil. Er malt die Gärten seiner Alsener Nachbarn. Und noch mehr Blumenbilder, mit deren Zählung er 1915 beginnt. Der Bedarf an Stimmungsaufhellern steigt in schweren Zeiten. Seit diesem Jahr verbringen er und Ada auch wieder Winterwochen in Berlin. Hier, in einem Lokal sitzend, hören sie vom Tod Franz Marcs. August Macke war schon in den ersten Kriegswochen gefallen. Emil Nolde, der auf die fünfzig zugeht, muss nicht mehr Soldat sein.

Im Sommer 1916 sehen wir ihn und Ada in Utenwarf. Abriss und Neuaufbau des Anwesens, das sie noch vor der Südseereise kauften, sind derzeit nicht möglich. Aber sie haben ja noch ihre Tropenausrüstung. Mit ihren Feldbetten campieren sie in dem baufälligen Haus, machen den Fahrgraben passierbar für das mitgekaufte alte Boot und roden die Wildnis im Garten. Sie fühlen sich wie Siedler irgendwo auf der Welt. Und leben nun »in banger Erwartung des Friedens«.[369] In diesem Herbst kehren beide nach Alsen zurück, aber vor allem Emil will das Haus in Sjellerupskov abstreifen, wie einen alten Mantel: zu eng, zu warm. Er will es weiter und frischer. Von seinem ersten Atelier, der Holzhütte am Strand, steht nur noch eine Ruine, nachdem russische Gefangene die Türen aus den Angeln gehoben und daraus ein Floß zur Überfahrt nach Dänemark zusammengenagelt haben.

Utenwarf soll, wenn schon nicht neu erbaut, so doch wenigstens bewohnbar gemacht werden. Die Dachdecker kommen, die Maurer, die Anstreicher. Oder sie kommen nicht. In diesen Zeiten ist das so. Die Scheune soll Atelier, der Stall Schlafzimmer werden. Ada steckt mittendrin in dem Chaos. Sie steht um halb sechs morgens auf und ist bis acht oder neun abends auf den Beinen. In der Nacht zieht sie mit Emil noch einmal los, Regenwürmer fangen, denn der Maler fischt. Oder er sticht Aale. Die beiden ernähren sich erst einmal hauptsächlich davon. Wie im Herbst von den Enten, die Emil – mit der geliehenen Flinte im Boot stehend – trifft, oder auch nicht. Im Spätjahr ziehen sie wieder nach Berlin, in den berüchtigten Kohlrübenwinter.[370]

Im Februar 1917 erreicht sie dort ein Brief aus Leverkusen: Hagemann hat wieder einmal eine Bitte. Es hat eine heftige Explosion im Bayerwerk[371] gegeben, die Druckwelle hat ein Fenster seiner Wohnung eingedrückt und Glassplitter gegen den *Frischen Tag am Meer* geworfen. Das Bild ist oberflächlich ein wenig beschädigt worden, 1 Zentimeter mal 2,5 Zentimeter, um genau zu sein. Der Maler soll es ausbessern, möglichst bald. Aber von solchen Wünschen abgesehen, hat Hagemann großes Lob parat. Er war in Wiesbaden auf der Ausstellung des Nassauischen Kunstvereins frappiert von der »ägyptische[n] Maria, der ich mich plötzlich ahnungslos in der Sammlung Kirchhoff gegenüber sah; das Werk hing dort [...] in dem großen Saal des Museums an einer Schmalwand auf einem ganz dunklen, beinah schwarzen Hintergrund, von dem aus die ganze Farbenglut und die große Gebärde – es war ein klarer heller Wintertag – in einer ganz wundervollen, gewaltigen Wirkung kam«.[372] Hagemanns Sammlerleidenschaft hat einen gewaltigen Schub bekommen. Er hat zwei Blumengartenbilder[373] ins Auge gefasst, die er durch Überschreiben von Kriegsanleihen bezahlen will, was Emil Nolde erst einmal ablehnt. Er will nicht noch mehr von diesen Papieren halten. Es scheint zu einem Kompromiss gekommen zu sein: Nolde akzeptiert Kriegsanleihen in Höhe von 2000 Mark. Darüber hinaus gibt Hagemann seinem Kunsthändler Schames ein Bild in Zahlung: Die *Weiße Katze* von Franz Marc. Vielleicht gibt es hier einen Zusammenhang: Ada muss einmal wieder operiert werden, das Geld von Hagemann, das durch diesen Handel letztlich doch einging, kann dafür verwendet werden.

Auch der erwähnte Wiesbadener Sammler und Mäzen wird künftig eine Rolle spielen: Am 15. April 1917 tragen sich Ada und Emil erstmals ins Gästebuch Kirchhoffs ein. Sie sind

Gäste auf dessen imposantem Anwesen, wie auch Schmidt-Rottluff, Arno Breker, Max und Mathilde Beckmann, Christian und Helene Rohlfs, Helena Schwitters, Paul und Lily Klee, Clothilde und Alexander Sacharoff, Alois Schardt, Hans Prinzhorn, Wassily und Nina Kandinsky, George und Eva Grosz, sogar Rosa Schapire und Max Liebermann im Lauf der Zeit.[374] Ada bleibt in diesem Jahr zwei Wochen zur Erholung in Wiesbaden.

Am 7. August 1917 wird Emil Nolde fünfzig und findet es diesem Anlass angemessen, sich selbst zu malen, was er eigentlich gar nicht gern tut. Zwei Bilder entstehen gleichzeitig: eins, das ihn als »Menschen« zeigt, eins, das den »Künstler« darstellt. »Du kennst meine Neigung, gern zwischen dem Künstler und dem Menschen scheiden zu wollen. Der Künstler ist mir etwas wie eine Zugabe zum Menschen und ich kann von ihm sprechen, wie von etwas anderem als dem selbst«,[375] wird er Jahre später in einem Brief an Max Sauerlandt schreiben. Die Geburtstagsfeier ist ziemlich friesisch, die ganze Familie – überwiegend Hansens – sitzt in einem kleinen Zimmer um einen Tisch herum und verzehrt stumm ein schweres Mahl, ab und zu unterbrochen vom Postboten, der die Anweisung hat, jedes Telegramm einzeln zuzustellen, das dann von Hand zu Hand geht und staunend und stolz gelesen wird. Das »Familiengenie«[376] dazwischen, glücklich und in diesen Tagen auch seiner Feinde gedenkend: In Berlin ist es Liebermann, in Hamburg die Schapire! Der Machtwechsel in Russland, die Grabenkämpfe im Westen, alles weit weg.

In den letzten Kriegsjahren wird Emil Nolde zum Bauern. Vom Schwager hat er eine Kuh bekommen. Zwölf Ochsen stehen bald auf den Fennen um Utenwarf und ein Schwein im Stall. Er besitzt ein Pferd und einen Wagen dazu, auch einen Hund. Eier liefern die Nachbarn im Tausch gegen Fische. Ein beurlaubter Soldat[377] hilft, man muss sagen: Ada, bei den schweren Arbeiten. Ertragreich ist Utenwarf erst einmal nicht, es gibt Verluste in der Viehzucht. Trotzdem: Stadtmenschen können von einer solchen Versorgung mit Lebensmitteln nur träumen. In den nächsten Berliner Winter nehmen die beiden so viel mit wie nur möglich.

Der Maler Emil Nolde ist weiterhin auf Erfolgskurs. Längst hat Gosebruch beziehungsweise das Museum Folkwang die Künstlerhilfe-Zahlungen an ihn eingestellt, und auf die regelmäßigen Zuwendungen Gustav Schieflers hat Nolde von sich aus verzichtet. Bedürftig ist er wirklich nicht mehr. Auch das letzte Kriegsjahr geht so dahin. Es scheint, als habe Emil Ada von der Geschäftskorrespondenz entlastet. Trotz der schwierigen Transportsituation werden ständig Bilder hin und her geschickt, zur Ansicht, zu Ausstellungen. Nolde schreibt an Hagemann (»bewegt«, weil dieser wieder Bilder kauft) oder Kirchhoff (über seinen Ärger mit dem Wiesbadener Kunstverein und dass er keinesfalls will, dass Kirchhoff eins der Nolde-Bilder zur Ausstellung der Berliner Secession gibt). Oft auch an die Kunsthändler Schames und Goltz und an die Kestnergesellschaft in Hannover. Ein neuer Kontakt für kurze Zeit ist Peter Kölln, Haferflocken, Elmshorn.[378] Kommentare zum Kriegsverlauf erspart sich Emil Nolde in seinen Briefen. Im November ist ja auch der Friede da, wenn auch nicht der »gute«.

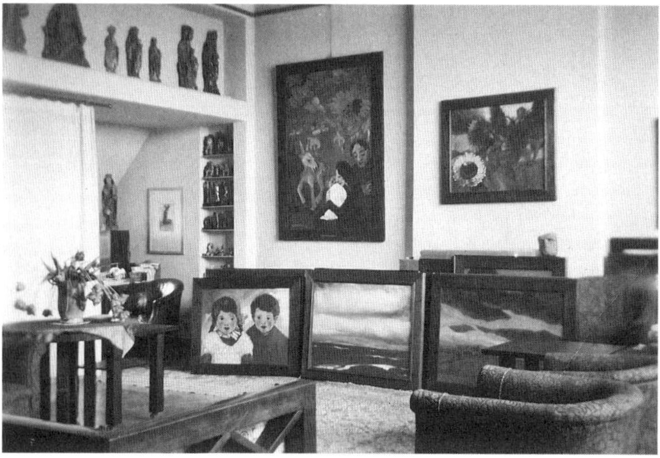

In der Wohnung in Berlin-Charlottenburg, Bayernallee 10,
lebten Noldes von 1937 bis 1944.

»Ein Gefühl wie Flucht ins ureigenste Reich der Kunst [...] überkommt einem«[379]

ÜBER GRENZEN

Ins ureigenste Reich der Kunst führt dieser Weg zwar nicht, aber Nolde lässt sich doch wieder auf die Berliner Szene ein. Die Novemberrevolution, die Idee der Räterepublik, das Durchdeklinieren demokratischer Regeln in neugeschaffenen Selbstverwaltungsorganen, ob ihn das angezogen hat? Waren es die sozialreformerisch grundierten Verlautbarungen des Arbeitsrates für Kunst – »Kunst und Volk müssen eine Einheit bilden«[380] –, die ihn überzeugten, oder doch eher die Namen der anderen Mitstreiter? Feininger, Gropius, Heckel, Heise, von König, Meier-Graefe, Mueller, Osthaus, Pechstein, Rohlfs, Schmidt-Rottluff ... auch einige Hellerauer finden sich unter den auswärtigen Sympathisanten des Zusammenschlusses, in dessen »Abteilung II. Künstlerische Arbeitsgemeinschaft in Berlin ansässiger bildender Künstler und Kunstschriftsteller« er sich am 22. März 1919 wählen lässt. Möglich auch, dass er sich von einer Forderung nach Beseitigung gewisser Denkmäler angesprochen fühlte, waren ihm doch schon vor Jahr und Tag die Gipsbüsten Kaiser Wilhelms II. ein Dorn im Auge gewesen. Nun, diese Epoche ist zu Ende, der Kaiser hat abgedankt.

Beglückend und befremdlich die ersten Treffen mit der dänischen Verwandtschaft in Kjellerup, Kolding und Kopenhagen gleich nach Kriegsende. Ungebrochener Friede fällt den Besuchern auf und tiefes Misstrauen und Unverständnis den deutschen Nachbarn gegenüber.

Die Noldes träumen von weiteren Reisen. Ihre Vorkriegspläne, Einladungen in den Himalaja oder nach Togo zu folgen, sind hinfällig geworden. Wie wäre es mit Rasmussens Island und Grönland? Nein, ebenfalls unerreichbar. Also erst einmal die Inseln vor der Haustür: Im April ist Ada zur Erholung auf Föhr, Emil segelt von dort zur Hallig Hooge, gerade ein paar Quadratkilometer groß, drei Dutzend Häuser, kaum über hundert Bewohner. Seine Phantasie sieht sie als Seefahrer und Walfischfänger, nimmt das Atmen von Ebbe und Flut übers Wattenmeer hin auf, belebt die Ruinen der von Sturmfluten zerstörten Gehöfte. Die Tage sind hell und frisch. Spielende Kinder, harmlos sich vergnügend. Harmlos die Wasserfarbenbilder, die er von ihnen malt. Aber nachts umgeben ihn Spukgestalten. Schmal, verweht, fast körperlos, mit dunklen Gesichtern, umrahmt von dunklen Mähnen und Bärten, auf den Köpfen rotgoldene Tiaren. Zwei stehen eng beieinander und raunen sich Dinge zu, die den Dritten vor Schreck erstarren lassen. Emil Nolde begegnet ihnen auf seinen einsamen nächtlichen Gängen über die Hallig, auf denen das Rauschen des Meeres sein ständiger Begleiter ist und in der tiefen Dunkelheit jeder helle Schimmer Übersinnliches vermuten lässt. Selbst den »Gelehrten«, den »Alleswissenden« ziehen solche Erscheinungen in ihren Bann, wenn sie sich ihm in Gestalt eines »tollen Weibes« in den Weg stellen.[381] Der Maler muss seine Gesichte festhalten, auf Papier bannen und in einer Mappe davontragen. Er weiß, er hat Material geborgen, mit dem sich weiter arbeiten lässt. Er wird damit Erfolg haben. Es ist nicht mehr so wie in Lildstrand, wo Einsamkeit und Verzweiflung ihm Halluzinationen aufzwangen. Und ist doch wieder so: Er sucht nach diesem Gefühl, nach den Visionen, die es hervorbringt.[382]

Max Sauerlandt, seit dem Frühjahr 1919 Direktor des Museums für Kunst und Gewerbe in Hamburg, hat Nolde-Briefe gesammelt und gibt sie heraus. Während seiner Fronturlaube war er regelmäßig in Utenwarf, mag sein, dass da der Gedanke aufkam. Sauerlandt ist jedoch nicht nur Nolde-Anhänger, er fördert alle ehemaligen »Brücke«-Leute. Wie auch die Schapire, Schiefler, Hagemann und Kirchhoff. Schieflers werden sich 1923 von Mitte Juni bis Ende Juli in Davos bei Kirchner aufhalten. Auch Noldes alter Freund Fehr pflegt den Kontakt zu Kirchner, der von seinem Schweizer Exil aus die Szene in Deutschland überkritisch beäugt: »Graue Kälte und Schnee hindern alle Tätigkeit«, schreibt der am 31. August 1919 in sein Tagebuch. »Fehr kommt. Sehr netter Abend, auf die Dauer aber doch verdammt flach. Die Leute sehr freundlich. Erna und Fehr tanzen. [...] Fehr schläft gut bei uns. Am Morgen geht er zu Spenglers. Nachmittags mit zurück. [...] Abends viel geschwatzt. [...] Der gute Fehr und die Theosophie, das paßt nicht zusammen, ich glaube ich war sehr dumm und unvorsichtig, ich habe ihm viel zu viel gezeigt, er ist kein Mensch, der ein Verhältnis zu Kunstdingen kriegen kann. Er ist Noldes Freund und Nolde nützte ihn aus, so lange er ihn brauchte.«[383] Vielleicht hat Kirchner sich über Nachrichten aus Berlin geärgert. In der Neuen Abteilung der Nationalgalerie in Kronprinzenpalais – eröffnet am 4. August – hängen im zweiten Raum links vom Eckraum »zunächst Nachimpressionisten, dann aber, als Leihgaben allerdings, ausschließlich Gemälde und Aquarelle von Emil Nolde«.[384] Einen Ankauf kann – oder will? – Direktor Justi derzeit noch nicht durchsetzen. In seinem Buch über die neue Kunst in der Nationalgalerie, das 1921 erscheint, findet Nolde sich nicht erwähnt.[385] Und ärgert sich auch.

Im Frühjahr 1920 finden die im Versailler Vertrag vereinbarten Volksabstimmungen in Nordschleswig statt: Das Dorf

Nolde und Utenwarf werden dänisch. Auch Emil wird widerspruchslos Däne[386] und bleibt es lebenslang. Seine Namensänderung wird 1921 vom dänischen Staat offiziell anerkannt. Der hat in den neuen Gebieten Großes vor. Bald liegen umfangreiche Eindeichungs- und Entwässerungspläne auf dem Tisch, die Wiedau direkt vor Noldes Haustür betreffend, nicht ohne Grund: »Seit hundert Jahren ist hier nicht so viel Waßer gewesen, wie in diesem, u. so kommt es daß unsere Wiesen u. Weiden noch überschwemmt sind u. wir unsere Kuh und die Ochsen noch nicht auf's Gras bringen können. Emil fährt zum Fischen u. bringt so viel nach Hause, daß wir genug haben und auch anderen eine Freude machen können. [...] Nun [kommt] das junge Mädchen, ich muß ihr zeigen, wie die Aale tot gemacht werden, das macht ihr viel Kummer – ist auch nicht so leicht.«[387] Doch Noldes gefällt genau dieses Leben. Anders als die Bauern um sie herum, sind sie nicht auf die Erträge angewiesen, die das Vieh nur bringt, wenn es auf die Weiden kann. Und jederzeit können sie fort.

Im August nehmen sie sich eine Auszeit von Utenwarf und reisen einmal wieder in Adas Heimat am Limfjord und nach Lildstrand. Vielleicht will Emil sich nach den Hooge-Erfahrungen seiner alten Eindrücke dort versichern. Auf der Rückreise hören sie in Kiel per Zufall durch einen jungen russischen Maler, dass 19 Gemälde, die 1914 von den Engländern beschlagnahmt wurden, wieder aufgetaucht sein sollen. Es kann sich nur um die im Arresthaus von Toma entstandenen Ölbilder handeln. Verschollen mit Kisten voller Gegenstände und Waffen von Südseebewohnern, die sie in Rabaul aufgegeben hatten. Sie forschen nach und finden heraus: Der Dampfer »Schlesien« war bis in den Suezkanal gekommen, da gekapert und nach England gebracht worden. Ein Warenhausbesitzer aus Plymouth, ein Mr. Poppelstone, hatte Teile der Ladung ersteigert. Er klaubte sich heraus, was er brauchen konnte. Bemalte Leinwand, zu zwei Rollen verschnürt, und einige Kuriositäten aus fernen Ländern gehörten nicht dazu. Die blieben in einer zum Lagerhaus umfunktionierten verfallenen Villa liegen und wurden – fast – vergessen. Bis Noldes in Plymouth auftauchen und danach fragen. Poppelstone fällt glücklicherweise die Treppe ein, unter der er sie verstaut hat. Emil lässt die Rollen ungeöffnet nach Stemmilt zu seiner Schwester schicken. Erst nach Beendigung der Reise, die nicht nur nach England gehen soll, wollen er und Ada sich darum kümmern. Den entscheidenden Hinweis zum Auffinden der Bilder hat ihnen ein Mr. Woods in London gegeben. Und der wusste noch mehr: Das Reisegepäck, das Noldes vor sieben Jahren zurückgelassen haben, liegt teils in Alexandria, teils auf Malta und wird auf Anforderung zugeschickt. Einige Monate später, wenn Ada und Emil die Koffer erwartungsvoll öffnen, werden sie erst einmal enttäuscht sein: Statt der sorgsam zusammengetragenen Stücke nur unbrauchbares Zeug, das wohl Matrosen hineingestopft haben: vergammelte Kleider und Schuhe, Werkzeug, Korrespondenz zweifelhafter Art. Und schließlich doch, unter all dem vergraben: über zweihundert farbige Zeichnungen auf kleinformatigem chinesischem Blockpapier! Der Rest der Südseeproduktion! Und gut sind die Blätter, wie auch die Ölgemälde aus England. Emil ist überrascht, wie gut. »Den ganzen Sonntagnachmittag standen wir Papier aufweichend, ablösend, abwaschend. Einer der dunklen braunen Menschen guckte hervor nach dem anderen und die Palmen, das Meer und die glutvolle Sonne. […] Diese eigentümlichen Tropenbilder in einer schleswigschen Bauernstube! Wie war es seltsam. Und wie glühten die Farben.«[388]

Die Aquarelle aus den Koffern werden einen Teil der Reisekosten wieder einbringen. »Ein kleiner Kreis von Menschen erwarb 50 Blätter, um sie dem Kolonialamt zu übergeben«,[389] berichtet Fehr, der sich an die Prozedur des Sichtens erinnert. Jedes einzelne Blatt bringt 500 Mark. Mit der Südseereise hatten Noldes ihre gesamten Rücklagen verbraucht, die eigentlich für den Neubau von Utenwarf gedacht waren. 10 000 Mark Schulden und 400 Mark auf der Hand, so die Bilanz, die sich durch das Zeichnen von Kriegsanleihen im Wert von 200 Mark gleich noch mal verschlechterte. Ada plante damals eine Vortragsreise und verfasste Erinnerungen an die Expedition, mit denen in anderen Zeiten vielleicht tatsächlich etwas zu verdienen gewesen wäre – der Krieg machte solche Überlegungen hinfällig. Aber Emil malt und verkauft, darauf können die beiden inzwischen vertrauen.

So gesehen ist eine Reise, die nicht nur der Suche nach verlorenen Bildern, sondern auch der Suche nach Ideen für neue dient, eine gute Investition. Emil hat schon seit einiger Zeit Granada im Blick. Fasziniert von Menschen, die sich vom durchschnittlichen Mitteleuropäer deutlich unterscheiden, will er erneut Zigeuner malen. Er hat von den Höhlen von Sacromonte im Osten der Stadt gehört, in denen die Gitanos leben. Emil stellt sich das als sehr urtümlich vor, also ganz seine Sache. Im Februar 1921 fahren Noldes über Heidelberg nach Paris und von dort nach London, Ausgangspunkt für die Bildersuche und auch für einen Besuch bei den Buckleys in Sussex. Ada hat all die Jahre losen Kontakt zu den Freunden gehalten, trotz ihrer Animosität gegenüber England. Irgendwie sind sie alle ihren Idealen treu geblieben. Edith, nun Mrs. Tritton, lebt in Letchworth, der ersten Gartenstadt überhaupt. Sie und ihr Mann unterstützen die Sozialisten. Florence ist, wie ihre Eltern, Anhängerin der Suffragetten-Bewegung.[390] Nach London und dem Abstecher nach Plymouth fahren Noldes erneut nach Paris. Von dort über Toulouse und Perpignan nach Barcelona. Man hört förmlich die Räder des Zuges rattern und fühlt das Schwanken des Waggons. Ein

Glück, dass Emil ein so begeisterter Bahnreisender ist: »Ich sitze gern im Zuge am Fenster, wenn er durch das Land fährt und liebe es, wenn die großen Wolken hochziehen oder weißglühend das Sonnenlicht sie trennend bewegt in dunkel und hell.«[391] In Barcelona nehmen sie das Schiff – auf einem Abschnitt der Strecke Spanien-Südamerika zwischen »seltsamen Weltwanderern«[392] – nach Malaga. Von da aus, wieder im Zug, nach Granada. Dort findet Emil seine Wünsche erfüllt: »die Stadt mit ihren schönen Palästen, ihren träumenden Teichen, ihrem steinernen Löwenhof, ihrer spielenden Ornamentik, alles fröhlich und leicht.«[393] Routiniert gewinnt er das Vertrauen seiner Modelle. Es sind Kinder und Alte, Männer und Frauen und ganze Familien. Wie in der Südsee. Wilde, ursprüngliche Schönheit sieht er in ihnen, besonders in ihren Bewegungen. Sie lieben die Farben, so wie er sie liebt! »Kein Gott beglückt und kein Teufel haßt sie [...]. Glücklichere Menschen gibt es wohl nicht.«[394] Der Maler sieht hier, was er sehen will. Über einen Monat bleiben Ada und Emil in Granada. Sie erleben das Osterfest dort, die in stolzer Haltung promenierenden Spanierinnen in Festtagskleidern mit schwarzen Spitzentüchern. Und die Männer im Stierkampf. Das Publikum in wilder Begeisterung, wenn der müde gehetzte Stier den Todesstoß erhält! Nolde, Herr über so viele Rinder, mag das nicht malen. Er mag es nicht einmal sehen. Dann sind sie in Madrid und treffen dort den Neffen ihres kürzlich verstorbenen Freundes Carl Hauptmann. Mit ihm und seiner schönen Frau Pilar fahren sie ins Toledo el Grecos. Über Bordeaux, Lyon und Genf reisen sie nach Zürich und von dort nach Hause. Viele berühmte Museen haben sie besucht: In Paris den Louvre. In London die Tate Gallery, die National Gallery, das British Museum. In Madrid den Prado, in Toledo das El-Greco-Museum. Eine richtige Maler-Reise.

Irgendwann im Sommer 1921 sind Noldes noch einmal

unterwegs. Sie verbringen ein paar Tage in Kochel am See, wo sich auch Rudolf Probst aufhält. Der Galerist, sie haben ihn in Dresden kennengelernt, verwaltet den schriftlichen Nachlass von Franz Marc. Gemeinsam besuchen sie Marcs Witwe Maria in Ried und lernen bei dieser Gelegenheit den Komponisten Heinrich Kaminski kennen. Er hat eine Hütte auf dem Gelände des Marc-Anwesens. Maler und Musiker, das passt: Nolde schließt in diesen Jahren auch mit dem Komponisten Eduard Erdmann Freundschaft.[395] Carl Orff, damals Kaminski-Schüler, erinnert sich an die spezielle Atmosphäre im »Komponierhäusl«, an die leuchtenden Farben der Nolde-Bilder an den Wänden um den Flügel herum, Geschenke des Malers.[396] Die Freundschaft bedeutet für Noldes auch, dass sie die wachsende Familie Kaminski – fünf Kinder werden es – immer wieder mit Geld unterstützen. Emil und Ada sind großzügig! Sie spendieren auch Schieflers Tochter einen Urlaub. Immer wieder gehen Geldgeschenke an junge Künstler, sogar in den Jahren der Inflation, in denen der Ertrag aus dem Grafikgeschäft spürbar rückläufig ist. Sammler wollen oder müssen ihre Blätter zu Geld machen, die Preise sinken, und trotzdem bleibt vieles unverkäuflich. Für die meisten ist in diesen Zeiten Brot dringlicher als Kunst.

Emil Nolde ist davon zwar betroffen, aber keineswegs existentiell. Er und Ada sind längst Profis, auch in der Vermarktung der Bilder. Dazu gehören zunehmend Fotografien von Nolde-Werken. Der Stand der Technik liefert in diesen Jahren meist unbefriedigende Ergebnisse. Viele Briefe werden darüber gewechselt. Nolde bemüht sich um gute Vorlagen, beschäftigt sich mit dem Filmmaterial. Schon 1917 macht er einen Versuch, über Carl Hagemann Möglichkeiten der Fotografie in den Bayer-Werken auszuloten. Für seine Ansprüche typisch sind die Verhandlungen, die er mit der Photographischen Gesellschaft Kunstverlag in Berlin-Charlottenburg führt, die unter dem Titel »Sieg der Farbe« eine Serie Lichtdrucke von Kunstwerken herausbringen will. In einer Reihe mit Corot, Degas, Renoir, van Gogh, Rousseau, Feininger … das muss Nolde gefallen. Aber er will die Reproduktion absegnen. Mit dem Koordinator Adolf Behne, ebenfalls Mitglied des Arbeitsrats für Kunst, trifft er folgende Vereinbarung: »Sie stellen uns Ihr Gemälde ›Schwärmer‹ für die Dauer von ca. 8 Wochen zur Reproduktion zur Verfügung. Wir verpflichten uns, Ihnen Probedrucke vorzulegen und ohne Ihre Genehmigung die Reproduktion nicht in den Handel zu bringen.«[397] Es ist tatsächlich wichtig, die Qualität der Abbildungen, die in Umlauf kommen, zu kontrollieren. Viele Galerien werben inzwischen mit Fotografien: Auf ein paar Blättern listen sie die gezeigten Kunstwerke einer Ausstellung auf und bilden einige beispielhaft ab.[398] Neu im Kreis der Anbieter Nolde'scher Kunst: Günther Franke. Der Maler lernt den erst 18-Jährigen, der einmal einer seiner wichtigsten Galeristen werden wird, in Berlin kennen.

Unter vielen Nolde-Ausstellungen in den Nachkriegsjahren gibt es eine ganz besondere: Die von Carl Georg Heise kuratierte in der Katharinenkirche in Lübeck. Sie findet 1921 während der Nordischen Woche statt. In der aufgelassenen gotischen Kirche sind erstmals fast alle seine religiösen Bilder beieinander. Die Reaktionen in den Medien: hochemotional in Zustimmung und Ablehnung. Und was hat Nolde selbst dazu zu sagen? Ein Lehrer am berühmten Katharineum will ihn auf so etwas wie eine Deutung festlegen, etwa in der Art: Emil Nolde und die Religion. Er geht mit ihm von Bild zu Bild und fragt und fragt. Der Maler aber sperrt sich und antwortet flapsig: Religiöse Bilder habe er gar nicht malen wollen, nur Kunstwerke. Und er sehe es als das Vorrecht des Künstlers an, dass er die Welt nicht so darstellen muss, wie sie ist oder wie sie gesehen wird, sondern wie »seine Eingebung oder Laune ihn antreibt«. Was sein Bild von den klugen und den törichten Jungfrauen beträfe, habe er sich nicht um den Inhalt des Gleichnisses gekümmert, sondern nur zwei verschiedene Charaktergruppen darstellen wollen. Auf die Frage nach Abraham und Rebecca sagt er: »Die hat der Briefträger erfunden!«[399] Dem Verehrer des Malers gefallen diese Antworten zwar nicht, aber gut möglich, dass Nolde mit ihnen der Wahrheit zumindest sehr nahe kommt.

Zwei Nolde-Bekannte haben ebenfalls während der Nordischen Woche ihren Auftritt in Lübeck: Hans Holtorf[400] mit seiner Theatertruppe und Mary Wigman. Thomas Mann, er ist angereist, um einen Vortrag über Goethe und Tolstoj zu halten, besucht die Nolde-Ausstellung Anfang September. Eine seltsame Mischung von Akteuren, die nicht so recht passen will, bedenkt man, dass sich anlässlich der Nordischen Woche die Nordische Gesellschaft gründet, eine der Kulturorganisationen, die nur zu gut ins nationalsozialistische Weltbild passen werden.

Noldes Übellaunigkeit dem Lübecker Gymnasiallehrer gegenüber könnte ihren Grund in einem Stimmungstief haben: »Mit den Brückekünstlern sprach ich wenig. Dem Gesichtskreis der Sezessionisten war ich entschwunden, meinen Künstlerweg allein gehend. Ich war geworden, was ich nicht sein wollte, ein künstlerisch Einsamer.«[401] – »Ein Jahr verging während dieser Zeit nach dem anderen, 1924, 25 und 26, still und arbeitsreich.«[402] Aber nicht ereignislos. Noldes gehen wieder nach Italien, obwohl sie das Land nicht besonders mögen. Es ist billiger und wärmer dort als in Utenwarf oder Berlin. Doch nicht einmal Venedig kann sie begeistern. Alles zu dekoriert, gar kein »ur-«! Nolde malt dennoch pflichtschuldig *Gondel vor Häusern*. Rapallo, Arezzo, weitere Stationen, ohne Kommentar. München, St. Gallen. Schon besser. Muri bei Bern: Erstmals sind sie dort, wo Fehr mit seiner

Frau Nelly und den Söhnen jetzt wohnt. Ada und Emil werden die Familie noch oft besuchen. Dass die Jahre 1924 bis 1926 arbeitsreich sind, bedeutet nicht, dass es nur ums Malen geht. An Schieflers schreibt Ada im Oktober 1925 von einem völlig neuen Interesse ihres Mannes, »ganz anders geartet, als alles andere. Eine große Marschentwäßerung beschäftigt ihn mit großen weitreichenden Plänen. Er hat nivelliert u. entworfen, hauptsächlich entworfen, seit drei Wochen unterlegt ein befreundeter Ingenieur alles mit Zahlen.«[403] Utenwarf, so wie Noldes es lieben und auf ihre Art bewirtschaften, ist in Gefahr, muss gerettet werden, also macht sich der Maler an dieses Werk. Es wird ihm nicht gelingen.

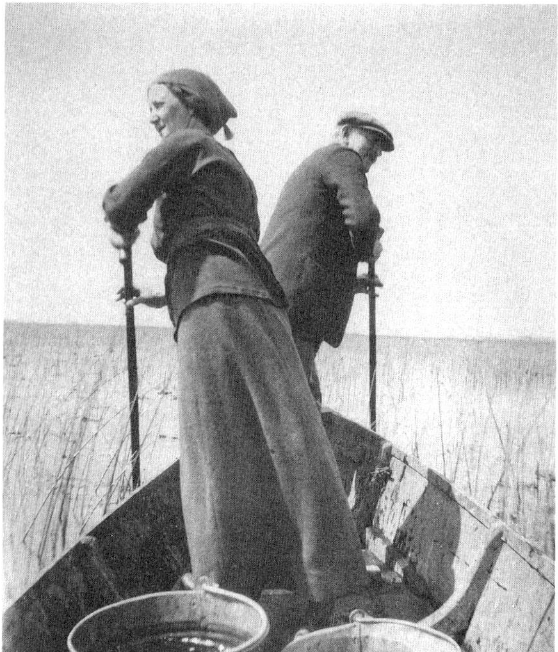

Ada und Emil Nolde im Fischerboot
bei Utenwarf um 1920

Von der Schönheit der Wassermücken

SEEBÜLL

»Und gar schön sind die schwärmenden weißen Wassermücken, die den Menschen nichts tun, aber in warmen Abendstunden über die Gräben wie wogende Silberwolken auf und nieder sich heben und senken.«[404] Im Boot stakend sich einen Weg durchs Schilf bahnen, um einen Aal zu stechen oder eine Ente zu schießen, oder einfach das ruhige Gleiten übers Wasser genießen. Auf dem Sommerdeich stehen, im Duft der Rosen, die den Südhang der Warft bis hinunter zu dem schmalen Teich bedecken, der voller Fische ist und umstanden von vielfarbig blühenden Stauden. Ins Land hinein schauen, wenn die Abendnebel aufsteigen und von den Tieren auf den Weiden nur die Rücken, wie dunkle Striche, zu sehen sind. In der Dunkelheit den Moment abpassen, wenn bei den Nachbarn das Licht verlischt und Misse und Lisbeth, die blonden, blauäugigen Petersen-Mädchen zu Bett gehen. Emil hat sie oft gemalt. Wie die Blumen im Park von Schackenborg, dem Schloss der gräflichen Familie im nahen Mögeltondern.[405] Utenwarf ist ein, sein Paradies. Erst recht, wenn im Herbst das Wasser bis zum Haus hinauf steigt und Tausende Vögel auf Nahrungssuche seinem Saum folgend immer näher kommen. Ada und Emil sitzen dann hinter dem Fenster und beobachten das Lärmen, das Hin und Her, die Futterkämpfe, die Kiebitze, Regenpfeifer ... »Es kamen auch die wilden grauen Gänse gezogen. Wenn sie gegen Abend übers Haus flogen, wenn ich noch beim Malen stand, mögen es Dämonen, Engel oder alle Apostel gewesen sein, oder auch lieblichere Gebilde, ich warf Pinsel und Farben hin und stand im Moment draußen, spähend nach den großen grauen Gänsen.«[406] Für Emil Nolde ist dieses Draußen notwendig. »Als Einsiedler« hockt er sonst in seinem stillen Scheunenatelier, »sinnend mich mahnend [...], vorwärtsahnend, rückwärts schauend«. – »Wer aber kennt den Fluch der Begabung«. Schrecklich, dieses Grübeln. »Einer selbständigen Künstlernatur muß jede Kritik, schlecht oder gut, gleichgültig sein.«[407] Und ist es eben nicht. »Kreischend und hoch zogen die Dreiecksflüge der wilden grauen Gänse über das Haus. Ich nahm die Flinte und ging ins Boot, stakend dem Wind entgegen, eine Ente zu erjagen.«[408] Wenigstens eine Ente muss es sein. Die Wildgänse sind unerreichbar hoch und weit weg.

Die großen und kleinen Abscheulichkeiten, die sich vor seiner Tür zutragen und von ihm in keiner Weise zu beeinflussen sind, verstören Nolde. Der Krieg hat viele orientierungslos werden lassen. Was im Umgang miteinander und mit sich selbst seit Generationen unverrückbar erschien, es ist um und um gewendet worden und verschlissen. Begehrlichkeiten wurden geweckt. Wer ist nicht selbst betrogen worden? Verfällt nicht der Wert des Geldes, während man hilflos zusehen muss? Gibt es nicht viel größere Gaunereien als das Stehlen von Federvieh in der Nachbarschaft? Was soll man von der künstlichen Marschentwässerung südlich von Tondern halten, die das Schöpfwerk Verlath[409] notwendig macht? Das Hochwasser wird sich sich andere Wege suchen, und bald sollen die Wasserbaumaßnahmen auch das Gotteskoog-Gebiet jenseits der neuen Grenze umfassen. Seit dem Mittelalter kennt man die Entwässerung der Marsch durch Sielzüge, künstlich angelegte Gräben also, und Siele, die sich bei vom Meer anströmendem Wasser durch dessen Druck verschließen und bei Ebbe öffnen. So wird seit jeher die Überflutung der Marsch eingedämmt, aber immer noch in einer moderaten Mischung aus natürlicher und künstlicher Entwässerung. Nun soll sie radikal und ausschließlich über künstlich angelegte Sielzüge und Siele oder Schöpfwerke erfolgen. Für die Bewohner von Utenwarf ändert das alles: »Es war herrlich, wenn um uns in meilenweiter Sicht alles nur Wasser war, wenn der hohe Himmel sich spiegelte [...] Viel Romantik und viel Ungemach.«[410] Aber die Romantik überwog, und so soll es bleiben, deshalb sitzt Emil Nolde über eigenen Entwässerungsplänen, die das Gebiet um ihn herum unberührt lassen. Er reicht sie ein und bekommt nicht einmal eine Antwort. Otto Didrik Schack, Lehnsgraf zu Schackenborg und Landrat des Kreises Tondern, ist, obwohl mit Noldes bekannt, keine Hilfe. Als auch noch die Abwässer von Tondern in die Wiedau eingeleitet werden sollen, können sie nicht mehr bleiben. Emil und Ada sind abhängig vom Wasser des Flusses, es gibt in der Umgebung weder Quellen noch Brunnen. Utenwarf ist ihm schon 1923 so verleidet, dass er im Oktober schreibt, er sehne sich nach Berlin, dem stillen Tauentzienatelier, wo er »Menschen, Freunde sehen, sie sprechen«[411] will.

Da ist es wirklich heimelig. Ada sitzt in ihrem blauen Zimmer mit dem blauen Sofa am Flügel und spielt »kleine Mozarts und Bachs [...], an den Wänden aber spitzen die roten und gelben Masken die Ohren und knistern mit den Zähnen, oder kochen vor Wut.« Nebenan Emil im Schaukelstuhl beim Feuer, lauschend und eine Zigarre rauchend. Ada kommt zu ihm herüber, nennt ihn zärtlich »Onkel« und steckt sich auch eine an. Gesundes Leben nach Lahmann? Derzeit nicht. Lieber einen guten Kaffee und eine süße Waffel dazu.[412] Aber auch in Berlin zeigt Emil sich kämpferisch. Seit etwa drei Jahren lebt eine dreiköpfige Familie bei ihnen, in einem Zimmer, für das er selbst Verwendung hätte. Da er sie nicht ohne neue Bleibe vor die Tür setzen kann, wendet er sich ans Wohnungsamt Charlottenburg. Das geht, weil er seit kurzem eine Aufenthaltserlaubnis für Berlin hat.[413] »Da es sich bei Herrn Nolde um einen Künstler von überragender Bedeutung handelt, der eine führende Stelle im deutschen Kunstleben einnimmt«,[414] soll der Familie eine andere Wohnung zugewiesen werden. Da scheint sich jemand gefunden zu haben, der den Antrag unterstützt. Freunde?

Vergessen wir die alten Feinde nicht. Am 5. März 1925 schreibt Kirchner, der in Deutschland und dieser Tage in Berlin ist, in sein Tagebuch: »Bei Liebermann sehr freundlich empfangen [...]. Liebermann redet gegen Nolde, das Schwein, der Hund etc. [...] Nolde ist Dilettant. Liebermann kaufte der Frau auch ein Blatt ab. Er hat es längst in den Papierkorb geworfen. Er sagt, er stehe heute über der Sache.«[415] Das wohl nicht, denn Kirchner zitiert ihn ein knappes Jahr später erneut, da geht es um eine Ausstellung: »Liebermann schimpfte furchtbar und sagte, nie stelle er diesen Dreckskerl aus, nie, Scheißdreck mache Nolde, Scheißdreck etc.«[416]

Die beiden Wohnsitze Noldes, der eine in Dänemark, der andere in Deutschland, haben eine Doppelbesteuerung seiner nicht eben geringen Einkünfte zur Folge. 1923 probiert er es mit einem Gesuch um Erlass der deutschen, das er an den Reichsminister der Finanzen in Berlin schreibt. Darin betont er – wie immer, wenn er sich in diesen Jahren an Behörden wendet, Nolde war »sehr obrigkeitsgläubig«[417] –, dass der Däne Nolde ein herausragender deutscher Künstler sei. Ob aber der Finanzminister aus Zeilen wie diesen die gewünschten Schlüsse ziehen kann? »Dänemark, in kultureller Hinsicht immer stark auf die Pariser Mode von gestern eingestellt, versteht diesen seinen größten Künstler nicht. Für spätere Zeiten wird es daher von grösster Bedeutung sein, das Nolde im Zusammenhang mit Deutschland genannt wird.«[418]

Die Richtung, in der Emil und Ada nach einem neuen Platz zum Leben suchen, ist klar: Von Utenwarf aus soll es nicht nach Kopenhagen, auch nicht nach Zürich oder Florenz, offenbar haben sie das kurz erwogen, sondern nach Südwesten gehen, über die Grenze nach Deutschland, im Prinzip bis nach Hamburg hinunter. Und dann, auf einer Wanderung von Glückstadt her kommend, stehen sie plötzlich auf einer leeren Warft. Gerade mal fünf Meter hoch, gar nicht weit von Utenwarf entfernt, das man am Horizont noch erkennen kann. Ebenfalls in Sichtweite liegen Ruttebüll, wo vor Jahren *Abendmahl* und *Pfingsten* entstanden sind, und Merlingfeld, der Hof, von dem der Vater stammt. 1926 kaufen sie die Warft, auf der sie ihr Haus bauen wollen. Es soll Seebüll heißen. Und auch den dazugehörigen Hof – sie nennen ihn Seebüll-Hof – erwerben sie, während draußen ein Gewitter tobt, beim Teepunsch im »Krug Verlath«. So wollen sie vermeiden, eines Tages unliebsame Fremde zu Nachbarn zu bekommen. Emil beschäftigt sich gleich mit Grundrissen. Seine Ideen sind interessant. Das neue Haus soll keine Kopie eines alten Hofes werden, keine Fortführung des »Heimatschutzstils«, der ihm von den Gartenstädten Deutschlands und Englands her bekannt ist. Er hat viel gesehen, von den Hütten der Südseebewohner bis zu den Entwürfen avantgardistischer europäischer Architekten in Europa. Viel Ur und viel Moderne gehen ihm im Kopf herum. Zuerst, 1927, wird das Wichtigste gebaut: das Atelier. Das ist noch ganz unaufgeregte, zweckmäßige Architektur: eingeschossig mit Flachdach, fast quadratisch der Grundriss, Licht von Norden, auf der gegenüberliegenden Seite, im Süden, die Eingangstür. Als es fertig ist, denkt Emil über eine Einweihungsfeier nach und will dann doch lieber keine: zu unernst für das, was zwischen diesen Wänden erschaffen werden soll. In diesem Frühjahr räumt Ada Utenwarf aus.[419] Sie packt das Umzugsgut auf drei Heuboote, die segeln zweimal die damals noch durchgehenden Wasserwege entlang bis nahe an den Seebüll-Hof heran, wo Noldes vorläufig wohnen werden. Das heißt, Emil bleibt dem Hin und Her fern – in Berlin.

1928 wird die Warftbebauung fortgesetzt: Südlich des Ateliers entsteht der Wohntrakt, vom Arbeitstrakt getrennt durch die Garage für den Ford, den Ada inzwischen fährt, und ein Treppenhaus. Denn das »neue kleine Haus« wird zweistöckig. Emil hat den »eigenwilligen Grundriß, dem Gang der Sonne folgend [...] selbst gezeichnet«. Dem Gang der Sonne folgend und doch mit geraden Wänden: Das ergibt bei ihm ein Sechseck. Darauf kommt ein rechtwinkliges Stockwerk mit flachem Dach, und zwar so, dass im Erdgeschoss rechts und links je ein Gebäudeteil, wie eine große Auslucht, entsteht. Jedes bedeckt ein Blechdach, bestehend aus nach oben gewölbten Dreiecken. Entsprechend kompliziert die innere Aufteilung: Unten gefangene Räume, viel Klein-Klein – das Rad ist nicht eben leicht neu und besser zu erfinden. Der einfache Grundriss im Obergeschoss lässt dort alles übersichtlicher werden. In mehrerlei Hinsicht: Von den Gäste- und Mädchenzimmern da oben schaut man über das flache Atelier hinweg weit ins Land.

Im Winter 1929/30, alles ist gerade fertig, friert die Warft auf. Das Mauerwerk reißt, die Fenster halten den Regen nicht mehr ab, man muss eimerweise Wasser hinaustragen. Emil Nolde sucht jemanden, der sich mit der Baufirma, die seiner Meinung nach gepfuscht hat, und mit der Sanierung herumschlägt. Er gewinnt den angesehenen Flensburger Architekten Georg Rieve, dem es tatsächlich gelingen wird, den kapriziösen Entwurf seines Auftraggebers in eine geschlossene Form zu bringen. Doch zunächst muss saniert werden. Die

Fundamente des Nolde-Hauses werden unter Rieves Leitung untermauert, Fenster fachgerecht verfugt, wahrscheinlich nachdem sie nach vorne gerückt wurden, um die flächige Wirkung der Gebäude zu erhalten. Das Wohnhaus und später auch das Atelierhaus bekommen eine Ummantelung aus rotblauem Bockhorner Klinker. Eine weitere entscheidende Veränderung planen Bauherr und Architekt 1935. Das Atelier wird um den Bildersaal aufgestockt.[420] Dazu muss es Anpassungen im Treppenhaus geben, entscheidend für den heutigen Gesamteindruck aber ist, dass das Atelier nun den Wohntrakt überragt. Wieder hat Nolde ausgefallene Wünsche und Ideen. Nicht alle sind realisierbar,[421] aber er bekommt seinen Freisitz oben auf dem Dach, das als Sammelbecken für eine neue Zisterne konstruiert ist. Die Verbesserung: Vom alten Sammelbecken waren Leitungen direkt zu den Verbrauchsstellen gegangen, und das überschüssige Wasser war einfach stehen geblieben. Das Frischwasserproblem, das den Verbleib auf Utenwarf unmöglich gemacht hat, ist nun noch besser gelöst.[422]

Schon 1927, im ersten Sommer, ist der Seebüll-Hof Schauplatz eines Festes: Der Maler feiert seinen sechzigsten Geburtstag. Gut steht er da! Augenfällig ist sein Erfolg! Sogar Ehrendoktor der Universität Kiel ist er inzwischen.[423] Am langen Tisch im Scheunentorweg haben nicht nur Verwandte und Nachbarn Platz genommen. Unter den etwa fünfzig Gästen sitzen auch Schieflers, Erdmanns und Max Sauerlandt, der ein Exemplar der von ihm gesammelten und herausgegebenen Briefe Emil Noldes mitbringt. Sogar eine Bilderschau gibt es: Ada hat die Wände des Kuhstalls mit hellen Stoffbahnen bespannen lassen, um davor Nolde-Grafiken zu präsentieren. Jeder Gast darf sich eine aussuchen.

Ehrenvoller ist natürlich die von Rudolf Probst zuvor organisierte Ausstellung in Dresden. Ungefähr zweihundert

Bilder werden gezeigt: die religiösen im Zentralbau, die Neuguinea-Bilder, die anderen Figurenbilder, Phantasien, Stillleben und Gartenbilder in separaten Räumen. Eine wunderbare Würdigung auch das Spiel des Freundes Kaminski zur Eröffnung. Und eine Festschrift gibt es, zu der unter anderem Paul Klee einen Beitrag liefert: »Nolde, die uralte Seele, den Erdhaften als Menschen aus Fleisch und Blut sich vorzustellen, fällt weniger schwer, als bei den paar anderen [...]. Nolde ist mehr als nur erdhaft, er ist auch Dämon dieser Region.«[424] Am Tag nach der Eröffnung der Ausstellung feiern Ada und Emil ihre »25-jährige Zusammengehörigkeit« in guten und schlechten Tagen. Und neue schlechte lassen nicht lange auf sich warten. Die Dresdner Ausstellung soll nach Frankfurt und Mannheim gehen, da ist sie aber nicht erwünscht. In Essen, Kiel und Wiesbaden werden die Bilder gezeigt und kommen gut an, nicht jedoch in Hamburg: »Der Künstler muß den Zorn der Besserwissenden und in Tradition Gebundenen über sich ergehen lassen.«[425] So kann es gehen.

Ein Geburtstagsgeschenk, es ist von Ada, weist auf eine ganz andere Problematik hin. Es ist ein kleines Motorboot. Sie selbst hat vor einiger Zeit den Autoführerschein gemacht. Die beiden setzen zunehmend auf motorisierte Fortbewegung. Sie werden älter. Es häufen sich vor allem seine gesundheitlichen Beschwerden: Mal ist es eine Grippe, mal eine Gallenkolik. Er stürzt, es bildet sich ein Bluterguss in der linken Schulter, also bekommt er vier Wochen lang Heißluftbäder und Massagen. Mikroben und Bakterien sind immer ein Thema. Und Bluthochdruck.

Die Kuren in Bad Nauheim in den Zwanzigerjahren sollen vor allem Adas Beschwerden im Zusammenhang mit ihrer zunehmenden Herzinsuffizienz lindern. Gleichzeitig können dort gut Kontakte gepflegt werden, etwa zu Kirchhoff in

Wiesbaden und zu Hagemann in Frankfurt und zu den Kunsthändlern Probst und Schames in Mannheim und Frankfurt. Oder auch nicht: 1927 schreibt Ada, wie enttäuscht sie darüber ist, die Wiesbadener Heinrich Kirchhoff und Alexej von Jawlensky nicht getroffen zu haben. Mit Ausnahme des Jahres 1926, in dem Seebüll gekauft wurde, kuren Noldes von 1923 bis 1928 regelmäßig im März, April, Mai in Nauheim. Sie wohnen in der Villa Wartburg, in der Nähe des Sprudelhofes. Rundum Badehäuser und Wartesäle, alles schönster Jugendstil.[426] Möglich, dass sie dort nicht so aufgenommen wurden, wie sie es erwartet hatten, 1927 reisen sie jedenfalls mit einem Empfehlungsschreiben an: »Es wird hiermit bestätigt, dass der Maler Emil Hansen-Nolde ursprünglich deutscher Staatsangehöriger war und erst durch die Besetzung [!] Schleswigs dänische Staatsangehörigkeit erlangt hat. Herr Hansen-Nolde ist durchaus als deutscher Künstler anzusprechen, sodass wir bitten, ihn bei seinem Badeaufenthalt in jeder Beziehung als Deutschen zu behandeln. Ich betone ausdrücklich, dass wir in Emil Nolde wohl einen unserer ersten deutschen Künstler zu erblicken haben.«[427] Es bleibt aber dabei: Nauheim gefällt Noldes nicht.

Im November 1928 schreibt Ada an Schieflers, dass das Hofgebäude Tauentzienstraße 8 langsam, aber sicher verkommt. Eigentümer Arnold Müller will mit seinem Bekleidungsunternehmen expandieren und dem nahen KaDeWe die Stirn bieten.[428] Er hat einen Bauantrag für umfassende Modernisierungsmaßnahmen gestellt. Kein Wunder, dass er nicht mehr in das Haus investiert. Der Fassadenstuck soll abgeschlagen und durch glatten Putz aus Muschelkalk-Steinbeton ersetzt werden, das Baugerüst steht bereits. Alle verfügbaren Freiflächen sollen überbaut werden, der Innenhof zu zwei Dritteln. Hinterm Gartenhaus soll vierstöckig angebaut werden. Noldes Blick über die Baumkronen, auf die verschlungenen Wege, das Blumenrondell und den romantischen Pavillon eines kleinen Parks wäre dahin. Die Balken sind morsch, es regnet herein. Einen zusätzlichen Raum auf dem Dachboden für die beiden Mädchen, die Ada zur Hand gehen, verweigert der Vermieter. Ohnehin schaffen Emil und Ada die 101 Stufen hinauf in den dritten Stock nur noch mit Mühe. Sie hoffen, im nächsten Winter im neuen eigenen Haus zu wohnen.

In Dahlem, Ecke Am Erlenbusch/Sachsstraße,[429] haben sie ein etwa 1600 Quadratmeter großes Grundstück gekauft. Ludwig Mies van der Rohe soll das Haus entwerfen. Sie kennen ihn seit vielen Jahren, seit Ada in Hellerau mit seiner damaligen Braut in der Wohngemeinschaft im Haus Am Grünen Zipfel wohnte. Ein einstöckiges Haus ohne Treppen soll es werden, teilweise unterkellert, mit Platz für die Dienstmädchen. Von den Wirtschaftsräumen und Dienstbotenbehausungen abgesondert, die privaten Räume der Noldes. Von zentraler Bedeutung ist dabei der öffentliche Bereich mit einem großen Atelier, eher einem Bildersaal, in dem Nolde seine Werke präsentieren will. Mies van der Rohe hat im Vorjahr den Entwurf für den deutschen Pavillon auf der Weltausstellung in Barcelona geliefert und ist derzeit mit der Fertigstellung des Hauses Tugendhat in Brünn beschäftigt. In den Entwürfen für Nolde[430] ist diese zeitliche und geistige Nähe erkennbar: Hier wie dort ein Stahlskelett, gemauerte Außenwände, Mörtelputz, transparente Wände innen und ein dem Wintergarten in der Villa Tugendhat vergleichbarer offener Bereich. Aber aus all dem wird nichts. Am 2. März 1929 schreibt Ada aus Berlin an Schieflers: »Eine aufregende Sache beschäftigt uns etwas und unsere Freunde. Wenn wir das Haus bis 1. April nicht fertig haben legt man uns eine Buße v. 10 000 M. auf. Die Gemeinde hat es freundlicherweise auf die Hälfte ermäßigt, aber unsere Freunde sagen, es ist Unsinn, wir sind ja doch keine Spekulanten u. haben nicht bauen können, weil wir da oben bauen mußten u. wollen es ganz aus der Welt schaffen.«[431] Im April schickt Nolde noch einmal einen beschwörenden Brief an Mies, aber der nimmt sich weiter die Freiheit, anderes vorzuziehen. Es gibt einen neuen Termin, den 15. September, doch der ist bald nicht mehr relevant: Die Kosten steigen und steigen – bis auf 90 000 Mark. Dem Rat der Freunde folgend, schaffen Noldes das Berliner Bauprojekt »aus der Welt« und lassen den Bauantrag auslaufen. Sie finden eine großzügige Wohnung im feinen Charlottenburg in der Bayernallee 10: Neubau, Erstbezug, vierte Etage. Der Blick geht bis zum Grunewald. Und es gibt einen Aufzug.

Warum verlangen sich die beiden in so kurzer Zeit so viel ab? Zwei Baustellen. Auch nach Aufgabe des Berliner Projekts bleiben Abwicklung, Grundstücksverkauf, die Suche nach einer repräsentativen Stadtwohnung, zwei Umzüge ... Aber so werden Zeichen gesetzt. Die Jahre der Bescheidenheit sind vorbei! Die Größe des Hauses mit Atelier auf dem Land soll die Bedeutung des Malers Emil Nolde herausstellen, der es auch in dieser Hinsicht endlich mit Liebermann aufnehmen will. In dessen, oder vielmehr in der Korrespondenz seiner Tochter Käthe mit Alfred Lichtwark drehte sich schon Ende 1909 alles um den Garten beim neuen Haus am Großen Wannsee. Da geht es um Buchseinfassungen, um Hecken und geschorene Bögen, um ein Lindenkarree, Kübel mit Lorbeerpyramiden, Juniperus, Taxus, Tuja ... Das »Gitter der Brücke und die Form der Bänke spielen eine große Rolle. Alles weiß natürlich.«[432] Liebermanns Stolz: Zwei Jahre Malen, nicht sein Erbe, haben ihn instand gesetzt, die Villa zu bauen. 1910, im Jahr der großen Auseinandersetzung mit Emil Nolde. In dessen Gärten, sei es auf Alsen, Utenwarf oder nun Seebüll, ist außer Bänken, Toren und Brückengeländern – alles weiß natürlich – nichts von dem zu finden, was Lichtwark als strukturgebende Elemente bezeichnet hätte. Noldes Gärten sind experimentell und emotional gestaltet. Der Seebüll-Garten hat viele Vorbilder. Den Garten der Mutter, den eigenen und die Nachbargärten auf Alsen, Utenwarf. Exotisch-tropische Gärten kennt Emil ebenso gut wie italienische und englische. Und die Gärten der Sammler: der lebensreformerischen, Osthaus beispielsweise, und der schlicht reichen, Kirchhoff beispielsweise, der in Wiesbaden einen sensationellen Garten mit Tropfsteinhöhle, Kakteenzucht, Palmen, Voliere und Reptilienhaus hat. »Ihren Garten würde ich gern einmal sehen, wenn er in voller Schönheit blüht«, schreibt Emil. »Im letzten Herbst haben wir auf unserem Seebüll, wo wir jetzt in den Sommermonaten wohnen, sehr viele Stauden und kleine Pflanzen in den Boden hineingepflanzt und voller Erwartung gehen wir im Frühjahr hin.«[433] Alles, was Emil Nolde gesehen hat, ist zur Nachahmung geeignet oder auch gerade nicht. Er steht auf der Warft und sieht seinen Traum vor sich: Vor den Fenstern des Wohnzimmers die große ovale Wasserfläche des Fethings – den Tanz der Wassermücken wird er auch hier beobachten können –, sonst nur Weiden und reetumstandene Wasserläufe mit Teichrosen darauf, und weit, weit draußen weiß er die Nordsee. Viel Grün, hellstes bis dunkelstes Braun, Blau und Grau sieht er. Und rund um das Haus ein Meer von hitzigen Farben: Rot, Orange, schwefliges Gelb, dunkles Violett. Das ist seine Palette, das muss hier hin. Aber nicht nur Blumen, auch Nützliches – da ist er doch immer auch Bauer. Und wie das alles bändigen? Nur ganz sanft. Ein paar schmale Wege beim Haus, deren Konturen von den Pflanzen fast verwischt werden. Ein geschwungenes A und ein E für Ada und Emil, verbunden durch ein kleines ovales Bassin mit Wasserspiel, ganz intim. Diese Idee sagt viel über die Beziehung der beiden nach mehr als 25 nie einfachen Jahren aus. Der Erfolg dieses Lebens, er soll nun sichtbar werden. Feines blaues Briefpapier mit dem Seebüll-Aufdruck wird bestellt.

Weitere Genugtuung und Geld bringt 1929 ein Ankauf Justis bzw. der Nationalgalerie in Berlin: Emil Noldes *Christus und die Sünderin* von 1926 für 25 000 RM[434] bar auf die Hand! Alfred Hentzen, damals Justis Assistent, erinnert sich, wie er mit der ersten Rate persönlich zu Noldes ging: »Die ganze Atmosphäre seines Ateliers mit den religiösen Bildern, dem stillen, blonden, fast albinohaften Mann mit dem große[n] Kopf und der freundlichen, liebenswürdigen Frau, war ein äußerster Gegensatz zu dem, was man eben unten auf der Tauentzienstraße an Eleganz, großstädtischem Leben fand. Er war wirklich wie ein Bauer in der Großstadt.« Hentzen besucht Noldes in den folgenden Jahren regelmäßig. Er kommt im Winter, um sich die Produktion des vergangenen Sommers anzusehen. Entweder wird ein Bild nach dem anderen aufgestellt und im Vergleich besprochen oder aber jedes für sich. Emil hält sich dabei im Hintergrund und lässt Ada reden. Ohne sie, allein mit Hentzen, geht er aus sich heraus, erklärt gerne etwas. Wie er Aquarelle malt, zum Beispiel: Er arbeite mit saugendem Papier und so nass, dass sich die Farbe auf dem Blatt und im Papier bewege und durcheinander fließe. Diese Bewegung der Farbe suche er mit einem trockenen Wattebausch und einem nassen Pinsel zu beeinflussen, sie dahin zu treiben, wo er sie haben möchte, oder aber aufzuhalten. Dann, wenn das Blatt trocken sei, setze er mit Tusche Konturen hinein. So zu arbeiten mache ihn sehr glücklich.[435] Aber nicht das Überwachen von Sanierungsarbeiten im dritten Seebüll-Jahr, das muss Ada übernehmen. Er geht nach Sylt.

»Am Vormittag eines sonnigen Herbsttages sitze ich mit Renée Sintenis in meinem Büro. In der offenen Tür steht plötzlich eine Dame und hinter ihr ein Herr; ich meine beide schon gesehen zu haben. [...] Die Dame fragt nach einem schönen Einbettzimmer, möglichst gleich. Aber noch ist alles besetzt, das Wetter warm, niemand will abfahren. Ich verspreche Bescheid zu geben und erhalte ihre Westerländer Adresse. In der Haustür wendet sie sich um: ›Haben Sie ein Atelier?‹ ›Ja, ich habe ein Atelier.‹ Sie sehen sich an, lächeln, scheinen sich zu freuen. ›Wir kommen wieder.‹«[436] Tatsächlich zieht Emil Ende August ins Haus Kliffende, während Ada nach Seebüll zurückkehrt, um den Bau zu beaufsichtigen »mit all seinen vorher unberechenbaren Unannehmlichkeiten!« Nebenbei, das fügt sich gut, kann sie Emils Manuskript zu *Das eigene Leben* abtippen. Er will es in Kampen zu Ende bringen. Und auch malen, natürlich. »Ich hatte den Wunsch, möglichst allein und nur beobachtend zu leben.«[437] Dafür ist der Ort, wo er ein Zimmer und ein Atelier mit Blick über Heide und Watt gemietet hat, aber wirklich zu schade.

Klara Tiedemann führt ein exklusives Haus, ländliches Leben in höchster Raffinesse. Sie hat immer interessante Gäste. Die Bildhauerin Renée Sintenis[438] beispielsweise, Thomas Mann, auch er war schon mit Familie in Kliffende, hat einmal eine kleine Rehskulptur von der Sintenis seiner Frau Katia geschenkt. Auch berühmte Musiker wie Erich Kleiber und andere Zelebritäten logieren gern unter Frau Tiedemanns Dach. Emil Nolde, zunächst »scheu beobachtend« wie üblich, findet bald Anschluss an ein mondänes junges Paar aus Berlin. Siegfried und Margarete Turgel. Sie beschäftigt sich mit Plastik, Keramik, Malerei und ist eine sehr auffallende Person. Es existiert eine Fotografie von ihr: schwarzglänzender Pagenkopf mit Herrenwinkern, riesengroße dunkle Augen, geschwungener Mund, geschwungene Nase … »›Sie ist klein, in der Ruhe fast häßlich, belebt ist sie schön und oft sehr schön‹«,[439] so Emil an Ada. Seinen Briefen nach Seebüll fügt er Fotos bei, die Frau Turgel von seinen Aquarellen gemacht hat, und von Ölbildern, für die sie Modell gestanden hat. Ada soll auch wissen, dass Emil mit dem Paar Ausflüge über die Insel in dessen »überall Aufsehen erregenden mondänen

Sportwagen« unternimmt. Und dass sie viele Abende zu dritt auf seinem Zimmer sitzen und einander das ganze Nolde-Buch vorlesen, darüber diskutieren und dabei Wein trinken. Wein! Emil Nolde ist ein Liebhaber des Rheinweins, möglicherweise ist er durch Kirchhoff auf den Geschmack gekommen, jedenfalls ordert er bei seiner Gastgeberin »den schönsten, den sie haben«. Sie spricht von Festflaschen, die nur zu besonderen Gelegenheiten getrunken werden, und er anwortet: »Ja, ja, die sollen es sein, die will ich alle probieren.«[440] Das kann Ada nicht gefallen, am wenigsten der Verrat an der gemeinsamen Arbeit. Fremde Menschen, junge Leute dürfen in den Nolde-Text hineinreden? Und im Gegenzug darf Emil die Frau malen? Nicht als Akt, aber im Badeanzug. Und dann wird es doch einen Akt geben, *Dünenweib*, den ersten seit zig Jahren. Wenn Ada eifersüchtig reagiert, wird Emil ungehalten: »Daß das immer sein muß.« Das Stören »seiner produktiven Ruhe«,[441] es nervt ihn gewaltig.

Turgels reisen ab. Ein paar Briefe werden noch gewechselt. Zurück bleiben Nolde, Talhoff – ein expressionistischer Schriftsteller aus der Schweiz, der in diesem Sommer beim Tänzerkongress in München mit Mary Wigman zusammengearbeitet hat, man kann also mit ihm reden – und die Sintenis. Auf der Treppe eine Stufe über ihr stehend schaue man »in schreckliche Tiefe von Hässlichkeit«,[442] berichtet Emil an Ada, die daraufhin wohl keine Bedenken hat, wenn Emil Renée malt. Und Klara Tiedemann. Und fremde Männer, Frauen, Kinder am Sylter Strand. Irgendwann sind alle Gäste weg außer Emil Nolde. Das Hotel muss winterfest gemacht werden, er muss es verlassen. Aber nach Hause kann er noch nicht, da sind noch die Handwerker. Klara Tiedemann quartiert ihn in ihr privates Häuschen nahe Kliffende um, das Atelier kann er weiter nutzen. Noch einmal eine festliche Tafel, Rosen, Kerzen, Silber, vielleicht auch das obligatorische Fässchen Austern, sicher Rheinwein. Dann wird es einsam auf Sylt. Emil hält es kaum aus: »Ich ging, ich lief, es war kalt, an den grausig ausgestorbenen Gasthäusern vorbei [...]. Wein trank ich, als ob ich ein Trinker wäre. Und schrieb Zettelchen, lose schwebende Empfindungen [...].«[443] Im November ist er wieder auf Seebüll. Etwa 90 Briefe hat er Ada in den gut zwei Monaten seiner Abwesenheit geschrieben. 16 Ölbilder hat er gemalt und viel mehr Aquarelle.

In seinen Erinnerungen, die er Jahre später veröffentlicht, kein Wort von den hellen Tagen in Kliffende und von Turgels. Nur von den dunklen. Das passt besser zum Mythos des sich quälenden, um Ausdruck ringenden Künstlers. Der mit Ehrungen so abgeklärt umgehen möchte wie mit Kritik: »Emil ist nun Akademiemitglied [...]. Die Berufung hat bei uns mehr Erstaunen als Freude hervorgerufen, und wir haben uns sehr überlegt, sie nicht anzunehmen. [...] Wir denken dabei gar nicht an Liebermann, er spielt für uns seit vielen Jahren überhaupt keine Rolle mehr, – aber ist es nicht schöner von diesen äußeren Dingen frei zu sein, und nur dem Künstlerleben sich zu widmen?« Unbedingt. Aber »die Jugend hat gebeten, die Linke hat gebeten, sie haben alle ein Gefühl von einem Grundstein, abgesehen von dem Unrecht, das sie spüren, solange die deutschesten Künstler nicht in der Akademie [...]«[444]

Nolde hat tatsächlich und bis nach Berlin vernehmlich gezögert: »Die Berufung [...] trifft mich überraschend hier in Schleswig«, schreibt er am 18. August 1931 an den Präsidenten der Akademie. »Ich bin so gar nicht orientiert über die mit dieser verbundenen Rechte und Pflichten.«[445] Der Präsident kündigt das neue Statut an, es befinde sich noch im Druck. Am 7. September schreibt Nolde dann erneut an den Akademiepräsidenten – Liebermann –, wieder, ohne ihn mit Namen anzusprechen: »Es freute mich die Gesinnung, die meine Künstlerkameraden und mich zu Akademiemitgliedern berief. Ich nehme den Ruf dankend an.«[446] Eigentlich hatte nicht Emil Nolde auf der Vorschlagsliste gestanden, sondern George Grosz, der aber wegen eines schwebenden Strafverfahrens als Mitglied nicht in Frage kam.[447]

Zu ihm, Emil Nolde und dessen altem Bewunderer Adolf Behne gibt es eine merkwürdige Geschichte zu erzählen. Sie ereignete sich im Mai 1931. Adolf Behne trieb zu der Zeit die Idee um, »dass sich ein paar Menschen, deren Arbeit echt, klar und unbeeinflusst ist, zusammen setzen sollten, um einmal zu prüfen, ob nicht ein näherer Zusammenschluss möglich sei«.[448] Zu diesem Zweck lud er Emil Nolde, Walter Gropius sowie die Maler Werner Scholz und George Grosz zu sich ein. Gropius kam nicht, Scholz war unauffällig, aber George Grosz! »Ich war von dem hemmungslosen Ausbruch des Hasses gegen alles, was in Russland geschieht, bei George Grosz neulich, so erschüttert, über seine bedenkenlose Verzerrung der Dinge so verzeifelt, dass ich vor Traurigkeit über diesen Misserfolg meines Versuches nichts mehr von mir hören liess. Ich habe bei diesem Zusammensein eingesehen, dass jeder Versuch einer Gemeinsamkeit unter deutschen Künstlern aussichtslos ist. [...] dass jemand, den Sie und wir alle für einen Socialisten gehalten haben, ein so blindes, so subjektiv verblendetes Bild von Russland vor Ihnen entwarf, ist bitter.«[449]

Behne irrte also auf ganzer Linie. Und war sehr enttäuscht. Und ist dann sehr zufrieden, als später im Jahr Emil Nolde Mitglied[450] der Preußischen Akademie der Künste wird, übrigens über eine Vorschlagsliste, genauer einen sogenannten Pairsschub, nicht durch satzungsgemäße Wahl. Ein wenig hat Behne dafür seine Beziehungen spielen lassen. Er ist Lehrer an der Humboldt-Hochschule und kennt auch als Redakteur der englischen Kunstzeitschrift *Studio* viele wichtige Leute.

Mit Nolde werden berufen: Otto Dix, Ernst Ludwig Kirchner und Karl Schmidt-Rottluff. Neu bei den Architekten ist Mies van der Rohe. Renée Sintenis wird ebenfalls 1931 Akademiemitglied, als erste Bildhauerin. Etwa um die gleiche Zeit kommt unter dem Titel *Das eigene Leben* Emil Noldes erstes autobiographisches Buch heraus. Er verschickt viele Exemplare, eins davon in die Schweiz, zu Kirchner: »Es ist wie seine Bilder und wird in manchem etwas gefährlich für ihn sein, [...] vieles ist unklar und manches lächerlich [...], schade.«[451] Und Nolde weiß auch direkt etwas mit seiner Akademie-Mitgliedschaft anzufangen: Er mischt sich in die Debatte um die Osloer Ausstellung *Neuere Deutsche Kunst* ein und bezieht Position für den Kurator Ludwig Thormaehlen, Kustos an der Nationalgalerie und Justi-Mitarbeiter: »Ganz ausgezeichnet gehängt, [...] jetzt ist Frankreich aus dem Feld geschlagen durch Deutschland.«[452]

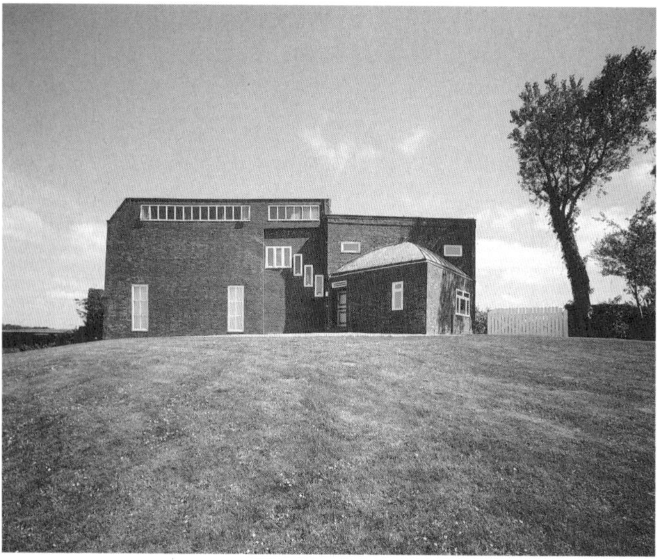

Seebüll, wie es nach achtzig Jahren da steht: links das große Atelier, in der Mitte das Treppenhaus und rechts der Wohntrakt mit einem der beiden an einen Schiffsbug erinnernden Anbauten.

»Nicht immer ist unser Menschenschicksal [...] folgerichtig und schön«[453]

BEDROHTES LEBEN

Wie kann ihm das entgehen! Dass Renée Sintenis 1934 aus der Akademie der Künste ausgeschlossen wird. Dass das Bauhaus, dessen Direktor Mies van der Rohe ist, 1933 zur Auflösung gezwungen wird. Dass noch im selben Jahr Ludwig Justi und Alfred Hentzen (beide Nationalgalerie), später auch Alois Schardt (Ada hatte ihn an einschlägiger Stelle als Justi-Nachfolger empfohlen), in Hamburg Gustav Pauli (Hamburger Kunsthalle, Lichtwark-Nachfolger) und Max Sauerlandt (Museum für Kunst und Gewerbe), in Essen Ernst Gosebruch (Folkwang) und in Lübeck Carl Georg Heise (ausdrücklich auch wegen seines Eintretens für Nolde) geschasst oder zum Rückzug gedrängt werden. Dass Adolf Behne aus seinen Ämtern entlassen wird. Dass Händler und Sammler unter Druck geraten. Oder bekommt er es doch mit?

Auch seiner Kunst bleibt der öffentliche Raum immer häufiger versperrt. Ist das die Erklärung dafür, dass Emil Nolde 1934 Parteimitglied wird, jedenfalls nach den Unterlagen des Reichsministeriums für Volksaufklärung und Propaganda, das diese Information von ihm selbst hat: »Der am 7. August 1867 in Nolde, Krs. Tondern, Dänisch-Schleswig, geborene Kunstmaler Dr. h. c. Emil Nolde, hat angegeben, daß er der N. S. A. N. – N. S. D. A.P. – Gruppe der Deutschen in Nord-Schleswig – am 15. 9. 1934 [...] beigetreten sei.«[454] Oder war das erst 1935, was er im Fragebogen zur Entnazifizierung ebenfalls selbst angeben und am 3. Juli 1946 unterschreiben wird? Oder doch schon 1933 – so steht es in seinem Antrag auf Entschädigung als Opfer nationalsozialistischer Verfolgung vom 3. Dezember 1953, und auch das hat er unterschrieben.[455]

1933 sind die neuen Funktionsträger bereit, sich kunstpolitischen Vorgaben anzupassen, aber offensichtlich unsicher bzw. uneins, worin diese eigentlich bestehen. Und also auch, ob Emil Nolde in das Profil der nationalsozialistischen Bewegung eingepasst werden kann oder nicht. Die Urteile darüber schwanken erheblich. Im Juli hängen Nolde-Werke in einer Ausstellung des NSD-Studentenbundes. Man kann sie demnach betrachten wie Otto Andreas Schreiber, der in der Kunststudentenszene eine maßgebliche Rolle spielt. In der von ihm gegründeten Zeitschrift *Kunst der Nation* ist, mit Goebbels' Duldung, zu lesen, einer wie Nolde mit seiner Ablehnung des Wilhelminischen entspreche dem Geist der neuen Zeit. Schließlich weiß man ja um seinen Streit mit Liebermann und sein Eintreten für das Bodenständig-Nordische. Aber es gibt einen großen Aufstand um die Ausstellung. Nach der Vorbesichtigung wird die Eröffnung verboten, Werke von Nolde und Barlach sind Steine des Anstoßes. Schreiber wird aus dem NSD-Studentenbund ausgeschlossen.[456]

Im gleichen Jahr bemüht sich Nolde vergeblich um Aufnahme in Alfred Rosenbergs Kampfbund für deutsche Kultur. Expressionisten (»Kulturbolschewisten«) sind darin nicht erwünscht. Und doch steht gerade er im Spätherbst 1933 in der Gnade des Gründungsmitglieds des Kampfbundes Heinrich Himmler.[457] Am 10. November schreibt Nolde auf Briefpapier des Hotels *Vier Jahreszeiten* in München an seinen Freund Fehr. Er steht noch ganz unter dem Eindruck der Gedenkfeier für die »Blutzeugen der Bewegung«, die dort aus Anlass des zehnten Jahrestages des später so genannten Hitlerputsches stattgefunden hat: »Eine Einladung des Reichsführers der SS, Himmler, als Ehrengäste an der großen Feier dieser Tage teilzunehmen, führte uns hierher. [...] Wehmütige Empfindungen vor den Kränzen der am 9. November 1923 durch Verrat u Maschinengewehr Gefallenen u. im Glücksgefühl über das seitdem Erreichte. [...] Wir sahen u. hörten den Führer zum erstenmal – ohne Radiovermittelung [...], ich fast einzigster im Civil am Tisch mit Röhm, v. Epp u. alle diesen Herren zusammenzusitzen, im Hoffen u Wünschen für unser geliebtes Deutschland alle einig [...]. Der Führer ist groß u. edel in seinen Bestrebungen u. ein genialer Tatenmensch [...].« Da ist einer nur allzu bereit, sich einfangen zu lassen vom »merkwürdigen Rhythmus im Wogen zwischen Trauer u. Freude«.[458] Wie er und Ada zu dieser Einladung gekommen sind? Vielleicht so: Zu ihrer bayerischen Clique zählt Erna Hanfstaengl. Sie ist die Tochter des Münchner Verlegers und Kunsthändlers Edgar Hanfstaengl, Schwester des Hitler-Freunds Ernst Hanfstaengl, genannt »Putzi«, und war vor zehn Jahren Hitlers Schwarm, inzwischen ist sie mit Frau Himmler befreundet. Bei ihr sind Noldes in diesen Novembertagen zu Gast. Sie treffen dort ihre alte Freundin, die Osthaus-Witwe, jetzt Frau Stickfort. 1933 sind das allerbeste Beziehungen. Ein Parteieintritt Noldes schon 1933 wäre daher durchaus plausibel.

Der Maler ist überzeugt: Die Ablehnung seiner Kunst beruht auf einem Irrtum. Denn das, was er von der neuen Partei weiß, passt gut zu dem, was er seit vielen Jahren vertritt. So philosophierte er 1920 über »die Feinde der Deutschen und Deutschlands«: »Es kam alles so anders. Der Deutsche mit dem scharfen Schwert konnte den klugen intriganten Geist tötend nicht treffen. Viel ist in früheren Jahren versäumt worden und viel verfahren. Bismarck der Große war nicht da und

Wilhelm der Kleine regierte.«[459] Und drei Jahre später, unbelehrt: »Mit einem dunklen Untergefühl, veranlaßt durch die schmählichen Geschehnisse der gierigen Feinde unseres Landes [...].«[460] Dunkle Untergefühle, vor allem, wenn sie so lange gehätschelt werden, können furchtbar in die Irre leiten. Dabei hätten Teilnehmern am Kunstbetrieb, wie Nolde es war, 1933 ganz andere Gedanken kommen können:

30. Januar: Hitler wird zum Reichskanzler ernannt.

28. Februar: Die Presse- und Versammlungsfreiheit wird abgeschafft.

23. März: Durch das Ermächtigungsgesetz wird die Weimarer Verfassung ausgehebelt.

In den ersten Apriltagen wird zum Boykott jüdischer Geschäfte aufgerufen, er wird von Uniformierten durchgesetzt und betrifft auch Galeristen und Kunsthändler.

7. April: Durch das Gesetz zur Wiederherstellung des Berufsbeamtentums wird die Entlassung von Beamten möglich, wenn sie »nichtarischer Abstammung sind« oder »nicht die Gewähr dafür bieten, daß sie jederzeit rückhaltlos für den nationalen Staat eintreten«. Die Folge: Entlassungen, Beurlaubungen in Museen und Kunstakademien, wo das Beamtengesetz auch auf deren nicht verbeamtete Mitglieder angewendet wird.[461] Betroffen: Dichtkunst, bildende Kunst, Architektur, Musik ...

Im Mai: Bücherverbrennungen. Damit waren die Säuberungsaktionen in der Sektion Dichtung der Preußischen Akademie der Künste quasi abgeschlossen. Später wird es auch Bilderverbrennungen geben.

6. Juli: Hitler verkündet, seine Regierung stehe in der »langsamen Vollendung des totalen Staates«.

14. Juli: Gesetz über die Einziehung volks- und staatsfeindlichen Vermögens. So werden die finanziellen Möglichkeiten vieler Sammler beschnitten und damit die Verkäufe von Künstlern wie Nolde.

Es folgt die Gründung der Reichskulturkammer (dem Reichsministerium für Volksaufklärung und Propaganda unterstellt) mit sieben Einzelkammern, darunter die Reichskammer der bildenden Künste.[462] Im September werden auffällig viele Nolde-Kontakte entlassen. Weitere Beispiele? Paul Klee verliert seine Professur an der Kunstakademie Düsseldorf und emigriert in die Schweiz. Schmidt-Rottluff hat kein Amt zu verlieren, zieht sich aber nach Hinterpommern zurück.[463] Liebermann? Ja, Liebermann, der sich keine Illusionen macht, erklärt im Mai den Rücktritt von all seinen Ämtern.

Der Druck auf Emil Nolde baut sich langsam auf. So kommen Bilder wie sein *Reiter und Tonfigur* aus den Ausstellungsräumen des Wiesbadener Museums zuerst in dessen Depot und später ins zentrale Sammellager nach Potsdam. Noch später ins Depot Schönhausen. Im Mai 1933 fordert der neue Präsident der Akademie der Künste, Max von Schillings, zehn der erst 1931 in die Sektion für die bildenden Künste berufenen Mitglieder auf, »freiwillig« auszuscheiden. Am 15. Mai schreibt er an Professor Emil Nolde: »[...] die August 1931 erfolgte Berufung von Mitgliedern in die Abteilung für die bildenden Künste durch den früheren Kultusminister Dr. Grimme hat, wie Ihnen bekannt, starken Widerspruch und einen bedauerlichen Zwiespalt in der Abteilung hervorgerufen. [...] erfahren wir, dass bei einer Anzahl der seinerzeit berufenen Mitglieder selbst der Wunsch besteht, zur Lösung dieses unerfreulichen Konflikts beizutragen und sich unter Verzicht auf die Berufung zur ordnungsgemäßen Wahl [...] zu stellen«. Dix und Schmidt-Rottluff folgen dem Vorschlag. Die anderen – Mies van der Rohe, Erich Mendelsohn, Edwin Scharff, Renée Sintenis, Rudolf Belling, Ludwig Gies, Ernst Ludwig Kirchner – lehnen ab, wie Emil Nolde, und zwar postwendend am 18. Mai: »Sehr verehrter Herr Präsident. Als mir die Nachricht zuging, daß ich in der Akademie aufgenommen worden sei, geschah es mit der Mitteilung, daß die Reformcomission meine Künstlerkameraden und mich dem Minister vorgeschlagen hätte. Ich finde deshalb meine Mitgliedschaft ganz in der Ordnung und kann nicht einsehen, daß eine nochmalige Wahl nötig wäre.«[464]

Nolde fühlt sich eins mit der »Bewegung«: Im Februar 1934 schreibt er an den Justi- und Schardt-Nachfolger Eberhard Hanfstaengl: »[...] in meinem Kampf für künstlerische und urdeutsche Ideen mit dem Einsatz meiner ganzen Lebenskraft [...] kämpfte ich für die gleichen hohen Ziele, welche nun inzwischen unserer nationalsozialistischen Regierung im Großpolitischen«, und so weiter, bis »Mit schönstem deutschem Gruss«.[465]

1934 schließt Emil Nolde den zweiten Band seiner Erinnerungen ab. *Jahre der Kämpfe* überschreibt er ihn. Die sollten eigentlich vorbei sein, würde man nur endlich erkennen, dass er mit der neuen Richtung übereinstimmt, überzeugt ist von der Überlegenheit der nordischen, der germanischen Kunst. Das bringt er im Buch klar zum Ausdruck. Den »Aufruf der Kulturschaffenden«, in dem es unter anderem heißt: »Wir glauben an diesen Führer« und »Wir gehören zu des Führers Gefolgschaft«,[466] kann er, schon wegen seines pesönlichen Eindrucks von Hitler in München, bedenkenlos unterzeichnen.

Wie wichtig ist das alles für jemanden, der sich mit der Diagnose »Krebs« auseinandersetzen muss? Es dauert eine Weile, bis die wahre Ursache seines schlechten Allgemeinbefindens erkannt wird. 1933 will man noch glauben, die Aufregungen seien schuld. Er ist wegen einer Leber- und Gallenentzündung zur Kur im Fränkischen: »Während 5 Wochen trabten wir zum Brunnen hin in dem kleinen Mergentheim.«[467] Einer, der Noldes Gesundheitszustand im Blick hat, ist Ernst Gosebruch. Als Direktor des Museums Folkwang war er so unter Druck geraten, dass er sich mit seiner vorzeitigen Pensionierung einverstanden erklärt hatte. Der Nationalsozialist Klaus Graf Baudissin wurde sein Nachfolger und eröffnete seine erste Ausstellung unter anderem mit einem Blumenbild von Nolde. Zwei Jahre später wird er zu denen gehören, die Nolde-Bilder für die Münchner Schandausstellung beschlagnahmen. Gosebruch zieht nach Berlin und ist dort für bedeutende Sammler tätig. So auch für Carl Hagemann, an den er am 12. April 1934 über das »Kesseltreiben vor den [...] deutschen Museen, in denen unsere Freunde vertreten sind«, schreibt, und dass »Nolde, ebenfalls stark beunruhigt, [...] in diesen Tagen sein Testament gemacht« habe. Die Beunruhigung dürfte mehr von seiner gesundheitlichen Verfassung ausgegangen sein, denn das – gemeinschaftliche – Testament wird am 8. April 1934 in der Landhaus-Klinik vom Roten Kreuz in Berlin Wilmersdorf errichtet. Schnell entschlossen, so scheint es, denn es wird von Mitarbeitern der Klinik bezeugt. »Nolde ist sehr schwach«, schreibt Gosebruch weiter, »scheint aber an der Operation vobei zu kommen.«[468] »Bei Nolde geht jetzt die Besserung sehr schnell, er wird wohl diese Woche in seine Häuslichkeit zurück kehren können.« Doch »ob die Besserung von Dauer sein wird, kann man auch bezweifeln, wenn man an Nolde's durchsichtige Blässe denkt.«[469] Doch vorerst scheint es gutzugehen:

> »Herr und Frau Nolde nahmen an der Eröffnungsfeier[470] teil, eine anstrengende Sache, da man mindestens anderthalb Stunden stehen musste, fuhren dann mit uns in die Sächsische Straße, wo Geburtstag gefeiert wurde, nach dem Thee haben wir mit ihnen noch einen Spaziergang gemacht. Wenn ich ein Jahr zurückdenke, wo Nolde in der Sauerbruch'schen Klinik[471] am Tode lag sein Leben keine fünfzig Pfennig mehr wert schien, so ist das jetzt eine erstaunliche und wirklich

kaum glaubhafte Besserung. Nolde ist seit 6 Monaten samt seiner Frau in der Behandlung eines Arztes, der nun das Allgemeinbefinden zu beeinflussen sucht, ganz ohne Medikamente, hauptsächlich durch Atemübungen nach der Weise der indischen Gohis.«[472]

Im gleichen Konvolut findet sich auch Gosebruchs Brief an Hagemann vom 5. November 1934, in dem er sich zu den neuen, für den Junggesellen Hagemann nachteiligen Steuergesetzen[473] äußert. »Stellen Sie sich mal vor, daß Sie Ihren Schmerzenssohn in Frauenkirch [Kirchner] nicht mehr verwöhnen könnten! Lassen Sie den unerschwinglichen Nolde links liegen, der braucht Ihren Schutz wahrhaftig nicht.«[474] Der Schmerzenssohn weiß um den Konkurrenten im Kampf um Hagemanns Zuwendungen: »Haben Sie das neue Noldebuch ›Kämpfe‹ gelesen? Das ist ja schlimm und verlogen und entstellt. Nolde zeigt sich da ja als ganz gemeiner Conjunkturjäger und Größenwahnsinniger. Da ihm oder seinem Geltungsdrang die natürliche Erfüllung fehlt, so beweihräuchert er sich selbst, [...] seinen Privatstreit mit Liebermann zieht er heute als patriotische Tat auf, dabei trat er vor dem Krieg ja garnicht als Deutscher sondern als Däne auf [...].«[475] Kirchner ist so aufgebracht, dass er Hagemann einen offenen Brief schickt, in der Hoffnung, die *Frankfurter Zeitung* möge ihn bringen. Hagemann reagiert nicht wie gewünscht, der Brief geht postwendend zurück nach Davos. Doch weder er noch Gosebruch mögen *Die Jahre der Kämpfe*: »Und was die so zahlreichen antisemitischen und allzuteutschen Abschnitte des neuen Buches angeht, so entsprechen sie Gefühlen, die ich seit Jahren bei Nolde kenne. Ich finde es ja auch nicht sehr geschmackvoll und gewiss auch nicht glücklich, daß er sie gerade jetzt zum Ausdruck gebracht hat.«[476] Noldes Gesundheit besserte sich nur scheinbar.

»Das Kapitel Nolde scheint plötzlich sehr traurig zu werden. Nolde hatte diesen Sommer sehr schöne Ölbilder gemalt, nach denen man wohl annehmen konnte, daß er seine Gesundheit ganz wieder bekommen habe. Als ich ihn vor meiner Abreise nach Langenberg besuchte, hatte er Grippe, und es war nur natürlich, daß er nicht gut aussah. Vor 8 Tagen war ich nun wieder bei ihm und zwar – angemeldeter Weise – mit Henke's,[477] die in Berlin waren. Erst konnten wir ihn überhaupt nicht sehen, angeblich eines Unfalls wegen, und als er nach einer halben Stunde dann erschien, war er so wächsern, daß wir zu Tode erschraken. Er war aber ganz vergnügt mit uns. Frau Osthaus erschien auch noch, und wir konnten ein Paar Stunden zusammen bleiben. Als ich andern Tags sehr besorgt anrief, um mich nach seinem Befinden zu erkundigen, hörte ich zu meiner Bestürzung, daß er im Krankenhaus liege und zwar – merkwürdiger Weise – in Hamburg-Eppendorf, wo er zunächst einer Röntgenuntersuchung sich unterziehen müsste. Er soll zu wenig rote Blutkörperchen haben. Frau Nolde, die von Hamburg aus mal ein Paar Stunden in Berlin war, glaubt nicht, daß ihr Mann schon zu Weihnachten nach Berlin zurückkommen werde, Bestimmtes über seinen Zustand hat sie nicht geäußert. Das ist nun doch eine recht beunruhigende Sache, finde ich. Es sieht immer mehr aus, als wenn die geheimnisvolle Kur, die Nolde hier seit dem vorigen Jahr bei einem Dr. Winkler gebraucht hat, ihn nur künstlich aufgeputscht habe. Und die ewigen Aufregungen und Kränkungen, denen Nolde als Maler ausgesetzt ist, tragen natürlich auch nicht dazu bei, ihn gesünder zu machen. Daß nach der Neuordnung der Hamburger Kunsthalle die modernen Räume, vor Allem auch der Nolderaum [der erst im Juni eröffnet worden war] wieder geschlossen werden mussten, werden Sie wissen, ebenso, daß der junge Dr. Busch, der diese Neuordnung gemacht hatte, abgesetzt ist. Auch in der

Düsseldorfer Kunsthalle mussten die neuen Räume, in denen unsere Freunde Nolde usw. vertreten waren, bald nach der Eröffnung der Neuordnung wieder geschlossen werden.«[478]

So Gosebruch am 16. Dezember 1935 an Hagemann. Der schickt ein paar Tage später sein obligatorisches Weihnachtspaket mit Baumkuchen an »seine« Künstler. Adas Dank im Vorjahr für »den süßen Babelsturm, der nun schon Tradition bei uns wird«, beschreibt das Nolde'sche Festtagsritual: »Wir legen Tannengrün ins Zimmer und stecken Wachskerzen daran, echte Honigkerzen, die duften, auch wenn sie nicht brennen. Einen Weihnachtsbaum haben wir nicht, wir beiden einsamen Menschen stehen nur verlegen davor und werden traurig.«[479] Dieses Jahr haben sie andere Sorgen: »Ich kam vom Krankenhaus, wo mein lieber Maler damals sehr schwer darniederlag nach einer großen Magenoperation. Am 21. Dez. war sie, und Sie werden gewiß freundlichst verstehen, daß ich keinen Appetit hatte auf Baumkuchen oder überhaupt. [...] Mein Maler hat in letzter Zeit einen Rückfall nachdem er schon jeden Tag ein paar mal auf war am Tage. Nun muß er wieder liegen. Aber wir hoffen zuversichtlich, daß es sich nur um Tage handelt, und daß dann unsere Linie ununterbrochen nach oben gehen darf – Ich darf immer hier bei ihm sein, was uns beiden ein großer Trost und eine Hülfe ist.«[480] Am selben Tag bekommt auch Carl Hagemann Post von Gosebruch: »Nolde scheint sich von dem Eingriff nochmal zu erholen. Frau Nolde schrieb schon vor 8 Tagen, daß er schon wieder aufstehen könne, daß freilich seine Genesung noch geraume Zeit in Anspruch nehmen würde. Wir hatten auch Nachricht – auf Umwegen – von dem behandelnden Arzt, der durchaus der Ansicht ist, daß Nolde sich nochmal erholen wird. Es ist eine Krebsoperation gewesen, wohl Magenkrebs. Schreiben Sie ihm doch mal: Hamburg Eppendorf,

Krankenanstalten, Pavillon 20, Zimmer 27.« Es war tatsächlich Magenkrebs. Der Internist und Röntgenologe Hans Heinrich Berg stellte die Diagnose. Noldes hatten ihn Anfang der zwanziger Jahre durch Sauerlandts Tochter Katarina[481] kennengelernt, die während ihrer Ausbildung zur Ärztin bei Berg tätig gewesen war. Der Chirurg Georg Ernst Konjetzny operierte, er entfernte einen Teil des Magens und hatte sich außerdem um ein »veraltetes Gallenleiden« zu kümmern.[482] Und Nolde erholt sich tatsächlich. »Die kleine Christa Kaps« – nicht nur die Doktoren, auch die Pflegerin soll erwähnt werden – »saß als Schwester die langen Nächte neben meinem Fieberlager. Wenn ich Schmerzen klagte, frug sie, was mir fehle. ›Ich bin so krank‹, sagte ich nur, ›mir ist leichter, wenn ich es klagend sagen kann.‹«[483]

Zur Erholung geht es in die Schweiz, ins feine Hotel Dolder in Zürich. Freund Fehr hat das eingefädelt. Die Wintersonne und die reine Luft in der Höhe tun so wohl, dass Emil und Ada in den kommenden Wintern immer wieder nach ihr suchen. Lange, anstrengende Bahnreisen durch ganz Deutschland, auch in Kriegszeiten, nehmen sie dafür in Kauf. Mal geht es nach Zürs, mal über Chur, Ragaz und Klosters nach Celerina, mal nach Kitzbühel. Immer auf Umwegen, um Freunde zu besuchen wie die Fehrs in Muri bei Bern oder »Mäuz« Stickfort, die nun in Kasten am Inn als Hühnerbäuerin lebt. 1942 schafft Ada den Rückweg bis nach Seebüll nicht mehr. In Hamburg muss sie ins Krankenhaus in die Obhut von Dr. Berg, zunächst wegen Nierensteinen. Emil glaubt: »Die ganze erregende Unruhe der vorangegangenen Jahre mit all ihren Widrigkeiten, die grimmig einsetzende Schmähung meiner Kunst« und der Krieg sind schuld daran, dass ihr »Herz in seiner physischen Kraft geschwächt und zerrüttet«[484] ist. Ada ist schwer angeschlagen.

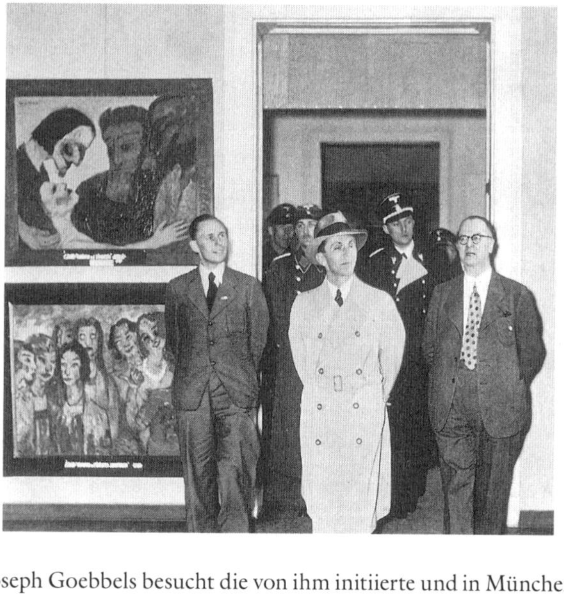

Joseph Goebbels besucht die von ihm initiierte und in München im Juli 1937 eröffnete Ausstellung »entarteter« Kunst. Emil Nolde war mit besonders vielen Werken vertreten – hier von ihm zu sehen: *Die Sünderin* und *Die klugen und die törichten Jungfrauen.*

Nolde, der reine Tor?

UNBELEHRBAR

Da geht einer durch die Zimmer seines Hauses, die er dem Gang der Sonne folgend angeordnet hat. Ein Fest der Farben. Er betritt das Schlafzimmer: die Wände in sattem Hellblau, die Möbel in leuchtendem Gelb gestrichen, zwei einfache Betten (seins überspannt von einem Moskitonetz, Mitbringsel aus der Südsee; am Bettpfosten der Leinenbeutel mit Bleistift und Blöckchen, keine Idee darf verlorengehen), eine kleine Kommode dazwischen, zwei Schränke, das Bad en suite. Dann ein Stück über den Flur, vorbei an der Küche, ins karminrote Esszimmer. Die Stühle belegt mit Kissen, von Ada nach seinen Entwürfen gewebt, Wandschränke für Silber und Geschirr, auf dem Tisch eine von ihm gefertigte Keramikschale – auch mit diesem Kunsthandwerk beschäftigte er sich ausgiebig –, in der Blüten aus dem Garten schwimmen.[485] Für die blumenlose Zeit draußen zwei kleine dreieckige Nischen drinnen, in denen auf Brettchen an den Wänden neben- und übereinander empfindliche Pflanzen hinter den Fensterscheiben gedeihen – ein kleiner Abglanz des Wintergartens, den er in Berlin nicht bekommen hat. Beim Gang ins angrenzende Wohnzimmer folgt er der Sonne auf ihrem letzten Wegstück, auf dem sie im Untergehen den ockergelben Raum in ein warmes Licht taucht. Eng ist es hier, die Sessel, das Sofa, der Tisch, der Schrank, die Standuhr, der Flügel finden kaum Platz.

Vor dem Fenster das stille Oval des Fethings, im Hintergrund Farbengeflimmer aus Abertausenden von Blütenblättern im ablandigen Wind. Der Garten ist so geworden, wie er ihn sich vor zehn Jahren erträumte. In den Beeten leuchtend bunte Stauden: die ersten Georginen, der Mohn, die Lupinen, die Königskerzen, der Rittersporn, die Sonnenblumen. Zwischen Wolken und Frauenmantel verbirgt sich der kleine Wasserspiegel der Vogeltränke, in deren Mitte der zierliche Springbrunnen plätschert. Um alles herum Hecken wilder Mirabellen. Auf der »Festwiese« längs des Reetzauns stehen noch der lange Tisch und die Stühle vom Vorabend. Siebzig ist er geworden! Ada hatte festlich eindecken lassen, auf weißem Tuch glänzte im Licht der siebzig Kerzen das Silber, das Kristall. Im April waren 130 »vorläufige Einladungen« verschickt worden. Die Feier sollte ein Fanal für vieles sein: eine lebensbedrohliche Krankheit überwunden, die zehn Jahre währende Bauzeit endlich abgeschlossen, nicht zuletzt der Stolz auf das ungeminderte Interesse an seiner Kunst trotz all der Widrigkeiten in den letzten Jahren. »Nolde verkauft, glaube ich, mehr denn je [...].« Gosebruchs Eindruck trügt nicht. In seinem Brief an Hagemann heißt es weiter: »Wie Frau Nolde die Bewirtung ihrer Gäste in dem abgelegenen Seebüll durchführen will, ist uns ganz schleierhaft. [...] denken Sie nur an die Schwierigkeit der Geschirrbeschaffung für so viele Gäste!«[486] So viele waren es dann doch nicht. Noldes machten einen Rückzieher. Ada schickte fast jeder Einladung eine Absage hinterher. Sie befürchtete, dass die Kunstpolitiker eine große Feier als Provokation auffassen würden. Also saßen gestern nur etwa zwanzig Gäste am Tisch.

Schon das ganze Jahr hindurch sind sie mehr als je zuvor hinter ihm her, die Erneuerer des Kunstbetriebes im Geist der nationalsozialistischen Bewegung. Am 16. Februar fragt der

Kammervorsitzende des NSDAP-Gaugerichts Hamburg beim Obersten Parteigericht München an, ob »Emil Hansen, der unter dem Namen ›Nolde‹ als Maler bekannt ist«, Parteigenosse sei. Im Antwortbrief vom 18. März steht, dass »laut Mitteilung der Reichskartei der genannte Emil Hansen nicht gemeldet, also nicht Parteigenosse ist«.[487] Ob diese Auskunft, möglicherweise das Ergebnis schlampiger Recherche, das weitere Geschehen beeinflusst, ist nicht mehr nachvollziehbar, aber wegen des alten Nachnamens gut möglich. Am 8. Juli 1937 bekommt Nolde wieder einmal Post vom Präsidenten der Preußischen Akademie der Künste, genauer von »i. V. Schumann«: Erneut wird ihm ein Austritt nahegelegt, »möglichst sofort«, denn es sei nicht zu erwarten, dass er »künftig weiter zu den Mitgliedern [...] zählen« werde. [488] Der Erste Ständige Sekretär der Akademie Alexander Amersdorfer will dem Schreiben telefonisch Nachdruck verleihen, erreicht Nolde aber nicht. Es hätte wohl auch nichts genützt, denn der Maler bleibt unbeirrt im Glauben, dass man ihn verkennt. Wieder erinnert er in seinem Antwortbrief an die Akademie vom 12. Juli an seine »Kämpfe [...] gegen die Überfremdung der deutschen Kunst und gegen die Liebermannsche und Cassierersche [!] Macht [...] nur, weil meine hochgestellten Ideale im Wesentlichen die Gleichen waren und sind wie die durch den Nationalsozialismus durchgekämpften«. Und: »Durch den Versailler Vertrag bin ich an Dänemark abgetretener Auslandsdeutscher [...]. Als die deutsche Nationalsozialistische Partei in Nordschleswig gegründet wurde bin ich deren Mitglied geworden. Meine Gesinnung und ganze Liebe ist für Deutschland, das deutsche Volk und seine Ideale. Heil Hitler«[489] Tatsächlich war Nolde als Bewohner Utenwarfs widerspruchslos Däne geworden[490] und als Bewohner Seebülls in Deutschland lebender Ausländer. Aber Feinheiten wie das Zugehörigkeitsgefühl der im Grenzland

Lebenden zu einer übergreifenden Volksgruppe müssen die Nationalsozialisten nicht interessieren.

Es muss grob zugehen. 1936, im Olympiajahr, waren die Machthaber noch um einen Anschein von Liberalität bemüht gewesen, allerdings mit schnell schwindendem Einsatz. Mit Ernst Bloch gesprochen: »Möge man leise reden, es ist ein Sterbender im Zimmer. Die sterbende deutsche Kultur, sie hat im Innern Deutschlands nicht einmal mehr Katakomben zur Verfügung. Nur noch Schreckenskammern, worin sie dem Gespött des Pöbels preisgegeben werden soll ...«[491] Zeuge dieses Sterbens ist Samuel Beckett. Der Ire bereist im Winter 1936/37 Deutschland. Was ihn interessiert: die neue deutsche Kunst. Was er nicht ahnt: Er sieht sie gerade noch, bevor sie abgeschafft wird. Und vieles auch nur, weil ihm, der mit einem staatlichen Empfehlungsschreiben unterwegs ist, gezeigt wird, was die Öffentlichkeit bereits nicht mehr zu sehen bekommt. Er trifft Sauerlandt und die Schapire in Hamburg. Er will auch Nolde, Schmidt-Rottluff und Heckel aufsuchen, aber gesundheitliche Probleme führen dazu, dass er in Berlin sein Zimmer kaum verlässt. In Dresden sieht er – Will Grohmann, der von den Nazis entlassene ehemalige Leiter der Gemäldegalerie, verhilft ihm dazu – noch Bilder, die diese schon als »Verfallskunst« gebrandmarkt haben. München ist seine letzte Station und die letzte Gelegenheit, Werke von Nolde, Marc, Beckmann zu sehen – in der Galerie Franke, allerdings nicht in deren Ausstellungsräumen. Becketts Fazit: Alle modernen Bilder sind in den Kellern.[492]

Am Tag der Deutschen Kunst in München am 18. Juli 1937 soll für jedermann klar sein, was gute deutsche Kunst ist und was an deutschen Wänden hängen darf. Zu diesem Zweck hat Adolf Ziegler, Präsident der Reichskammer der Bildenden Künste, im Auftrag von Joseph Goebbels in rund dreißig Museen über tausend Bilder beschlagnahmt und nach München bringen lassen. Die am 19. Juli eröffnete Ausstellung »Entartete Kunst« zeigt mit etwa sechshundert beispielhaften Stücken, was nicht dazugehört.[493] Von Emil Nolde werden 48 Werke ausgestellt, im Fokus der Aufmerksamkeit: das neunteilige *Leben Christi*. Noch im Juli fordert er es als sein Eigentum zurück. Er setzt eine Frist bis zum 10. August. Eigentlich naiv. Am 17. bekommt er es schriftlich: Abgelehnt. Zuvor, am 5. August versuchte er es mit einem Brief an Reichsminister Bernhard Rust. Klaus Graf Baudissin, inzwischen Leiter des Kunstamts im Wissenschaftsministerium, antwortet am 16. August. Er schiebt die Entscheidung auf Ziegler und letztlich auf Hitler. Emil windet sich bei dem Gedanken, dass die Schandausstellung nach Kiel kommt, wo man ihm einmal die Ehrendoktorwürde zuerkannt hat.

Der Siebzigjährige geht durch die nachtblaue kleine Diele, in der die Lampe wie ein Schwalbennest im Winkel zwischen Wand und Decke klebt, gelb hintermalt wie ein leuchtender Mond. Von hier gelangt man in die Garage, dann, durch den Raum für Bilderkisten, an die Tür zu seiner »Werkstatt«, zu der nur er einen Schlüssel hat. Ein großer, weiß gestrichener Raum mit Holzfußboden. Ein aus Brettern zusammengenagelter Tisch, eine Hobelbank, ein uralter Schrank. Darin eine Ledertasche mit Aluminiumbechern für Aquarellfarben und -pinsel und Japanpapier. Auch Material für seine Ölmalerei, Papierstreifen mit Ölfarbenproben. An der Wand aufgehängt seine zwei Paletten. Eine Kiste, leere Farbtuben. Ein Waschbecken. Bilderkisten, als Ablagefläche auf- und nebeneinander gestapelt. An der Nord- und Ostwand Bretterbänke. Eine Leiter, um an den Stauraum über dem Kistenraum und der angrenzenden Waschküche zu kommen, wo hinter Sackleinenvorhängen ältere Ölgemälde, Blendrahmen und Bahnen von Segelleinen zum Bespannen der Blendrahmen lagern.[494]

Über der schlichten Werkstatt der einzige repräsentative Raum des ganzen Gebäudekomplexes: der gerade fertiggestellte große Bildersaal. Die Staubdecke streut das Tageslicht, das durch die markante Fensterreihe im Lichtgeschoss auf die darunter in dunklen Rahmen an weißen Wänden hängenden Gemälde fällt und die Farben zum Leuchten bringt. Der Raum ist ihre Zuflucht geworden.

Bald wird der Maler beginnen, seine beschlagnahmten Werke einzusammeln. Und sie dann in alle Winde zerstreuen, um sie vor der Zerstörung zu bewahren. Und dabei werden ihm Menschen helfen, die die Münchner Ausstellung gesehen und sie mit einem ganz anderen Eindruck verlassen haben als von den Machern beabsichtigt: Bernhard und Margrit Sprengel. Der Jurist, der in ein paar Jahren die von seinem Vater gegründete Schokoladenfabrik übernehmen wird, und die Geigerin am ersten Pult des Berliner Kammerorchesters. Das war wohl ein *coup de foudre*: Sie lernten sich ein halbes Jahr zuvor kennen und sind auf Hochzeitsreise in München, wo sie ausgerechnet in die Entartete-Kunst-Ausstellung gehen. Von Noldes Bildern sind sie so begeistert, dass sie unverzüglich seinen Händler Günther Franke in der Brienner Straße aufsuchen und in dessen Graphischem Kabinett im Hinterstübchen zwei Aquarelle kaufen: *Königslilien und Iris* und *Schneeberge*. In den kommenden Jahren werden sie erst Sammler, dann auch Freunde des Malers. Vielleicht seine wichtigsten. In den Kriegsjahren wird praktische Hilfe von ihnen kommen, die von Sendungen mit Malerbedarf, Lebens- und Genussmitteln über Medikamente bis hin zu Autoreifen und Benzin reicht. Dazu Organisation und Beteiligung an der Rettung vieler Bilder und Unterstützung beim Abfassen des Testaments. Doch davon später.

Der Berliner Zirkel der Noldes fällt nicht direkt unter die Kategorie Freunde. Er ist vielmehr der gesellschaftliche Rahmen, in dem sich die – so kokettiert Emil Nolde gern: »unbeholfenen Malersleute« zweifellos doch ganz geschickt bewegen: er inzwischen sogar in einem Pelzmantel, der 15 000 Reichsmark gekostet hat.[495] Die repräsentative Wohnung in der Bayernallee soll seinen Rang als Künstler veranschaulichen und seine Werke in einem den potentiellen Käufern entsprechenden Umfeld vorführen: gediegenes Mobiliar, viele bequeme Sessel und Sofas, ein großer Flügel und ein hübscher kleiner Lyraflügel, von Ada gewebte Läufer. Die vor allem auf der großen Reise zusammengetragenen Skulpturen in Wandnischen als Kostbarkeiten aufgestellt. Nolde-Gemälde hängen und lehnen an den Wänden. Das sogenannte Atelier, in dem nicht wirklich gemalt wird, ist ein Schauraum und wird oft zum Salon, mit Musik und Bildbetrachtungen und Gesprächen. Sicher handelt es sich da nicht um kritische Reflexionen des politischen Geschehens, sie hätten die Atmosphäre großer Kunst und gepflegter Bürgerlichkeit mit einem Schuss Exotik und »Interessen der Hausherrin« mit einem Schlag zunichtegemacht. Doch die Inszenierung bekommt zunehmend Züge von etwas Unwirklichem. »Liebe Frau Professor Schmitt«, schreibt Ada, scheinbar selbstsicher, am 9. Februar 1939 aus dem feinen Cresta Palace Hotel in Celerina im Oberengadin[496] an eine ihrer Berliner Bekannten:

> »Es war uns natürlich eine besondere Freunde von Ihnen zu hören [...]. In unserer Sache ist das geschehen, daß in allen möglichen Zeitungen im Lande Artikel kamen: ›Die Juden als Kulturbolschewisten, der Feind im eigenen Land.‹ Es wurden alle die schlimmsten Feinde meines Mannes genannt, Bruno und Paul Cassierer [!], Alfred Kerr usw. Und dazu genannt, als dazugehörig: Nolde und Kokoschka.

Dann schrieben wir einen Protestbrief an den Reichspressechef und erhielten nicht nur durch Herrn Hansen sondern auch durch Oberregierungsrat Bade die Mitteilung, daß mein Mann nicht mehr in Verbindung gebracht werden darf mit den zersetzenden Einflüssen der Juden. Auch einen Brief v. Herrn Hoffmann vom Propagandaminist. daß unsere priv. Bilder aus der ›Entarteten‹ zu unserer Verfügung stehen. Das war ja recht viel.«[497]

Emil Nolde hatte, nach den vorangegangenen Fehlversuchen, am 2. Juli des vorigen Jahres an Goebbels geschrieben und mit Hinweis auf seine Mitgliedschaft in der NSDAPN. um Rückgabe von Bildern gebeten, an erster Stelle sein neunteiliges Werk *Das Leben Christi*. Allerdings, ein Protestbrief ist das nicht:

»Auch bitte ich Sie, [...] die gegen mich erfolgte Diffamierung aufheben zu wollen. Ich empfinde diese als besondere Härte und auch besonders, weil ich vor Beginn der Nationalsozialistischen Bewegung als fast einzigster deutscher Künstler in offenem Kampf gegen die Überfremdung der deutschen Kunst, gegen das unsaubere Kunsthändlertum und gegen die Machenschaften der Liebermann- und Cassiererzeit [!] gekämpft habe [...]. Als der Nationalsozialismus auch gegen mich und meine Kunst die Benennungen ›entartet‹ und ›dekadent‹ prägte, empfand ich dies sehr als Verkennung, denn es ist nicht so, meine Kunst ist deutsch, stark, herb und innig. Nach der Abtretung Nordschleswigs wäre es mir leicht gewesen ein gefeierter Künstler in aller Welt [...] zu werden, wenn nicht ich meine Zugehörigkeit zum Deutschtum stets allem vorangestellt und bei jeder Gelegenheit im In- und Ausland ich kämpfend und bekennend für Partei und Staat eingetreten wäre, dabei [...] von der Weltbedeutung des Nationalsozialismus zu überzeugen vermochte. [...] Heil Hitler!«[498]

Tatsächlich bekam Nolde *Das Leben Christi* zurück, wie auch *Große Sonnenblumen*, *Blonde Mädchen*, *Nasser Tag*. Wohl auch deshalb glaubt Ada im Februar 1939 noch immer an einen Umschwung zugunsten ihres Mannes im Propagandaministerium. Vielleicht hat da jemand aus dem Berliner Kreis nachgeholfen? »Wir danken von Herzen Ihnen und Ihrem Gatten für das Eintreten«, schreibt sie jedenfalls weiter und »Sie können sich denken, wie sehr wir uns freuen werden Sie zu sehen, wenn wir wieder in Berlin sein werden. Vielleicht werden wir auch Frau v. Schnitzler und Frau Göring sehen.«[499] Der Brief geht an Duska Schmitt, Ehefrau von Carl Schmitt, Staats- und Völkerrechtler, Professor an der Friedrich-Wilhelms-Universität, 1933 zum Preußischen Staatsrat ernannt, NSDAP-Mitglied seit dem gleichen Jahr und bekennender Antisemit. Sonst schreibt Ada auch schon mal an deren Tochter Anima. Sie und Emil geben sich viel Mühe mit Schmitts: Als sie einmal zu Besuch in der Kaiserwertherstraße 17 sind, erhält Anima das Nolde-Aquarell *Die Gänse im Wasser* zum Geschenk.

Zu den Berliner Bekanntschaften zählt auch Ilse Göring, Schwägerin und Nichte des Generalfeldmarschalls Hermann Göring. Göring, mitverantwortlich für die Gründung der Gestapo und die Einrichtung der ersten Konzentrationslager und beauftragt mit der Organisation der Kriegsvorbereitungen, ist ein besessener Kunstsammler. 1933 soll er gar ein Nolde-Bild in seinem Ministerium hängen gehabt haben.

Die von Ada ebenfalls erwähnte Lily von Schnitzler ist seit Anfang der zwanziger Jahre Mäzenatin und Freundin von Max Beckmann.[500] Aber auch Ernst Wilhelm Nay, Willi Baumeister und Oskar Kokoschka werden von ihr geschätzt und gefördert. Sie steht im Austausch mit Ernst Jünger, Rainer Maria Rilke, Benno Reifenberg, C. G. Jung, Carl Schmitt und Hermann Graf Keyserling. Ihr Ehemann ist Georg von Schnitzler, Vorstandsmitglied bei IG-Farben[501] (nach Carl Hagemanns Zeit). 1929 war er Reichskommissar für die Weltausstellung in Barcelona gewesen, kannte daher Mies van der Rohe. Im Februar 1933 nahm er zusammen mit gut zwei Dutzend anderen Industriellen an einem Geheimtreffen bei Göring zum Thema Finanzierung des Wahlkampfs der NSDAP teil. Er ist Hauptsturmführer der SA, Mitglied der Deutschen Arbeitsfront und NSDAP-Mitglied, versteht sich. In der Schnitzler'schen Berliner Wohnung, Graf-Spee-Straße 23 im damaligen Diplomatenviertel, gehen Nazi-Größen ein und aus, was Lily von Schnitzler nicht daran hindert, die Bilder aufzuhängen, für die sie ein Faible hat. Sie arrangiert sie hinter Vorhängen, auch das ist eine Spezialität von ihr. »Die Bestrebungen, die Kunst unserer Freunde zu rehabilitieren gehen übrigens gerade in der höchsten Schicht unentwegt weiter«, urteilt Gosebruch, beständig in Berliner Kunst- und Künstlerkreisen unterwegs, am 23. März 1939. »Als wir gestern dort [bei Noldes] waren, rief Staatsrat, Professor Dr. Schmidt [Carl Schmitt], einer der Rechtsschöpfer der Partei an, ob er mal wieder mit seiner Frau kommen dürfe. Dann ist ja auch Frau v. Schnitzler sehr rührig.« – Und: »Heute ist z. B. Frau Ilse Göring [...] bei Noldes zum Thee.« Aber, so schließt der Realist seinen Bericht an Hagemann, »[i]ch fürchte ja, daß diese Bestrebungen an der entscheidenden Stelle doch wieder scheitern werden.«[502] Noldes haben ihm auch erzählt, dass es ihnen sehr gut gehe. Das in der Hamburger Kunsthalle beschlagnahmte Bild *Christus und die Kinder* sei aus dem Depot in Niederschönhausen heraus an das Museum of Modern Art verkauft worden, zusammen mit 27 Aquarellen für fünfzig Dollar pro Stück!

Nolde kämpft um jedes beschlagnahmte Bild. Und es werden immer mehr. Nach der Münchner Ausstellung ist die große Säuberungsaktion angelaufen, die ihn stärker betrifft als alle anderen: Über tausend seiner Werke fallen der Kommission in die Hände, die von Anfang August bis November durch Deutschland reist und in Museen und Privatsammlungen »Verfallskunst« beschlagnahmt. Die Bilder werden nach Berlin gebracht und im Victoria-Speicher, eigentlich ein Getreidespeicher, in der Köpenicker Straße gesammelt und inventarisiert. Bilder, die noch mit der Ausstellung unterwegs sind, kommen später dazu. Hitler, Goebbels, Ziegler, Hetsch besichtigen das Depot im Januar 1938. Noch bis März wird dort eingelagert, es kommen um die 20 000 Werke zusammen. Auch Göring kommt und trifft seine Wahl. Der Weg der Werke ist in jedem Fall der gleiche: Was nicht direkt zu verkaufen oder einzutauschen ist, kommt mit den Restbeständen aus dem Getreidespeicher ins Depot Schloss Schönhausen. Dort wird wieder selektiert. Vier Kunsthändler – Bernhard A. Böhmer, Karl Buchholtz (er verkaufte *Christus und die Kinder* nach New York), Ferdinand Möller und Hildebrand Gurlitt – erhalten den Auftrag, auszuwählen und weitere Transaktionen vorzunehmen. Legendär wird in diesem Zusammenhang die von der Galerie Fischer im Auftrag des Goebbels-Ministeriums durchgeführte Auktion von »Gemälde[n] und Plastiken moderner Meister«,[503] darunter, in etwas kleinerer Schrift, »aus deutschen Museen«, die am 30. Juni 1939 in Luzern im Grand Hôtel National stattfindet. Der »unverwertbare« Rest, es sollen etwa fünftausend Werke gewesen sein, ist sehr wahrscheinlich am 20. März 1939 auf dem Hof der Berliner Hauptfeuerwache verbrannt worden. Genau weiß man es nicht, nur so viel ist bekannt, dass die rechtlichen Grundlagen dafür geschaffen waren und Goebbels der Vernichtung zustimmte. Was danach noch auftaucht, wird im Keller des Propagandaministeriums aufbewahrt, wenn es nicht nach Norden, nach Güstrow ins Depot kommt oder gar weiter weg.

Am Tag nach dieser vermutlichen Bilderverbrennung[504] teilt das Deutsche Reichsministerium für Volksaufklärung und Propaganda, Referat Dr. Hetsch, zuständig für die Inventarisierung der sichergestellten Werke, Herrn Aage Vilstrup, Adas Bruder, über deren Adresse in der Bayernallee mit, dass ihm aus dem Depot Schönhausen elf Nolde-Gemälde, darunter das *Abendmahl* und wunderbare Exemplare aus Noldes Werkgruppe »Stilleben mit Blumen und Figuren«, zum Gesamtpreis von viertausend US-Dollar, zu überweisen auf das Konto EK (für Entartete Kunst!) bei der Devisenabteilung der Reichshauptbank Berlin zugunsten des Propagandaministeriums, verkauft werden. Ende Mai kommt die Nachricht, dass das Geld eingegangen sei, sowie für die Spedition Gustav Knauer eine Bestätigung, dass Aage Vilstrup in Hellerup die Bilder bezahlt hat und nach Dänemark bringen darf.[505] Diese Nolde-Werke sind also dank Adas dänischer Verwandtschaft gerettet.

Ihr Anteil an den Geburtstagsgästen zu Emils Zweiundsiebzigstem ist übrigens besonders groß. Vielleicht auch, weil er und Ada sich weiterhin Gedanken um ihr Testament machen. Etliche Wochen danach bedankt sich Ada im Namen Emils bei Hagemann für dessen Glückwünsche. Was sie über ihre Hoffnungen für den neuen Waffengang schreibt, klingt verhaltener als vor einem Vierteljahrhundert: »Die politische Führung ist stark, was uns im anderen Krieg sehr fehlte. Und das Abwarten des richtigen Augenblicks ist einer der größten Eigenschaften Hitlers. Dazu sein Weitblick, sein persönlicher Mut und das Draufgängertum, wenn es sein muß.«[506]

Im Dezember 1939 sind Noldes in Berlin. Seebüll ist ihnen zu unsicher. Der Grund sind die vielen Militärflugzeuge.

Kommen sie vom Fliegerhorst auf Sylt? Oder sind es feindliche? Immer wieder haben sie die Bilder im Saal abgehängt und in den Keller gebracht. Es ist kalt auf Seebüll. Für die Zentralheizung, die sie seit zwei Jahren haben, fehlen die Kohlen. Zu diesem ersten Kriegsweihnachten gibt es keinen Baumkuchen von Hagemann: Sein Lieferant darf solche Frivolitäten derzeit nicht herstellen.

Emil Nolde beschäftigt noch immer: Im Mai 1940 geht eine Anfrage des Reichssicherheitshauptamts bei der Preußischen Akademie der Künste ein. Die Antwort Amersdorfers: Mitglied seit 1931, keine Tätigkeit für die Akademie, keine Teilnahme an Ausstellungen, aus »eigener Mitteilung wissen wir, daß er Mitglied der NSDAP ist, seitdem eine Parteigruppe in Nordschleswig gegründet worden ist«, und: »Ob Emil Nolde weiterhin noch unserer Akademie als Mitglied angehören soll oder nicht, unterliegt der Entscheidung des Kurators unserer Akademie, Herrn Reichsminister für Wissenschaft, Erziehung und Volksbildung, die noch nicht ergangen ist.«[507] Bernhard Rust also. Während sich nach wie vor Ministerien und Institutionen über Emil Nolde Gedanken machen, hilft sich dieser, wie immer in Zeiten hoher Anspannung, mit Schreiben. Nun sind es von ihm so genannte »Worte am Rande«, sie begleiten die Arbeit an seinen »ungemalten Bildern«. Ungemalt, weil große Formate nicht möglich, Papier und Farben rationiert sind: Kriegswirtschaft.

Physisch geht es Nolde gut. Gäste, die ihn in dieser Zeit erleben, finden, dass er »ein neuer Mensch« geworden ist, mit frischen Farben und schlank. Aber: »Frau Nolde sah ganz miserabel aus, wirklich kläglich neben ihrem so verjüngten Gatten!«[508] »Gestern Abend war bei Noldes wieder ein sehr schönes Hauskonzert. Der Pianist Genzmer und der Bratschist Seiler spielten dabei hauptsächlich Kompositionen des Ersteren, es war ein großer Genuss. Das große, wundervolle Atelier [...] gibt für solche Veranstaltungen einen pompösen Rahmen.«[509] Viele solcher Einladungen wird es nicht mehr geben. Noldes haben beschlossen, Teile der Wohnung zu vermieten.

Am 23. April 1941 lässt Adolf Ziegler die Mitglieder der Reichskammer der bildenden Künste, also auch Emil Nolde, wissen, dass er zukünftig »unerbittlich gegen jeden vorgehen [wird], der Werke der Verfallskunst erzeugt oder solche als Künstler oder Händler verbreitet«.[510] Alle Werke der Verfallskunst, die Kammermitglieder – dazu gehören auch die Kunsthändler – in Besitz haben oder die man ihnen anbietet, sollen bis zum 10. Juni 1941 der Kammer gemeldet werden.[511] Eine kleine Weile glaubt Nolde noch, dieser Forderung zumindest nicht sofort nachkommen zu müssen, er ist derzeit in Kitzbühel, in der Villa Freiblick, und an Grippe erkrankt. Aber die Zeichen stehen schlecht: In der Düsseldorfer Galerie Vömel wurden gut zwei Dutzend seiner Werke beschlagnahmt. Eine unerwartete Aktion, nach allem, was über Alex Vömel bekannt ist: NSDAP-Mitglied, bis 1926 Alfred Flechtheims Geschäftsführer, dann sein Teilhaber und seit 1933, seit Flechtheims Flucht aus Deutschland, Inhaber der Galerie.[512] Im Februar 1941 berichtete Ada Duska Schmitt aus Kitzbühel von dieser Aufregung und auch, dass, wohl im Vorfeld der Ziegler-Maßnahme, Fotos von Bildern angefordert wurden. Zu Recht hat sie kein gutes Gefühl dabei, solche herauszugeben.[513] Schließlich sieht sich Nolde sogar gezwungen, die in seinem Besitz befindliche Produktion aus dem vergangenen Jahr der Reichskunstkammer zur Begutachtung zu überlassen. Gertrud Goehrke, in Seebüll ihre nützliche Hausgenossin und mit Noldes in Tirol, fährt zurück und packt und versendet, was ihr aufgetragen ist, nach Berlin.

Sie erfüllt in diesem Jahr noch einen zweiten, ähnlichen Auftrag. Dieses Mal gehen die Bilder von Berlin nach Hannover: »Endlich soeben ist es gelungen, die recht schwere Kiste, von Frl. Goehrke, auf den Weg zu bringen, indem sie 1 Billet nach Hannover löste. Den Gepäckempfangsschein, die Versicherung und das Billet füge ich hier bei. – Wir sind im Begriff, die Wohnung zu verlassen u. reisen nach Seebüll.«[514]

Jetzt sollen also Noldes Verkaufsmöglichkeiten eingeschränkt werden, sein hohes zu versteuerndes Einkommen war unangenehm aufgefallen. Tatsächlich brechen seine Einnahmen ein. Hier lohnt sich ein Blick auf deren Verlauf, wie er seinen eigenen Angaben vom Juli 1946 zu entnehmen ist. Demnach hatte sich sein Einkommen aus Bilderverkäufen von 1936 auf 1937, immerhin das Jahr der Entartete-Kunst-Ausstellung in München, auf 52 354 RM verdoppelt! 1938 ging es zurück auf 15 337,67 RM. 1939 verdoppelte es sich wieder auf 32 048 RM. 1940 erreichte es mit 52 151,34 RM fast wieder den Stand von 1937. 1941 fiel es auf 29 694 RM, und 1942 verkaufte er nur noch für 5643,03 RM. Das ist das in Zahlen gegossene Resultat des Ausschlusses aus der Kulturkammer der bildenden Künste.[515]

Denn am 23. August 1941 kommt wieder ein Brief von Ziegler. Nolde erfährt – erst jetzt offiziell –, dass bei der Aktion zur »Ausmerzung der Werke entarteter Kunst in den Museen« 1052 seiner Werke beschlagnahmt wurden.

> »Aus diesen Tatsachen mussten Sie ersehen, dass diese Werke nicht den Anforderungen entsprechen, die seit 1933 an das Kunstschaffen aller in Deutschland tätigen bildenden Künstler – einschließlich«, und das geht wohl direkt an die Adresse des Dänen Nolde, »[der] im Reich lebenden Künstler anderer Nationalitäten oder Volkszugehörigkeit – gestellt sind. [...] Wie die Einsichtnahme Ihrer hergereichten Originalwerke der Letztzeit ergab, stehen Sie jedoch auch heute noch diesem kulturellen Gedankengut fern und entsprechen

> nach wie vor nicht den Voraussetzungen […].« Also »schließe ich Sie wegen mangelnder Zuverlässigkeit aus der Reichskammer der bildenden Künste aus und untersage Ihnen mit sofortiger Wirkung jede berufliche – auch nebenberufliche – Betätigung auf den Gebieten der bildenden Künste.« Und: »Das auf Ihren Namen lautende Mitgliedsbuch M 2603 meiner Kammer ist ungültig geworden; Sie wollen es umgehend an mich zurücksenden. gez. Ziegler«[516]

Das faktische Berufsverbot trifft Emil Nolde unerwartet und ist ein Schock. Worüber hat man in seinem Berliner Zirkel nur gesprochen? Offenbar über nichts, was ihn darauf vorbereitet hätte. Er muss feststellen, dass er es mit einer völlig anderen Obrigkeit zu tun hat, als er sie bisher kannte. Mit Launen, die Methode haben, unberechenbar machen – sollen! Und mit ganz anderen Hierarchien. Er wird wohl übersehen haben, dass er Untertan ist, mehr denn je und ganz anders. Welche Messlatte anlegen an diesen Maler, der sich so sehr irrte, wenn er sich geborgen wähnte in seinen Heimatgefühlen? Selbst ein kleiner Herrscher auf seiner Warft und durchaus bereit, die neuen zu akzeptieren – gaben sie ihm doch das Gefühl, eins zu sein mit seiner nordischen Heimat und mit der neuen Bewegung. Und nun diese Enttäuschung. Und es ist noch nicht genug: Am 20. November wird nachgebessert: »Nachdem Ihre Erzeugnisse dem Ausschuss zur Begutachtung minderwertiger Kunsterzeugnisse vorgelegen haben, untersage ich Ihnen mit sofortiger Wirkung […] die Verbreitung und Vervielfältigung der in der Anlage im besonderen aufgeführten Erzeugnisse, die ich […] durch die zuständige Polizeibehörde sicherstellen lassen werde.«[517] Die erwähnte Anlage listet 54 von ihm und Kunsthändlern eingereichte »Erzeugnisse« auf, die Hälfte davon Blumenbilder. Wird ihn das belehren? Nein. Er wird weiter an einen Irrtum glauben – wollen.

Kann es ein Trost sein, dass im Mai 1941 Nolde-Werke in den USA gezeigt werden? Die Nierendorf Gallery New York[518] präsentiert ihn in *Masters and Vanguard of Modern Art*. Schon im vergangenen Dezember war er dort in *The Role of Color in Modern Art* vertreten, 1942 wird er es in *Unity in Diversity. An Exibition and a Contest* erneut sein.

Sich in diesem Jahr den Sprengels zuzuwenden, die bereits 1937 mit dem Kauf seiner Bilder direkt im Anschluss an den Besuch der »Entarteten«-Ausstellung Rückgrat bewiesen, ist eine glänzende Idee. Von Anfang an versuchten Bernhard Sprengel und seine Frau Margrit durch Günther Franke[519] persönlichen Kontakt zu Nolde zu bekommen. Bis Februar 1941 dauert es, bis ihnen mitgeteilt wird, dass sie in Berlin vorsprechen dürfen. Noch mal drei Monate, bis ein Termin gefunden ist. Bei ihrem ersten Besuch in der Bayernallee treffen sie Ada allein an, ein paar Tage später ist auch Emil da. Schnell fühlen sich Sprengels und Noldes auf einer Wellenlänge. Im Juli sehen sie sich in Seebüll wieder. Dort spricht Nolde – es ist erst wenige Wochen her, dass er der Reichskunstkammer seine Bilder überlassen musste – Sprengel wegen der Aufbewahrung von Werken an, die in seinem Besitz und zweifellos bedroht sind. Sein Vertrauen in ihn muss groß sein, so groß wie das Misstrauen nach außen: Sie wollen künftig Codewörter in ihren Briefen verwenden. Die Bilder sollen etwa als Kinder und Spielsachen bezeichnet werden, wenn über ihre Wege und ihren Verbleib zu fragen und zu berichten sein wird.

Bereits 1937, gewissermaßen als Reaktion auf die Münchner Ausstellung, haben Emil und Ada begonnen, Gemälde von den Rahmen abzuspannen und in Rollen zusammenzustellen. Jede der Rollen soll einen Querschnitt aus Noldes Schaffen abbilden, so dass einzelne Verluste nie eine ganze Werkgruppe betreffen. Seit Kriegsbeginn setzen sie diese

Arbeit verstärkt fort. Es ist überaus wichtig, unter ihren Verwandten und Bekannten die Richtigen auszuwählen und einzuweihen. Wer wird so mutig sein, diese Schätze zur Aufbewahrung zu übernehmen? Wer so gewissenhaft, dass man sie ihm anvertrauen kann? Und auch: Wer so durchsetzungsfähig, so gut vernetzt, dass er sich im Ernstfall zu helfen wissen wird? Hochbetrieb in der Werkstatt auf Seebüll: Fieberhaftes Ordnen der Bilder. Verschnüren der abgespannten Leinwände, die Malseite nach außen, um Risse in der Oberfläche zu vermeiden. Das letzte Bild umgekehrt, nur blanke Leinwand darf zu sehen sein. Verpacken von Grafiken und Aquarellen in Kisten. Alles kennzeichnen. Alles auflisten. Was geht wohin?

Noldes haben nicht nur mit Sprengels gesprochen. Christian Carstensen, ein entfernter Nolde-Verwandter,[520] ist bereits seit 1938/39 in die Bilderrettung involviert. Eine seiner ersten Aktionen ist das Auswechseln von drei Rollen, die eine Familie Peiper, die in Noldes unmittelbarer Berliner Nachbarschaft wohnt, in der Wäschekammer im Keller aufbewahrt. Er organisiert das Ausräumen der Wohnung in der Bayernallee. Spannt ab, beschriftet mit blauem Stift auf der Rückseite, rollt und verschnürt. Schafft Ölbilder und Aquarelle erst in seine Wohnung nach Potsdam, wo er an der Nationalen Politischen Erziehungsanstalt unterrichtet, und ab 1942 nach Schulpforta, wo die Schule wegen der Luftangriffe auf Berlin ein Ausweichquartier bezieht. Von Potsdam und Schulpforta bringt er Bilder nach Seebüll, wenn es geht. Noldes haben dort inzwischen so etwas wie einen Bunker errichten lassen, verborgen unter einem künstlichen Erdhügel. Von Seebüll aus transportiert Carstensen Bilder mit dem Fahrrad über die Grenze nach Dänemark, zu Noldes Schwester Cathrina in Stemmilt zum Beispiel. Noch am 11. Januar 1944 rettet er weitere Gemälde, am 15. Februar wird alles, was sich in der Bayernallee 10 befindet, zerstört:

»Wir bekamen zunächst eine Phosphorbombe in die Wohnung von Frau Rosemeyer.[521] – Dann kamen sechs Sprengbomben in der Nachbarschaft, wegen der wir nicht gleich zum Löschen nach oben gehen konnten. Anschließend fiel noch eine größere Zahl von Stabbrandbomben auf das Dach, und als wir dann noch während des Beschusses nach oben gingen, standen die oberen Stockwerke an vier Stellen in Brand, und das Dach brannte über seine ganze Ausdehnung. Wir versuchten sofort zu löschen, hatten jedoch gleich Schwierigkeiten wegen Wassermangels. Die drei Treppenaufgänge brannten schon zwischen dem 3. und 4. Stock. Ich bin trotzdem noch bis zur Wohnung durchgekommen [...] Die beiden Bilder ›Jacob‹ und ›Liesbeth‹ habe ich im letzten Augenblick noch an mich reißen können, dann war alles ein Flammenmeer.«

Untermieter Hans Paul schreibt am 18. Februar noch ganz unter dem Eindruck des Erlebten. »Wohnung total ausgebrannt nur Keller Garage Liesbeth und Jacob gerettet«, hatte er zuvor telegrafiert. Auch Ada und Emil lernen in solchen Zeiten Verluste wohl zu wägen. Dennoch fällt es schwer hinzuschreiben, was ist, wie es ist: »Verbrandt sind Bayernalleewohnung etwa 3000 Aquarelle, Zeichnungen u. Graphiken u. etwa 13 Gemälde.«[522]

Noldes Untermietern war bewusst, in welch besonderer Wohnung sie lebten und welche Schätze sie zu hüten hatten. Das machen ihre Briefe nach Seebüll deutlich. Immer wieder hatten sie von ihrer Furcht vor Brandbomben geschrieben. Die leeren hölzernen Blendrahmen, von denen Carstensen die Leinwände abgespannt hatte, schafften sie aus der Wohnung in die Garage. Zu viel Brennbares direkt unterm Dach, ein unnötiges Risiko. Teppiche und Skulpturen brachten sie in den Keller, den sie mit Sand zuschütteten, um das Eindringen von Phosphor zu verhindern. Aber der schwere Schrank mit Grafiken war oben in der Wohnung geblieben. Es war ein grün gestrichener Schrank, gezimmert aus jenen Holzkisten, die Noldes in ihren ersten Ehejahren als Betten bzw. Sofas gedient hatten. Um ihn herum hatten Pauls viele Tüten mit Löschsand gestapelt und die Fenster verdunkelt. Durch einen Bombenangriff in der Nähe Mitte September 1943 waren die Scheiben eingedrückt worden. Ein nächster Angriff hatte das Dach in Brand gesetzt, der darauf folgende starke Regen drang in die Wohnung ein, lief in den Lyraflügel, löste den Putz von der Decke, der auf die Möbel und Teppiche fiel … Spätestens da war Hans Paul und seiner Frau klar gewesen, dass die Wohnung unterm Dach und alles, was sich darin befand, sehr gefährdet waren, und sie hatten die Evakuierung der Kunstwerke intensiviert.

Auch an Schieflers denken Noldes in ihrer Not. Gustav Schiefler ist zwar schon 1935 gestorben, aber zu seiner Tochter Johanna, die jetzt in Hildesheim wohnt, haben sie immer Kontakt gehalten, zumal ihr Ehemann Otto Beyse ein alter Bekannter ihres Leibarztes Hans Heinrich Berg ist. 1914 waren er und Berg Assistenten am Städtischen Krankenhaus Altona. Auch in Beyses Obhut werden Bilder gegeben, wie in die von Eugen Hallauer-Schulthess (Arzt, Ada kennt ihn seit ihrem Sanatoriumsaufenthalt in der Schweiz 1905) in Zürich, Georg Rieve (Noldes Architekt) in Flensburg, Philipp Adolph (Freund, Amtsrichter) in Flensburg, Fritz von Zimmermann (Rechtsanwalt) in Berlin, Fritz Döhlemann (Generaldirektor der Bayerischen Gemeindebank) in München, Frederik Gottlieb (Zahnarzt) in Dresden, Hendrich Luyken (Freund) in Berlin-Wannsee. Und dann sind da noch die 14 Kisten im Geräteschuppen des Bauern Franz Breckwoldt in Seestermühle. Sie lagern dort seit Kriegsbeginn für 20 RM monatlich. Ihr Inhalt: Werke aus einer Ausstellung Rudolf Probsts in seiner

Galerie, dem Kunsthaus in Mannheim, die 1937 schon nach drei Tagen geschlossen wurde.

Ada tippt für Sprengel auf vier Seiten herunter, welche Werke wem übergeben wurden. Endgültig ist das nicht, immer wieder wird umorganisiert. Die Blätter steckt sie in einen Umschlag, den sie versiegelt und mit der Bitte an Sprengels schickt, ihn verschlossen zu lassen, »bis das Öffnen mal notwendig wird«, so Ada am 23. Juli 1941. Sprengels sind Koordinatoren, immer wieder wechseln sie mit Ada Briefe. Und sie bewahren, neben Stücken aus ihrer eigenen Sammlung, auch Bilder für Noldes auf: zunächst im eigenen Haus, dann wohl auch auf dem Fabrikgelände, in einem Erholungsheim der Firma in Braunlage im Harz, im Wochenendhaus am Steinhuder Meer und da, wo sie oft Urlaub machen, in Ammerland am Starnberger See, im Haus des befreundeten Münchner Buchhändlers Hanns Severing.

Ada ist an der Grenze ihrer Belastbarkeit. Aber es ist ihr wohl noch nicht genug: Sie schreibt an die »jungen Soldaten-Freunde«, im Juli 1941 zum Beispiel. »Daß wir in unserem Kampf um die Kunst die Stärkeren sind, bezweifeln wir nicht, und der Sieg wird unser sein«,[523] sollen die im Feld Stehenden wissen und so etwas wie Solidarität unter Kämpfenden spüren. Sie denkt dabei an Jochen Stickfort, Fritz Kahlke, Helmut Göring, Max Sauerlandt, Georg Rieve, an Freunde oder Kinder von Freunden und an Joachim von Lepel, der ein wichtiger Mann in Seebüll werden wird. Die Briefe werden Ada noch Ärger einbringen. Sie ist dazu übergegangen, sie auf der Druckmaschine zu vervielfältigen und als Rundschreiben an immerhin 47 Adressen zu verschicken. Jedenfalls nach Recherchen der Obrigkeit, die davon Kenntnis bekommt, weil Ada einen der Briefe zusammen mit Zeitungen zwischen Kassel und Frankfurt im Zugabteil zurücklässt. Es gibt unangenehme Nachfragen.[524]

Die Druckmaschine ist in diesen Monaten im Wesentlichen aus einem anderen Grund in Betrieb: *Neuguinea 1913 bis 1914* und *Heimkehr, Weltkrieg, Heimat*, später zusammengefasst unter dem Titel *Welt und Heimat*, werden in Gemeinschaftsarbeit hergestellt. Ada tippt Emils Text auf ihrer Underwood Standard Portable auf Schablonen ab.[525] Die Vervielfältigung ist kompliziert, denn größere Mengen ein und desselben Papiers sind nicht zu bekommen. Die unterschiedliche Papierdicke macht in der Handwalze große Probleme. Emil bemalt die Buchdeckel bräunlich-blau und überwacht das Einkleben der Abbildungen mit aus Kartoffelmehl und kochendem Wasser angerührtem Kleister. Manchem Exemplar wird auch ein Aquarell eingefügt. Thomas Börnsen – Gärtner, Chauffeur und Faktotum auf Seebüll seit dem 1. Juni 1936[526] – faltet und locht, Gertrud Goehrke dreht Kordeln, mit denen die Seiten zusammengebunden werden. Etwa fünfzig Exemplare bastelt die Seebüll-Hausgemeinschaft so zusammen und verschickt sie mit Briefen an Freunde und gute Bekannte. Eine hervorragende Idee, so das Heimelige mit dem Weltläufigen zu verflechten, die akute Mangelsituation mit grenzenlosen Möglichkeiten.

»Geistige Menschen sollten richtig treue, zuverlässige und verstehende Hausgehilfen haben«, wie Fräulein Goehrke, so Ada. Und wie Börnsen. Und besonders wenn sie in Seebüll wohnen, hätte sie hinzufügen sollen. Das Gelände ist unwegsam, nur die schlimmsten Stellen hat man mit Ziegelsteinbruch aufgefüllt, um sie – vielleicht – passierbar zu machen. Der Kampf um eine bessere Zufahrt ist so alt wie das Haus. Da braucht es jemanden, der einen hierhin und dorthin rudert oder fährt und bei dem man sicher sein kann, dass er dabei nüchtern ist, denn »die Menschen in unserer Gegend trinken ja leider viel«.[527] Abends sitzt die Hausgemeinschaft um den Wohnzimmertisch. Dann lauschen Börnsen, Fräulein

Goehrke und Fräulein Ortmann, das »Mädchen«, wenn Ada vorliest, oder sie singen gemeinsam Volkslieder, von Ada am Flügel begleitet. Emil – im Hintergrund, das Licht darf ihn nicht blenden, die Lampen sind verhängt oder zur Decke gerichtet – hört zu. Außer zu Festtagen erwartet man keine Besucher, sie wären auch nicht erwünscht. Nur die Kinder des Pächters vom Seebüll-Hof, Annegret und Klaus, Gertha und Nils-Adolph Kahlke, sind gern gesehen.

In unregelmäßigen Abständen kommt allerdings jemand vorbei. Besuch sollte er nicht genannt werden, obwohl unten das Teewasser aufgesetzt wird, wenn man ihn von den Fenstern des oberen Stockwerks aus von Neukirchen her kommen sieht. Dort oben, im Schneiderzimmer, malt Emil Nolde auf immer kleinere Stücke Japanpapier noch immer seine ungemalten Bilder.[528] Wer da kommt? Der Gendarm ist es,[529] der *nolens volens* kontrolliert, ob Nolde das Malverbot einhält. Was Nolde viel mehr als diese Kontrollen in seiner Arbeit schon länger einschränkt: Papier und Farben werden immer knapper. Aber es gibt Menschen, die ihm gern etwas schicken. Nicht nur die Wichtigen, die Einflussreichen und Wohlhabenden, sondern auch solche aus »seinem« Grenzland, die Emil Nolde, dem Nachbarn, ebenso helfen wollen wie Emil Nolde, dem Maler.[530] Er wird es ihnen nicht vergessen.

Im Frühsommer 1942 unternehmen Emil und Ada eine letzte große Anstrengung, Noldes Werk auch unter Naziherrschaft Anerkennung zu sichern. Sie reisen für vier Wochen nach Wien, wo sie den Gauleiter und Reichsstatthalter Baldur von Schirach[531] zu treffen hoffen, der ihnen vielleicht dazu verhelfen könnte. Noch scheidet sich an Künstlern wie Nolde Baldur von Schirachs kulturpolitischer Ehrgeiz von den inzwischen klar definierten Zielen Goebbels' und Rosenbergs. Allein, er ist nicht da. »Nun hat es sich doch nicht so gefügt, dass Reichsleiter von Schirach Sie persönlich sehen konnte«,[532] heißt es am 9. Juni 1942 in einem Schreiben des Generalkulturreferenten Walter Thomas an Herrn Emil Nolde, der es enttäuscht zu den Akten legt. Was hilft es, dass Schirach Aquarelle und ein großes Blumenbild von ihm gesehen haben soll? Erschöpft von dem langen Ausharren, müssen die Noldes unverrichteter Dinge den Heimweg antreten. Eine merkwürdige Zeit nennt Emil den Wien-Aufenthalt, auch, weil es Ada gesundheitlich schlechtgeht. In dieser Stimmung verfasst er einen langen »Abschiedsbrief« an Thomas. Seiner ganzen Bitterkeit will er darin Ausdruck verleihen. Und es entsteht doch auch ein Dokument seiner anhaltenden Verblendung:

> »Durch meine so hintertriebene Kunst und die erfolgten Vorkommnisse der letzten 5 Jahre fühle ich mich fast noch mehr gedemütigt als ein Künstler ertragen kann und der Trost, dass die besten deutschen Künstler von ihrem Volk fast immer schlecht behandelt wurden, ist kein Trost, denn durch unsere politisch herrliche Erhebung, durften wir erwarten, dass auch solche Missgeschehnisse der Vergangenheit ausgeschaltet würden. […] Ich kann nichts dafür, dass ich malen kann. Der naturgegebenen Gabe ist der Trieb zu dauernder gesteigerter Arbeit, zu höchster Intensität […] führend beigegeben. Könnte ich leichtfertig sein, mir wäre viel Leid erspart gewesen. Durch die Jahrzehnte des Lebens gehend ist es so gewesen. Meine triebhafte Auflehnung gegen die von allen Künstlern hingenommene alljüdische Bevormundung gab mir unendliche Kämpfe und viel Leid, – ich ertrug alles stolz, mit gehobenem Haupt und auch ihre durch geheimen Beschluss gefasste 23 Jahre dauernde Boykottierung der großjüdischen Presse. Als aber dann anschließend, als ob sich die Hände gereicht wurden, ebenfalls durch geheimen Beschluss der nationalsozialistische Presse, wie-

derum meine Boykottisierung, die nunmehr 9 Jahre dauert, erfolgte, war mir sehr weh, denn mein ganzes Leben ist von Anbeginn bis heute den im Nationalsozialismus geprägten Idealen gewidmet, und schon im Jahre 1895 legte ich Gedanken nieder, die heute noch ebenso wahrhaftig und richtig sind, als sie es damals waren.«[533]

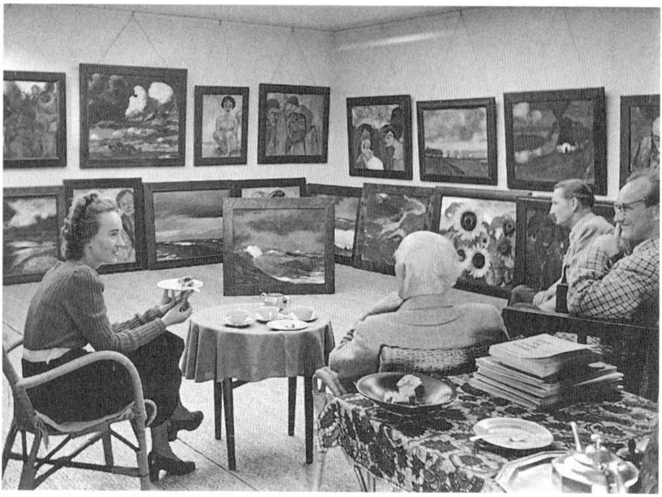

Emil Nolde mit seiner zweiten Frau Jolanthe, Joachim von Lepel
und einem Journalisten im Bildersaal auf Seebüll

»Zugleich ganz in der Welt und ganz außer der Welt«[534]

LETZTE WÜNSCHE

Ada in Wien: krank. Was ihr fehlt: unklar. Die lange Rückreise nach Seebüll steht sie kaum durch. Koffeinhaltige Schokolade hilft ihr auch nicht auf die Beine, so gut gemeint Sprengels Sendungen sind. Der »Sport-« oder »Fliegerschokolade« verdankt seine Fabrik den Status eines wehrwirtschaftlich wichtigen Betriebes. Doch die runden Schoka-ko-la-Dosen, die in jedes Frontkämpferpäckchen gehören, enthalten kaum mehr als propagandistisch aufgeladenes Naschwerk. Im Juni 1942 ist Ada wieder einmal Professor Bergs Patientin im Krankenhaus Hamburg-Eppendorf: Sie hat Nierensteine und zu hohen Blutdruck. Ende des Jahres liegt sie – immer noch? – dort: zu einer Pyramidonkur gegen Schmerzen.

Ist es das alte Nierenleiden? Ein wenig zu viel an Spezial-Diäten? »Mein Blutdruck liegt jetzt um 200 herum«, schrieb sie vor Jahren an Schiefler, »er war über 230 u. ich bin sehr erleichtert u. befreit von vielen Plagen. Sehr dazu geholfen hat mein sehr mäßiges Essen, nie Kaffe u. The sondern Kaffe Hag u. Fenchelthe, nie Fleisch, nie Salz, sondern Selleriesalz aber möglichst wenig, u. möglichst wenig Getränk. […] Dann eße ich viel Puffreis u. Reiskrispies mit Honig. […] Rohkost eße ich so viel wie mein schwieriger Magen aufnehmen will, immer gerieben«, und das im Wechsel mit Süßigkeiten und Zigarren! Bei einer Magnetiseurin war Ada damals auch. Bald kann sie schreiben: »Mein Blutdruck ist verschwunden«[535] und Schiefler weiteren Rat geben: »wollen Sie sich nicht üben im Atemziehen. Wenn die Angst kommt, ich kenne das ja so gut, und man zieht den Atem so dass beim Einatmen der Bauch sich wölbt und beim Ausatmen sich schlafft, dann vergeht die Beklemmung.«[536] Angstgefühle, Beklemmungen. Vieles spricht für eine starke psychische Komponente ihres Leidens. An Sprengels schreibt sie am 11. August 1944: »Nun ist der grosse liebe Geburtstag zum 77ten Mal vorüber« und bedankt sich für Zutaten zum gelungenen Fest für Emil, lässt aber auch einen Blick auf ihre Verfassung zu: »Strahlendes Wetter, liebe Freunde, darunter ein Arzt, der mir eine Spritze mitbrachte, die notwendiges Wunder wirkte. Am Vormittag weinerlich, am Nachmittag auf der Höhe.«[537]

1943 war Ada sieben Monate im Krankenhaus Eppendorf und erlebte dort die Bombenangriffe auf Hamburg mit. Es liegt eine manifeste Herzinsuffizienz vor, die sie schließlich das Leben kosten wird. Sie bekommt, auch zu Hause, Strophantinspritzen. Wochenlang täglich, als Kur, später einmal wöchentlich. Medizinisch gesehen entspricht diese Therapie dem damaligen Kenntnisstand, wirklich wirksam ist sie nicht, konsequent durchgeführt werden kann sie ohnehin nicht. Mal fehlt das Medikament, mal das Benzin für die Fahrt zum Arzt oder zur Apotheke. Dann verhindern thrombosierte Venen intravenöse Injektionen. Die ersatzweise Einnahme eines Digitalispräparats ist wirkungslos, sie ist daher froh, wenn sie an Strophantin-Zäpfchen kommt, oft von Sprengel organisiert und per Post an sie verschickt. In einem entsprechenden Dankschreiben vom 28. Oktober 1944 gibt sie auch die neuesten Nachrichten von Ilse Göring weiter: »Ihr Heim ist ganz in Trümmer, ihr zweiter Sohn, ein strahlender Mensch, in Frankreich als Flieger gefallen. Die ›Brennende Burg‹ hinge jetzt zusammen mit beiden grossen Seestücken in Schloss Mauterndorf im Hungau in den Tauern«, viele andere Nolde-Bilder seien verbrannt. Auch Frau Osthaus-Stickfort trauert um ihren Sohn.

Koffeinhaltige Schokolade, Strophantin oder Digitalis, Spritzen oder Zäpfchen – was sonst noch? Im Herbst 1944 Mokkabohnen von Sprengel, eine Weiterentwicklung von Scho-ka-kola: »Wir stellen seit kurzem für die Wehrmacht Mokka-Kugeln her, die einen hohen Prozentsatz Coffein enthalten.«[538] Sprengel hat Professor Berg Muster vorgelegt, der sie absegnet. Er empfiehlt Ada die Einnahme von drei bis fünf Kugeln pro Tag. Die geringe Dosis Koffein wird ihren Blutdruck nicht zusätzlich in die Höhe treiben, aber vielleicht ein Placebo-gutes Gefühl machen. Sprengel schickt nicht nur Lebensmittel, Medikamente und Malutensilien, er besorgt auch Autobatterien, Benzin beziehungsweise Benzinscheine, Lampen und Brennmaterial. Dazu hilft er Noldes, wenn es nötig ist, finanziell, mit zwischen 1500 und 2000 Mark im Monat. Sich um all das zu kümmern ist tatsächlich ein Freundschaftsdienst. Wegen der Luftangriffe ist in Hannover ständig Alarm. In der Regel morgens und abends zwei bis drei Stunden verbringen Sprengels im Bunker. »Gleich die erste schwere Bombe riss die Tür des Bunkers aus dem Schloss; ich hielt sie bei den folgenden Detonationen so gut es ging«, schrieb Bernhard Sprengel Ende Oktober 1943, und: »Als es eine Pause zu geben schien, hinein ins Haus vom Garten aus über Trümmer, Trümmer, unbeschreiblich. Das Licht lässt sich einschalten: unwahrscheinlich in dieser Verwüstung [...]. Viele Zimmer sind nicht zu betreten, weil die Eingänge (ehemals Türen!) durch Trümmer der Türen, anderer Türen, Teile aus dem Vorgarten, Trümmer von Wand- und Deckenverkleidungen versperrt sind.«[539] Sprengel sucht nach Brandbomben, die es glücklicherweise hier nicht gibt, wie sie aber im

Februar 1944 über Noldes Berliner Wohnung niedergehen werden. Kaum vorstellbar, dass da noch etwas zu retten ist. Aber es finden sich später Fragmente von Grafiken und auch von Briefen: »Das bei dem Bombenbrand aus unserer Wohnung in Berlin gerettete kleine Briefpaket enthielt meine ersten, an meine junge, liebe Freundin Ada geschriebenen Briefe. Wir hatten sie nach Seebüll übersandt erhalten. Beide öffneten wir behutsam die an Ecken und Kanten schwarz angekohlten Briefchen und lasen eins, zwei, es waren ganz kleine Briefe«,[540] geschrieben 1901.

Damals war Ada 22 Jahre alt und noch auf der Suche nach einer Möglichkeit, dem Leben etwas Besonderes abzutrotzen. Zwar mit weniger Illusionen denn je: Ihre Karriere als Schauspielerin oder Sängerin kam nicht in Gang, die Liaison mit Rasmussen lag in den letzten Zügen. Aber ungebrochen war sie in ihrer Leidenschaft, sich einer großen Sache hinzugeben. In Emil Hansen traf sie den Mann, der ihr diese Chance bot. Er wiederum sah in ihr genau das, was er ersehnte: eine besondere Frau, eine schöne Frau. Fähig zur Empathie, selbst gegenüber einem so komplizierten Mann, wie er es war.

Immer wieder gab es in Adas Leben Phasen, in denen sie eine eigene Berufung suchte. Die Wohnräume in Berlin und Seebüll zeigen, wie wichtig es ihr war, ihre künstlerische Seite als Musikerin oder auch als kunstgewerblich Schaffende darzustellen. Alles sehr anstrengend. Auf Bildern aus den vierziger Jahren sieht sie verbraucht aus, und zahlreich sind entsprechende Bemerkungen von Menschen in ihrer Umgebung. In den letzten Kriegsmonaten hält Professor Berg eine ärztliche Versorgung in Seebüll für unumgänglich. Als der Krieg zu Ende ist, Strophantin und Benzin leichter zu haben und auch die Venen wieder in Ordnung sind, fährt die Ärztin Annemarie Rau wochenlang Tag für Tag nach Seebüll, um Ada ihre Spritze zu geben, und es entwickelt sich eine persönliche Beziehung. Nicht selten sitzen die beiden Frauen zusammen. Manchmal kommt Emil Nolde, setzt sich still dazu und geht ebenso still wieder. Angesprochen werden will er nicht, wie üblich.

Die Verhältnisse entspannen sich auch für ihn: Er darf wieder uneingeschränkt malen. Eine überraschende Vision erlebt er, als er in einem »Instrumentengeschäft« ein Epidiaskop ausprobiert: Er legt mitgebrachte »Ungemalte« in den Projektor und ist erstaunt, »diese Blätter in ihrer vielleicht hundertfachen Größe auf der Leinwand hingeworfen zu sehen. Sie wirkten so farbig schön und fast wie bis ins kleinste fertig, so daß wir ganz benommen waren. Ich sah plötzlich sechs große fertige Bilder.«[541] Tatsächlich werden nach dem Krieg noch um die fünfzig großformatige Werke nach solchen Vorlagen entstehen.

Im März 1946 ist Ada zur Behandlung von Beinvenenbeschwerden in der Diakonissenanstalt in Flensburg.[542] Besserung soll auch ein Aufenthalt im April und Mai in St. Peter-Ording bringen. Noldes sind dort Gäste des Arztes Dr. Oskar Arnold,[543] der Ada in seinem Sanatorium »Goldener Schlüssel« weiterbehandelt. Die Fürsorge, Spaziergänge, die Entlastung vom alltäglichen Kleinkram zeigen Wirkung – und eine große Freude tut es auch: In Seebüll werden Bilder erwartet! Von Freunden in Sicherheit gebrachte, aber auch beschlagnahmte, eingetauschte, über den Kunsthandel verkaufte Bilder, die nun wieder heimkehren.

Die Amerikaner, genauer der *Monuments, Fine Arts and Archives Service* (MFA&A Service), haben einen *Central Collecting Point* (CCP) in München eingerichtet. Dorthin werden Kunstwerke aus den Depots der Nationalsozialisten in den Salzminen bei Altausee, in Bad Ischl sowie in Klöstern und Schlössern in Oberbayern und Österreich gebracht und auf Karteikarten inventarisiert.[544] Schon seit 1943, also noch während des Krieges, waren im Auftrag der *American Commission for the Protection and Salvage of Historic Monuments in War Areas* Männer und Frauen in Europa unterwegs, um gefährdete Kunstwerke in Sicherheit und letztlich auch nach München in den CCP zu bringen, den Ausgangsort für die Rückerstattung.[545]

Emil fährt voraus nach Seebüll, Ada bleibt noch ein wenig in St. Peter, sie erholt sich so gut. Im Spätherbst wollen Noldes wiederkommen, wenn erledigt ist, was auf einen Schlusspunkt hinter die letzten Jahre hoffen lässt: Emil Nolde hat einen Fragebogen des Military Government of Germany auszufüllen. Er tut das unter Zeugenschaft Joachim von Lepels am 3. Juli 1946. Darin gibt er an, 1935 der NSDAP Nordschleswig und zu einem nicht mehr erinnerlichen Zeitpunkt der NSV, der Nationalsozialistischen Volkswohlfahrt, beigetreten zu sein sowie dem Reichskolonialbund, dem Reichsluftschutzbund, dem Volksbund für das Deutschtum im Ausland (VDA) und der Selbsthilfe Nordschleswig. Auch seine Mitgliedschaft in der Reichskammer der bildenden Künste »(bis Ausschluss am 23. 7. 1941)«, in der Künstlergruppe »Brücke«, der Berliner Sezession und der Preußischen Akademie der Künste führt er auf. Seine Auslandsreisen. Und sein Einkommen in den Jahren 1931 bis 1945 aus dem »Verkauf v. Gemälden, Aquarellen und Graphik«. Am 17. Juli geht das an den »Ausschuss zur Entnazifizierung der freien Berufe« nach Kiel, zusammen mit einem Begleitschreiben des »Städtischen Oberschulrats und zugleich staatl. Schulaufsichtsbeamten für den Stadtkreis Kiel« Jensen zu den »Papieren des Kunstmalers Emil Nolde. Es handelt sich um einen Einzelfall; aber da die Erledigung dieses Falles im öffentlichen Interesse ist, bitte ich, die Angelegenheit beschleunigt behandeln zu wollen.« – Nolde versucht es wieder einmal mit Beziehungen. Die Antwort kommt tatsächlich bald, am 13. August 1946 ergeht der Beschluss des Deutschen Entnazifizierungsausschusses: »Belassung, Mitgliedschaft nominell gem. Ziff. 5, da N. nicht als Aktivist anzusehen ist. N. ist 1935 der NSDAP, ohne dass hierfür ein zwingender Grund vorlag, beigetreten. Durch die vom Nazi-Regime erfolgte Bewertung seiner Kunstwerke, ist aber seine gegensätzliche Haltung unzweifelhaft gekennzeichnet und als Absage gegen das Regime anzusehen.« Alles im Reinen also.[546]

Am 2. November fährt Ada mit dem Taxi nach Niebüll. »Lachend und fröhlich«[547] hat sie sich in Seebüll verabschiedet. Sie will Annemarie Rau, die dort im Krankenhaus liegt, besuchen und sich eine »Herzspritze« geben lassen. Und dann stirbt Ada, am Bett ihrer Ärztin sitzend, sich gerade umwendend, um einem Arzt zur Begrüßung die Hand zu reichen, »einen Sekundenherztod«.[548] Mit 67 Jahren. Berg wird gleich gerufen, aber er kann nur ihren Tod feststellen und sich auf den Weg machen, um Nolde die Nachricht zu überbringen und ihm beizustehen. »Ich glaubte immer zu wissen, daß das irdische Leben nach ihrem Tode mir erspart bleiben werde, war ich doch der wesentlich Ältere«, klagt der und beschwört seine Liebe. Er rühmt Adas Tugenden, ihre Stärke, erinnert sich aber auch daran: »Entsetzlich traurig war es, wenn in den Nächten weinend verzagend sie klagte: ›ich kann einfach nicht mehr!‹, das schwache, pochende Herz versagte, und der ganze Ansturm des vielen um uns, das sich steigernd mehrte, das Böse und das Gute, es schien ihr unüberwindlich. Auch mir war es so. Ich aber dennoch sprach mit ihr tröstend viel und lange, bis schließlich sie ruhiger wurde und zu schlafen vermochte, während ich lange nachher, vor dem Schwersten bangend, wachte.«[549]

»An alle lieben Menschen und Freunde!«, lässt er Karten verschicken:

»Meine vielgeliebte Ada
ist eingeschlafen. Ihr edles Herz stand plötzlich still.
In tiefer Wehmut
Emil Nolde
und unser Freund v. Lepel
Beisetzung Seebüll, 7. November 1946, 3 Uhr«[550]

Das ist eigentlich keine Anzeige, wie man sie erwartet. Warum fehlen Adas Lebensdaten und warum unterzeichnet – nur – noch »unser Freund v. Lepel«? Dazu ungleiche Ränder und eine kleine Ungenauigkeit im Absender auf dem Umschlag. Irgendwie wirkt es, als hätten der alte und der junge Mann in ihrer Bestürzung die Karten selbst entworfen, gedruckt und zurechtgechnitten. Der Erdhügel am Rand des Seebüll-Gartens, der einmal als Bilderbunker gedacht war, wird zur Gruft. Emil wählt das einzige Mosaik, das er jemals geschaffen hat, eine Madonna, zum Schmuck des kleinen Raumes. Und beschließt wohl auch damals bereits, dass er selbst auch hier, an Adas Seite, seine letzte Ruhe finden will.

Was Ada für Emil Nolde bedeutet hat, ihre engen Freunde wissen es. Außenstehende haben mitunter einen anderen Blick auf das Paar. So schrieb Bernhard Sprengel jun. am 8. April 1941 nach einem Besuch der beiden bei seinen Eltern in sein Tagebuch: »Steif aufgerichtet und unbeweglich saß ein feingliedriger, etwas durchsichtig wirkender alter Herr auf dem Sofa. [...] stumm.« Unvergessen sind ihm Noldes strahlend blaue Augen und Ada als das »völlige Gegenteil ihres Mannes [...], unruhig, sehr beweglich, fast hektisch, aggressiv. Mit den Händen gestikulierend, manchmal über den Tisch gelehnt, redete sie [...] auf meine Eltern ein.« Schließlich: »Ohne den Redefluß seiner Frau zu unterbrechen, stand Nolde auf und ging langsam durch den angrenzenden Raum. Er verweilte, gleichsam Abschied nehmend, vor jedem seiner

Bilder längere Zeit, wortlos. Er kam dann leise, als wolle er niemanden stören, zurück. Dann ging man.«[551] Und Rechtsanwalt Carl Langbehn, der Noldes auf Vermittlung Sprengels bezüglich ihres Testaments juristisch beraten sollte, schrieb am 20. Juli 1942 in einem Brief an Sprengel: »Ich hatte vor einigen Wochen die große Freude, die beiden alten Herrschaften auf der Rückreise von Wien mittags bei mir zu sehen [...]. Den alten Herrn habe ich sofort lieb gewonnen, die Frau ist mir nicht so sympathisch. Sie nimmt offenbar ihrer besseren Hälfte das praktische Leben ab und hat dadurch ihre eigene Menschlichkeit in Bahnen gezwungen, die ihrem Wesen nicht entsprechen.«[552] Das ist wohl bitter wahr.

Die Entscheidung, bezüglich des Testaments Carl Langbehn hinzuzuziehen, war gut überlegt gewesen. Als ein Mann mit besten Kontakten sowohl zu führenden Nationalsozialisten wie zu Widerstandskämpfern, mochte er offen für nicht regimekonforme Lösungen sein. Seine Geschichte soll hier kurz angedeutet werden, als eine der möglichen im Deutschland der Nationalsozialisten: Langbehn war 1933 in die NSDAP eingetreten, da war er 32. Als Rechtsanwalt war er wirtschaftlich erfolgreich. Er sammelte Kunst, unter anderem Werke Noldes, und zählte zur Dahlemer Gesellschaft. Seine und Heinrich Himmlers Tochter waren befreundet, er selbst beriet Himmler auch juristisch. Als 1938 sein Doktorvater, der Göttinger Jurist Fritz Pringsheim, ins Konzentrationslager gebracht wurde, erreichte Langbehn unter Einsatz seiner Verbindung zu Himmler, dass Pringsheim freikam und nach England auswandern konnte. Diese Erfahrung konnte er nicht abschütteln. Die Pringsheim-Sache war ein Beweggrund für Langbehn, sich Widerstandskreisen anzuschließen, obwohl er weiterhin für Himmler als Mittelsmann eine Rolle spielte. Im Zusammenhang mit dem Attentat auf Hitler am

20. Juli 1944 kam Langbehn in Haft. Am 3. Oktober wurde er zum Tode verurteilt und am 12. Oktober hingerichtet.

Noldes machten ihr erstes Testament am 8. April 1934, als Emil in der Landhaus-Klinik vom Roten Kreuz in Berlin-Wilmersdorf lag. Am 19. Oktober 1934 verfassten sie einen Nachtrag. Seebüll sollte »an den Kreis Tondern nördlich und Südtondern südlich der Grenze« fallen und das Haus samt Bildern, kleinen Kunstfiguren und Möbeln »frei zugänglich sein [...] für die Bewohner der nächsten Heimatgegend«,[553] mit anderen Worten, dem Kreis Tondern, wie er 1884 war. Eine versöhnliche Regelung, aber, wie es aussah, nicht zukunftsfähig.

1941, mitten im Krieg, gingen sie die Frage ihres Nachlasses erneut an. In dem Juristen Sprengel hatten sie einen kundigen Berater, der sogar bereit war, sich auch persönlich zu engagieren. Zum Beispiel, die gesamte künstlerische Produktion Noldes bis 1940 zu kaufen, um sie dem Zugriff der Nazis zu entziehen. Später erwog Sprengel einen Scheinkauf des Seebüll-Hauses, um es aus der Erbhof-Problematik herauszuhalten – die von den Nazis eingeführte Erbregelung war im August, September und Oktober 1941 ein ganz großes Thema im Briefwechsel Nolde-Sprengel.[554] Dann hätte »nur« noch für den Seebüll-Hof ein geeigneter Erbe gefunden werden müssen, der nachweislich »deutschen oder stammesgleichen Blutes« war. Noldes dachten zunächst an Christian Carstensen, dann doch an Emil Bonnichsen, den Landwirt. Ob der aber die deutsche Staatsangehörigkeit annehmen würde? Sehr fraglich. Schließlich kam der Gedanke einer Stiftung für Seebüll samt Garten und Einrichtungsgegenständen, vor allem aber für die Bilder, auf und wurde lange hin und her gewendet.

Es scheint, als habe Sprengel sich umgehört. Auch die Rechtsanwälte Dr. Fien und Dr. Beck äußerten sich. Alexander Beck zog sich im März 1944 von der Nolde-Beratung zurück, er wollte von der Schweiz aus für das Internationale Rote Kreuz arbeiten. In diesem Jahr übernahm Otto von Braunbehrens die Aufgabe. Von Braunbehrens stammte aus der Osthaus-Stickfort-Ecke. Über seine Mutter war er mit Osthausens verwandt, die er in einem Prozess um die Herausgabe von Kunstwerken vertrat, die von den Nationalsozialisten im Museum Folkwang beschlagnahmt worden waren. Sprengel kannte den Juristen seit vielen Jahren. Noldes dachten darüber nach, Bernhard Sprengel, Otto von Braunbehrens und Eberhard Hanfstaengl als Testamentsvollstrecker einzusetzen. Aber es gab Schwierigkeiten. Hanfstaengl lehnte ab, weil er – wegen mangelhafter Kooperation – selbst einen schlechten Stand bei den nationalsozialistischen Machthabern hatte und Noldes Angelegenheiten nicht damit belasten wollte. Und von Braunbehrens war gesundheitlich nicht in der Lage, von Berlin, wo er wohnte, nach Seebüll zu reisen. Gesprächstermine mussten immer wieder verschoben werden. Also machte Sprengel sich auf den Weg nach Seebüll und arbeitete anschließend einen Testamentsentwurf aus, in dem er alle ihm anvertrauten Wünsche der Erblasser einer juristisch praktikablen Lösung zuzuführen versuchte.

Das Ergebnis, das er von Braunbehrens Ende Juli zur Prüfung vorlegte, war weniger als der Versuch, das Eckige rund zu machen. Zum Scheitern verurteilt, zumal Emil Nolde immer neue »sehr schöne Pläne zum Nutzen der Landschaft und ihrer Leute aus dem Erlös des Nachlasses« schmiedete. Zum Beispiel den: Die Kinder des Pächters Kahlke sowie die Nichten und Neffen Emils sollten, nach Köpfen gleichgestellt, eine Hälfte – wovon genau? – erben, die andere Hälfte sollte unter den Nichten und Neffen Adas aufgeteilt werden. Kriegsversehrte Künstler sollten auch etwas bekommen. Testamentarisch einen Erlös zu verteilen war heikel. Fraglich, ob er überhaupt zu realisieren wäre. Dagegen waren Begehrlichkeiten »interessierter Stellen« zu fürchten. Sprengel hatte in den Zeitungen gelesen, dass im Fall des im Januar 1944 verstorbenen »Entarteten« Munch – des Norwegers, der inzwischen zu germanischen Ehren hatte kommen dürfen, wie Sprengel formulierte – der Wert des Nachlasses auf fünf Millionen Kronen geschätzt worden war.

Da saßen sie nun in Seebüll, Ada mit schwachem Herzen, und Emil unter schier unerträglichem Hautjucken leidend, und wälzten Pläne, wie das, was ihnen geblieben war, und das, was sie erarbeitet und »hervorgepflegt« hatten, als Ganzes zu retten sei für ihren Umkreis, der ihnen mehr bedeutete denn je. Aber es wollte nicht funktionieren. Am 7. September 1944 wurde der Testamentsplan vorläufig aufgegeben. Erst nach dem Krieg, am 16. April 1946, kam es zu einer endgültigen letztwilligen Verfügung.[555] Kein halbes Jahr später ist Ada Nolde tot.

Im nächsten Jahr wird Emil Nolde achtzig. Ada fehlt ihm schrecklich, aller Welt klagt er sein Leid. Sprengel bittet er um Nachschub an Rotwein, sein Vorrat ist aufgebraucht, er hat ihn als Einschlafmittel nötig.[556] Ansonsten lebt er sein Malerleben weiter wie bisher. Er geht in den Garten, schauend, suchend, was ein Bild abgeben könnte. Ungestört will er dabei sein. Dann ruft er nach dem Gärtner und bittet ihn, die Staffelei und den alten bespannten Blendrahmen zu holen, auf dem die Pinsel und die Farbtuben liegen, wie er sie, es war noch Krieg, im Wunschzettel an Sprengel aufgelistet hat:

Ölfarben:

Vert Emeraude	6 Tuben
Ultramarinblau	4 Tuben
Kobaldgrün	3 Tuben

Echtviolett	3 Tuben
Kadmium hell	4 Tuben
Kadmium orange	4 Tuben
Zinkweiss	4 Tuben

Aquarellfarben:

Kadmium hell	4 Tuben
Kadmium orange	4 Tuben
Vert Emeraude	3 Tuben
Ultramarinblau	3 Tuben
Indigo	3 Tuben
Echtviolett	3 Tuben
Neapelgelb	3 Tuben
Lichter Ocker	3 Tuben
Sepia	3 Tuben

Das ist also der Stoff, aus dem Noldes Bilder entstehen, in diesen Farben, in diesem Verhältnis. Die Farben – jetzt von Schmincke – in möglichst großen Tuben.[557]

Börnsen schleppt das Werkzeug des Malers hinaus und legt es auf einen Klappstuhl neben die Staffelei. Er ist längst mehr als Gärtner und Chauffeur. Er hat gelernt, die aufgespannten Leinwände zu grundieren, also den dicken Brei aus Schlämmkreide, Terpentin, Firnis und was sonst noch anzurühren, mit der Nagelbürste aufzutragen und nach dem Trocknen mit Sandpapier abzuschleifen. Nolde arbeitet sehr schnell, und nicht selten muss Börnsen innerhalb kurzer Zeit alles wieder zusammenpacken und an einem anderen Platz im Garten aufbauen. Früher hat Emil die fertigen Bilder gleich zu Ada getragen, sie mit ihr betrachtet und besprochen. Selbst ihr Krankenlager hat er mit seinen Aquarellen umgeben. Nun ist sie nicht mehr da. Wer soll jetzt seine Schöpfungen mit ihm durchgehen, die Wirkung des weit geöffneten blassrosa

Mohns vor den in stumpfem Violett aufragenden Lupinen unter weißen und schwarzen Wolken begutachten? Was hätte sie dazu gesagt, dass er den golden schimmernden Horizont in die Bildmitte gemalt und so die Leinwand in eine Hälfte Himmel und eine Hälfte Erde aufgeteilt hat, die Grenze zwischen beiden ganz nah am Betrachter?[558] Und wer legt ihm jetzt den Schal um den Hals, wenn er an kühlen, dunklen Tagen hinausgeht?

Von Beginn seiner neuen Einsamkeit an hadert Emil mit dem Schicksal seiner Kinderlosigkeit. Es wäre sicher tröstlich, ja eine perfekte Lösung gewesen, hätte er beispielsweise jetzt eine Tochter gehabt. Zwar hilft ihm der junge von Lepel, wo er kann. Er übernimmt die Korrespondenz, die natürlich nicht mehr so persönlich ausfällt wie zu Adas Zeiten. Die Briefe bekommen etwas sehr Geschäftsmäßiges. Was mag Sprengel sich denken, wenn auf einmal um zwei Mark verhandelt wird? Die Seebüll-Abende sind trüb. Kein unterhaltsames Musizieren mehr, keine fürsorgliche Zuwendung. Freunde haben eine Ahnung vom Leben Emil Noldes ohne Ada. Eduard Erdmann gibt einen Schubert-Abend auf dem Gut der Redleffsens in Satrup, das liegt etwa in der Mitte zwischen Seebüll und Langballigau an der Ostseeküste, wo Erdmanns wohnen. Das Honorar besteht übrigens aus Kohlen und Torf, damit sie im nächsten Winter nicht frieren müssen.[559] Irene Erdmann schickt Emil eine Einladung. Doch der ziert sich: »[...] mit Freuden hätte ich zugesagt, wenn ich nicht selbst im Malen wäre, aber ich denke dennoch vielleicht mitzufahren, ich will es zu gern hören [...].«[560] Als sie ihn in Satrup begrüßt, steht ihre älteste Tochter Jolanthe neben ihr. Von diesem Moment an kreisen Emils Gedanken um die 26-Jährige. Er deutet es an, als er Irene wenig später zur Feier seines achtzigsten Geburtstages, es ist der erste nach Adas Tod, auf Seebüll wiedersieht. »In jenem Moment [...], als wir abschiednehmend uns die Hände reichten, fand ich meine Worte so unbeholfen, aber ich weiß dennoch, daß Du mir lieb und wohlgesinnt bist u. meine Einladung an Jurlande [!] – sie hatte in Satrup gefragt ob sie auf Besuch nach Seebüll kommen könne – wartet ja noch auf Erfüllung. Ich wollte Dich bitten an sie zu schreiben, aber nun habe ich kürzlich ein paar freundschaftliche Worte selbst an sie geschrieben. Ich kenne sie ja menschlich so wenig nur, u. denke es könne schön sein ihr Empfinden u. Denken etwas zu spüren. Ich schrieb an sie als: Studentin, Germanistik, Universität Kiel [...].«[561]

Emil Nolde hätte gern jemanden um sich, der sein Kind oder Enkelkind sein könnte. Er möchte diesen Menschen an sich binden. Aber er kann nicht einfach so eine junge Frau zu sich nehmen, das würde in der Bauernschaft ringsum Gerede geben, da ist er sich sicher. Adoption wäre unter anderen Umständen vielleicht eine Möglickeit gewesen, nun, da er Jolanthe im Visier hat, ist es Heirat! Ihre Mutter soll, muss verstehen, dass er Pläne mit der Tochter hat. Er bespricht sich mit Irene Erdmann und bittet sie am 11. November noch, vorerst darüber zu schweigen. »Es tritt ein sehr seltsames Schicksal an Dich heran«, schreibt sich Irene Erdmann am 13. November 1947 von der Seele, was ihr durch den Kopf geht – in einem Briefentwurf, der Jolanthe erreichen wird oder nicht. Sie kann auch in diesem Sinn mit ihrer Tochter gesprochen haben:

> »Nachdem ich zwei Nächte alles durch und durch zerdacht habe, ist es mir klar geworden, daß Nolde die Herzlichkeit Deiner Begrüßung in Satrup falsch gedeutet haben muss. [...] Du hast [...] in dem Augenblick einen tiefen Eindruck, einen unauslöschlichen Eindruck auf ihn gemacht, der ihn nun nicht mehr verläßt. Damit Du Deinerseits nicht allzu ratlos vor diesem Geschehnis stehst und nicht häßliche Schatten vielleicht in Deine Gedanken fallen, wie etwa von

seniler Lüsternheit oder Gefühlstreulosigkeit der sehr unvergeßlichen Ada gegenüber, will ich versuchen, Dir das ehrfurchtgebietende Bild unseres greisen Freundes rein zu erhalten. Einmal ist seine Vereinsamung so grenzenlos, daß er sie einfach nicht mehr erträgt. [...] Verwöhnt durch die erfüllteste Zweisamkeit eines langen, langen Lebens, ringt er verzweifelt um Wärme. Und das zweite ist, daß er sein unter unendlichen Kämpfen selbst geschaffenes Privatvermögen, vor allem aber einen großen Teil seiner Bilder nicht als musealen Besitz zurückzulassen wünscht, sondern dies alles in lieben Händen wissen will. Es sollte einem Menschen bleiben, zu dem er persönliche Bindungen hat, der an ihm als Menschen und Künstler mit Liebe, Anteilnahme und künstlerischer Aufnahmefähigkeit hängt. Dies alles erwartet er von Dir.«[562]

Die junge Jolanthe ist tatsächlich bereit, diese Rolle zu übernehmen! Weihnachten verbringt Emil Nolde im Kreis der Familie Erdmann, am 23. Februar 1948 heiraten die beiden. Drei Wochen zuvor, am 2. Februar 1948, hat er die letzte seiner Notizen geschrieben, die er seit genau acht Jahren für den abschließenden vierten Band seiner Erinnerungen sammelt und der erst im Jahr seines hundertsten Geburtstags posthum unter dem Titel *Reisen, Ächtung, Befreiung* erscheinen wird.[563]

Man kann annehmen, dass die Bauernschaft um Seebüll sich über diese Eheschließung sehr wundert, tun es doch auch Emils alte Freunde. Etwa Hans Fehr, der, obwohl eingeladen, nicht zur Hochzeit kommt,[564] oder auch Sprengels: Sie schreiben überrascht, doch frohen Herzens und mit guten Wünschen für gesteigerte Schaffenskraft. Das Statement aus nächster Nähe liefert von Lepel: »Es ist im ersten Augenblick dieser ungewöhnliche und kühne Schritt ja gar nicht so schnell zu fassen. Wenn man aber länger darüber nachdenkt und vor allem hier das Glück miterlebt, dann kann man nur sehr froh darüber sein. [...] Die Trauung fand im kleinsten Kreise, mit der Familie Erdmann und Herrn und Frau Professor Berg, statt. Es war so feierlich und ergreifend schön.«[565]

Auf Seebüll sieht man Emil bald entspannt, ja heiter, Arm in Arm mit Jolanthe und von Lepel. Die beiden werden künftig sein Leben organisieren. Er ist ihm gelungen, sich einen Zufluss an Jugendlichkeit in seiner unmittelbaren Umgebung zu sichern. Natürlich ist der Alltag erst einmal alles andere als einfach – für die junge Frau wie für den alten Mann. Wie kann es auch anders sein. Ihr Auftreten am Frühstückstisch im Morgenrock und in dicken Socken, Jolanthe ist im Gegensatz zu ihm ein Nachtmensch und schläft gerne länger, missfällt Emil. Die gesellschaftlichen Verpflichtungen, die sich aus der Prominenz ihres Ehemannes in den Nachkriegsjahren ergeben, sind keine leichte Aufgabe für Jolanthe, trotz der Unterstützung einer sehr tüchtigen Haushälterin. Aber der Maler Nolde findet, was er (auch) sucht: ein Modell für neue Frauenbilder. Im Verhältnis zu der zusammen verlebten Zeit werden es mehr, als es Porträts von Ada gibt.

Die enge Beziehung seiner Bilder zu seinem Leben besteht auch im Spätwerk Noldes. Zum Beispiel in den Meeresaquarellen, die er 1946 in St. Peter schuf: Ada und ihm geht es gut, niemand ahnt, dass ihnen gerade noch ein halbes gemeinsames Jahr bleibt. Was er malt, sind satte Farben, die glühende Sonne, die sich in den Wellen und den Wolken spiegelt, Segelboote, Schlepper. Wie anders die Alpen-Aquarelle in klarem kühlem Blau, die 1948 während der Hochzeitsreise mit Jolanthe – zehn Wochen Schweiz – entstehen.

Hat Nolde einen Altersstil? Schwer zu sagen, aber wenn, dann ist dieser verführerisch leicht biographisch zu interpretieren: die Wahl der Farben, das Meer, die Wolken, das Bewegte, das gen Himmel Strebende.[566] Er variiert seine alten Themen – Fabelwesen, Blumen – wie in den vor Jahren geschaffenen »Ungemalten«, die er als Vorlagen für seine letzten Gemälde nimmt. Auch das ist keine Neuerung: Die großen Nolde-Werke entstanden nicht wirklich eruptiv, sondern nach Vorarbeiten und Skizzen. Wie in einigen Bereichen dieses Künstlerlebens weicht hier die Realität vom erweckten Anschein ab. Sogar vor *Pfingsten*, *Abendmahl* und *Verspottung* fertigte er Apostelköpfe, farbige Studien und aquarellierte Federzeichnungen an.[567]

Ein unauflösbarer Widerspruch wohnt wohl den vielen Blumenbildern inne, die er in den vierziger und fünfziger Jahren in endlosen Variationen malt. Sehr gekonnt, sehr farbig, sehr harmlos, gerade in Zeiten so vieler Untaten. Fragen nach den Namen der Pflanzenschönheiten will er nicht beantworten, obwohl er es ganz sicher könnte. Jedermann soll wissen, es kommt ihm auf deren Erscheinung an, sozusagen auf das Mohnhafte am Mohn und auf die Komposition, in die sich in diesem Fall die flachen farbigen Schalen einfügen. »Maler male«, das ist sein Schlachtruf. Einen anderen will er nie gehört haben.

Noch über hundert Bilder malt er und noch viel mehr Aquarelle, seitdem die »verschnürten Hände« wieder frei geworden sind. Dass es zum Schluss vor allem Aquarelle oder auch Bilder in Mischtechniken werden und nur noch wenige Ölgemälde, ist seiner körperlichen Verfassung geschuldet. So zu malen ist weniger anstrengend. Welchen Einfluss die weiter fortschreitende Empfindlichkeit seiner Augen auf seine Kunst hat, bleibt eine offene Frage.

Jedenfalls übernehmen Jolanthe – sie den eher privaten – und von Lepel – er den geschäftlichen Teil der Korrespondenz. Es geht darin um Ausstellungen, zum Beispiel in der Kestner-Gesellschaft in Hannover und im Ausland, in Amsterdam und Zürich. Nolde ist wieder bei Vömel in Düsseldorf vertreten und bei der Galerie Günther Franke, München, Stuckvilla, Äußere Prinzregentenstraße 4: Emil Nolde 15. Juni – 23. August 1953, anlässlich seines 86. Geburtstags. Gezeigt werden 28 Aquarelle (400–1000 DM) und sechs übermalte Lithographien (200–300 DM).

Der Wert seiner während der Zeit des Naziregimes verlorenen Produktion beschäftigt ihn immer noch. Emil Nolde will nicht entschädigungslos darauf verzichten. Die Korrespondenz deswegen zieht sich über Jahre hin. Sie beginnt vermutlich 1951, denn am 26. Oktober dieses Jahres erhält Emil Nolde die Nachricht, das Wiedergutmachungsamt habe seinen Rückerstattungsantrag ans Entschädigungsamt Berlin weitergegeben. Am 17. Februar 1953 erklärt sich das Entschädigungsamt für nicht zuständig, da Nolde in Seebüll lebt. Im Dezember 1953 stellt er erneut einen »Antrag zur Entschädigung für Opfer der nationalsozialistischen Verfolgung«[568] und schickt ihn an die Landesregierung Schleswig-Holstein zu Händen Herrn Regierungsdirektor Sievers, mit dem er zuvor persönlich gesprochen hat und der handschriftlich auf dem Anschreiben vermerkte, dass der Antrag des »weltberühmten Malers« auch im Hinblick auf dessen Alter mit Vorrang zu bearbeiten sei. In dem Brief beziffert Nolde seinen Verlust auf 70 000 DM und schreibt weiter: »Ein Austritt aus der NSDAP-Nordschleswig war nicht möglich, da ich damit mein Leben und mein Werk noch mehr gefährdet hätte.« Er benennt auch Zeugen für die Bedrohung. Noch im Dezember entwirft das Landesentschädigungsamt einen ablehnenden Bescheid. Der erst einmal nicht ergeht, denn am 1. April 1954 findet dazu eine Sitzung des Landessonderhilfsausschusses statt, der die Empfehlung ausspricht, den Antrag abzulehnen.[569] So kommt es. Dieser Bescheid wird am 25. Juni ausgefertigt. Darin wird noch einmal auf die Begründung Noldes, ein Austritt aus der NSDAP sei unmöglich gewesen, eingegangen und festgestellt, dass keinen Anspruch auf Entschädigung hat, »wer der nationalsozialistischen Gewaltherrschaft Vorschub geleistet hat«, was schon durch den Parteieintritt 1933 erwiesen sei, die zwölfjährige Mitgliedschaft wiege da »besonders schwer«. Ein Härteausgleich komme deshalb nicht in Frage. Es scheint, als habe es einen Widerspruch gegen diesen Bescheid gegeben – möglicherweise von den Erben –, denn es ist eine erneute Ablehnung des Antrags am 15. Juni 1957 dokumentiert. Da war Emil Nolde über ein Jahr tot. Am 17. Oktober 1959 wird das Verfahren abgeschlossen.[570]

Viele alte Weggenossen haben sich nach dem Krieg wieder bei Emil Nolde gemeldet, die meisten, um zum achtzigsten Geburtstag zu gratulieren, aber auch, um ihr Beileid zu Adas Tod auszudrücken, sofern sie davon erfahren haben. Emil Nolde korrespondiert noch mit Adolf Behne[571] (im März und April 1947 wegen eines jungen Mannes,[572] der in Sibirien in Kriegsgefangenschaft ist). Und mit Hans Friedrich Blunck,[573] einem seinerzeit der Partei und dem Gedankengut der Nationalsozialisten nahestehenden Schriftsteller, der sich dennoch offen gegen die Ausgrenzung und Verfolgung von Juden wandte. Nun tauschen die beiden alten Herren Bücher, Bilder und Nettigkeiten aus.

Und natürlich geht der Briefwechsel mit Sprengel weiter. Es geht um Hilfen im Alltäglichen, aber auch wieder um Testamentsangelegenheiten. Am 16. April 1946 hatten Ada und Emil eine neue Verfügung getroffen, in der vor allem die nationalsozialistische Erbhofregelung keine Rolle mehr spielen musste. Sie setzten sich gegenseitig als Universalerben ein und errichteten eine »selbständige freie Stiftung«,[574] an die Haus und Hof Seebüll, das dazugehörige Land, das Barvermögen

(Nolde hatte in der Schweiz Anlagekonten unter den Decknamen Palü I: mit 61 600,50 Franken und Palü II: mit 61 699,60 Franken, sowie ein Guthaben bei einer Kopenhagener Bank; 74 586,19 DM lagen am 13. April 1956 auf deutschen Konten),[575] Noldes künstlerische Produktion sowie sämtliche Kunstgegenstände letztlich gehen sollten. Sie bestimmten, zehn Jahre vor Emils Tod, den ersten Stiftungsrat und Joachim von Lepel als dessen ersten Leiter sowie Richtlinien zur Verwaltung des Stiftungsvermögens. Sie legten fest, was unveräußerlich sein sollte, und auch, dass die Bilder nicht gefirnisst werden dürften. Farbige Reproduktionen sollten nur für Buchpublikationen zugelassen werden.[576] Testamentsvollstrecker sollten der Architekt Georg Rieve, Bernhard Sprengel, Uffe Vilstrup und Joachim von Lepel sein.

Dieses Testament ändert Emil am 1. November 1952 insofern, als er Jolanthe[577] Gegenstände, Gemälde und Bargeld vermacht, ihr ein Wohnrecht im Haus sichert und sie in die Verwaltung der Stiftung, die sonst im Wesentlichen unberührt bleibt, einbindet. Jetzt konkretisiert er auch das Vermächtnis hinsichtlich der sich schon in Dänemark bei Aage Vilstrup befindenden Bilder an das Statens Museum for Kunst beziehungsweise an die Stiftung, sollte das Kopenhagener Museum ablehnen. Lebenslang hat der Maler Nolde in der Kunstszene des Heimatlands seiner Ada wenig Glück gehabt. Sie war noch 1937 erwartungsvoll mit einer Auswahl von Aquarellen nach Kopenhagen geflogen, die in der Frühjahrsausstellung in Charlottenborg gezeigt wurden, aber das Echo war sehr kritisch gewesen:[578] *»Ved Genforeningen fik vi Nolde. Ham måtte tyskerne gerne beholde.«* – »Bei der Wiedervereinigung [1920] haben wir Nolde bekommen. Die Deutschen hätten ihn gern behalten dürfen.« An dieser Einstellung hat sich wenig geändert, seine Skepsis ist also nicht unbegründet.

Anderswo erfährt Nolde – sicher nicht ohne einen Seitenblick auf seine Verfolgung durch die Nationalsozialisten – gerade in den ersten Nachkriegsjahren große Ehrungen: 1949 bekommt er die Stefan-Lochner-Medaille der Stadt Köln, 1950 den Preis der XXV. Biennale in Venedig für sein grafisches Werk, 1952 folgen die Verleihung der Friedensklasse des Ordens »Pour le mérite« und der Kulturpreis der Stadt Kiel.

Am 18. Februar 1952 ist in der Zeitung zu lesen, dass er sich den Arm gebrochen hat; er ist auf einer zugefrorenen Pfütze ausgerutscht.[579] Der linke Oberarm ist lädiert, die Rehabilitation zieht sich hin. Danach entsteht kein Ölgemälde mehr, zu schwer wird ihm das Handwerkszeug. Sein letztes, *Ihre kleine Tochter*, stammt aus dem Jahr 1951 und geht auf ein Aquarell aus der Reihe der »Ungemalten Bilder« zurück.[580] Nolde altert zuletzt sehr. Er zieht sich immer mehr in sich zurück, spricht wenig und leise, kränkelt, sein Sehvermögen hat längst stark nachgelassen. Im Januar 1955 liegt er wegen einer Prostata-Hypertrophie im Krankenhaus in Eppendorf. In diesem Jahr werden seine Werke auf der Documenta I[581] in Kassel gezeigt. Ein weiterer Erfolg des greisen Malers in einer Welt, von der er sich mehr und mehr entfernt. 1956 gilt er als Favorit für den noch nie an einen Deutschen vergebenen Großen Malerei-Preis von Venedig, doch »Nolde hatte die Heimtücke, kurz vor der Biennale zu sterben«.[582]

Am 13. April ist er in seinem Haus »im schönsten Frieden entschlafen«. Eine Bronchitis hatte ihn weiter geschwächt. Hans Fehr steht neben dem offenen Sarg im Bildersaal, findet den Freund seit über fünfzig Jahren »etwas eingefallen, friedlich schlummernd, die Nase hervorstechend, die lieben Augen auf ewig geschlossen [...]. Ein Meer von Blumen und Blüten wogte um ihn. Kerzen brannten, und hinter dem Toten hing sein verheißungsvolles Bild *Auferstehung*.« Ringsum Freunde und Bekannte. Ein Pfarrer spricht kurz über den Vers

»Von Gott und durch Gott und zu Gott sind alle Dinge. Ihm sei Ehre in Ewigkeit Amen (Röm. 11 V. 36)«. Man singt drei Strophen von »O Welt, ich muß dich lassen« und – Jolanthe und von Lepel haben bei der Auswahl sicher an *Die klugen und die törichten Jungfrauen* gedacht – den Vers »Gloria sei dir gesungen« bis zum Schluss.

Am nächsten Tag wird Noldes Sarg auf einem von Pferden gezogenen Wagen nach Neukirchen gebracht. Die Zügel führt die Tochter des Pächters. In der Kirche dort findet am 19. April die Trauerfeier statt, mit Musik vom Flensburger Streichquartett und einem Bläserchor. Der Flensburger Museumsdirektor Fuglsang hält den Nachruf, auch Hans Fehr spricht.[583] Dann kommt Emil Nolde endgültig heim nach Seebüll. Er wird an Adas Seite beigesetzt – in dem Grabhügel, den man urtümlich nennen kann. Und, ja, es ist April: draußen Sonnenstrahlen auf den Wasserspiegeln der Priele und Sielzüge, frisches Grün auf den Fennen, den Warften. All die neugeborenen Lämmer, die Wärme suchend neben den Mutterschafen liegen oder vor Lust am Leben herumspringen. Auch die wilden grauen Ringelgänse sind wieder da.

ANHANG

Zur Editionsgeschichte von Noldes autobiographischen Schriften

Ungewöhnlich ist es nicht, dass Inhalte eines Buches von Auflage zu Auflage verändert werden. Der Grund ist regelmäßig, dass sich zwischenzeitlich neue Erkenntnisse ergeben haben. So verhält es sich auch mit den autobiographischen Schriften Emil Noldes. Sie werden jedoch, obwohl erweitert, nicht präziser. Die Erkenntnisse, die einflossen, mildern ab, nehmen Schärfen heraus, weiten idealisierende Schilderungen aus. Es ist daher angeraten, die ersten Fassungen nicht als überholt anzusehen – im Gegenteil, es ist erhellend, den Unterschieden von der ersten zur zweiten und damit zu späteren Auflagen nachzugehen.

Mit *Das eigene Leben* begann Emil Nolde die Reihe seiner Schriften. Die Erstausgabe erschien zunächst unter eigenem Copyright, dann, 1931, im Berliner Bard-Verlag. Die Restauflage übernahm im gleichen Jahr der Rembrandt-Verlag, ebenfalls Berlin, unverändert, bis auf eine eingeklebte Seite mit der neuen Verlagsangabe, auf deren Rückseite immer noch »Copyright by Emil Nolde, Berlin« steht. Im Vorjahr hatte Nolde das Buch im Großen und Ganzen abgeschlossen. Es scheint, als habe er sich etwa seit seinem 60. Geburtstag damit beschäftigt. 1934 kam *Jahre der Kämpfe* heraus, wieder im Rembrandt-Verlag und wieder kurz nach Fertigstellung des Typoskripts. Beide autobiographischen Schriften bearbeitete Nolde für zweite Auflagen, die im Verlagshaus Christian Wolff in Flensburg erschienen: *Das eigene Leben* 1949 und *Jahre der Kämpfe* – ohne Jahresangabe – knapp zehn Jahre später, das bedeutet, nach Noldes Tod und deshalb unter der Herausgeberschaft der Stiftung Seebüll Ada und Emil Nolde.

Aus Noldes Hinzufügungen ist zu entnehmen, dass er schon 1946 damit beschäftigt war, *Das eigene Leben* für eine neue Auflage vorzubereiten. Der Vergleich zwischen der ersten und der zweiten zeigt, dass er intime Äußerungen unpassend fand und eliminierte – wie die, dass er »im Boden eine schmale Tiefe scharrte«, sich darüber legte, »träumend, daß die ganze, große, runde, wundervolle Erde« seine »Geliebte sei«. Äußerungen mit antisemitischem Inhalt fand er offensichtlich nicht so anstößig, sie blieben.

Anderes ergibt der Vergleich der ersten Ausgabe von *Jahre der Kämpfe* mit der zweiten, die nach Noldes Tod von der Stiftung ediert wurde: Hier fehlen Passagen wie seine Gedanken zu einem jungen jüdischen Schuhverkäufer und einem jüdischen Mädchenjäger. [Emil Nolde: *Jahre der Kämpfe*, 1. Auflage, S. 101 und 2. Auflage, S. 103.] Und wie diese: »Die Juden haben als Leistung die Bibel und das Christentum. Durch ihre unglückselige Einsiedelung in den Wohnstätten der arischen Völker und ihre starke Teilnahme in deren eigensten Machtbefugnissen und Kulturen ist ein beiderseitig unerträglicher Zustand entstanden. Nicht ihre Schuld ist dies [...].« [Emil Nolde: *Jahre der Kämpfe*, 1. Auflage, S. 124 und 2. Auflage, S. 127.] Noldes Gedankengängen in diese Richtung sollte man nicht mehr folgen dürfen.

1965 erschien *Welt und Heimat* mit dem Untertitel *Die Südseereise 1913–1918, geschrieben 1936 von Emil Nolde.* In Martin Urbans Nachwort (S. 175 f.) wird der posthume Erscheinungstermin damit begründet, dass 1936 eine Veröffentlichung nicht möglich gewesen sei. Zwar wird berichtet, dass das Versenden von auf Seebüll mit der Handdruckmaschine hergestellten Exemplaren an Freunde 1941 auffiel und zu Problemen mit Behörden führte, jedoch fehlt schon der Versuch, Noldes Entscheidung für dieses Vorgehen auf seine Situation 1936 zurückzuführen. Auch dass Nolde nicht gleich nach dem Krieg *Welt und Heimat* einem Verlag übergab, schließlich überarbeitete er ja unverzüglich *Das eigene Leben* für die zweite Auflage, bleibt unerörtert.

1967, zum 100. Geburtstag Noldes, veröffentlichte die Stiftung *Reisen Ächtung Befreiung 1919–1946* von Emil Nolde. Auch zu diesem Band gibt es ein Nachwort von Martin Urban (S. 180 f.). Demnach begann Nolde mit der Niederschrift 1936, Notizen dazu entstanden bis 1948. Die Auswahl der Texte erfolgte durch die Stiftung, und wie schon bei *Welt und Heimat* wurden, laut Urban, dabei »unklare Stellen [...] fortgelassen« bzw. »richtiggestellt«.

Es ging darum, Emil Nolde als Opfer nationalsozialistischer Verfolgung darzustellen. Man vertraute seiner Überzeugungskraft als Maler offensichtlich nicht. Man, das war die Stiftung Seebüll Ada und Emil Nolde, die gleich nach dessen Tod alles daransetzte, die Deutungshoheit über Nolde zu erlangen.

Ein Brief lässt keinen Zweifel daran. Er bezieht sich auf den 1958 erschienenen opulenten Bildband mit biographischem Teil *Emil Nolde* von Werner Haftmann. Der prominente Kunsthistoriker war einer der Wegweiser zur neuen Kunst in diesen Jahren, beispielsweise als kunsthistorischer Leiter der ersten Kasseler documenta und als Jurymitglied der Biennale Venedig – zwei wichtigen Foren für die so positive Nolde-Rezeption nach dem Krieg. Sein Buch wurde von der Stiftung herausgegeben, und zwar im gleichen Jahr, in dem auch die zweite Auflage von *Jahre der Kämpfe* erschien. Fünf Jahre später hatte er sich gegen den Vorwurfzu verteidigen, eine lückenhafte Darstellung vorgelegt zu haben.

Werner Haftmann an Bernhard Sprengel am 29. Mai 1963:

> »Dann stellte das ›Jewish Museum‹ in N. Y. in seiner Ausstellung ›Alttestamentarische Bilder‹ 3 Noldes aus. Daraufhin riefen Meyers & Werner [lt. Haftmann ein emigrierter Journalist] bei allen Trusters an und wiesen auf den ›wüsten Nazi‹ Nolde hin. Das gab natürlich einen Wirbel. Ich geriet am Rande auch hinein, weil man mir vorwarf (herummurmelnd), ich hätte die Nazi-Vergangenheit Noldes bewußt verschwiegen. Tatsächlich ist das richtig und ich habe kein Argument dagegen. Lepel beschwor mich damals, doch ja jeden Hinweis darauf in meinem Buch zu streichen. Schließlich tat ich's, weil so etwas ja nichts mit dem Maler zu tun hat. Die Sache scheint inzwischen bereinigt. Thomas Messer, der Direktor des Guggenheim-Mus., der kürzlich hier bei mir war, ist gleich damals von mir informiert worden und hat die glimmenden Funken ausgetreten. Peter H. Janson, Ordinarius der Columbia University und ein alter Freund von mir, der mich gleich anfangs informierte, hat da mitgeholfen. Zu tun ist da nichts weiter, als den Mund zu halten. Die Ausstellung kam offenkundig gut an [...].« [Dokument Niedersächsisches Landesarchiv-Hauptstaatsarchiv Hannover Dep. 105 Acc. 2/80, Nr. 101]

Glimmende Funken sind so leicht nicht auszutreten.

In dieser Biographie wird aus den Erstausgaben zitiert und auf Unterschiede zu späteren hingewiesen. Die Editionsgeschichte anhand von Dokumenten im Archiv der Stiftung Seebüll aufzuarbeiten sollte künftig möglich sein. Ein freies Arbeiten dort stieß bis in die jüngste Vergangenheit auf Widerstand. Aber ein Sinneswandel deutet sich an.

ANMERKUNGEN

1 Emil Nolde: *Das eigene Leben*, Berlin 1931, S. 15.

2 Flensburger Studienkreis (Hrsg.): *Emil Hansen aus Nolde. Der Maler aus dem schleswigschen Grenzland eine Gestalt zwischen Deutschland und Dänemark*, Flensburg 1974, S. 12.

3 Emil Nolde: *Das eigene Leben*, Berlin 1931, S. 46 und Hans Fehr: *Emil Nolde. Ein Buch der Freundschaft*, München 1960, S. 112.

4 Stadt Karlsruhe – Städtische Galerie Karlsruhe (Hrsg.): *Nolde im Dialog 1905–1913*. Quellen- und Beitragsband zur Ausstellung in der Städtischen Galerie Karlsruhe vom 12. Oktober 2002 bis 16. Februar 2003, München 2002, S. 157.

5 Flensburger Studienkreis (Hrsg.): *Emil Hansen aus Nolde. Der Maler aus dem schleswigschen Grenzland eine Gestalt zwischen Deutschland und Dänemark*, Flensburg 1974, S. 77 ff., sowie Telefonate mit Otto Langlo, Sohn des Pastors Heinrich Langlo in Nordschleswig, am 7. Juli 2010, und Uwe Pörksen, Sohn des Breklumer Theologen und Missionars Martin Pörksen, am 22. März 2011, über das Wirken der Hansen-Brüder als Prediger für die Erweckungs- und Bekenntnisbewegung in Nordschleswig.

6 Emil Nolde: *Das eigene Leben*, Berlin 1931, S. 82.

7 Ebd., S. 84.

8 Ebd., S. 35.

9 Ebd., S. 24.

10 Dänisch: Tønder.

11 Emil Nolde: *Das eigene Leben*, Berlin 1931, S. 14.

12 Ebd., S. 16.

13 Sequenz ebd., S. 32 f. Der »Bussemand« oder auch »Butzemann« ist ein Kinderschreck.

14 Schon seit dem 18. Jahrhundert wusste man, dass die unfruchtbaren Böden der Geest durch dieses Ton-Kalk-Gemisch aufgebessert werden können, das in offenen Gruben in deren Umgebung abgebaut wurde. Emil hatte oft Transportarbeit mit dem Pferdefuhrwerk zu leisten, die später von Lorenbahnen übernommen wurde, die die Mergelgenossenschaften betrieben.

15 Emil Nolde: *Das eigene Leben*, Berlin 1931, S. 38. Abbildungen der Stammbuchblätter (1876) in: Manfred Reuther: *Das Frühwerk Emil Noldes. Vom Kunstgewerbler zum Künstler*, Köln 1985, S. 51.

16 Emil Nolde: *Das eigene Leben*, Berlin 1931, S. 35.

17 Es handelt sich um eine romanische Kirche, begonnen um 1200. Kruzifix und Blattmotive am Chorgewölbe entstanden Anfang des 16. Jahrhunderts. Eine Besonderheit der Kirche ist die bemalte, auf Balken aufliegende Bretterdecke aus der Zeit um 1620. Altar, Taufbecken und Kanzel entstanden Anfang des 17. Jahrhunderts. In dieser Kirche wurde Emil Hansen am Palmsonntag 1883 konfirmiert.

18 Der Altar stammt aus der Flensburger Werkstatt Ringerink, die Kanzel aus der Tonderner Werkstatt Petersen.

19 Sequenz Emil Nolde: *Das eigene Leben*, Berlin 1931, S. 49.

20 Leonhard Hansen verfasste einen »Leitfaden zur homöopathischen und biochemischen Behandlung unserer kranken Haustiere« und veröffentlichete ihn 1933 im Selbstverlag. Wie Leonhard und Elfriede Bonnichsen mir im Gespräch am 12. Juli 2011 in Bylderup Bov, für das ich ihnen danke, erzählten, verfolgten Noldes ältere Brüder später Unternehmungen wie den Verkauf von Heilwasser und von Fischen. Hans entwarf eine Berieselungsanlage und hatte Verbindung zur Breklumer Mission.

21 Emil Nolde: *Das eigene Leben*, Berlin 1931, S. 18 f.

22 Die Daten der Einträge wurden mir am 14. April 2010 von Henrik Bo Jacobsen, dem derzeitigen Pfarrer der Gemeinde Burkal (deutsch: Buhrkall), übermittelt, dem ich dafür danke. Zu Nicolai lt. Kirchenbuch von 1861 Eintrag Nr. 45: Peter Nikolaj Anton Hansen, geb. am 17. September 1861, getauft am 6. Oktober 1861. Zu Leonhard lt. Kirchenbuch von 1866 Eintrag Nr. 2: Eleonhard Carl Hansen, geb. am 19. Oktober 1865, getauft am 5. Januar 1866. Zu Emil lt. Kirchenbuch von 1867, Eintrag Nr. 31: Hans Emil Hansen, geb. am 20. August 1867, getauft am 3. September 1867. Sein richtiges Geburtsdatum ist der 7. August, es wurde also von Pastor Grauer falsch aufgenommen. Zu Cathrina lt. Kirchenbuch von 1869 Eintrag Nr. 18: Elena Cathrina Christina Hansen, geb. am 7. Mai 1869, getauft am 30. Mai 1869. Sie wurde nach der am 9. Mai 1863 geborenen und noch im gleichen Jahr verstorbenen Schwester benannt. Wie Christian Jessen, geboren am 24. November 1859, der nur sechs Jahre alt wurde, starb diese

Tochter vor Emils Geburt. Zum Ältesten, Hans, ist kein Eintrag festzustellen, denn die Kirchenbücher liegen erst ab 1861 vor. Lt. Manfred Reuther: *Das Frühwerk Emil Noldes. Vom Kunstgewerbler zum Künstler*, Köln 1985, S. 336, wurde er am 3. August 1858 geboren.

23 Hans Hansen (1800–1849) verheiratet mit Petrea Warming Lauritzen (1798–1871).

24 Sequenz Emil Nolde: *Reisen Ächtung Befreiung 1919–1946*, Köln 1967, S. 91 f. Darin schreibt er von sieben Geschwistern, aber es waren wohl neun Kinder: 1824 Grete, 1826 Maria, 1827 Jens, 1829 Lorenz Warming, 1931 Niels, 1833 Bendix, 1835 Mett Kiestin, 1838 Caroline, 1840 Hanne Drea lt.: *Der Maler Andreas Jürgen Hansen und das Wiedingharder Amtsgericht*, Ausgabe 3 von *Die Chronik von Neukirchen*, hrsg. von der Gemeinde Neukirchen, Arbeitsgemeinschaft Chronik, o. J. Ich danke Hans Carstensen für ein Gespräch zum Thema am 11. Juli 2011 in Neukirchen. Ich danke auch Gertha Freitag, geborene Kahlke, für ein Gespräch am 13. Juli 2011 in Neukirchen über die Aufzeichnungen ihres Vaters, der Pächter des Seebüllhofes war, und über ihre Kindheitserinnerungen an Emil und Ada Nolde.

25 Emil Nolde: *Das eigene Leben*, Berlin 1931, S. 13 f.

26 Dieses Sprachgemisch schlägt sich auch in seinen Schriften nieder.

27 Der Hof wurde nach einem Brand nicht mehr aufgebaut. Die Fläche ist heute mit Bäumen verschiedenster Art wild überwachsen.

28 Emil Nolde: *Reisen Ächtung Befreiung 1919–1946*, Köln 1967, S. 35.

29 Emil Nolde: *Das eigene Leben*, Berlin 1931, S. 37.

30 Ebd., S. 50. Der Satzteil »im Boden eine schmale Tiefe scharrend, darüberhin ich mich legte« kommt schon in der von ihm selbst durchgesehenen zweiten, erweiterten Auflage von 1949 nicht mehr vor. Siehe dazu Emil Nolde: *Das eigene Leben. Die Zeit der Jugend 1867–1902*, Flensburg, 1949, S. 64.

31 Ebd., S. 51.

32 Dänisch: Bylderup Bov.

33 Dänisch: Tinglev.

34 Flensburg hatte damals ungefähr 30 000 Einwohner. Das dreistöckige Fabrikgebäude lag am Holm 62. Siehe auch Manfred Reuther: *Das Frühwerk Emil Noldes. Vom Kunstgewerbler zum Künstler*, Köln 1985, S. 63 ff.

35 Den gebräuchlichen deutschen Namen hat der Ochsenweg vom Viehhandel, der über diesen Weg abgewickelt wurde. Bis in das 19. Jahrhundert hinein wurden Rinder aus Jütland und von den dänischen Inseln zu den Weidegebieten in den Nordseemarschen der Westküste Schleswig-Holsteins, Ost- und Westfrieslands getrieben. Dort wurden sie bis zum Verkauf als Schlachtvieh fett geweidet. Im Mittelalter lagen Teile des Ochsenwegs auf dem Jakobsweg von Dänemark nach Nordspanien.

36 Emil Nolde: *Das eigene Leben*, Berlin 1931, S. 51.

37 Es handelte sich um den Altar im Schleswiger Dom, der von 1514 bis 1521 von Hans Brüggemann geschnitzt wurde.

38 Emil Nolde: *Das eigene Leben*, Berlin 1931, S. 52.

39 Heinrich Sauermann kauft später mindestens ein Nolde-Bild, das Gemälde *Kreuzigung* von 1911/12.

40 Emil Nolde: *Das eigene Leben*, Flensburg 1949, S. 67.

41 Emil Nolde: *Das eigene Leben*, Berlin 1931, S. 53.

42 Ebd., S. 56.

43 In dem aus dem 16. Jahrhundert stammenden Gebäude am Holm 3 befindet sich noch heute ein Lokal.

44 Sequenz Emil Nolde: *Das eigene Leben*, Berlin 1931, S. 55.

45 Während der letzten Monate seiner Lehrzeit wohnte Emil Hansen in einer Wohngemeinschaft mit Adolf Müller, Heinrich Thode und Wilhelm Johannsen.

46 Die Gaststätte von 1751 gibt es noch heute, sie befindet sich in der Angelburger Str. 44.

47 Landesarchiv Schleswig-Holstein, Abt. 761 Nr. 13668. Fragebogen G/K 12866.

48 Emil Nolde: *Das eigene Leben*, Berlin 1931, S. 59.

49 Ebd.

50 Ebd., S. 57.

51 Stadt Karlsruhe – Städtische Galerie Karlsruhe (Hrsg.): *Nolde im Dialog 1905–1913*. Quellen- und Beitragsband zur Ausstellung in der Städtischen Galerie Karlsruhe vom 12. Oktober 2002 bis 16. Februar 2003, München 2002, S. 40 f.

52 Emil Nolde: *Das eigene Leben*, Berlin 1931, S. 58.

53 Sequenz ebd., S. 59 f. Allerdings: Nolde begann seine Ausbildung an der Kunstgewerbeschule in Karlsruhe bereits im Juni 1888, der Geburtstag des Vaters war im August.

54 Ebd., S. 57.

55 Ebd., S. 61.

56 Emil Nolde: *Das eigene Leben*, Flensburg 1949, S. 87. Sein Wochenlohn betrug zunächst 15, später 45 Mark.

57 Sequenz Emil Nolde: *Das eigene Leben*, Berlin 1931, S. 61 f.

58 Ab 1892/93, als er mit einem Stipendium an die Académie Julian in Paris ging, die 1900 auch Emil Hansen besuchte, schrieb er sich Laeuger.

59 Emil Nolde: *Das eigene Leben*, Berlin 1931, S. 62.

60 Sequenz ebd., S. 63 f. Dort: Bischof und Rudolph Meyer.

61 Stadt Karlsruhe – Städtische Galerie Karlsruhe (Hrsg.): *Nolde im Dialog 1905–1913*. Quellen- und Beitragsband zur Ausstellung in der Städtischen Galerie Karlsruhe vom 12. Oktober 2002 bis 16. Februar 2003, München 2002, S. 39 f.

62 Nach Manfred Reuther: *Das Frühwerk Emil Noldes. Vom Kunstgewerbler zum Künstler*, Köln 1985, S. 110 ff., war der junge Hansen in Karlsruhe häufig in Wirtschaften unterwegs. Beispielsweise im »Krokodil« in der Waldstraße, wo er die Wände voller gezeichneter Karikaturen bewunderte, wie schon im Flensburger »Gnomenkeller«.

63 Sequenz Emil Nolde: *Das eigene Leben*, Berlin 1931, S. 65 f.

64 1888/89 starben mehrere Tausend Menschen in Europa an der Grippe. Die Spanische Grippe, an der Nolde erkrankt gewesen zu sein glaubte, kam jedoch erst 1918.

65 Emil Nolde: *Das eigene Leben*, Flensburg 1949, S. 92 f.

66 Emil Nolde: *Das eigene Leben*, Berlin 1931, S. 69.

67 Emil Nolde: *Das eigene Leben*, Flensburg 1949, S. 95.

68 Zu der Zeit kostete in Berlin jeweils ein Kilo Brot 22 Pfennig, Kaffee 2,40 Mark, Butter 2,15 Mark, Reis 33 Pfennig, Schmalz 1,23 Mark, Wurst 1,54 Mark, Zucker 80 Pfennig. Siehe dazu u. a. Berlin-Chronik unter www.luise-berlin.de.

69 Emil Nolde: *Das eigene Leben*, Berlin 1931, S. 67.

70 Sequenz ebd., S. 69.

71 Ebd., S. 67. Das Kunstgewerbemuseum mit Ausbildungsanstalt befand sich in der Prinz-Albrecht-Straße 7 (heute Martin-Gropius-Bau, Niederkirchnerstraße). Als sich das Hauptgebäude als zu klein für die 1885 zum Staatsinstitut ernannte Schule erwies, wurden in der Wilhelmstraße 89 weitere Räume angemietet. Es ist also anzunehmen, dass Emil Hansen in der Nähe wohnte. Im weiteren Verlauf der Wilhelmstraße hatten diverse Ministerien ihren Sitz. Im

Reichskanzlerpalais residierte zu der Zeit noch Bismarck. In der Niederkirchnerstraße befand sich später der Sitz der Gestapo.

72 Im Dezember 1890 lebten in Berlin 1 578 794 Menschen. Die Einwohnerzahl hatte sich in den vergangenen zwanzig Jahren etwa verdoppelt. Zu den Wohnverhältnissen: Etwa 28 000 Menschen teilten sich zu siebt ein Zimmer, 11 000 zu neunt, 85 000 lebten in Wohnkellern. Siehe dazu u. a. Berlin-Chronik unter www.luise-berlin.de.

73 Sequenz Emil Nolde: *Das eigene Leben*, Berlin 1931, S. 69.

74 Emil Nolde: *Das eigene Leben*, Flensburg 1949, S. 97.

75 Emil Nolde arbeitete vom 1. Januar bis zum 31. Dezember 1890 in der Galanteriewarenfabrik Prinzenstraße 86 H II.

76 Das war am 26. Oktober 1890, Zehntausende marschierten auf.

77 Die Bekanntschaft mit dem Architekten Willy Fleck, Mitglied des Badischen Kunstgewerbevereins. Emil Nolde: *Das eigene Leben*, Flensburg 1949, S. 98.

78 Sequenz Emil Nolde: *Das eigene Leben*, Berlin 1931, S. 70.

79 Sequenz ebd., S. 71.

80 Ebd., S. 72.

81 Ebd., S. 117.

82 An einige Schüler erinnerte er sich später noch, andere brachten sich ihm in Erinnerung, nachdem er berühmt geworden war. Hedwig Scherrer, wichtige St. Gallener Künstlerin um die Jahrhundertwende und seine Schülerin, blieb unbeeindruckt, als sie 1912 in München eine Ausstellung besuchte, auf der sie Nolde-Bilder sah. Ob sie wusste, dass der Künstler ihr ehemaliger Lehrer Hansen war?

83 Sequenz Emil Nolde: *Das eigene Leben*, Berlin 1931, S. 73 ff.

84 Flensburger Studienkreis (Hrsg.): *Emil Hansen aus Nolde. Der Maler aus dem schleswigschen Grenzland eine Gestalt zwischen Deutschland und Dänemark*, Flensburg 1974, S. 73.

85 Emil Nolde: *Das eigene Leben*, Berlin 1931, S. 81.

86 Emil Nolde: *Das eigene Leben*, Flensburg 1949, S. 123.

87 Sequenz Emil Nolde: *Das eigene Leben*, Berlin 1931, S. 106 ff. Und Emil Nolde: *Das eigene Leben*, Flensburg 1949, S. 195 ff. Der Vergleich dieser Sequenzen ergibt keine gravierenden Unterschiede, besonders im Hinblick auf Wittners Judentum, mit dem Nolde sich in beiden Fassungen auseinandersetzt. Dabei ist zu beachten, dass die zweite Ausgabe von *Das eigene Leben* zwar 1949 erschien,

gerade die Wittner-Sequenz jedoch nach Angaben Noldes 1946 von ihm überarbeitet wurde.

88 Dr. med., Regierungsrat, Mitglied der Kantonsregierung.

89 Zäunchen- und Häuschen-Malen.

90 Hans Fehr: *Emil Nolde. Ein Buch der Freundschaft*, München 1960, S. 9 f.

91 Emil Nolde: *Das eigene Leben*, Berlin 1931, S. 99.

92 Eine Postkarte an die Mutter von Hans Fehr ist noch erhalten. Darauf ist »Schleswig-Holstein meerumschlungen!« zu sehen: Ein junger Meermann umarmt von der Nordsee her über Schleswig-Holstein hinweg eine junge Meerfrau, die aus der Ostsee auftaucht. Der Ort Nolde liegt über beider Köpfe.

93 Emil Nolde: *Das eigene Leben*, Berlin 1931, S. 78.

94 Sequenz ebd., S. 101 ff.

95 Ebd., S. 98 f.

96 Georg Hirth (Hrsg.): *Jugend, Münchner illustrierte Wochenschrift für Kunst und Leben*, München und Leipzig, 1896: Nr. 11, S. 168 f., Nr. 12, S. 184, Nr. 36, S. 585; 1897: Nr. 7, S. 110 f., Nr. 27, S. 464; 1900: Nr. 6, S. 104.

97 Manfred Reuther: *Das Frühwerk Emil Noldes. Vom Kunstgewerbler zum Künstler*, Köln 1985, S. 284.

98 Sequenz Emil Nolde: *Das eigene Leben*, Berlin 1931, S. 86 ff.

99 Ebd., S. 113.

100 Max Sauerlandt (Hrsg.): *Emil Nolde. Briefe aus den Jahren 1894–1926*, Berlin 1927, S. 15.

101 Auch Alexander Burgener entstammte einer Bergsteigerfamilie. 1910 stürzte er an der Jungfrau tödlich ab. Sein Bruder Franz, der gelegentlich irrtümlich als Teilnehmer dieser Bergbesteigung und somit als Modell für Emil Hansens Zeichnung genannt wird, kam bereits 1893 ums Leben.

102 Max Sauerlandt (Hrsg.): *Emil Nolde. Briefe aus den Jahren 1894–1926*, Berlin 1927, S. 25. Die ganze Matterhornbeschreibung im Brief an die Alpenfreunde aus Zinal im August 1896, S. 19 ff.

103 Emil Nolde: *Das eigene Leben*, Berlin 1931, S. 98.

104 Manfred Reuther: *Das Frühwerk Emil Noldes. Vom Kunstgewerbler zum Künstler*, Köln 1985, S. 177.

105 Abgebildet beispielsweise in Manfred Reuther und Karin Schick (Hrsg.): *Emil Nolde und die Schweiz. Ein Lesebuch*, Köln 2010, S. 81.

106 Emil Nolde: *Das eigene Leben*, Berlin 1931, S. 96.
107 1894 aquarellierte er solche Bergschuhe.
108 Sequenz Emil Nolde: *Das eigene Leben*, Berlin 1931, S. 94 ff.
109 Vielleicht Clara Hoffmann, die Cousine von Erna Hoffmann, die er bereits in St. Gallen kennenlernte und später in Dresden wiedertraf.
110 Emil Nolde: *Das eigene Leben*, Berlin 1931, S. 116.
111 Manfred Reuther: *Das Frühwerk Emil Noldes. Vom Kunstgewerbler zum Künstler*, Köln 1985, S. 201.
112 Emil Nolde: *Das eigene Leben*, Berlin 1931, S. 78.
113 Emil Nolde: *Das eigene Leben*, Flensburg 1949, S. 141 f.
114 Emil Nolde: *Das eigene Leben*, Berlin 1931, S. 106.
115 Zitiert aus dem Verwaltungsbericht des Kaufmännischen Directoriums an die Kaufmännische Corporation in St. Gallen vom 1. November 1896 bis 31. October 1897, St. Gallen 1898, p. 22/23 nach Daniel Studer: *Martha Cunz, Leben und Werk* (Dissertation), Zürich 1992, S. 67. Ich danke Daniel Studer für mündliche und schriftliche Auskünfte zu Emil Nolde in St. Gallen im Frühjahr 2012.
116 Emil Nolde: *Das eigene Leben*, Berlin 1931, S. 113.
117 Ebd., S. 128.
118 Vgl. ebd., S. 137.
119 Daniel Studer: *Martha Cunz, Leben und Werk* (Dissertation), Zürich 1992, S. 85. Daniel Studer hat die Äußerung einem Buch über Carl Liner, der ein Freund von Martha Cunz und selbst 1894 Zeichenlehrer in St. Gallen war, entnommen. Martha Cunz war Schülerin an der St. Gallener Zeichenschule gewesen und kannte Emil Hansen von dort. 1896, als sie in Dachau bei Hölzel studierte, traf sie öfter mit Emmi Walther zusammen, die sich dort mit Emil Hansen anfreundete.
120 Emil Nolde: *Das eigene Leben*, Berlin 1931, S. 127.
121 Sequenz ebd., S. 115 f.
122 Ebd., S. 127.
123 Akademie der Künste, Matrikeldatenbank u. a. Die Matrikelbücher sind erhalten, weil eine beherzte Sekretärin sie mit nach Hause nahm. Alle anderen Unterlagen, also auch ein Bewerbungsschreiben Hansens und dessen Ablehnung, sollte es sie gegeben haben, gingen im Krieg verloren.
124 Emil Hansen, der sich am 29. Dezember 1897 in St. Gallen ab-

meldete, war während seiner Münchner Zeit von 1898 bis 1899 unter folgenden Adressen gemeldet: ab dem 13. Januar 1898 Dachauer Straße 37/1 bei Hammerl. Vom 7. Mai bis zum 4. Juli 1898 Schnorrstraße 10/3 bei Günther. In den folgenden Monaten war er nach eigenen Angaben in Polling. Ab dem 28. Oktober 1898 wohnte er in der Arcisstraße 46/3 bei Brachinger, bis er am 2. März 1899 nach Dachau zog. Daten aus polizeilichen Meldebögen und Steuerlisten übermittelt durch Anton Löffelmeier, Hauptabteilung I, Stadtarchiv München, am 13. März 2012.

125 Hier danke ich Dominik von König für seine unveröffentlichten Aufzeichnungen »Polling. Das Malerdorf«, für die Gästelisten aus dem Fremdenbuch der alten Klosterwirtschaft, das unter Johann Michael Streicher von Juni 1853 bis September 1905 mehr oder weniger – Emil Hansen hat sich nicht eingetragen – konsequent geführt wurde, sowie für ein Gespräch und eine Führung zu Kloster, Wirtschaft und Museum in Polling am 29. August 2012.

126 Adolf Hölzel gründete mit Ludwig Dill und Arthur Langhammer die Dachauer Malschule, neben Worpswede die wichtigste deutsche Malerkolonie zu der Zeit. Er lebte von 1888 bis 1905 in Dachau. Elisabeth Boser: »Von München nach ›Neu-Dachau‹. Eine Künstlerkolonie und ihre Voraussetzungen«, in: *Deutsche Künstlerkolonien 1890–1910*, Katalog zur Ausstellung der Städtischen Galerie Karlsruhe vom 26. September 1998 bis zum 17. Januar 1999, S. 201 ff. Für Informationen zu Dachau danke ich Jutta Mannes.

127 Auskunft der Adolf-Hölzel-Stiftung.

128 In sein Buch *Das eigene Leben* von 1931 fügte er Studien nach diesen Künstlern ein, die klar dem Schema folgen, das Hölzel seinen Schülern vorgab. Von der Hölzel-Schülerin Luise Deicher ist ein sehr ähnliches Blatt im Archiv der Adolf-Hölzel-Stiftung erhalten.

129 Emil Nolde: *Das eigene Leben*, Berlin 1931, S. 119 ff. und 130.

130 Ebd., S. 137.

131 Nach Jahrzehnten erhöhte die neue Satzung der Akademie 1828 das Eintrittsalter für Schüler von 13 auf 14 Jahre.

132 Frauen besuchten Privatschulen, weil die Akademie sie nicht aufnahm. Das betrifft die Zeit zwischen 1839 und 1920. Die einzige

Ausnahme war Elisabeth Ney, die sich 1852 im Fach Bildhauerei einschreiben konnte (lt. Chronik der Akademie der Bildenden Künste München). Privatschulen, wie die 1890 von Friedrich Fehr, Ludwig Schmid-Reutte und Paul Nauen gegründete, entsprachen der Nachfrage, indem sie Frauenklassen einrichteten.

133 Sequenz Hans Fehr: *Emil Nolde. Ein Buch der Freundschaft*, München 1960, S. 14 ff.

134 Emil Nolde: *Das eigene Leben*, Berlin 1931, S. 128.

135 Hans Fehr: *Emil Nolde. Ein Buch der Freundschaft*, München 1960, S. 18.

136 Abbildung Adolf-Hölzel-Stiftung.

137 Emil Nolde: *Das eigene Leben*, Berlin 1931, S. 130.

138 Ebd., S. 128.

139 Ebd., S. 135.

140 Ebd., S. 139.

141 Emil Nolde: *Jahre der Kämpfe*, Berlin 1934, S. 178.

142 Ebd., S. 226.

143 Emil Nolde: *Das eigene Leben*, Berlin 1931, S. 143.

144 Ebd., S. 115.

145 Sequenz Hans Fehr: *Emil Nolde. Ein Buch der Freundschaft*, München 1960, S. 19 f.

146 Emil Nolde: *Das eigene Leben*, Berlin 1931, S. 150.

147 Hans Fehr berichtet, wie das Bild wieder in Emil Noldes Besitz kam: »Ich war unterdessen Privatdozent in Leipzig geworden. Der Zufall wollte es, daß Héran eine graphische Ausstellung im dortigen Kunstverein machte.« Durch seine Beziehungen zum Präsidenten des Kunstvereins konnte Fehr Héran damit drohen, dass, sollte er das Bild nicht herausgeben, alle Werke dieser Ausstellung beschlagnahmt würden. Das hatte Erfolg. Später erwarb Fehrs Schwiegervater das Bild auf Bitten Noldes, der Geld brauchte. Sequenz Hans Fehr: *Emil Nolde. Ein Buch der Freundschaft*, München 1960, S. 21 f.

148 Karl Albiker, Rodin-Schüler, und Adolf Thomann, Hölzel-Schüler und guter Freund von Martha Cunz. Sie teilten sich eine Atelierwohnung in der Rue des Beaux Arts in Paris.

149 Sequenz Günter Busch und Liselotte von Reinken (Hrsg.): *Paula Modersohn-Becker in Briefen und Tagebüchern*, Frankfurt am Main 1979, S. 225 ff.

150 Emil Nolde: *Das eigene Leben*, Berlin 1931, S. 143 und 147.

151 Ebd., S. 163.
152 Ebd., S. 152.
153 Ebd., S. 156 ff. Und Emil Nolde: *Das eigene Leben*, Flensburg 1949, S. 255 ff. In Emil Nolde: *Mein Leben*, Köln 2008, fehlt die kleine Geschichte.
154 Flensburger Studienkreis (Hrsg.): *Emil Hansen aus Nolde. Der Maler aus dem schleswigschen Grenzland eine Gestalt zwischen Deutschland und Dänemark*, Flensburg 1974, S. 76 f.
155 Emil Nolde: *Das eigene Leben*, Berlin 1931, S. 163.
156 Sequenz ebd., S. 164.
157 Ebd., S. 165.
158 Sequenz ebd., S. 161.
159 Ebd., S. 167.
160 Brief von Ada Nolde an die Vilstrup Stiftung vom 25. Mai 1935, in: Nolde Stiftung Seebüll, Statens Museum for Kunst, Stiftung Schleswig-Holsteinische Landesmuseen Schloss Gottorf (Hrsg.): *Emil Nolde og Danmark*, Ausstellungskatalog, Aalborg u. a. 2009, S. 91.
161 Emil Nolde: *Das eigene Leben*, Berlin 1931, S. 167 f.
162 Ebd., S. 168.
163 Dorrit Willumsen: *Bang*, Leipzig 1998, S. 242. Zu Herman Bang als Lehrer von Ada Vilstrup danke ich Dieter Faßnacht für Unterstützung bei der Recherche.
164 Das Knud-Rasmussen-Haus in Hundested ist heute eine Touristenattraktion.
165 Sequenz Archiv der Nolde-Stiftung Seebüll: Knud Rasmussens Briefe an Ada Vilstrup, gezeigt anlässlich der Ausstellung »Emil Nolde og Danmark«, Ordrupgaard 2010. Die Originalbriefe sind in dänischer Sprache geschrieben. Ich danke Lisbet Steinrücke für ihre Hilfestellung beim Lesen und Verstehen der Briefe und zum Thema Nolde und Dänemark überhaupt, Hanne Hammer für professionelle Übersetzung dänischer Texte.
166 Unweit Limfjorden gelegenes Kirchspiel, zu Skodborg Herred und damit zum Amt Ringkøbing gehörend.
167 SUB Hamburg: NGS: B 12: 1907,1: 148–149. Ada Nolde an Luise Schiefler am 26. September 1907, o. O.
168 Brief von Ada Nolde an die Vilstrup Stiftung vom 25. Mai 1935, in: Nolde Stiftung Seebüll, Statens Museum for Kunst, Stiftung Schleswig-Holsteinische Landesmuseen Schloss Gottorf (Hrsg.):

Emil Nolde og Danmark, Ausstellungskatalog, Aalborg u. a. 2009, S. 91.

169 Es gibt Hinweise darauf, dass sie auf Fünen aufwuchs und seit dem Tod des Vaters (1891) in Kopenhagen lebte.

170 Emil Nolde an »Meine liebe Freundin« am 10. Juli 1901, in: Max Sauerlandt (Hrsg.): *Emil Nolde. Briefe aus den Jahren 1894–1926*, Berlin 1927, S. 31 ff. Zur Adressatin: Manfred Reuther: »Emil Nolde in Lildstrand, 1901«, in: *Nordelbingen*. Beiträge zur Kunst- und Kulturgeschichte, Band 53, 1984, S. 124 f. Hier steht lediglich die Bemerkung, dass der Brief für die Publikation aus mehreren späteren zusammengesetzt wurde. Passagen daraus fänden sich auch in Briefen an andere Adressaten als die bisher angenommene Ada Vilstrup. Ganz sicher spricht Nolde zu Beginn des Briefes als seine »liebe Freundin« Emmi Walther an, mit der er in St. Cloud war.

171 Emil Nolde: *Das eigene Leben*, Berlin 1931, S. 169.

172 Es ist gelegentlich die Rede davon, dass Ada Vilstrup am Dagmartheater in Kopenhagen gespielt habe. Die Recherchen an der Königlichen Bibliothek, der Nationalbibliothek und der Universitätsbibliothek in Kopenhagen, Abteilung Dramatisk Bibliotek, die den Nachlass des Dagmartheaters verwaltet (hier danke ich Alette Scavenius für Auskünfte), ergab jedoch keinen Hinweis auf ein Engagement Ada Vilstrups.

173 Knud Rasmussen: Dagbøger 1901 – Det Kongelige Danmarks Nationalbibliothek. Digital einsehbar unter www.kb.dk.

174 Sequenz Archiv der Nolde-Stiftung Seebüll: Knud Rasmussens Briefe an Ada Vilstrup, gezeigt anlässlich der Ausstellung »Emil Nolde og Danmark«, Ordrupgaard 2010.

175 Emil Nolde: *Das eigene Leben*, Flensburg 1949, S. 292.

176 Dieses Motiv malte er in Öl auf Leinwand und als Aquarell.

177 Emil Nolde: *Das eigene Leben*, Flensburg 1949, S. 292.

178 Emil Nolde: *Jahre der Kämpfe*, Berlin 1934, S. 73.

179 Max Sauerlandt (Hrsg.): *Emil Nolde. Briefe aus den Jahren 1894–1926*, Berlin 1927, S. 39.

180 Auszug aus Vilhelm Vilstrups unveröffentlichten Erinnerungen in: Nolde Stiftung Seebüll, Statens Museum for Kunst, Stiftung Schleswig-Holsteinische Landesmuseen Schloss Gottorf (Hrsg.): *Emil Nolde og Danmark*, Ausstellungskatalog, Aalborg u. a. 2009, S. 71. Sowie Telefonat mit Bo Foss Vilstrup am 3. Novem-

ber 2010 und Bjarke Vilstrups Mail an die Autorin vom 8. November 2010.

181 Sequenz Emil Nolde: *Jahre der Kämpfe*, Berlin 1934, S. 14.

182 Die Hansens waren seit 1673 Windmüller. Emil Nolde malte wenigstens zwei Windmühlen, die seine Verwandten betrieben. Ich danke Lorenz Ewaldsen in Neukirchen für ein Gespräch am 13. Juli 2011 über die Familie des Vaters von Emil Nolde.

183 Emil Nolde: *Das eigene Leben*, Berlin 1931, S. 172.

184 Max Sauerlandt (Hrsg.): *Emil Nolde. Briefe aus den Jahren 1894–1926*, Berlin 1927, S. 40.

185 Sequenz Emil Nolde: *Jahre der Kämpfe*, Berlin 1934, S. 28 f.

186 Emil Hansen nannte sich seit seiner Hochzeit Emil Nolde. Behördlich registriert wurde das 1904, der Eintrag im Kirchenbuch zur Namensänderung stammt vom 13. Oktober 1922.

187 Emil Nolde: *Mein Leben*, Köln 2008, S. 124.

188 Emil Nolde: *Jahre der Kämpfe*, Berlin 1934, S. 21.

189 Ebd., S. 23.

190 Ich danke Inger Bertelsen für seine Bereitschaft, mir das Haus, so wie es heute dasteht, mit Garten und Weg zum Wasser – zum Platz, wo das »Atelier« stand – durch den Buchenwald zu zeigen.

191 Ein Feurich-Pianoforte. Die Produktion befand sich damals in Leipzig, wo Hans Fehr an seiner Habilitation arbeitete.

192 Wenigstens ein Nolde-Bild hatte Otto Wetter bis dahin erworben: *Dünen*, Öl auf Leinwand, 65 x 83,5 cm, 1901 entstanden. Das Bild wurde zuletzt am 31. Mai 2012 für 231 800 Euro (inkl. Aufgeld) verkauft. Siehe dazu www.villa-grisebach.de

193 Emil Nolde: *Jahre der Kämpfe*, Berlin 1934, S. 33.

194 Ebd., S. 36 f.

195 Einer ist auf dem *Stilleben mit gelbem Pferd* von 1914 zu sehen.

196 *Burchards Garten* 1907, *An der Küchentüre* 1907.

197 *Zwei am Meeresstrand* 1903.

198 *Frühling im Zimmer* 1904.

199 Flensburger Studienkreis (Hrsg.): *Emil Hansen aus Nolde. Der Maler aus dem schleswigschen Grenzland eine Gestalt zwischen Deutschland und Dänemark*, Flensburg 1974, S. 104 ff.

200 Emil Nolde an Adas Mutter am 19. März 1904. Zitiert nach: Max Sauerlandt (Hrsg.): *Emil Nolde. Briefe aus den Jahren 1894–1926*, Berlin 1927, S. 43.

201 Es war das Bild *Einfahrt zur Heimat*.

202 Zehn Jahre später wird Mary Wigman bei ihrer ersten Choreographie in einem Varieté mit einem weißen Schäfchen arbeiten.

203 Emil Nolde: *Jahre der Kämpfe*, Berlin 1934, S. 53.

204 Ebd., S. 56.

205 Ebd., S. 57.

206 Eitel Friedrich wollte sich Nolde-Bilder anschauen und geriet »geblendet von der Südsonne« ins Schlafzimmer. Ebd., S. 60.

207 Ebd., S. 61.

208 Emil Nolde an Adas Mutter am 5. Mai 1905 aus Ischia. Zitiert nach: Max Sauerlandt (Hrsg.): *Emil Nolde. Briefe aus den Jahren 1894–1926*, Berlin 1927, S. 49.

209 Emil Nolde: *Jahre der Kämpfe*, Berlin 1934, S. 72.

210 Ebd., S. 91.

211 Ebd., S. 63.

212 Stadt Karlsruhe – Städtische Galerie Karlsruhe (Hrsg.): *Nolde im Dialog 1905–1913.* Quellen- und Beitragsband zur Ausstellung in der Städtischen Galerie Karlsruhe vom 12. Oktober 2002 bis 16. Februar 2003, München 2002, S. 151 f. Das Bild, Noldes einzige Ansicht von Berlin, entstanden im September 1905, wurde 1912 beim Brand des Bauernhofs seiner Schwester zerstört. Lt. Nolde Stiftung Seebüll (Hrsg.): *Emil Noldes Berliner Seiten. Illustrierte Sonderausgabe zu den Jahrgängen 1910–1944.* Konzept und Text Jörg Garbrecht, Neukirchen 2012, S. 1, wohnte Nolde damals am Lützowplatz 12 in der Pension Wally Gubitz.

213 Sequenz aus Informationsmaterial des Stadtarchivars Reinhard Gämlich, Hilchenbach.

214 Emil Nolde: *Jahre der Kämpfe*, Berlin 1934, S. 69.

215 Stadt Karlsruhe – Städtische Galerie Karlsruhe (Hrsg.): *Nolde im Dialog 1905–1913.* Quellen- und Beitragsband zur Ausstellung in der Städtischen Galerie Karlsruhe vom 12. Oktober 2002 bis 16. Februar 2003, München 2002, S. 187. Lt. Ada Nolde wurde der Name Emil Noldes zwischen 1902 und 1905 32-mal in Ausstellungsbesprechungen erwähnt.

216 Hermann Hesse war 1904–1916 Mitarbeiter der Monatsschrift *Die Rheinlande.*

217 Von Nolde selbst überliefert in *Jahre der Kämpfe*, Berlin 1934, S. 71.

218 Bis 1922, in diesem Jahr erschien sein Werk *Die dreizehn Bücher der deutschen Seele*, eine Mixtur aus Bibel, Pantheismus und

germanischen Göttergeschichten. Schäfer grub tief, ganz tief, bis er fand, was er für die Volksseele hielt, und wurde so zu einem der populärsten völkisch-nationalen Autoren der Weimarer Republik und der Zeit des Nationalsozialismus.

219 Wie es zu der Einladung kam, konnte nicht ermittelt werden. Nolde wohnte im Gasthaus Hammer.

220 Dazu Herta Hesse-Frielinghaus (Hrsg.): *Emil und Ada Nolde – Karl Ernst und Gertrud Osthaus, Briefwechsel*, Bonn 1985, S. 1. Dort wird noch die Auffassung vertreten, beide Noldes seien am 14. bzw. 15. Februar 1906 in Hagen gewesen. Die Dokumente sprechen jedoch dafür, dass Ada erst einmal allein reiste.

221 Ebd., S. 8.

222 Auf Empfehlung des Hamburger Malers Franz Nölken, den Nolde in Soest traf.

223 *Gustav Schiefler. Aus den Erinnerungen von Luise Schiefler.* Aufgezeichnet von Hans Platte, Hamburg 1965, S. 27 ff.

224 SUB Hamburg: NGS: B 12: 1907,1: 107–108. Ada Nolde an Gustav Schiefler am 24. November 1906, o. O.

225 Max Sauerlandt (Hrsg.): *Emil Nolde. Briefe aus den Jahren 1894–1926*, Berlin 1927, S. 50.

226 Neben Nolde und Pechstein traten auch Cuno Amiet und Lambertus Zijl in diesem Jahr der Künstlervereinigung bei.

227 Indira Woesthoff: *»Der glückliche Mensch« Gustav Schiefler (1857–1935) Sammler, Dilettant und Kunstfreund*, Hamburg 1996, S. 165.

228 Sequenz Andreas Fluck: »›Grüße bringend von den jungen Kameraden‹ – Emil Nolde und Karl Schmidt-Rottluff auf Alsen im Sommer 1906«, in: Stadt Karlsruhe – Städtische Galerie Karlsruhe (Hrsg.): *Nolde im Dialog 1905–1913.* Quellen- und Beitragsband zur Ausstellung in der Städtischen Galerie Karlsruhe vom 12. Oktober 2002 bis 16. Februar 2003, München 2002, S. 209.

229 Emil Nolde: *Jahre der Kämpfe*, Berlin 1934, S. 87. Und Indina Woesthoff: *»Der glückliche Mensch« Gustav Schiefler (1857–1935) Sammler Dilettant und Kunstfreund*, Hamburg 1996, S. 239 f.

230 Herta Hesse-Frielinghaus (Hrsg.): *Emil und Ada Nolde – Karl Ernst und Gertrud Osthaus, Briefwechsel*, Bonn 1985, S. 50, Gertrud Osthaus an Ada Nolde am 20. April 1910. Sie zitiert aus einem Gedicht von Walter Calé, der sich 1904 das Leben nahm. Gertrud Osthaus fügte sich wenig begeistert in das Bild, das

sich Karl Ernst Osthaus von Haus und Familienmitgliedern machte.

231 Andreas Fluck: »›Grüße bringend von den jungen Kameraden‹ – Emil Nolde und Karl Schmidt-Rottluff auf Alsen im Sommer 1906«, in: Stadt Karlsruhe – Städtische Galerie Karlsruhe (Hrsg.): *Nolde im Dialog 1905–1913*. Quellen- und Beitragsband zur Ausstellung in der Städtischen Galerie Karlsruhe vom 12. Oktober 2002 bis 16. Februar 2003, München 2002, S. 210.

232 Emil Nolde: *Jahre der Kämpfe*, Berlin 1934, S. 91.

233 Vom 21. März bis zum 9. April 1907, danach Umzug in die Johann-Georgen-Allee 39 II in Dresden.

234 Emil Nolde: *Jahre der Kämpfe*, Berlin 1934, S. 91.

235 SUB Hamburg: NGS: B 12: 1907,1: o.D., o.O. Vermutlich März 1907 lt. Indina Woesthoff »Dokumente der Freundschaft und des Austauschs – Aus dem Briefwechsel zwischen Ada und Emil Nolde und Gustav und Luise Schiefler«, in: Stadt Karlsruhe – Städtische Galerie Karlsruhe (Hrsg.): *Nolde im Dialog 1905–1913*. Quellen- und Beitragsband zur Ausstellung in der Städtischen Galerie Karlsruhe vom 12. Oktober 2002 bis 16. Februar 2003, München 2002, S. 196 ff.

236 Das Bild ist 1906 datiert. In diesem Jahr lernten Noldes demnach Kirchner persönlich kennen.

237 Indina Woesthoff: *»Der glückliche Mensch« Gustav Schiefler (1857–1935) Sammler, Dilettant und Kunstfreund*, Hamburg 1996, S. 165.

238 Martha Rauert war die Ehefrau des Rechtsanwalts und Kunstmäzens Dr. Paul Rauert.

239 SUB Hamburg: NGS: B 12: 1907,1: Ada Nolde an Luise oder Gustav Schiefler o. D., vermutlich März 1907, o. O.

240 Heute Nr. 6.

241 Emil Nolde: *Jahre der Kämpfe*, Berlin 1934, S. 93.

242 Ebd., S. 81.

243 Sequenz ebd., S. 94.

244 SUB Hamburg: NGS: B 12: 1907,1: 144–147. Ada Nolde an Luise Schiefler aus Sjellerupskov, o. D.

245 Stadt Karlsruhe – Städtische Galerie Karlsruhe (Hrsg.): *Nolde im Dialog 1905–1913*. Quellen- und Beitragsband zur Ausstellung in der Städtischen Galerie Karlsruhe vom 12. Oktober 2002 bis 16. Februar 2003, München 2002, S. 197.

246 Max Sauerlandt (Hrsg.): *Emil Nolde. Briefe aus den Jahren 1894–1926*, Berlin 1927, S. 66. Emil Nolde an Rosa Schapire am 12. November 1907, aus Jena.

247 Ebd., S. 67. Emil Nolde an Rosa Schapire am 17. November 1907, o. O.

248 Ebd., S. 69. Emil Nolde an Rosa Schapire am 27. Februar 1908, aus Jena.

249 Emil Nolde: *Jahre der Kämpfe*, Berlin 1934, S. 101 f. In der zweiten Ausgabe von *Jahre der Kämpfe*, Flensburg 1958, S. 103, fehlt diese ganze Passage.

250 Emil Nolde: *Reisen Ächtung Befreiung 1919–1946*, Köln 1967, S. 152 ff., Max Lehrs an Karl Ernst Osthaus am 12. Februar 1908.

251 Emil Nolde an Rosa Schapire am 27. Februar 1908, aus Jena. Zitiert nach: Max Sauerlandt (Hrsg.): *Emil Nolde. Briefe aus den Jahren 1894–1926*, Berlin 1927, S. 68.

252 SUB Hamburg: NGS: B 15: 1908,1: 106. Ada Nolde an Luise Schiefler am 23. April 1908, o. O.

253 SUB Hamburg: NGS: B 15: 1908,1: 132–133. Ada Nolde an Luise Schiefler am 23. September 1908, aus Guderup/Alsen.

254 Zuvor waren sie auf Verwandtschaftsbesuch in Dänemark, sicher in Kopenhagen, im Mariendalsvey 41 III.

255 Was aus diesem Kontakt letztlich wurde, ist nicht bekannt.

256 SUB Hamburg: NGS: B 20: 1910,1: 59. Ada Nolde an Luise Schiefler am 18. Januar 1910, o. O.

257 SUB Hamburg: NGS: B 18: 1909,1: 47–48. Ada Nolde an Luise Schiefler am 17. April 1909, aus Weißer Hirsch bei Dresden.

258 SUB Hamburg: NGS: B 18: 1909,1: 39–40. Ada Nolde an Luise Schiefler am 15. Februar 1909, o. O.

259 SUB Hamburg: NGS: B 12: 1907,1: 109–112. Ada Nolde an Luise Schiefler aus Dresden, o. D.

260 Ada Nolde an Louie Buckley am 3. Mai 1909. Zitiert nach: Paul Reece: »Edith Buckley, Ada Nolde and ›Die Brücke‹: Bathing, Health and Art in Dresden 1906–1911«, in: Brian Keith-Smith (Hrsg.): *German Expressionism in the United Kingdom and Ireland*, Bristol 1986, S. 24.

261 Emil Nolde: *Jahre der Kämpfe*, Berlin 1934, S. 97.

262 Emil Nolde: *Das eigene Leben*, Berlin 1931, S. 22.

263 Sequenz Emil Nolde: *Jahre der Kämpfe*, Berlin 1934, S. 103 f.

264 SUB Hamburg: NGS: B 18: 1909,1: 61. Ada Nolde an Luise und

Gustav Schiefler am 24. September 1909, aus Stemmilt pr. Bülderup Bau.

265 Sequenz Emil Nolde: *Jahre der Kämpfe*, Berlin 1934, S. 107 f.

266 Edith Buckley an Unbekannt, Mitte August 1909. Zitiert nach: Paul Reece: »Edith Buckley, Ada Nolde and ›Die Brücke‹: Bathing, Health and Art in Dresden 1906–1911«, in: Brian Keith-Smith (Hrsg.): *German Expressionism in the United Kingdom and Ireland*, Bristol 1986, S. 24.

267 Louie an Florence Buckley am 2. März 1907. Zitiert nach: ebd.

268 SUB Hamburg: NGS: B 18: 1909,1: 55–57. Ada Nolde an Luise Schiefler am 23. Juli 1909, o. O.

269 Vgl. Christian Weikop u. a. (Hrsg.): *New Perspectives on Brücke Expressionism: Bridging History*, Ashgate 2011, S. 92 f.

270 Emil Nolde: *Jahre der Kämpfe*, Berlin 1934, S. 142.

271 Ebd.

272 Sequenz SUB Hamburg: NGS: B 18: 1909,1: 69–71. Emil Nolde an Gustav Schiefler am 10. Dezember 1909 aus Friedenau.

273 SUB Hamburg: NGS: B 20: 1910,1: 60–61. Ada Nolde an Luise Schiefler am 20. Januar 1910, o. O. In dem Brief vergleicht Ada Nolde das Programm für die geplante Vereinigung mit dem Programm eines Konzerts (Beethoven, Schubert, Mozart, Richard Strauß, Webern), das sie mit Emil Nolde besucht hatte.

274 SUB Hamburg: NGS: B 20: 1910,1: 64 und 66–67. Emil Nolde an Gustav Schiefler, o. D., aber »vor dem 6. Februar 1910«, o. O.

275 Es gibt keinen Nachweis dafür, dass Noldes Behauptung, Liebermann habe die Zurückweisung von *Pfingsten* durchgesetzt, stimmt. Um Noldes *Abendmahl* ging es nicht (mehr).

276 SUB Hamburg: NGS: B 20: 1910,1: 111. Ada Nolde an Luise Schiefler am 5. Dezember 1910, o. O.

277 Der Verleger Julius Bard, mit dem Emil Nolde derzeit in Verhandlungen über die Veröffentlichung des von Gustav Schiefler erarbeiteten Werkkatalogs stand, hatte den Kontakt vermittelt. Seit ein paar Jahren kursierten die ersten Farbfotografien von Gemälden, auch von Nolde-Bildern. Die Brüder Lumière hatten 1903 das Autochromverfahren zur Herstellung farbiger Fotografien mit Hilfe eingefärbter Kartoffelstärke entwickelt.

278 Stadt Karlsruhe – Städtische Galerie Karlsruhe (Hrsg.): *Nolde im Dialog 1905–1913*. Quellen- und Beitragsband zur Ausstellung in

der Städtischen Galerie Karlsruhe vom 12. Oktober 2002 bis 16. Februar 2003, München 2002, S. 59.

279 Sequenz Birgit Pflugmacher: *Max Liebermann – sein Briefwechsel mit Alfred Lichtwark* (Dissertation), Hamburg 2001, S. 507 ff.

280 Emil Nolde: *Jahre der Kämpfe*, Berlin 1934, S. 149.

281 Martin Faass (Hrsg.): *Max Liebermann und Emil Nolde: Gartenbilder*, Ausstellungskatalog, München 2012, S. 137.

282 SUB Hamburg: NGS: B 20: 1910,1: 118–119. Ada Nolde an Luise Schiefler am 29. Dezember 1910, o. O.

283 Sequenz Emil Nolde: *Jahre der Kämpfe*, Berlin 1934, S. 200 f.

284 In der zweiten Ausgabe von *Jahre der Kämpfe*, Flensburg 1958, S. 143, fehlt die Äußerung Cassirers: »Wir Juden können alles, was wir wollen!«

285 Sequenz Emil Nolde: *Jahre der Kämpfe*, Berlin 1934, S. 139 ff.

286 Ebd., S. 199.

287 Ebd., S. 202.

288 Für 183 Gramm Silber 900/1000 waren laut Rechnung vom 9. November 1910 13,00 Mark und 0,60 Mark für Porto zu zahlen. Herta Hesse-Frielinghaus (Hrsg.): *Emil und Ada Nolde – Karl Ernst und Gertrud Osthaus, Briefwechsel*, Bonn 1985, S. 61.

289 Dazu u. a. Sønke Burmeister: *Plastik und Kunsthandwerk Emil Noldes*, Berlin 1997.

290 Emil Nolde: *Jahre der Kämpfe*, Berlin 1934, S. 160.

291 Sequenz ebd., S. 99.

292 SUB Hamburg: NGS: B 20: 1910,1: 100–102. Emil Nolde an Gustav Schiefler am 10. Oktober 1910, aus Guderup.

293 Zuvor hatten sie für ihre Berliner Winter jedes Jahr ein neues Domizil: 1908 Pension Busch in der Kurfürstenstraße 124, 1909 in der Büsingstraße 11, 1910 in der Mainauer Straße 6, 1. Etage. Nolde Stiftung Seebüll (Hrsg.): *Emil Noldes Berliner Seiten. Illustrierte Sonderausgabe zu den Jahrgängen 1910–1944,* Konzept und Text Jörg Garbrecht, Neukirchen 2012, S. 1.

294 SUB Hamburg: NGS: B 12: 1907,1: 141–142. Ada Nolde an Gustav Schiefler am 10. September 1907, o. O.

295 SUB Hamburg: NGS: B 20: 1910,1: 90. Ada Nolde an Luise Schiefler am 6. Juli 1910, o. O.

296 Ihre Smyrna-Teppiche – das Stück sollte hundert Mark kosten – Rot und Blau, Schwarz und Grau, Gelb mit Grün, Schwarz und

Orange gingen 1913 zur Weltausstellung nach Gent, wo sie mit einer Silbermedaille prämiert wurden.

297 Sequenz SUB Hamburg: NGS: B 20: 1910,1: 100–102. Emil Nolde an Gustav Schiefler am 10. Oktober 1910, aus Guderup.

298 SUB Hamburg: NGS: B 20: 1910,1: 116. Ada Nolde an Luise Schiefler am 14. Oktober 1910, o. O.

299 Ernst Gosebruch war mit Karl Ernst Osthaus befreundet. 1921, nach dem Tod von Osthaus, gelang es Gosebruch mit Unterstützung der Stadt Essen und anderer Sponsoren, dessen Sammlung aus dem Hagener Folkwang-Museum für Essen zu erwerben. Ich danke Mario-Andreas von Lüttichau für ein Gespräch über Emil Nolde und das Museum Folkwang in Essen am 15. März 2011.

300 Emil Nolde an Carl Hagemann am 6. Februar 1912. Zitiert nach: Hans Delfs, Mario-Andreas von Lüttichau, Roland Scotti (Hrsg.): *Kirchner, Schmidt-Rottluff, Nolde, Nay ... Briefe an den Sammler und Mäzen Carl Hagemann 1906–1940*, Stuttgart 2004.

301 Emil Nolde an Carl Hagemann am 28. Februar 1912. Zitiert ebd.

302 Erna Hoffmann war davor mit dem Gesangspädagogen und Komponisten Oskar Noë verlobt, der auch zu Noldes Freundeskreis gehörte. Er nahm sich 1910 das Leben.

303 Zur Wohngemeinschaft im Einfamilienhaus Am Grünen Zipfel gehörte auch Elsie Knüppfer aus Livland.

304 Zu Emil Nolde und Mary Wigman siehe Heidi Christine Eads: *Aspects of the Mask in the Work of Emil Nolde and Mary Wigman*, The Ohio State University, 1988, S. 4 ff.

305 SUB Hamburg: NGS: B 26: 1913,1: 5. Ada Nolde an Luise Schiefler am 1. Januar 1912, o. O.

306 SUB Hamburg: NGS: B 26 : 1913,1: 48–49. Ada Nolde an Luise Schiefler aus Kopenhagen, o. D.

307 Herta Hesse-Frielinghaus (Hrsg.): *Emil und Ada Nolde – Karl Ernst und Gertrud Osthaus, Briefwechsel*, Bonn 1985, S. 99.

308 Zum Vergleich: 1911 kaufte Osthaus das Bild *Weidende Pferde IV (Die roten Pferde)* von Franz Marc für 750 Mark. Verein August Macke Haus e. V. (Hrsg.): *Der Gereonsclub 1911–1913 Europas Avantgarde im Rheinland*, Bonn 1993, S. 27.

309 Hans Fehr: *Emil Nolde. Ein Buch der Freundschaft*, München 1960, S. 49.

310 SUB Hamburg: NGS: B 24: 1912,1: 104–105. Emil Nolde an Luise und Gustav Schiefler am 14. August 1912, o. O.

311 Genauer: Goldbronze.

312 Stadt Karlsruhe – Städtische Galerie Karlsruhe (Hrsg.): *Nolde im Dialog 1905–1913.* Quellen- und Beitragsband zur Ausstellung in der Städtischen Galerie Karlsruhe vom 12. Oktober 2002 bis 16. Februar 2003, München 2002, S. 104.

313 Paul Ferdinand Schmidt, der als Kunsthistoriker schon mehrfach über Nolde publiziert hatte, eröffnete seine gemeinsam mit Max Dietzel gegründete Galerie Neuer Kunstsalon mit einer in zwei Folgen gezeigten Nolde-Ausstellung.

314 Martin Urban: »Nolde und Berlin 1889 bis 1944. Marginalien, chronologisch«, in: Eberhard Roters, Magdalena M. Moeller (Hrsg.): *Emil Nolde in Berlin 1910/11* (Ausstellungskatalog), Berlin 1988, S. 13.

315 Sequenz Hermann Eßwein: »Maler Nolde und Professor Dr. Graef–Jena«, in: *Münchener Post* vom 9. November 1912. Es gab mindestens noch eine weitere Kritik zur Ausstellung, sie erschien am 29. November 1912 in den *Münchner Neuesten Nachrichten* und war für Nolde sicher auch kein Grund zur Freude. In Emil Nolde: *Jahre der Kämpfe*, Berlin 1934, S. 85 hat er eine Liste von 41 Schmähungen veröffentlicht, die von »Kunstkrämpfe« bis »tierisch-bacchantische Ausgelassenheit« reicht.

316 Herta Hesse-Frielinghaus (Hrsg.): *Emil und Ada Nolde – Karl Ernst und Gertrud Osthaus, Briefwechsel,* Bonn 1985, S. 95. Dort folgende Fußnote der Herausgeberin Frielinghaus: »Der lange Artikel ist derart unflätig […], daß sich eine Wiedergabe auch nur einzelner Sätze hier verbietet.«

317 SUB Hamburg: NGS: B 26: 1913!,1: 56. Ada Nolde an Luise Schiefler am 1. Januar 1912, o. O.

318 Emil Nolde: *Jahre der Kämpfe*, Berlin 1934, S. 237. Ebd., S. 121, bemerkt Nolde, dass kein Werk von ihm in Herwarth Waldens »Sturmsalon« in Berlin zu sehen war; vermutlich denkt er vor allem an den Ersten Deutschen Herbstsalon, der im Spätherbst 1913 stattfand. Auch zu den von Herwarth Walden geförderten italienischen Futuristen – Umberto Boccioni war in der Ausstellung vertreten – äußert sich Nolde: positiv.

319 Alsen wurde 1920 verkauft, vermutlich vom damaligen Besitzer und Vermieter der Noldes.

320 Am 13. Juli 2010 erlaubte mir Bente Schneider einen Blick auf Utenwarf.

321 Bayerische Staatsbibliothek, Nachlässe (Sign.: Autogr. Nolde, Emil A/66/223). Brief von Emil Nolde an Hans Fehr vom 24. Juli 1913.

322 Emil Nolde: *Welt und Heimat. Die Südseereise 1913–1918*, geschrieben 1936, Köln 1965, S. 15. Lt. Nachwort dieser Ausgabe von Martin Urban, S. 175 f., gibt sie »den Text des von Nolde mit dem Vermerk ›fertig für den Druck‹ vesehenen Manuskriptes unverändert wieder; lediglich Schreibfehler und einige Unklarheiten wurden richtiggestellt.«

323 An Ernst Fuhrmann, Ada schreibt an ihn am 16. Februar 1914.

324 Das Krankenhaus auf der Herbertshöhe hatte keine Fenster. Es konnten dort sieben Patienten in vier Räumen behandelt werden.

325 Emil Nolde: *Welt und Heimat. Die Südseereise 1913–1918*, geschrieben 1936, Köln 1965, S. 86.

326 Benannt nach dem preußischen Kriegsschiff *Gazelle*, das Mitte des 19. Jahrhunderts auf einer Expedition dort anlegte.

327 Durch den Ausbruch des Ersten Weltkriegs wurde aus diesem Plan nichts. Nach vier Monaten Palau kehrten Pechsteins zurück nach Europa.

328 SUB Hamburg: NGS: B 18: 1909,1: 73. Ada Nolde an Luise und Gustav Schiefler am 27. Dezember 1909, o. O.

329 Eduard Arnhold schenkte dem preußischen Staat die Villa Massimo in Rom und gab ein großzügiges Stiftungskapital dazu. Der Kontakt zu Noldes war über Ludwig Justis Assistenten Walter Kaesbach zustande gekommen. Die Wahl der Reiseroute nach Deutsch-Neuguinea über Russland und China hatte einen Grund in den Niederlassungen und guten Geschäftsbeziehungen der Firma Arnhold, Karberg & Co. auf dieser Strecke.

330 Das teilte Emil Nolde noch am 1. Oktober 1913, einen Tag vor der Abreise, u. a. Carl Hagemann, dem neuen Sammler, mit.

331 Emil Nolde: *Jahre der Kämpfe*, Berlin 1934, S. 241.

332 Max Sauerlandt: *Emil Nolde. Briefe aus den Jahren 1894–1926*, Berlin 1927, S. 98 f. Emil Nolde aus »Käwieng. März 1914«.

333 Aus Adas Tagebuch, zitiert nach: Christoph Otterbeck: *Europa verlassen: Künstlerreisen am Beginn des 20. Jahrhunderts*, Köln 2007, S. 228.

334 Emil Nolde: *Welt und Heimat. Die Südseereise 1913–1918*, geschrieben 1936, Köln 1965, S. 59.

335 Nachlass Grober 1, Thüringer Universitäts- und Landesbiblio-

thek Jena. Der Internist Julius Grober war zunächst a. o. Professor in Jena und 1914 Direktor der Städtischen Krankenanstalt in Essen.

336 Emil Nolde: *Welt und Heimat. Die Südseereise 1913–1918*, geschrieben 1936, Köln 1965, S. 57.

337 SUB Hamburg: NGS: B 28: 1914,1: 122–124. Ada Nolde an Luise und Gustav Schiefler am 31. Dezember 1913, aus Rabaul.

338 Im Mai 1940 (deutsche Truppen überfielen die Niederlande) wurden er und seine Frau von niederländischen Beamten verhaftet und in verschiedene Gefängnisse gebracht. Ihr Besitz wurde versteigert. *Stiller Südseeabend* galt seither als verschollen, soll aber in Kanada wieder aufgetaucht sein. (Ich danke Johannes W. Grüntzig für ein Gespräch am 6. November 2012.)

339 Max Sauerlandt (Hrsg.): *Emil Nolde. Briefe 1894–1926*, Berlin 1927, S. 102 f.

340 Johannes W. Grüntzig, Heinz Mehlhorn: *Expeditionen ins Reich der Seuchen. Medizinische Himmelfahrtskommandos der deutschen Kaiser- und Kolonialzeit*, München 2005, S. 265.

341 Emil Nolde: *Welt und Heimat. Die Südseereise 1913–1918*, geschrieben 1936, Köln 1965, S. 95 f.

342 Ebd., S. 96 f.

343 Brief Ada und Emil Nolde an Max Sauerlandt am 2. Mai 1914, o. O. Zitiert nach: Max Sauerlandt (Hrsg.): *Emil Nolde. Briefe aus den Jahren 1894–1926*, Berlin 1927, S. 108.

344 Emil Nolde: *Welt und Heimat. Die Südseereise 1913–1918*, geschrieben 1936, Köln 1965, S. 104.

345 Sequenz Ada Nolde: »Einige Erinnerungen«, in: Manfred Reuther, Nolde Stiftung Seebüll (Hrsg.): *Emil Nolde: Die Südseereise 1913–1914*, Ausstellungskatalog, Berlin 2008, S. 43.

346 Max Sauerlandt (Hrsg.): *Emil Nolde. Briefe 1894–1926*, Berlin 1927, S. 96.

347 China-Sequenz Emil Nolde: *Welt und Heimat. Die Südseereise 1913–1918*, geschrieben 1936, Köln 1965, S. 50 f.

348 Japan-Sequenz ebd., S. 32 ff.

349 SUB Hamburg: NGS: B 26: 1913,1: 93. Ada Nolde an Gustav Schiefler am 14. November 1913, o. O.

350 Ada Nolde: »Einige Erinnerungen«, in: Manfred Reuther, Nolde Stiftung Seebüll (Hrsg.): *Emil Nolde: Die Südseereise 1913–1914*,

Ausstellungskatalog, Berlin 2008, S. 58. Nolde verarbeitete diese Aufzeichnungen, die eigentlich dazu gedacht waren, sie in Vorträge umzuarbeiten, für sein Buch *Welt und Heimat.*

351 SUB Hamburg: NGS: B 28: 1914,1: 122–124. Ada Nolde an Luise Schiefler am 31. Dezember 1913 bzw. 1. Januar 1914, o. O.

352 Emil Nolde: *Welt und Heimat. Die Südseereise 1913–1918*, geschrieben 1936, Köln 1965, S. 108.

353 Madang.

354 Sulawesi.

355 Sequenz Emil Nolde: *Welt und Heimat. Die Südseereise 1913–1918*, geschrieben 1936, Köln 1965,S. 115.

356 Ebd., S. 118.

357 Ada Nolde: »Einige Erinnerungen«, in: Manfred Reuther, Nolde Stiftung Seebüll (Hrsg.): *Emil Nolde: Die Südseereise 1913–1914*, Ausstellungskatalog, Berlin 2008, S. 69.

358 Hans Fehr: *Emil Nolde. Ein Buch der Freundschaft*, München 1960, S. 72 f. Fehr übernahm einen Teil der Kosten für die Rückreise.

359 Emil Nolde: *Jahre der Kämpfe*, Berlin 1934, S. 243.

360 Schlachten bei Tannenberg Ende August und bei den Masurischen Seen Anfang September 1914.

361 Sequenz SUB Hamburg: NGS: B 28: 1914,1: 134–135. Ada Nolde an Luise Schiefler am 17. und 19. Oktober 1914, o. O.

362 Max Sauerlandt (Hrsg.): *Emil Nolde. Briefe aus den Jahren 1894–1926*, Berlin 1927, S. 111.

363 Emil Nolde: *Welt und Heimat. Die Südseereise 1913–1918*, geschrieben 1936, Köln 1965, S. 137.

364 SUB Hamburg: NGS: B 28: 1914,1: 141–142. Ada Nolde an Luise Schiefler am 29. Oktober 1914, o. O.

365 SUB Hamburg: NGS: B 28: 1914,1: 145–146. Ada Nolde an Luise Schiefler am 7. Dezember 1914, o. O.

366 SUB Hamburg: NGS: B 28: 1914,1: 143–144. Ada Nolde an Luise Schiefler am 19. Januar 1915, o. O.

367 Vermutlich *Herbstmoor, Stilleben (Victoria und Albert), Mann und Weibchen*, lt. Anmerkung zum Brief von Emil Nolde an Carl Hagemann vom 17. November 1915 in: Hans Delfs, Mario-Andreas von Lüttichau, Roland Scotti (Hrsg.): *Kirchner, Schmidt-Rottluff, Nolde, Nay … Briefe an den Sammler und Mäzen Carl Hagemann 1906–1940*, Stuttgart 2004.

368 Heutige Kaufkraft wohl das Achtfache, kein schlechtes Geschäft also.

369 Emil Nolde: *Welt und Heimat. Die Südseereise 1913–1918*, geschrieben 1936, Köln 1965, S. 140.

370 Es handelte sich um Steckrüben, nicht, wie Nolde in seinen Erinnerungen schreibt, um Kohlrabi.

371 Am 27. Januar 1917, acht Menschen kamen dabei ums Leben.

372 Carl Hagemann an Emil Nolde am 5. März 1917. Zitiert nach: Hans Delfs, Mario-Andreas von Lüttichau, Roland Scotti (Hrsg.): *Kirchner, Schmidt-Rottluff, Nolde, Nay ... Briefe an den Sammler und Mäzen Carl Hagemann 1906–1940*, Stuttgart 2004.

373 Die ägyptische Maria: das Tryptichon *Die heilige Maria von Ägypten*. Die Blumengartenbilder: *Blumengarten B: Iris und rote Einfassungen – Blumenbeete* sowie *Blumengarten C: Jürgen Jägers Haus* lt. Anmerkungen zum Brief von Carl Hagemann an Emil Nolde vom 5. März 1917 in: Hans Delfs, Mario-Andreas von Lüttichau, Roland Scotti (Hrsg.): *Kirchner, Schmidt-Rottluff, Nolde, Nay ... Briefe an den Sammler und Mäzen Carl Hagemann 1906–1940*, Stuttgart 2004.

374 Hier danke ich Ute Berger, Wiesbaden, für ihre Bereitschaft, mir am 4. Oktober 2010 das Gästebuch zu zeigen und die Briefe, die sie noch von ihren Großeltern Heinrich und Tony Kirchhoff aufbewahrt.

375 Max Sauerlandt (Hrsg.): *Emil Nolde. Briefe aus den Jahren 1894–1926*, Berlin 1927, S. 179.

376 Die Schilderung stammt von Georg Heise in: Flensburger Studienkreis (Hrsg.): *Emil Hansen aus Nolde. Der Maler aus dem schleswigschen Grenzland eine Gestalt zwischen Deutschland und Dänemark*, Flensburg 1974, S. 85.

377 Auch Max Sauerlandt übernahm zeitweise diese Rolle.

378 Nach Köllns Tod 1918 korrespondierte Nolde mit seiner Witwe.

379 SUB Hamburg: NGS: B 38: 1919,1: 109–110. Emil Nolde an Gustav Schiefler am 2. Juli 1919, von Utenwarf.

380 Aus dem Flugblatt des Arbeitsrats vom 1. März 1919. Die Architekten spielten im Rat eine besondere Rolle, es finden sich Parallelen zum Werkbund und zum Bauhaus. Der Rat löste sich 1921 auf, die Mitglieder hatten sich von den Aktionen – Ausstellungen, Publikationen – wohl mehr versprochen.

381 Emil Nolde: *Reisen Ächtung Befreiung 1919–1946*, Köln 1967, S. 14.

382 Der »Blaue Reiter« Wassily Kandinsky experimentierte mit Malen unter Hypnose.

383 Lothar Grisebach: *E. L. Kirchners Davoser Tagebuch*, Köln 1968, Eintrag vom 31. August 1919.

384 Peter Betthausen: *Schule des Sehens. Ludwig Justi und die Nationalgalerie*, Berlin 2010, S. 148 ff. Der Ankauf kam erst 1929 zustande, s. ebd., S. 179.

385 Ludwig Justi: *Neue Kunst: ein Führer zu den Gemälden der sogenannten Expressionisten in der National-Galerie* (Amtliche Veröffentlichungen der Nationalgalerie), Berlin 1921.

386 Er hätte Deutscher bleiben können, verzichtete aber darauf. Auskunft durch Frank Lubowitz, Leiter des Archivs und der Historischen Forschungsstelle der deutschen Volksgruppe in Nordschleswig. Ich danke ihm für die Erläuterung des Verfahrens damals.

387 SUB Hamburg: NGS: B 40: 1920,1: 73–74. Ada Nolde an Luise Schiefler am 17. Mai 1920, o. O.

388 Emil Nolde: *Reisen Ächtung Befreiung 1919–1946*, Köln 1967, S. 41.

389 Hans Fehr: *Emil Nolde. Ein Buch der Freundschaft*, München 1960, S. 73. Dazu auch Emil Nolde: *Welt und Heimat. Die Südseereise 1913–1918*, geschrieben 1936, Köln 1965, S. 145 f.

390 Die Engländerinnen bekamen das vollständige Wahlrecht fast zehn Jahre später als die deutschen Frauen.

391 Max Sauerlandt (Hrsg.): *Emil Nolde. Briefe aus den Jahren 1894–1926*, Berlin 1927, S. 163.

392 Ebd., S. 151.

393 Emil Nolde: *Reisen Ächtung Befreiung 1919–1946*, Köln 1967, S. 45.

394 Max Sauerlandt (Hrsg.): *Emil Nolde. Briefe aus den Jahren 1894–1926*, Berlin 1927, S. 151.

395 Dazu Volker Scherliess: »Erdmann und Nolde«, in: Nolde Stiftung Seebüll (Hrsg.): *Seebüller Hefte* 01, Neukirchen 2009, S. 9.

396 Zum Briefwechsel Kaminski – Nolde: Hefte der Heinrich Kaminski Gesellschaft e. V. (Hrsg.): Heft I, Waldshut-Tiengen 1997, S. 29 ff.

397 Photographische Gesellschaft Kunstverlag an Emil Nolde am 20. Februar 1920, aus Berlin. Nachlass Adolf Behne im Bauhaus Archiv, Museum für Gestaltung, Berlin.

398 Das waren die Vorläufer heutiger Ausstellungskataloge.

399 A. B. Enns: »Emil Nolde in der Katharinenkirche«, in: Paul Brockhaus (Hrsg.): *Der Wagen. Ein Lübeckisches Jahrbuch*, Lübeck 1957, S. 78 ff.

400 Hans Holtorf – Maler, auch er mit einer Dänin verheiratet – gründete 1920 die freie Theaterkompanie Masken-Wagen, zu der zeitweise auch Veit Harlan und Werner Finck gehörten. Obwohl die Wanderbühne durchaus erfolgreich war, war sie 1925 finanziell am Ende.

401 Emil Nolde: *Reisen Ächtung Befreiung 1919–1946*, Köln 1967, S. 67 f.

402 Ebd., S. 70.

403 SUB Hamburg: NGS: B 52: 1925,2: 21–22. Ada Nolde an Gustav Schiefler am 2. Oktober 1925, o. O.

404 Emil Nolde: *Reisen Ächtung Befreiung 1919–1946*, Köln 1967, S. 71.

405 Dänisch: Møgeltønder.

406 Emil Nolde: *Welt und Heimat. Die Südseereise 1913–1918*, geschrieben 1936, Köln 1965, S. 158 f.

407 Sequenz Emil Nolde: *Reisen Ächtung Befreiung 1919–1946*, Köln 1967, S. 154.

408 Ebd., S. 30.

409 Emil Nolde konnte das Schöpfwerk nie ausstehen. Später, als er in Sichtweite wohnte, ließ er schnell wachsende hohe Bäume pflanzen, die den Blick darauf verdecken sollten.

410 Emil Nolde: *Welt und Heimat. Die Südseereise 1913–1918*, geschrieben 1936, Köln 1965, S. 158.

411 Max Sauerlandt (Hrsg.): *Emil Nolde. Briefe aus den Jahren 1894–1926*, Berlin 1927, S. 165.

412 Sequenz Nolde Stiftung Seebüll (Hrsg.): *Emil Noldes Berliner Seiten. Illustrierte Sonderausgabe zu den Jahrgängen 1910–1944.* Konzept und Text Jörg Garbrecht, Neukirchen 2012, S. 2: »Tauentzienstraße Nr. 8. Hinter der Prachtfassade. Emil Noldes Wohnung im Gartenhaus.«

413 Im März 1923 hatte er um die Aufenthaltserlaubnis in Charlottenburg nachgesucht, weil »es ungerechtfertigt erscheinen müsste, wenn ihm durch den zwangsweisen Wechsel der Staatsangehörigkeit von seiner Heimat aus Nachteile erwachsen würden«. Bundesarchiv Berlin, Bestandssignatur R 32, Archivnummer 89, Bl. 136.

414 Ebd., Bl. 133 f. Kopie des Briefes vom 4. Dezember 1923 an das Wohnungsamt Charlottenburg, ohne Unterschrift.

415 Lothar Grisebach: *E. L. Kirchners Davoser Tagebuch*, Köln 1968, Eintrag vom 5. März 1925.

416 Ebd., Eintrag vom 18. Januar 1926.

417 Werner Haftmann: *Emil Nolde*, Köln 1958, S. 38. Übrigens bittet er im März 1931 die Preußische Akademie der Künste um eine »Bescheinigung«, dass er als Künstler keine Gewerbetreibender ist, um keine Gewerbesteuer zahlen zu müssen. Die Akademie antwortet in seinem Sinn. Noch im selben Jahr wird Nolde ihr Mitglied.

418 Bundesarchiv Berlin, Bestandssignatur R 32, Archivnummer 89, Bl. 137. Kopie des Briefes vom 7. Februar 1923 an den Reichsminister der Finanzen, ohne Unterschrift.

419 Utenwarf wurde zunächst an die Tochter des Nachbarn und ihren Mann verpachtet. Doch das Ehepaar kam wirtschaftlich nicht zurecht, und Utenwarf wurde verkauft.

420 Wie er ihn einige Jahre davor auch in Berlin geplant hatte, das zeigen die Mies-van-der-Rohe-Entwürfe von 1929.

421 Wie etwa ein kleiner Arbeitsraum auf dem Dach mit davorliegendem Luftbad (die Reformbewegung lässt grüßen). Dazu und zur Baugeschichte Seebülls von 1927 bis 1937 allgemein: Ulrich Höhns: »Ortsbestimmung. Emil Noldes Atelier und Wohnhaus Seebüll«, in: Dr. Klaus Alberts und Ulrich Höhns für das Schleswig-Holsteinische Archiv für Architektur und Ingenieurbaukunst bei der Architekten- und Ingenieurkammer Schleswig-Holstein (Hrsg.): *Architektur in Schleswig-Holstein 1996–2000*, S. 144–162. Sowie Ulrich Höhns: »›Ecke schräg‹: Emil Noldes Atelier und Wohnhaus Seebüll«, in: *Werk, Bauen + Wohnen* [Schweizer Ausgabe], Vol. 90 (2003). Herrn Höhns danke ich für Hinweise und Erläuterungen (Telefonat 23. Februar 2013).

422 Dazu Thomas Börnsen: *Meine Erinnerungen an Emil Nolde*, [Apenrade] 1981, S. 28. Ich danke Peter Hansen für ein Gespräch über Haus und Garten Seebüll am 11. Juli 2011 in Neukirchen.

423 Am 17. Mai – unklar, ob 1926 oder 1927, man liest beides – gratulieren ihm Schieflers dazu. Übrigens merkte man Ada Nolde den Stolz auf das Erreichte wohl an; Elisabeth Erdmann-Macke äußerte sich nach ihrer ersten Begegnung mit ihr (nach 1928): »eine feine, sehr sympathische Dänin«, die »später einen gewissen

Hochmut, eine Überlegenheit« an den Tag legte. »Es ging eine Kälte von ihr aus, die Zurückhaltung hervorrief.« Zitiert nach: Manfred Reuther, Nolde Stiftung Seebüll (Hrsg.): *Emil Nolde. Bewundert, gefürchtet und begehrt – Emil Nolde malt die Frauen*, Ausstellungskatalog, Köln 2010, S. 17.

424 *Festschrift für Emil Nolde anlässlich seines 60. Geburtstags*, Dresden 1927, S. 26 ff.

425 Emil Nolde: *Reisen Ächtung Befreiung 1919–1946*, Köln 1967, S. 88.

426 Stadtarchiv Bad Nauheim: Kurlisten. 1923 lautete die Eintragung auf Hans Emil Hansen-Nolde und Gemahlin Ada aus Berlin, später nur noch Nolde. Die Villa Wartburg befindet sich in der Küchlerstr. 3.

427 Bundesarchiv Berlin, Bestandssignatur R 32, Archivnummer 89, Bl. 135. Schreiben vom 14. April 1927.

428 Zu den Bauanträgen und zur Grünanlage: Nolde Stiftung Seebüll (Hrsg.): *Emil Noldes Berliner Seiten. Illustrierte Sonderausgabe zu den Jahrgängen 1910–1944*. Konzept und Text Jörg Garbrecht, Neukirchen 2012, S. 6: »Entrüstet eingerüstet. Die Tauentzienstraße wird zum Wäschekaufhaus.«

429 Heute Englerallee.

430 Ich danke dem Bauhaus-Archiv Berlin für Kopien von 18 verschiedenen Entwürfe Mies van der Rohes für Nolde. Sie entstanden vermutlich zwischen Januar und April 1929 (Archive 40.1–40.18, Mies van der Rohe Archive Museum of Modern Art, New York).

431 SUB Hamburg: NGS: B 59: 1929,1: 238–239. Ada Nolde an Luise und Gustav Schiefler am 2. März 1929, o. O.

432 Brief von Lichtwark, Hamburg, an Käthe Liebermann vom 22. Dezember 1909. Zitiert nach: Birgit Pflugmacher: *Max Liebermann – sein Briefwechsel mit Alfred Lichtwark* (Dissertation), Hamburg 2001.

433 Emil Nolde, Berlin, am 2. Januar o. J. an Heinrich Kirchhoff, Wiesbaden. Schleswig-Holsteinische Landesbibliothek in Kiel.

434 Gesa Jeuthe: *Kunstwerte im Wandel: Die Preisentwicklung der deutschen Moderne im nationalen und internationalen Kunstmarkt 1925–1955*, Berlin 2011, S. 152. Danach entsprechen 25 000 RM einem heutigen Wert von 5952,38 US-Dollar.

435 Flensburger Studienkreis (Hrsg.): *Emil Hansen aus Nolde. Der*

Maler aus dem schleswigschen Grenzland eine Gestalt zwischen Deutschland und Dänemark, Flensburg 1974, S. 81 f.

436 Sequenz Klara Tiedemann: *Kampener Skizzen*, Stuttgart-Kemnat 1966, S. 89.

437 Emil Nolde: *Reisen Ächtung Befreiung 1919–1946*, Köln 1967, S. 101.

438 Renée Sintenis war eine angesehene Bildhauerin. Von ihr stammt beispielsweise das Vorbild zum Berliner Bären und damit zum Goldenen Bären der Berliner Filmfestspiele.

439 Manfred Reuther, Nolde Stiftung Seebüll (Hrsg.): *Emil Nolde. Reiselust. Unterwegs in Deutschland, Spanien und der Schweiz*, Ausstellungskatalog, Köln 2010, S. 116.

440 Sequenz Klara Tiedemann: *Kampener Skizzen*, Stuttgart-Kemnat 1966, S. 89 f.

441 Manfred Reuther, Nolde Stiftung Seebüll (Hrsg.): *Emil Nolde. Reiselust. Unterwegs in Deutschland, Spanien und der Schweiz*, Ausstellungskatalog, Köln 2010, S. 119.

442 Ebd. Renée Sintenis war eine 1,80 Meter große, sehr schlanke Frau androgynen Typs. Um auf sie hinunterschauen zu können, muss der 1,75 Meter große Emil Nolde auf einer ziemlich hohen Stufe gestanden haben.

443 Emil Nolde: *Reisen Ächtung Befreiung 1919–1946*, Köln 1967, S. 109.

444 Sequenz SUB Hamburg: B 62: 1931,1: 149. Ada Nolde an Gustav und Luise Schiefler am 7. September 1931, aus Seebüll.

445 Akademie der Künste Archiv Berlin: Bestand PrAdK Signatur 1099, Bl. 143.

446 Ebd., Bl. 16.

447 Dazu Akademie der Künste Archiv Berlin: Bestand PrAdK Signatur 1315, Bl. 133–141. Und: Staatliche Museen zu Berlin – Preußischer Kulturbesitz Zentralarchiv (SMB-ZA) Mappe 1030/1, Blatt 20 sowie 1030/2, Blatt 1.

448 Adolf Behne an Emil Nolde am 18. Mai 1931, Nachlass Adolf Behne im Bauhaus Archiv, Museum für Gestaltung, Berlin.

449 Adolf Behne an Emil Nolde im Juni 1931, Nachlass Adolf Behne im Bauhaus Archiv, Museum für Gestaltung, Berlin.

450 Damit verbunden war der Professorentitel.

451 Ernst Ludwig Kirchner an Carl Hagemann am 14. Oktober 1931. Zitiert nach: Hans Delfs, Mario-Andreas von Lüttichau und Ro-

land Scotti (Hrsg.): *Kirchner, Schmidt-Rottluff, Nolde, Nay ... Briefe an den Sammler und Mäzen Carl Hagemann 1906–1940*, Stuttgart 2004.

452 Akademie der Künste Archiv Berlin: Bestand PrAdK 0758, Bl. 265. Emil Nolde an den Vorsitzenden der Abteilung für bildende Künste in der Preußischen Akademie der Künste, Berlin, Philipp Franck, am 5. Februar 1932.

453 Emil Nolde: *Jahre der Kämpfe*, Berlin 1934, S. 93 f.

454 Bundesarchiv Berlin, Bestandssignatur R 55, Archivnummer 409, Bl. 68–72. Bestätigt wird das Datum mehrfach im April 1941, unter anderem in einem Schreiben des Leiters der Personalabteilung, Richter, an den Reichssendeleiter Hadamovsky (beide Propagandaministerium). Demnach hatte Nolde die Mitgliedsnummer 1722. Dr. Richter hatte bei der Deutschen Gesandtschaft in Kopenhagen angefragt. Die Beurteilung »politisch bestens« in einem der Briefe verdankte Nolde immerhin dem Führer der NSDAP Nordschleswig, Möller-Gravenstein.

455 Landesarchiv Schleswig-Holstein, Abt. 460.19, Nr. 741 sowie Abt. 761, Nr. 13668.

456 Otto Andreas Schreiber organisierte anschließend im Auftrag der NS-Gemeinschaft »Kraft durch Freude« die internen »Fabrikausstellungen KdF« mit und war dafür veranwortlich, dass dort mindestens bis 1942 Nolde-Bilder gezeigt wurden. Dazu auch: Hildegard Brenner: *Die Kunstpolitik des Nationalsozialismus*, Reinbek 1963, S. 86 ff. Barlach schrieb übrigens einst an Nolde: »Sie wissen, daß ich zu Ihrer Malerei kein Verhältnis habe, ich weiß mit Ihren Farben nichts anzufangen ...« Emil Nolde: *Jahre der Kämpfe*, Flensburg 1958, S. 122.

457 Seit März 1933 existierte das im Auftrag von Himmler errichtete Konzentrationslager bei Dachau, wo Nolde 35 Jahren zuvor als Hölzel-Schüler gelebt und gearbeitet hatte.

458 Emil Nolde an Hans Fehr am 10. November 1933 aus München. Sequenz zitiert nach: *The Getty Research Institute Los Angeles, Special Collections*, 2004, M. 34. Siehe auch James A. van Dyke: »Something New on Nolde, National Socialism, and the SS«, in: Zentralinstitut für Kunstgeschichte (Hrsg.): *Kunstchronik*, 65. Jahrgang, Heft 5, Mai 2012, S. 265–270.

459 Max Sauerlandt (Hrsg.): *Emil Nolde. Briefe aus den Jahren 1894–1926*, Berlin 1927, S. 139.

460 SUB Hamburg: NGS: B 46: 1923,1: 63. Emil Nolde an Gustav Schiefler am 10. Januar 1923, o. O.

461 Nach einem Erlass vom Dezember 1933. Dazu: Hildegard Brenner: *Ende einer bürgerlichen Kunst-Institution. Die politische Formierung der Preußischen Akademie der Künste ab 1933.* Eine Dokumentation in der Schriftenreihe der Vierteljahreshefte für Zeitgeschichte, Nr. 24, Stuttgart 1972, S. 23 ff.

462 Hier sei erwähnt, dass 1933 Goebbels-Intimus Hans Weidemann in seiner Eigenschaft als Vizepräsident der Reichskammer der bildenden Künste Emil Nolde als deren Präsidenten vorschlug, zum Missfallen Hitlers.

463 Es nutzte Karl Schmidt-Rottluff nichts. Wie Nolde wurde er Jahre später faktisch mit Berufsverbot belegt, wie übrigens kein Maler außer diesen beiden.

464 Sequenz Akademie der Künste Archiv Berlin: Bestand PrAdK I 240, Bl. 34. Andere Künstler antworteten sehr ähnlich, es scheint, als hätten sie sich abgesprochen.

465 SMB-ZA Mappe 1030/2, Blatt 19, Abschrift des Briefes von Emil Nolde an Eberhard (nicht nah verwandt mit »Putzi«) Hanfstaengl vom 19. Februar 1934. Eberhard Hanfstaengl geriet 1937 im Zusammenhang mit der »Entartete-Kunst«-Kampagne mit den Nationalsozialisten in Konflikt und verlor seine Stellung. Schon am 27. April 1933 schrieb übrigens Nolde an den norwegischen Kunsthistoriker Henrik Grevenor, Oslo, über: »[...] so vielerlei Geschehnisse die einen dauernd in Anspruch nehmen, weil wir doch so sehr mitleben in der so stark durchgeführten und schönen Erhebung des deutschen Volkes. [...] Es ist wohl sehr viel schlechtes über Deutschland ins Ausland gemeldet worden [...]. An die Gräuelmärchen werden Menschen, die Deutschland kennen ja auch nicht glauben.« Zitiert nach: Uwe Danker: »›Vorkämpfer des Deutschtums‹ oder ›Entarteter Künstler‹ – Nachdenken über Emil Nolde in der NS-Zeit«, in: *Jahrbuch Demokratische Geschichte*, Band 14, 2001, S. 149 f. Das Digitalisat ist online einsehbar über die Homepage des Beirats für Geschichte www.beirat-fuer-geschichte.de. Uwe Danker danke ich für seine Bereitschaft zu telefonischer Diskussion.

466 Sequenz *Völkischer Beobachter* vom 18. August 1934.

467 Emil Nolde an Hans Fehr am 10. November 1933. Zitiert nach: *The Getty Research Institute Los Angeles, Special Collections*,

2004, M. 34. Siehe auch James A. van Dyke: »Something New on Nolde, National Socialism, and the SS«, in: Zentralinstitut für Kunstgeschichte (Hrsg.): *Kunstchronik,* 65. Jahrgang, Heft 5, Mai 2012, S. 265–270.

468 Sequenz Ernst Gosebruch an Carl Hagemann am 12. April 1934; zitiert nach Hans Delfs, Mario-Andreas von Lüttichau und Roland Scotti (Hrsg.): *Kirchner, Schmidt Rottluff, Nolde, Nay … Briefe an den Sammler und Mäzen Carl Hagemann 1906–1940*, Stuttgart 2004.

469 Ernst Gosebruch an Carl Hagemann am 9. Mai 1934, ebd.

470 Ausstellung Münchner Künstler in der Preußischen Akademie der Künste Berlin.

471 Lt. Brief von Ernst Gosebruch an Carl Hagemann vom 8. Juni 1934. In diesem Jahr ist von einer Thrombose die Rede. Sechs Wochen soll er deshalb in der Sauerbruch'schen (übrigens ein Freund und Nachbar Liebermanns) Klinik gewesen sein. Nolde mochte den Arzt nicht. Fehr schreibt in seinem *Buch der Freundschaft*, S. 117, Nolde sei 1935 wegen eines Magengeschwürs in der Sauerbruch'schen Klinik gewesen. 1934 war Nolde jedenfalls wegen einer Venenentzündung zur Kur in Bad Kissingen.

472 Ernst Gosebruch an Carl Hagemann am 8. Mai 1935. Zitiert nach: Hans Delfs, Mario-Andreas von Lüttichau und Roland Scotti (Hrsg.): *Kirchner, Schmidt Rottluff, Nolde, Nay … Briefe an den Sammler und Mäzen Carl Hagemann 1906–1940*, Stuttgart 2004.

473 Seit dem 1. Mai 1933 gab es eine Junggesellensteuer, Hagemann war unverheiratet.

474 Ernst Gosebruch an Carl Hagemann am 5. Mai 1934. Zitiert nach: Hans Delfs, Mario-Andreas von Lüttichau und Roland Scotti (Hrsg.): *Kirchner, Schmidt Rottluff, Nolde, Nay … Briefe an den Sammler und Mäzen Carl Hagemann 1906–1940*, Stuttgart 2004.

475 Ernst Ludwig Kirchner an Carl Hagemann am 27. November 1934, ebd.

476 Ernst Gosebruch an Carl Hagemann am 21. Dezember 1935, ebd.

477 Ernst Henke, Industrieller (RWE), Sammler, dem Folkwang-Museum verbunden.

478 Ernst Gosebruch an Carl Hagemann am 16. Dezember 1935. Zitiert nach: Hans Delfs, Mario-Andreas von Lüttichau und Roland Scotti (Hrsg.): *Kirchner, Schmidt Rottluff, Nolde, Nay … Briefe an den Sammler und Mäzen Carl Hagemann 1906–1940*, Stuttgart 2004.

479 Karte von Ada Nolde an Carl Hagemann vom 11. Januar 1934, ebd.

480 Briefkarte von Ada Nolde an Carl Hagemann vom 30. Januar 1936, ebd.

481 1928 malte Nolde alle Sauerlandt-Kinder, es gibt daher auch ein Kinderbild Katarina Sauerlandts.

482 Lt. Veronica Ewaldsen verw. von Lepel geb. Berg stellte ihr Vater, Internist und Röntgenologe, die Diagnose Magenkrebs. Professor Dr. Konjetzny operierte. Die Diagnose Professor Dr. Bergs bestätigte sich. Es wurde nach ihren Angaben – Telefonat am 27. Juli 2011 – nur ein Teil des Magens entfernt. Ich danke Frau Ewaldsen für weitere Gespräche zum Thema. Zu Gallenleiden äußerte sich Berg brieflich gegenüber Hans Fehr. Dazu Manfred Reuther: »Mein Gesicht war blass und gelb. Über die Erkrankungen des Malers Emil Nolde«, in: *Nordelbingen*. Beiträge zur Kunst- und Kulturgeschichte, Band 78, Heide 2009, S. 197. Siehe auch Hans Fehr: *Emil Nolde. Ein Buch der Freundschaft*, München 1960, S. 116 f.

483 Emil Nolde: *Reisen Ächtung Befreiung 1919–1946*, Köln 1967, S. 111.

484 Sequenz ebd., S. 114.

485 Thomas Börnsen: *Meine Erinnerungen an Emil Nolde*, [Apenrade] 1981, S. 32.

486 Ernst Gosebruch an Carl Hagemann am 15. April 1937. Zitiert nach: Hans Delfs, Mario-Andreas von Lüttichau und Roland Scotti (Hrsg.): *Kirchner, Schmidt Rottluff, Nolde, Nay … Briefe an den Sammler und Mäzen Carl Hagemann 1906–1940*, Stuttgart 2004.

487 Bundesarchiv Berlin, ehem. BDC, OPG, Hansen, Emil, gesamte AE.

488 PrAdK I 240, Bl. 34.

489 Ebd.

490 Er habe dafür optiert, heißt es im Brief von Ernst Gosebruch an Carl Hagemann vom 12. April 1934; zitiert nach Hans Delfs,

Mario-Andreas von Lüttichau und Roland Scotti (Hrsg.): *Kirchner, Schmidt Rottluff, Nolde, Nay … Briefe an den Sammler und Mäzen Carl Hagemann 1906–1940*, Stuttgart 2004. Das ist, wie oben dargelegt, so zu verstehen, dass Nolde hätte widersprechen können, hätte er Deutscher bleiben wollen.

491 Ernst Bloch: »Gauklerfest unterm Galgen«, 1937, abgedruckt im Katalog zur Ausstellung der Akademie der Künste 1978 »Zwischen Widerstand und Anpassung. Kunst in Deutschland 1933–1945«, S. 55.

492 Christian Schwandt: »In einer anderen Sprache schweigen«, in: *Die Zeit* 47/1996.

493 Ab 1941, nachdem die Ausstellung durch zwölf weitere Städte gereist war, konnte das Ausland die Werke gegen Devisen oder im Tausch gegen »Besseres« erwerben.

494 Angaben aus Thomas Börnsen: *Meine Erinnerungen an Emil Nolde*, [Apenrade] 1981, S. 21.

495 Dazu Nolde Stiftung Seebüll (Hrsg.): *Emil Noldes Berliner Seiten. Illustrierte Sonderausgabe zu den Jahrgängen 1910–1944.* Konzept und Text Jörg Garbrecht, Neukirchen 2012, S. 6: »Entrüstet eingerüstet. Die Tauentzienstraße wird zum Wäschekaufhaus.«

496 Noldes waren nicht zum ersten Mal in diesem Hotel. Zumindest im März/April 1937 waren sie schon einmal da. Auf der Rückreise besuchten sie in Bern den an Sklerodermie erkrankten Paul Klee.

497 Landesarchiv NRW, Düsseldorf, Signatur RW 265–10422: Ada Nolde an Duska Schmitt am 9. Februar 1939, aus Celerina.

498 Bundesarchiv Berlin, Bestandssignatur R 55, Archivnummer 21014, Bl. 64. (Reichsministerium für Volksaufklärung und Propaganda Abteilung Bildende Kunst (BK)).

499 Sequenz Landesarchiv NRW, Düsseldorf, Signatur RW 265–10422: Ada Nolde an Duska Schmitt am 9. Februar 1939, aus Celerina.

500 Max Beckmann fühlte sich durch seine Freundschaft mit Lily von Schnitzler gut über die kunstpolitische Entwicklung informiert und hoffte zunächst, wie Emil Nolde, es würde sich für ihn zum Guten wenden. Doch dann reagierte er früh und anders als Nolde: Am 17. Juli 1937 verließ Beckmann Deutschland.

501 Nach Kriegsende wurde er von der U. S. Army verhaftet und im

Nürnberger Prozess gegen IG Farben am 30. Juli 1948 zu fünf Jahren Haft wegen »Plünderung und Raubs« verurteilt.

502 Ernst Gosebruch an Carl Hagemann am 23. März 1939. Zitiert nach: Hans Delfs, Mario-Andreas von Lüttichau, Roland Scotti (Hrsg.): *Kirchner, Schmidt-Rottluff, Nolde, Nay ... Briefe an den Sammler und Mäzen Carl Hagemann 1906–1940*, Stuttgart 2004.

503 Dazu zählten auch Ensor, van Gogh, Marc, Klee, Rohlfs, Kokoschka, Beckmann, Pechstein, Kirchner, Heckel, Grosz, Schmidt-Rottluff, Müller, Modersohn, Macke, Corinth, Liebermann, Barlach ...

504 Im ehemaligen Kronprinzenpalais wurden im Mai 1936 49 Werke in der Heizung verbrannt. Hanfstaengl hatte sie aus insgesamt 64 Bildern ausgewählt. Die Vernichtung von Nolde-Werken stand da nicht zur Debatte.

505 Bundesarchiv Berlin, Bestandssignatur R 5, Archivnummer 21014, Bl. 61–63 (Reichsministerium für Volksaufklärung und Propaganda Abteilung Bildende Kunst (BK)). Es handelte sich um folgende Werke: *Abendmahl, Kluge und törichte Jungfrauen, Johannes der Täufer, Figuren und Georginen, Masten, Figuren und Blumen, Haremtöchter, Stilleben, Madonna-Stilleben, Russe, Begegnung am Haus.* Zu jedem Bild ist die »Entartete-Kunst-Nummer« angegeben. Ich danke Andreas Hüneke für telefonische Informationen zu diesem Verkauf.

506 Ada Nolde an Carl Hagemann am 4. November 1939. Zitiert nach: Hans Delfs, Mario-Andreas von Lüttichau, Roland Scotti (Hrsg.): *Kirchner, Schmidt-Rottluff, Nolde, Nay ... Briefe an den Sammler und Mäzen Carl Hagemann 1906–1940*, Stuttgart 2004.

507 Sequenz Hildegard Brenner: *Ende einer bürgerlichen Kunst-Institution. Die politische Formierung der Preußischen Akademie der Künste ab 1933.* Eine Dokumentation in der Schriftenreihe der Vierteljahreshefte für Zeitgeschichte, Nr. 24, Stuttgart 1972, S. 151.

508 Ernst Gosebruch an Carl Hagemann am 29. Januar 1940. Zitiert nach: Hans Delfs, Mario-Andreas von Lüttichau, Roland Scotti (Hrsg.): *Kirchner, Schmidt-Rottluff, Nolde, Nay ... Briefe an den Sammler und Mäzen Carl Hagemann 1906–1940*, Stuttgart 2004.

509 Ernst Gosebruch an Anni Dinkgraeve, Carl Hagemanns Haushälterin, vom 8. Februar 1940. Zitiert ebd. Hagemann starb am 20. November 1940 an den Folgen eines Unfalls mit der Straßenbahn.

510 Landesarchiv Schleswig-Holstein, Abt. 460.19, Nr. 741. Beglaubigte Abschrift in der Entnazifizierungsakte Emil Noldes.

511 Landesarchiv Schleswig-Holstein, Abt. 761, Nr. 13668. Entschädigungsakte Emil Nolde, darin: Rundbrief des Präsidenten der Reichskammer der bildenden Künste Ziegler, Berlin, vom 23. April 1941.

512 Ob diese »Übernahme« im Zug der »Arisierung« erfolgte, wird nach wie vor kontrovers diskutiert, gerade wenn es um die Restitution von Kunstwerken geht, die einmal Flechtheims Eigentum waren.

513 Landesarchiv NRW, Düsseldorf, Abteilung Rheinland, Düsseldorf, Signatur RW 265–10427. Ada Nolde an Duska Schmitt am 5. Februar 1941. Ada nennt darin als Verantwortlichen für diese Aktion Hans Herbert Schweitzer, NS-Karikaturist mit dem Pseudonym Mjölnir und Goebbels-Freund. Schon 1937 war Schweitzer maßgeblich an der Beschlagnahme u. a. von Nolde-Bildern in der Hamburger Kunsthalle beteiligt gewesen.

514 Niedersächsisches Landesarchiv-Hauptstaatsarchiv Hannover Dep. 105 Acc. 2/80, Nr. 98. Und: Markus Heinzelmann: »›Wir werden uns bereithalten und warten auf Ihren Ruf‹. Die Beziehung der Familien Sprengel und Nolde in den Jahren 1941 bis 1945«, in: Markus Heinzelmann, Ulrich Krempel (Hrsg.): *Emil Nolde und die Sammlung Sprengel 1937 bis 1956. Geschichte einer Freundschaft*, Hannover: Sprengel-Museum 1999, S. 12 ff. Darin auch, dass Nolde nur ein Gemälde aus 1940 einreichte, sechs stammten aus früheren Jahren. Dazu kamen 46 Aquarelle und eine Lithographie.

515 Landesarchiv Schleswig-Holstein, Abt. 460.19, Nr. 741.

516 Landesarchiv Schleswig-Holstein, Abt. 761, Nr. 13668. Beglaubigte Abschrift in der Entschädigungsakte Emil Noldes.

517 Ebd. Eine Entschädigung wird Nolde lt. Bescheid vom 17. Februar 1953 nicht zugesprochen.

518 Die Galeristen Karl und Josef Nierendorf zeigten schon seit Anfang der dreißiger Jahre an ihren Standorten Köln und Düsseldorf expressionistische Kunst, also auch Nolde-Werke. Karl Nie-

rendorf war 1936 nach New York gegangen und hatte dort seine Gallery gegründet, Josefs Berliner Galerie wurde 1939 geschlossen. Dazu telefonierte ich im November 2010 mit Florian Karsch, Leiter der Galerie Nierendorf.

519 Auch Hanns Krenz, ehemaliger Kustode der Kestner-Gesellschaft, zu der Zeit Inhaber einer Kunsthandlung in Berlin (mit schwierigem Stand, denn was er dort anbot, lag oft nicht auf der Linie der Nationalsozialisten), setzte sich ein.

520 Christian Carstensen, geboren 1908, war mit Emil Nolde weitläufig verwandt: Noldes Mutter und die Urgroßmutter Carstensens, Lena, geborene Hansen, waren Schwestern.

521 Elly Rosemeyer geb. Beinhorn, Fliegerin, Witwe des 1938 tödlich verunglückten Rennfahrers Bernd Rosemeyer.

522 Sequenz Nolde Stiftung Seebüll (Hrsg.): *Emil Noldes Berliner Seiten. Illustrierte Sonderausgabe zu den Jahrgängen 1910–1944.* Konzept und Text Jörg Garbrecht, Neukirchen 2012, S. 11: »Aus der Hölle Charlottenburg. Der Bombentreffer am 15. Februar 1944.«

523 Emil Nolde: *Reisen Ächtung Befreiung 1919–1946*, Köln 1967, S. 134 ff.

524 Vom Landrat des Kreises Südtondern, Niebüll, am 19. Juni 1942, zu Adas vervielfältigtem Brief vom 29. Januar 1942 und zum Werk *Neuguinea.*

525 Niedersächsisches Landesarchiv-Hauptstaatsarchiv Hannover Dep. 105 Acc. 2/80, 98. Brief von Noldes an Sprengels vom 13. November 1941. Die Schablonen stammten von Greif aus Goslar, vermutlich benutzten sie auch einen Vervielfältiger von Greif.

526 Thomas Börnsen war damit der Nachfolger von Claus Behrend, der seine Arbeit für Noldes aus familiären Gründen aufgeben musste. Seine Einstellung wurde von Noldes vom Grandhotel Dolder in Zürich aus bewerkstelligt. Vermittelt hatte seine Kusine, die jahrelang bei Noldes in Stellung war.

527 Thomas Börnsen: *Meine Erinnerungen an Emil Nolde*, [Apenrade] 1981, S. 18.

528 Gespräch mit Gertha Freitag, geborene Kahlke, am 13. Juli 2011 in Neukirchen.

529 Vielleicht im Auftrag der Gestapo, von der in diesem Zusammenhang immer wieder die Rede ist.

530 So kam, lt. Auskunft von Wilhelm Schmidt, Material aus Niebüll.

Ich bin dankbar, dass ich ihn am 3. Mai 2010 in seinem Haus in Lübeck noch sprechen konnte. Und lt. Marianne Redleffsen, Satrup – ich danke ihr für ein Telefonat am 8. August 2010 –, auch aus Flensburg. Ebenso danke ich Rudi Jansen, Satrup, für Informationen.

531 Baldur von Schirach war lt. Auskunft von Christian Ring ein Ernst-»Putzi«-von-Hanfstaengl-Kontakt.

532 Niedersächsisches Landesarchiv-Hauptstaatsarchiv Hannover Dep. 105, Acc. 2/80, 98. Brief von Walther Thomas an Emil Nolde vom 9. Juni 1942.

533 Niedersächsisches Landesarchiv-Hauptstaatsarchiv Hannover Dep. 105, Acc. 2/80, 98. Brief von Emil Nolde an Walther Thomas vom 12. Juni 1942, Abschrift.

534 Max Sauerlandt (Hrsg.): *Emil Nolde. Briefe aus den Jahren 1894–1926*, Berlin 1927, Vorwort, S. 6.

535 Sequenz SUB Hamburg: NGS: B 62: 1931,1: 146. Ada Nolde an Gustav Schiefler am 25. Februar 1931, o. O.

536 SUB Hamburg: NGS: B 61: 1930: 206. Ada Nolde an Gustav Schiefler am 27. Dezember 1930, o. O.

537 Niedersächsisches Landesarchiv-Hauptstaatsarchiv Hannover Dep. 105 Acc. 2/80, Nr. 98. Ada Nolde an Margrit und Bernhard Sprengel am 11. August 1944, o. O.

538 Ebd., Bernhard Sprengel an Ada und Emil Nolde, o. D., aus Hannover.

539 Ebd., Bernhard Sprengel an Ada und Emil Nolde am 22. Oktober 1943, aus Hannover.

540 Emil Nolde: *Reisen Ächtung Befreiung 1919–1946*, Köln 1967, S. 166 ff.

541 Ebd., S. 147.

542 Telefonat mit Otto Langlo, Scharbeutz, am 7. Juli 2010. Er berichtete über eine rührende Geste Noldes: Während eines früheren Aufenthalts Adas in der Diakonissenanstalt schickte Emil ihr eine Gladiole aus dem Garten, in einer Schachtel verpackt, jede einzelne Blüte in Seidenpapier gehüllt.

543 Seine Frau Käthe malte und war eine Bewunderin Noldes.

544 Solche Karteikarten existieren auch für Nolde-Werke, beispielsweise für eine Radierung von 1905, als *Fischer mit Schlapphut* beschrieben. Sie stammen aus dem Depot im Schloss Vornbach am Inn.

545 Sie wurde nach ihrem Gründer auch Roberts-Commission genannt und war quasi Vorläufer des MFA&A Service. Dazu die Internet-Veröffentlichungen des Deutschen Historischen Museums München, Angelika Enderlein, Monika Flacke (Hrsg.): *Die Datenbank des »Central Collecting Point München«* (www.dhm.de). Darin auch Digitalisate der Karteikarten. Noch längst nicht geklärt ist der Verbleib der Nolde-Werke, die in der Datenbank zum Beschlagnahmeinventar »Entartete Kunst«, Forschungsstelle »Entartete Kunst«, Freie Universität Berlin (www.geschkult.fu-berlin.de) aufgelistet sind.

546 Konvolut im Landesarchiv Schleswig-Holstein, Abt. 460.19, Nr. 741.

547 Thomas Börnsen: *Meine Erinnerungen an Emil Nolde*, [Apenrade] 1981, S. 32.

548 Annemarie Rau: »Landärztin in Nordfriesland. Begegnung mit Emil Nolde«, in: *Schleswig-Holsteinisches Ärzteblatt*, Heft 9 (1992), S. 36 f. Sowie Hans Fehr: *Emil Nolde. Ein Buch der Freundschaft*, München 1960, S. 131.

549 Emil Nolde: *Reisen Ächtung Befreiung 1919–1946*, Köln 1967, S. 179.

550 Niedersächsisches Landesarchiv-Hauptstaatsarchiv Hannover Dep. 105 Acc. 2/80, Nr. 98. Karte mit Umschlag an Herrn und Frau Dr. Sprengel, Hannover, Kniggestr. 5; Absender: Professor Emil Nolde/24 Seebüll/bei Neukirchen (Schlesw)/über Niebüll/German.

551 Bernhard Sprengel jun.: »Begegnung mit Emil Nolde«, in: Markus Heinzelmann, Ulrich Krempel (Hrsg.): *Emil Nolde und die Sammlung Sprengel 1937 bis 1956. Geschichte einer Freundschaft*, Hannover: Sprengel-Museum 1999, S. 11. Sowohl Markus Heinzelmann als auch Ulrich Krempel standen mir für Fragen zur Verfügung wie auch die Schwester von Bernhard Sprengel jun., Angela Kriesel. Ihnen wie auch Sinda Dimroth danke ich für Informationen zu Emil Nolde und Sprengel.

552 Niedersächsisches Landesarchiv-Hauptstaatsarchiv Hannover Dep. 105 Acc. 2/80, Nr. 98. Carl Langbehn an Bernhard Sprengel am 20. Juli 1942.

553 Ebd. Unter Bernhard Sprengels Unterlagen zur Erarbeitung eines neuen Testaments ab 1941.

554 Ebd., Notizzettel vom 27. Juli 1941. Es gibt dort viele Notizzet-

tel zu den Themen Testament, Erbhof, Barvermögen noch bis 1942. Zu Lebzeiten Ada und Emil Noldes hätten die Erbhof-Gesetze nicht gegriffen, aber nach dem Tod der beiden Dänen musste damit gerechnet werden.

555 Im November 1941 hatten Emil und Ada Nolde Gütertrennung vereinbart. Zuvor hatte Emil über das Vermögen allein zugunsten Adas verfügt, nun wurde es (mit 80 000 Mark angesetzt) beiden zugeschrieben.

556 Niedersächsisches Landesarchiv-Hauptstaatsarchiv Hannover Dep. 105 Acc. 2/80, Nr. 98. Joachim von Lepel an Bernhard Sprengel am 16. Dezember 1946, aus Seebüll.

557 Sprengel besorgte sie direkt vom Hersteller.

558 *Mohn und Lupinen*, 1946, Ölfarben auf Leinwand.

559 Telefonat mit Marianne Redleffsen am 8. Juli 2010.

560 Akademie der Künste, Berlin, Eduard Erdmann Archiv Personenkorrespondenz (Mappe 155): Emil Nolde an Irene Erdmann, Seebüll, 22. Juni 1947.

561 Emil Nolde an Irene Erdmann, Sebüll, 1. November 1947. Zitiert nach Volker Scherliess: »Erdmann und Nolde«, in: Nolde Stiftung Seebüll (Hrsg.), *Seebüller Hefte* 01, Neukirchen 2009, S. 73.

562 Irene Erdmann an Jolanthe Erdmann am 13. November 1947, o. O., Briefkonzept. Zitiert nach Volker Scherliess: »Erdmann und Nolde«, in: Nolde Stiftung Seebüll (Hrsg.), *Seebüller Hefte* 01, Neukirchen 2009, S. 75 ff.

563 Martin Urban im Nachwort zu Emil Nolde: *Reisen Ächtung Befreiung 1919–1946*, Köln 1967, S. 180 f. Danach wurde das ursprünglich 178 – teils handschriftliche, teils maschinegeschriebene – Seiten umfassende Skript noch von Nolde selbst überarbeitet und von der Stiftung um Briefe und Abbildungen ergänzt. Emil Nolde plante noch einen fünften Erinnerungsband mit seinen »Worten am Rande« und einer Auswahl seiner »Ungemalten Bilder«.

564 Hans Fehr: *Emil Nolde. Ein Buch der Freundschaft*, München 1960, S. 133 ff.

565 Niedersächisches Landesarchiv-Hauptstaatsarchiv Hannover Dep. 105 Acc. 2/80, Nr. 98. Joachim von Lepel an Bernhard Sprengel am 17. März 1948, aus Seebüll.

566 »Die Welle als Motiv. In Ihr verschwinden die Unterschiede zwischen gegenständlichen und gegenstandslosen Visionen, zwi-

schen Kraft und Form, Bewegung und Materie. Nolde hat das gesehen.« Ernst Jünger: *Siebzig verweht*, I, Stuttgart 1980, Eintrag vom 26. Juni 1965.

567 Christian Ring: »Rezeption und Sammlungsgeschichte der ›biblischen und Legendenbilder‹ bis 1937«, in: Nolde Stiftung Seebüll (Hrsg.): *Emil Nolde: Die religiösen Bilder*, Ausstellungskatalog, Köln 2011, S. 34. Beispiele dafür hat Emil Nolde der zweiten Ausgabe seines Buches *Jahre der Kämpfe* von 1958 eingefügt.

568 Beigefügt waren u. a. die Briefe vom Präsidenten der Reichskammer der bildenden Künste aus dem Jahr 1941 samt einer Liste der Kunstwerke, die damals sichergestellt werden sollten, als Beleg für das Berufsverbot und den erlittenen Verlust an Bildern. Dazu kommen der Bescheid des Entschädigungsamts Berlin (nicht zuständig), eine Aufenthaltsbescheinigung und die Entnazifizierungsunterlagen.

569 Sievers notierte am 17. April 1954 auf dem betreffenden Auszug aus dem Protokoll »einverstanden«.

570 Sequenz aus Konvolut Landesarchiv Schleswig-Holstein, Abt. 761, Nr. 13668 und Abt. 460.19, Nr. 741.

571 Nachlass Adolf Behne: Bauhaus Archiv, Museum für Gestaltung, Berlin.

572 Friedrich Mutter.

573 Nachlass Hans Friedrich Blunck: Schleswig-Hosteinische Landesbibliothek, Cb.92.56:kat.

574 Niedersächsisches Landesayrchiv-Hauptstaatsarchiv Hannover Dep. 105 Acc. 2/80, Nr. 99.

575 Ebd.

576 »Ich kann sie nicht leiden«, so Emil Nolde zu farbigen Reproduktionen seiner Gemälde. Für Aquarelle konnte er sich das gerade noch vorstellen, da der Malgrund auch Papier ist.

577 Jolanthe Nolde starb am 13. Juni 2010 in Heidelberg.

578 Flensburger Studienkreis (Hrsg.): *Emil Hansen aus Nolde. Der Maler aus dem schleswigschen Grenzland eine Gestalt zwischen Deutschland und Dänemark*, Flensburg 1974, S. 38 und 114.

579 Niedersächisches Hauptstaatsarchiv Hannover Dep. 105 Acc. 2/80, Nr. 98. Zuvor, am 10. Dezember 1952, war Jolanthe auf der Treppe gestürzt und hatte sich eine schwere Gehirnerschütterung zugezogen.

580 Manfred Reuther, Nolde Stiftung Seebüll (Hrsg.): *Emil Nolde.*

Bewundert, gefürchtet und begehrt – Emil Nolde malt die Frauen, Ausstellungskatalog, Köln 2010, S. 34. Dazu Dr. Christian Rings ergänzende Information vom 21. April 2013, nach der es sich um Nr. 1356 in Martin Urbans Werkverzeichnis handelt.

581 Da war es die documenta I, postum waren seine Werke noch auf der documenta II (1959) und auf der documenta III (1964) zu sehen. Jedes Mal war Werner Haftmann kunsthistorischer Leiter, wie er auch zu der Zeit in die Biennalen in Venedig als Jury-Mitglied involviert war.

582 Alfred Hentzen zitiert nach »Gegen den Strom«, o. V., in: *Der Spiegel* vom 5. Februar 1968.

583 Flensburger Studienkreis (Hrsg.): *Emil Hansen aus Nolde. Der Maler aus dem schleswigschen Grenzland eine Gestalt zwischen Deutschland und Dänemark*, Flensburg 1974, S. 53 ff.

ARCHIVE, BIBLIOTHEKEN

Adolf Hölzel-Stiftung, Stuttgart
Akademie der Künste Archiv, Berlin
Bauhaus Museum Archiv, Berlin
Brücke Museum Archiv, Berlin
Bundesarchiv, Berlin
Bundesarchiv, Koblenz
Carl-Schmitt-Gesellschaft, Plettenberg
Det Kongelige Bibliothek, Dramatisk Bibliothek, Kopenhagen
Deutsches Tanzarchiv, Köln
Heinrich Kaminski Gesellschaft, Tiengen
Hessische Landesbibliothek, Wiesbaden
Kunst- und Museumsbibliothek mit Rheinischem Bildarchiv, Köln
Landesarchiv Nordrhein-Westfalen, Abt. Rheinland, Düsseldorf
Landesarchiv Schleswig-Holstein, Kiel
Landeshauptstadt München, Hauptabteilung I Stadtarchiv
Max Beckmann Archiv, München
Monacensia-Bibliothek, München
Museum Ludwig Dokumentation, Köln
Museum Wiesbaden, Archiv
Nachlass Gustav Schiefler [NGS], SUB Hamburg
Niedersächsisches Landesarchiv-Hauptstaatsarchiv, Hannover
Osthaus Museum Archiv, Hagen
Schleswig-Holsteinische Landesbibliothek, Kiel
Staatliche Museen zu Berlin, Zentralarchiv
Staats- und Universitätsbibliothek [SUB] Hamburg Carl von Ossietzky
Stadtarchiv, Bad Nauheim
Stadtarchiv, Hilchenbach
Stadtarchiv, Kassel
Stadtarchiv, Schaffhausen
Stadtarchiv, St. Gallen
Stadtverwaltung Soest AG Museen
Thüringer Universitäts- und Landesbibliothek, Jena
Verschönerungsverein Weißer Hirsch/Oberloschwitz
Zentral- und Landesbibliothek Berlin, Sondersammlungen

LITERATUR
(Auswahl)

Autobiografische Schriften:

Emil Nolde: *Das eigene Leben*, Berlin 1931

Emil Nolde: *Das eigene Leben. Die Zeit der Jugend 1867–1902*, Flensburg 1949

Emil Nolde: *Jahre der Kämpfe*, Berlin 1934

Emil Nolde: *Jahre der Kämpfe 1902–1914*, Flensburg 1958

Emil Nolde: *Welt und Heimat. Die Südseereise 1913–1918*, geschrieben 1936, Köln 1965

Emil Nolde: *Reisen Ächtung Befreiung 1919–1946*, Köln 1967

Emil Nolde: *Mein Leben*, Köln 2008

Weitere Literatur:

Klaus Alberts und Ulrich Höhns für das Schleswig-Holsteinische Archiv für Architektur und Ingenieurbaukunst bei der Architekten- und Ingenieurkammer Schleswig-Holstein (Hrsg.): *Architektur in Schleswig-Holstein 1996–2000.* Hamburg 1999

Peter Betthausen: *Schule des Sehens. Ludwig Justi und die Nationalgalerie*, Berlin 2010

Ernst Bloch: »Gauklerfest unterm Galgen«, 1937, abgedruckt im Katalog zur Ausstellung der Akademie der Künste 1978: *Zwischen Widerstand und Anpassung. Kunst in Deutschland 1933–1945*, Berlin 1978

Reiner Bölhoff, Wolfgang Zimmermann (Red.): Hefte der Heinrich Kaminski Gesellschaft, Heft 1, Waldshut-Tiengen 1997

Thomas Börnsen: *Meine Erinnerungen an Emil Nolde*, [Apenrade] 1981

Hildegard Brenner: *Die Kunstpolitik des Nationalsozialismus*, Reinbek 1963

Hildegard Brenner: *Ende einer bürgerlichen Kunst-Institution. Die politische Formierung der Preußischen Akademie der Künste ab 1933.*

Eine Dokumentation. Schriftenreihe der Vierteljahresheft für Zeitgeschichte Nr. 24, Stuttgart 1972

Paul Brockhaus (Hrsg.): *Der Wagen. Ein Lübeckisches Jahrbuch*, Lübeck 1957

Sønke Burmeister: *Plastik und Kunsthandwerk Emil Noldes*, Berlin 1997

Günter Busch und Liselotte von Reinken (Hrsg.): *Paula Modersohn-Becker in Briefen und Tagebüchern*, Frankfurt am Main 1979

Eva Caspers: *Nolde, Schmidt-Rottluff und ihre Freunde, die Sammlung Martha und Paul Rauert Hamburg 1905–1958*, Hamburg 1999

Rudy Chiappini (Hrsg.): *Emil Nolde*, Ausstellungskatalog. Lugano 1994

Uwe Danker: »›Vorkämpfer des Deutschtums‹ oder ›Entarteter Künstler‹ – Nachdenken über Emil Nolde in der NS-Zeit.«, in: *Jahrbuch Demokratische Geschichte*, Band 14, 2001

Hans Delfs, Mario-Andreas von Lüttichau, Roland Scotti (Hrsg.): *Kirchner, Schmidt-Rottluff, Nolde, Nay ... Briefe an den Sammler und Mäzen Carl Hagemann 1906–1940*, Stuttgart 2004

Michael Dorrmann: *Eduard Arnhold (1849–1925). Eine biographische Studie zu Unternehmer- und Mäzenatentum im Deutschen Kaiserreich*, Berlin 2002

Staatliche Kunstsammlungen Dresden (Hrsg.): *Gruppe und Individuum in der Künstlergemeinschaft BRÜCKE. 100 Jahre Brücke – Neueste Forschung*, Jahrbuch der Staatlichen Kunstsammlungen Dresden, Sonderband, Berichte, Beiträge, Band 32, Dresden 2005

James van Dyke: »Something New on Nolde, Nationalsocialism, and the SS«, in: Zentralinstitut für Kunstgeschichte (Hrsg.): *Kunstchronik*, 65. Jahrgang, Heft 5, Mai 2012

Heidi Christine Eads: *Aspects of the Mask in the Work of Emil Nolde and Mary Wigman*, The Ohio State University, 1988

Angelika Enderlein, Monika Flacke (Hrsg.): *Die Datenbank des »Central Collecting Point München«* (www.dhm.de)

Hermann Eßwein: »Maler Nolde und Professor Dr. Graef – Jena«, in: *Münchener Post* vom 9. November 1912

Martin Faass (Hrsg.): *Max Liebermann und Emil Nolde. Gartenbilder*, Ausstellungskatalog, München 2012

Hans Fehr: *Emil Nolde. Ein Buch der Freundschaft*, München 1960

Uwe Fleckner, Max Hollein (Hrsg.): *Museum im Widerspruch. Das Städel und der Nationalsozialismus*, Berlin 2010

Forschungsstelle »Entartete Kunst«, Datenbank zum Beschlagnahmeinventar »Entartete Kunst«, Freie Universität Berlin (www.geschkult.fu-berlin.de)

Gemeinde Neukirchen, Arbeitsgemeinschaft Chronik (Hrsg.): *Der Maler Andreas Jürgen Hansen und das Wiedingharder Amtsgericht*, Ausgabe 3 von *Die Chronik von Neukirchen*, o. J.

Lothar Grisebach: *E. L. Kirchners Davoser Tagebuch*, Köln 1968, Eintrag vom 31. August 1919.

Lothar Grisebach (Hrsg.): *Maler des Expressionismus im Briefwechsel mit Eberhard Grisebach*, Hamburg 1962

Johannes W. Grüntzig, Heinz Mehlhorn: *Expeditionen ins Reich der Seuchen. Medizinische Himmelfahrtskommandos der deutschen Kaiser- und Kolonialzeit*, München 2005

Flensburger Studienkreis (Hrsg.): *Emil Hansen aus Nolde. Der Maler aus dem schleswigschen Grenzland, eine Gestalt zwischen Deutschland und Dänemark*, Flensburg 1974

Markus Heinzelmann, Ulrich Krempel (Hrsg.): *Emil Nolde und die Sammlung. Geschichte einer Freundschaft*, Ausstellungskatalog, 1937 bis 1956, Hannover: Sprengel-Museum 1999

Wolfgang Henze (Hrsg.): *Ernst Ludwig Kirchner – Gustav Schiefler. Briefwechsel 1910–1935/38*, Stuttgart 1990

Herta Hesse-Frielinghaus (Hrsg.): *Emil und Ada Nolde – Karl Ernst und Gertrud Osthaus, Briefwechsel*, Bonn 1985

Georg Hirth (Hrsg.): *Jugend, Münchner illustrierte Wochenschrift für Kunst und Leben*, München und Leipzig 1896–1940

Ulrich Höhns: »›Ecke schräg‹. Emil Noldes Atelier und Wohnhaus Seebüll«, in: *Werk, Bauen + Wohnen* [Schweizer Ausgabe], Vol. 90/57, Zürich 2003

Kathrin Iselt: *Sonderbeauftragter des Führers. Der Kunsthistoriker und Museumsmann Hermann Voss (1884–1969)*, Köln 2010

Gesa Jeuthe: *Kunstwerte im Wandel. Die Preisentwicklung der deutschen Moderne im nationalen und internationalen Kunstmarkt 1925–1955*, Berlin 2011

Ernst Jünger: *Siebzig verweht, Die Tagebücher 1965–1996*, Band I, Stuttgart 1980.

Ludwig Justi: *Neue Kunst. Ein Führer zu den Gemälden der sogenannten Expressionisten in der National-Galerie* (Amtliche Veröffentlichungen der Nationalgalerie), Berlin 1921

Städtische Galerie Karlsruhe (Hrsg.): *Deutsche Künstlerkolonien 1890–*

1910, Katalog zur Ausstellung der Städtischen Galerie Karlsruhe vom 26. September 1998 bis zum 17. Januar 1999
Stadt Karlsruhe – Städtische Galerie Karlsruhe (Hrsg.): *Nolde im Dialog 1905–1913.* Quellen- und Beitragsband zur Ausstellung in der Städtischen Galerie Karlsruhe vom 12. Oktober 2002 bis 16. Februar 2003, München 2002
Dominik von König: *Polling. Das Malerdorf*, unveröffentlichte Aufzeichnungen
Angela Kriesel (Hrsg.): *Ein Geschenk … Die Sammlung Sprengel*, Göttingen 2010
Kulturstiftung der Länder in Verbindung mit dem Folkwang-Museumsverein e. V. Essen, (Hrsg.): *Emil Nolde – Stilleben mit Holzfigur*, Berlin 1995
Rouven Lotz: *Der Hagener Hohenhof. Das Landhaus für Karl Ernst Osthaus von Henry van de Velde*, Hagen 2009
Magdalena M. Möller (Hrsg.): *Emil Nolde in der Südsee*, München 2002
Hedwig Müller (Hrsg.): *Mary Wigman. Leben und Werk der großen Tänzerin*, Weinheim 1986
Nolde Stiftung Seebüll (Hrsg.): Werner Haftmann: *Emil Nolde*, Köln 1958
Nolde Stiftung Seebüll (Hrsg.): *Nolde. Ungemalte Bilder 1938–1945*, Ausstellungskatalog, Neukirchen, 1971
Nolde Stiftung Seebüll, Statens Museum for Kunst, Stiftung Schleswig-Holsteinische Landesmuseen Schloss Gottorf (Hrsg.): *Emil Nolde og Danmark*, Ausstellungkatalog, Aalborg u. a. 2009
Nolde Stiftung Seebüll (Hrsg.): *Emil Noldes Berliner Seiten.* Illustrierte Sonderausgabe zu den Jahrgängen 1910–1944. Konzept und Text Jörg Garbrecht, Neukirchen 2012.
Nils Olsen (Hrsg.): *Emil Nolde. Paare*, Emden 2006
Christoph Otterbeck: *Europa verlassen. Künstlerreisen am Beginn des 20. Jahrhunderts*, Köln 2007
Birgit Pflugmacher: *Max Liebermann – sein Briefwechsel mit Alfred Lichtwark* (Dissertation), Hamburg 2001
Rudolf Probst: »Vorwort« in: Galerie Neue Kunst Fides (Hrsg.): *Festschrift für Emil Nolde anlässlich seines 60. Geburtstags*, Dresden 1927
Knud Rasmussen: *Dagbøger 1901*, Det Kongelige Danmarks Nationalbibliothek. Digital einsehbar unter: www.kb.dk.

Paul Reece: »Edith Buckley, Ada Nolde and ›Die Brücke‹: Bathing, Health and Art in Dresden 1906–1911«, in: Brian Keith-Smith (Hrsg.): *German Expressionism in the United Kingdom and Ireland*, Bristol 1986

Manfred Reuther: *Das Frühwerk Emil Noldes. Vom Kunstgewerbler zum Künstler*, Köln 1985

Manfred Reuther, Rudolf Bertig (Hrsg.): *Nolde und Mies van der Rohe. Ein Künstlerhaus für Emil Nolde*, Seebüller Hefte 02, Neukirchen 2012

Manfred Reuther, Nolde Stiftung Seebüll (Hrsg.): *Nolde in Berlin. Tanz Theater Cabaret*, Ausstellungskatalog, Köln 2007

Manfred Reuther, Nolde Stiftung Seebüll (Hrsg.): *Emil Nolde. Mein Wunderland von Meer zu Meer – Landschaften, Blumen, Meere*, Ausstellungskatalog, Köln 2008

Manfred Reuther, Nolde Stiftung Seebüll (Hrsg.): *Emil Nolde. Die Südseereise 1913–1914*, Ausstellungskatalog, Köln 2008

Manfred Reuther, Nolde Stiftung Seebüll (Hrsg.): *Emil Nolde. Mein Garten voller Blumen*, Ausstellungskatalog, Köln 2009

Manfred Reuther, Nolde Stiftung Seebüll (Hrsg.): *Emil Nolde. Bewundert, gefürchtet und begehrt – Emil Nolde malt die Frauen*, Ausstellungskatalog, Köln 2010

Manfred Reuther, Nolde Stiftung Seebüll (Hrsg.): *Emil Nolde. Reiselust. Unterwegs in Deutschland, Spanien und der Schweiz*, Ausstellungskatalog, Köln 2010

Manfred Reuther, Karin Schick (Hrsg.): *Emil Nolde und die Schweiz. Ein Lesebuch*, Köln 2010

Manfred Reuther, Nolde Stiftung Seebüll (Hrsg.): *Emil Nolde. Die religiösen Bilder*, Ausstellungskatalog, Köln 2011

Eberhard Roters: *Galerie Ferdinand Möller. Die Geschichte einer Galerie für Moderne Kunst in Deutschland 1917–1956*, Berlin 1984

Eberhard Roters, Magdalena M. Moeller (Hrsg.): *Emil Nolde in Berlin 1910/11*, Ausstellungskatalog, Berlin 1988

Brigitte Salmen und Christian Lenz: *Bereitschaft zum Risiko. Lilly von Schnitzler 1889–1981. Sammlerin und Mäzenin*, Ausstellungskatalog, Murnau 2011

Max Sauerlandt: *Emil Nolde*, München 1921

Max Sauerlandt (Hrsg.): *Emil Nolde. Briefe aus den Jahren 1894–1926*, Berlin 1927

Gerhard Schack (Hrsg.): *Postkarten an Gustav Schiefler*, Hamburg 1976

Volker Scherliess: »Erdmann und Nolde«, in: Nolde Stiftung Seebüll (Hrsg.): Seebüller Hefte 01, Neukirchen 2009

Gustav Schiefler. Aus den Erinnerungen von Luise Schiefler. Aufgezeichnet von Hans Platte, Hamburg 1965

Doris Schmidt (Hrsg.): *Briefe an Günther Franke. Portrait eines deutschen Kunsthändlers*, Köln 1970

Katja Schneider (Hrsg.): *Nur für ihre Frauen. Schmuck von Karl Schmidt-Rottluff, Emil Nolde, Erich Heckel und Ernst Ludwig Kirchner*, Ausstellungskatalog, Halle 2003

Christian Schwandt (zur erstmaligen Veröffentlichung großer Teile des Samuel-Beckett-Tagebuchs): »In einer anderen Sprache schweigen«, in: *Die Zeit* 47/1996

Heinz Spielmann (Hrsg.): *Die Maler der Brücke*, Stuttgart 1995

Städelsches Kunstinstitut und Städtische Galerie Frankfurt, Museum-Folkwang Essen (Hrsg.): *Kirchner, Heckel, Schmidt-Rottluff, Nolde. Künstler der Brücke in der Sammlung Hagemann*, Ausstellungskatalog, Ostfildern-Ruit 2005

Erik Stephan (Hrsg.): *Im grünen Baum zur Nachtigall. Emil Nolde in Jena*, Jena 2003

Daniel Studer: *Martha Cunz, Leben und Werk* (Dissertation), Zürich 1992

Klara Tiedemann: *Kampener Skizzen*, Stuttgart-Kemnat 1966

Verein August Macke Haus e.V. (Hrsg.): *Der Gereonsclub 1911–1913. Europas Avantgarde im Rheinland*, Bonn 1993

Ingeborg Villinger, Alexander Jaser (Hrsg.): *Briefwechsel Gretha Jünger und Carl Schmitt 1934–1953*, Berlin 2007

Vanessa-Maria Voigt: *Kunsthändler und Sammler der Moderne im Nationalsozialismus: die Sammlung Sprengel 1934 bis 1945*, Berlin 2007

Christian Weikop u.a. (Hrsg.): *New Perspectives on Brücke Expressionism. Bridging History*, Ashgate 2011

Dorrit Willumsen: *Bang*, Leipzig 1998

Indina Woesthoff: *»Der glückliche Mensch« Gustav Schiefler (1857–1935).* Sammler, Dilettant und Kunstfreund, Hamburg 1996

Joseph Wulf: *Die Bildenden Künste im Dritten Reich*, Gütersloh 1963

DANK

Wem ich besonders für Hilfestellungen und Informationen danken möchte, findet sich an entsprechender Stelle in den Anmerkungen. Dazu zählen aber auch die ungenannten Helfer in den Archiven. Ohne Menschen mit der Bereitschaft, sich auf ein Thema einzulassen, mitzudenken und zu forschen, geht es nicht. Das gilt auch für Michael Warnke, meinen Mann.

Mein Dank gilt nicht zuletzt Michaela Röll, die sich als »meine« Literaturagentin für das Projekt einsetzte, Christian Seeger und Tanja Ruzicska vom Propyläen Verlag, die es engagiert und motivierend begleiteten, sowie Julia Niehaus, die als Lektorin meine hohen Erwartungen nicht enttäuscht hat.

Und was wäre aus diesem Buch geworden ohne die wohlwollende Haltung des derzeit kommissarischen Direktors der Nolde Stiftung Seebüll, Christian Ring. Auch ihm danke ich gern.

Köln, Sommer 2013

PERSONENREGISTER

BILDNACHWEIS

Adolf-Hölzel-Stiftung, Stuttgart: 62
akg-images: 34, 226
Brücke-Museum Berlin: 104
bpk: 26, 138
Nolde Stiftung Seebüll: 8, 20, 40, 76, 92, 124, 152, 170, 186, 194, 206, 264
ullstein bild: 238

Vor- und Nachsatz: Bayerische Staatsbibliothek München, Autogr. Nolde, Emil